值班水手业务
（第二版）

尹桂强　王学法　张卫前　主　编

王大安　李　生　解国强　孟　健　副主编

王成海　主　审

大连海事大学出版社

图书在版编目（CIP）数据

值班水手业务／尹桂强，王学法，张卫前主编.—
2版.—大连：大连海事大学出版社，2023.12
ISBN 978-7-5632-4489-8

Ⅰ.①值…　Ⅱ.①尹…②王…③张…　Ⅲ.①船员—
职业培训—教材　Ⅳ.①U676.2

中国国家版本馆 CIP 数据核字（2023）第 245680 号

大连海事大学出版社出版

地址：大连市黄浦路523号　邮编：116026　电话：0411-84729665（营销部）　84729480（总编室）
http://press.dlmu.edu.cn　E-mail：dmupress@dlmu.edu.cn
大连永盛印业有限公司印装　　　　　　大连海事大学出版社发行
2018 年 2 月第 1 版　　2023 年 12 月第 2 版　　2023 年 12 月第 1 次印刷
幅面尺寸：184 mm×260 mm　　　　　　　　　　印张：25
字数：619 千　　　　　　　　　　　　　　　　印数：1~2000 册
出版人：刘明凯

责任编辑：刘长影　　　　　　　　　　　　　责任校对：孙笑鸣
封面设计：解瑶瑶　　　　　　　　　　　　　版式设计：解瑶瑶

ISBN 978-7-5632-4489-8　　　定价：70.00 元

第二版前言

本书以中华人民共和国交通运输部于 2021 年 3 月颁布的《海船船员培训大纲(2021 版)》(以下简称《大纲》)为依据,参照《1978 年海员培训、发证和值班标准国际公约马尼拉修正案》,结合目前海上船舶工作实际,以"工作实用"和"考证够用"为原则编写,充分体现了以突出实践技能为本位的职业教育特色。

本书内容涵盖《大纲》中"值班水手理论知识和实践技能适任要求",沿袭第一版的"以项目为导向,以任务为驱动"的职业教育特点,内容广泛又不失精炼,由浅入深,既可作为航海院校航海技术专业学生和值班水手考证班学员教学用书,也可作为甲板部船员工作参考用书,对于提高甲板部船员的业务水平和实践技能均具有实际的指导意义。对比第一版,全书章节结构做了全面调整,改变全书分业务理论和实操技能两篇的传统,遵循《大纲》中职能模块的划分,将全书分为航行职能、货物装卸职能、船舶作业管理和人员管理职能、维护和修理职能四部分,将同一项目的理论和技能训练整合到一起,极大地方便了"理实一体化"职业教学需求;同时,补充了海员职业特性和职业道德等思政元素,增加了罗经、舵设备、新型搜救雷达应答器、甲板保养设备等内容介绍,修订了值班规则等法规内容和技能训练的大量插图,等等。修订后的第二版,具有更好的实用性。

本书由尹桂强、王学法、张卫前任主编,由王大安、李生、解国强、孟健任副主编,由王成海任主审。第一部分的项目一、项目二由张卫前编写,项目三由王大安编写,项目四由解国强编写,项目五、项目六由尹桂强编写,项目七由孟健编写;第二部分的项目一由王学法编写,项目二、项目三由解国强编写;第三部分的项目一、项目二由李生编写,项目三、项目四由王学法编写;第四部分的项目一、项目二由孟健编写。全书由尹桂强统稿。

本书编写力求概念清楚,理论正确,重点突出,条理清晰,文字通顺,理论联系实际。本书在编写过程中得到了中华人民共和国山东海事局、山东省各兄弟航海院校、航运企业有关专家及同行的大力支持和帮助,在此谨表示衷心的感谢。

由于编者水平有限,不当之处在所难免,恳请广大同行和读者批评指正。

编 者
2023 年 10 月

第一版前言

本书以中华人民共和国交通运输部于 2017 年 3 月发布的《海船船员培训大纲(2016 版)》(以下简称《大纲》)为依据,参照《1978 年海员培训、发证和值班标准国际公约马尼拉修正案》,结合目前海上船舶工作实际,以"工作实用"和"考证够用"为原则编写,充分体现了以突出实践技能为本位的职业教育特色,具有较强的实用性。

本书内容涵盖《大纲》中"值班水手适任培训要求",涉及航行、货物装卸、船舶作业管理和人员管理、维护和修理职能等模块,内容广泛又不失精炼,由浅入深,既可作为航海院校航海技术专业学生和值班水手考证班学员教学用书,也可作为甲板部船员工作参考用书,对提高甲板部船员的业务水平和实践技能均具有实际的指导意义。

本书由尹桂强、王学法、张卫前任主编,由王大安、李生任副主编,由孟祥武任主审。全书分值班水手业务和值班水手技能两篇,第一篇的项目一、项目四由王大安编写,项目二、项目三由张卫前编写,项目五、项目六由尹桂强编写;第二篇的项目一、项目二、项目三、项目四由王学法编写,项目五、项目六、项目七、项目八由李生编写,项目九由尹桂强编写。全书由尹桂强统稿。

本书编写力求概念清楚,理论正确,重点突出,条理清晰,文字通顺,理论联系实际。本书在编写过程中得到了中华人民共和国山东海事局,山东省各兄弟航海院校、航运企业有关专家及同行的大力支持和帮助,在此谨表示衷心的感谢。

由于编者水平有限,不当之处在所难免,恳请广大同行和读者批评指正。

编　者
2017 年 12 月

目　　录

第四部分　维护和修理职能

第一部分

航行职能

项目一 航海基础知识

【知识目标】

1.使学员了解海员的职业特性与职业道德；
2.使学员掌握地理坐标的表示方式；
3.使学员掌握海上方位的划分和舷角的概念；
4.使学员掌握海上距离单位、航速和航程的概念；
5.使学员了解海上常见助航标志的种类及含义。

【能力目标】

1.具有在海图、航海仪器上读取地理坐标的能力；
2.具有能够在海上分辨方向、确定航向,准确表述舷角的能力；
3.具有正确计算航速和航程的能力；
4.具有能够分辨海上常见助航标志的能力。

【内容摘要】

本项目主要介绍海员的职业道德及航海基础知识。通过对地理坐标,海上方位的划分和舷角的概念,海上距离单位、航速和航程的概念,海上常见助航标志等知识的学习,学员能够掌握航海基本技能,为后续章节的学习打下基础。

任务 1 了解海员的职业特性与职业道德

职业道德规范是劳动者在长期的职业劳动实践中反复积累、逐步形成的,它是一定社会对劳动者在劳动中必须遵守的基本行为准则的概括和提炼。它源于劳动者的道德生活实践,又高于劳动者的道德生活实践,因而对劳动者在劳动中的道德行为有着巨大的调控和导向作用。

一、现代海员的职业特性

现代海员有着不同于以往历史时期的职业特性,具有鲜明的时代特征。职业特性是培养职业道德的基础,同时,海员的职业特性也规定和影响着职业道德的形成与发展。

1.海员普遍性的职业特性

（1）开放性与封闭性

远洋船舶劈波斩浪，漂洋过海，穿梭于五大洲，船员们耳闻目睹各国不同的社会风貌和风土人情，接触到不同肤色的人，周游列国，见多识广，其职业具有其他职业所无法比拟的开放性特征。然而，从另一个角度看，海员工作、生活在船舶这个有限的空间内，其职业又具有相对封闭的特征。

（2）独立性与群体性

远洋船舶往往长期远离祖国，航行在世界各个国家和地区的千余个港口，每艘船都代表着我国流动的国土。远洋船员有着维护祖国尊严和主权的神圣职责，其工作性质涉及经济、政治、军事、技术等方方面面。一艘船是一个有凝聚力的集体，遇到复杂和突变情况，要靠船长领导全体船员果断处理。船舶上所有船员岗位明确，职责到位。这种长期漂泊于大海的实际状况要求远洋船员具有高度的独立性。

远洋航行是集体生活的整体行为。一旦登上远洋船舶，全体船员就构成了一个同舟共济、生死相依的集体。共同的事业和命运把船员们紧紧地联系在一起，朝夕相处，患难与共，因而远洋船舶具有较强的群体性。

（3）技术性与风险性

航海是一种技术性很强的职业。海员若没有较高的技术水平和较强的业务能力与应变能力，就很难保证船舶在大海中能够安全行驶。随着航海技术的发展，船舶自动化的程度不断提高，现代海员需要掌握的新知识、新技术越来越多。此外，新航线的不断开通，航道、码头设备与管理的不断升级，货物种类的不断增加，船员职责的不断重叠，世界性航运规则与公约的不断出台，对外劳务输出的不断扩大等均对现代海员的综合素质与技术水平提出了新的更高的要求，航海职业的技术性特征将越来越突出。

远洋运输属于高风险行业。虽然现代化船舶力求将各类风险降至最低，但是变化莫测的大自然仍使航海具有很大的风险。随着国际航运事业的发展，船舶的数量不断增加并向大型化、高速化发展，船舶避碰的形势也越来越复杂。凡此种种均给航海事业增加了风险。

（4）复杂性与管理性

远洋运输情况比较复杂，包括航区、航线复杂，货品复杂，港口环境复杂，远洋船员思想状况复杂等。因此对船员的业务和政治素质要求很高，任何不妥或越轨的言行都有可能酿成祸事。

现代海员职业的管理性体现为：船员各司其职，顶班操作，对船舶维修保养和严格管理不可有一丝一毫的疏忽。现代化船舶结构复杂，更需要船员具备高度的管理意识与水平。管理水平的高低，决定着航运企业的生死存亡。

（5）涉外性与国防性

我国远洋船舶航行于世界150多个国家和地区的1 100多个港口。现代的中国海员在从事跨国商贸活动中，承担着民间外交和和平友好使者的使命，代表中国人民与世界各国人民友好交往。他们有着清醒的头脑及较高的政策水平，洞悉国内外形势，自觉地维护祖国的尊严，为祖国的繁荣与富强而工作；同时，他们还具有较高的文化修养和较丰富的社交知识，谙熟外交礼仪，身体强健，仪表端庄，热情豪爽，不卑不亢，落落大方，素有"民间外交家"的美称。

我国远洋运输船员，在和平环境中为祖国现代化建设而努力奋斗，到战时应责无旁贷地承担起保卫祖国和世界和平的神圣使命,在我国国防建设中起着不容忽视的特殊作用,因而海员职业不仅具有涉外性,而且具有国防性的特点。

(6)艰苦性与豪迈性

自古流传着这样一句话:"世上活路三行苦,撑船打铁磨豆腐。"虽然时代迥异,船舶的装备越来越先进,但是无论如何也改变不了船员在风浪中的颠簸摇荡之苦、与家人的长久离别之苦和业余生活中的寂寞单调之苦。现代海员的工作环境、生活环境比较特殊和艰苦。

虽然海员职业是艰苦的,但是他们本着爱国奉献的宗旨,藐视困难,乐于吃苦,以苦为乐。他们周游全球,见多识广,充满着激情与豪迈。当巨轮远航归来,徐徐靠上码头之际,海员的心中都充满了成就感、自豪感,回到祖国、见到亲人的欣喜之情更是溢于言表。由此可见,航海职业具有豪迈性的特点。

2.海员特殊性的职业特点

(1)绝对服从

现代海员应以服从命令为天职,用严格的纪律来约束自己,一切服从船舶运营大局,不得有丝毫的差错。远洋船舶运营是个严格的体系,在这个体系下,若出现哪怕一丁点儿的差错,就容易导致船毁人亡的惨剧发生,造成财产的巨大损失。据国际海事组织(IMO)的统计,国际上所发生的海难事故有80%是责任事故,是人为因素造成的,是可以避免的,其中与船员不服从指挥及违反操作规程有很大关系。随着中国海员劳务输出规模的不断扩大,对船员的服从性要求越来越严格。因此,远洋船员的职业首先要求船员必须服从命令、听从指挥。

(2)流动频繁

远洋运输流动分散,船舶日夜不停地航行。船员岗位分明,各司其职,各个部门、各个工种都要连续作业,不能间断。他们是三班轮值六班制,每天有两次上下班的时间。船舶进出港区遇到特殊情况时,有时还要连续工作十几个小时甚至几十个小时。此外,船员流动性大。就一艘船而言,几乎每个航次人员都要变动,重新组合调整,内部组织经常变化,时常是船员们在一艘船上刚刚熟悉,下一个航次开航时又换了一批新面孔。

(3)单调闭塞

船员的业余生活比较单调、封闭。他们在远离陆地的大洋中连续航行几天、十几天,看不见海岸,看不见人烟,没有电视、报纸,也没有网络,与外界基本隔绝,无法满足正常人对信息的需求。白天四周除了海就是天,夜间漆黑一片。逢年过节又不能与亲人团聚,日复一日,船员的耐性与毅力必然要经受考验。因而要想当好一名船员,必须耐得住寂寞、经得住考验,培养多种兴趣来丰富自己的业余生活。

二、海员道德的基本原则

海员道德规范体系的内容十分丰富,其中海员道德的基本原则是道德规范体系的核心与支柱,最基本的道德原则可以概括为两条:

1.集体主义原则

集体主义原则是人类道德规范体系的基本原则,是一种传统的高尚的人类伦理原则,也是海员道德的首要原则。

（1）从国家、企业和人民的利益出发，坚持集体利益高于海员个人利益，海员个人利益服从集体利益。

（2）在保证集体利益的前提下，尽量满足海员个人的正当利益，将集体利益和个人利益结合起来，创造实现个人价值的条件。

（3）当集体利益与个人利益发生矛盾时，海员个人利益必须无条件地服从集体利益。

（4）严格执行与企业签订的劳动合同，认真履行合同规定的全部条款，全心全意地为航运企业提供一流的服务，自觉维护企业形象，为企业增效尽心尽力。

2.爱国主义原则

爱国主义作为海员道德规范体系的基本原则，是由海员的职业特点所决定的。

爱国主义是千百年来人们巩固发展起来的对自己祖国的一种最深厚的感情，爱国主义是中国人民 21 世纪增强凝聚力的一面旗帜，爱国主义是在世界范围内调整个人与国家和民族关系的道德标准，爱国主义也是中华民族最具魅力的传统美德之一。远洋船员浪迹天涯，周游世界，与世界各国有着多方位的联系，接触不同性质的国家，容易受到各种诱惑，受到的考验远比从事其他职业的国人更为严峻。因此，爱国主义应是对中国海员无条件的道德要求，它规定海员无论在任何情况下都必须受此约束。

人们常把祖国比成母亲，一个人如果连自己的母亲都不爱，还有何道德可言？因此，海员若不爱国，那么其他的道德规范和范畴也无从谈起。爱国是用来衡量海员心灵善、恶、美、丑的道德尺度。因此，爱国主义原则构成了海员道德体系的核心部分，规定着海员行为的社会影响，形成了对海员最一般形式的道德要求。

集体主义原则与爱国主义原则构成了海员道德的基本原则，构成了海员道德的庞大体系的基石。

三、海员道德的基本规范

没有规矩不成方圆，没有规范不成社会。海员道德规范是指从事航海职业的人员在从事航海的劳动过程中所应遵循的职业行为要求，是海员道德原则和范畴的具体化。

1.热爱祖国、热爱航海

热爱祖国、热爱航海是海员最基本的道德素质，是海员职业道德规范的首要要求。

热爱祖国、忠于祖国是中华民族的传统美德，是我国海员的光荣传统，也是爱国主义原则的具体体现。作为一名远洋船员，应做到以下三点：

（1）要做到无论在何时何地都要维护祖国的尊严，保持民族自尊心，不为金钱物质利益诱惑所动，不损害中国人的形象。

（2）在任何情况下都要忠于祖国，忠于人民，永不叛国。

（3）要把爱国之情化为报国之志和效国之行，用高尚的人格、精湛的技艺、美好的行为为祖国争光。

热爱航海，首先要充分认识到航海事业在国民经济中的重要地位与作用。船员应当有光荣感与自豪感，有远大的职业理想，热爱海洋，热爱岗位，要有一辈子献身航海的决心与勇气，要靠对航运事业的热爱去藐视、克服困难，力争为祖国的航运事业多做贡献。

热爱航海就要有一种乐于奉献的精神。一名合格的远洋船员应该以献身祖国的航运事业为最高理想。伟大的动机产生伟大的理想，一个人有了这样的理想，就一定能够克服重重困难，成为一名出色的海员。

2.爱岗敬业、责任如山

爱岗敬业，是热爱祖国与热爱航海的具体化。爱岗敬业是20世纪90年代后期兴起的一种被赋予新内涵的职业道德规范。今天不敬业，明天就失业；今天不爱岗，明天就下岗；今天不努力工作，明天就要努力找工作。以上这些说法说明爱岗敬业不仅与国、与民、与企业关系重大，而且与自身利益关系密切。要树立强烈的竞争意识，要有危机感、紧迫感、责任感，彻底摒弃那些把工作当成应付上级检查、得过且过、不讲究效率和质量、处于被动状态、讨价还价、缺乏责任心、在船混航时等与敬业精神相悖的表现，真正做到爱国、爱海、爱岗敬业。

工作责任心能体现一个人的敬业精神。敬业，就是要尊重自己的工作，工作时要投入自己的全部身心，甚至把它当成自己的私事，无论怎么付出都心甘情愿，并且能够善始善终。如果一个人能这样对待工作，那么一定有一种神奇的力量在支撑着他的内心，这就是现在所说的职业道德。在人类历史上，职业道德一贯为人们所重视，而在世界发展日新月异的今天，它更是一切想成就一番大业者不可或缺的条件。

无数事故案例告诉我们，大多数事故的发生都因船员的工作疏忽，责任心不强而造成。船上工作一个萝卜一个坑，任何地方、任何环节都不能出任何差错，容不得半点疏忽和大意，要不然就会出大事。这不仅是工作业务技术问题，更是工作责任心、事业心强不强的问题。

3.安全第一、服从指挥

安全是航海人永恒的话题。安全第一，安全为本，安全是效益，安全是幸福，安全是生命。每名海员均要牢牢树立安全第一的思想，做到一切行动服从指挥。确保在大海中行船平安无险是海员道德基本的、重要的规范。为了确保安全第一，必须做到以下三点：

(1)确立安全意识

安全意识是搞好航运事业的重要基础与保证，安全要年年讲、月月讲、天天讲，人人讲安全，人人保安全，每名海员都要努力培养自己的安全意识。可是，长期以来，有些海员安全意识淡漠。有人错误地认为："船舶年年平安，事故不会那么凑巧偏出在我的身上。"这种意识往往构成了事故发生的隐患。须知，昨天的安全并不代表今天的安全，更不能代表明天的安全。该船员所在的船舶虽然没有出事故，但是并不能说明在安全管理上没有隐患和疏漏，也不能代表所有的船舶都不出事故。触目惊心的海难事故应使广大海员在头脑中绷紧安全这根弦。要充分认识到：一方面，安全是企业效益的保证，是打开市场的最好通行证；另一方面，安全也是家庭幸福的保证。有人说："在战争中，小不忍则乱大谋；在安全上，小不防则酿大祸。没有船舶安全，就没有船员的家庭幸福可言。"因此，可以从伦理的高度来认识培养安全意识的重要性。不安全的行为就是不道德的行为，它有损于国家、有损于企业、有损于家庭，是对企业、家庭缺乏责任感的表现。公司把一艘船交给我们，就等于把上亿元的财产、几十条生命、几十个家庭都系于我们一身，责任重于泰山，绝不能有任何大意和疏忽。每一个海员都要让安全意识在头脑中深深扎根。

(2)严格遵守职业纪律和各项规章制度，保证船舶安全航行

海员要养成自觉的习惯，在工作中一丝不苟地服从命令、听从指挥，扎扎实实地做好每一

项本职工作,遵章守规,保证船舶安全行驶。

形形色色的海损事故提醒海员,要时刻牢记安全第一的宗旨,严格按照相关规定和操作规程,按章指挥,按章作业,遵守劳动纪律,做到一切有章可循,杜绝一切不安全因素,确保船舶安全。

(3)严格遵守国际、国内与本职工作紧密相关的法律、法规、公约、条约及条例

海员本身是中华人民共和国公民,应当认真遵守我国的宪法和法律,同时还要认真遵守与职业密切相关的国际法律、法规、公约,诸如国际上各种安全公约、避碰规则、船舶营运条例等,并且要熟悉所到国家港口的地方性法律、法规,还要遵守我国有关部门制定的外事纪律与各种涉外规定。

对于船员的职业操守,良好的服从意识是排在第一位的。服从是指下级服从上级,全船服从船长,各船服从公司;服从是指在工作上要绝对服从,没有任何讨价还价的余地。因为船上的力量有限,只有大家服从,才能将有限的力量集中到一起,发挥出最大的效力。因此在服从时应该立即、无条件、不打折扣地服从于上级的命令。如果对上级的命令有不同意见,只有在执行完命令之后才有权利向上级解释自己的想法。但是绝对服从不等于盲目服从,当感觉服从一个命令会立即威胁到个人生命、船舶安全时,一定要向上级提出自己的意见,一定要在得到确切的答复之后再执行。

4.开拓创新,优质服务

从某种意义上说,开拓创新是为了优质服务,而优质服务必须开拓创新。开拓创新与优质服务是海员职业道德的基本规范之一,也是航运企业保持蓬勃的生命力与长盛不衰的竞争力的动力与源泉。

优质服务就是要为船舶所有人、承租人、货主的利益着想,多为他们排忧解难,提供优质、高效的服务。在当前国际国内航运业竞争日益激烈的情况下,优质服务与经济效益的提高关系更为密切,因此,广大船员必须全心全意地为服务对象提供最优质的服务。

怎样才能做到优质服务呢?首先,要树立全心全意为船舶所有人、承租人、货主服务的思想,坚持信誉第一。其次,要努力做到安全、准时、保证货运质量。最后,优质服务要特别注意保证船期,多装快跑,为承租人或货主多创效益。

5.团结协作,同舟共济

远洋船员为了一个共同的理想,从祖国各地走到一艘船上,长年共同工作、学习、生活在一起,远比在陆地工作的人更需要明确团结协作的重要意义。全体船员需要一起经风浪、历险情,不仅要经受大自然的严峻考验,而且要迎接各种意外事件的挑战。一艘船如果离开全体船员的团结协作,就不能顺利地抵达彼岸,所以说船上更需要牢固的凝聚力。有人用"有福同享、有难同当、情同手足、生死与共"来形容一艘船上船员的关系是很贴切的。同舟共济是远洋船员的传统美德,这是由这一职业特点所决定的。

6.爱船如家,精于管理

船舶是船员的谋生之所、衣食之源,没有船舶就不会有船员,船员同船舶命运相连。从这些浅显的道理可以看出培养远洋船员爱船如家的职业道德的必要性。精于管理与爱船如家有着密切的内在联系,只有精于管理,才能做到爱船如家。

7.遵守环保法规,增强环保意识

海员要增强环保意识和公德意识,积极维护生态平衡,保持大海的清澈湛蓝,保护资源,保护环境,珍惜和爱护地球上的生物,做地球村的文明公民。这是一种道德责任,也是一种道德义务。

四、海员道德品质

海员道德品质的形成过程是一个将海员外在道德观念内化为内心道德信念的过程。

海员必备的道德品质可概括为以下几个方面:

1.诚信

诚信就是要诚实,守信用,诚实做人,诚实做事,实事求是。诚信是中华民族的传统美德,也是中国海员必备的基本道德品质。

2.勤奋

勤奋就是自强不息,奋发向上,开拓进取,创新求变,勤学苦练。海员勤奋的品质表现为孜孜不倦地做好本职工作,争分夺秒、精益求精地钻研技术和业务知识,掌握最新的科技发展动态与信息,与世界航运业发展保持同步。

3.勇敢

航海是勇敢者的事业,作为一名搏击风浪的海员,要具备不畏艰险、奋勇向前的品质,这是航海者引以为豪的突出品质。具有这种品质的海员在日常生活中不怕苦、不怕累,勇于挑重担,乐于承担责任,危险时刻敢于拼尽全力与惊涛骇浪反复较量,在出现各种险情以及人为的争端时,能够做到奋不顾身或伸张正义,主持公道,大义凛然。

4.节制

节制通常指人对自身欲望、情感、爱好、习惯的合理控制。由于海员职业的特点,他们在泛海航行时比起在陆地工作的人们更应有效地培养与练就这种品质,面对五光十色的物质诱惑、情感诱惑、不良嗜好诱惑均要节制,在日常生活中言行要做到有尺有度,保持高度的理性,不能随心所欲或放纵无度。

5.谨慎

谨慎是海员特有的品质。谨慎通常指对外界事物或自己的言行密切关注,以免发生差错、不利或不幸的事情。

6.自尊

自尊是指尊重自己,不向别人卑躬屈膝,也不容许别人对自己歧视和侮辱。这是海员必备的一种道德品质。平心而论,自尊心是每个正直的公民都应具有的品质,海员尤其应有民族自尊心和自豪感,对我国社会主义现代化大业和祖国的未来充满信心,不允许少数对我国人民抱有偏见的外国人或少数敌对分子歧视、贬损、侮辱我们的国家和民族,同时对自己的工作充满自信、自重、自爱和自尊。海员在对外交往中和在外国船员面前要保持不卑不亢、落落大方。

此外,海员还应具有朴素、公正、谦虚、豁达、仁爱、无私等优良品质。随着时代的发展和科技的进步,海员道德品质的内容也应不断地丰富、更新、调整与完善。

五、船员职责

《中华人民共和国船员条例》规定,船员在船工作期间,应当符合下列要求:

1.携带本条例规定的有效证件;

2.掌握船舶的适航状况和航线的通航保障情况,以及有关航区气象、海况等必要的信息;

3.遵守船舶的管理制度和值班规定,按照水上交通安全和防治船舶污染的操作规则操纵、控制和管理船舶,如实填写有关船舶法定文书,不得隐匿、篡改或者销毁有关船舶法定证书、文书;

4.参加船舶应急训练、演习,按照船舶应急部署的要求,落实各项应急预防措施;

5.遵守船舶报告制度,发现或者发生险情、事故、保安事件或者影响航行安全的情况,应当及时报告;

6.在不严重危及自身安全的情况下,尽力救助遇险人员;

7.不得利用船舶私载旅客、货物,不得携带违禁物品;

8.船长在其职权范围内发布的命令,船舶上所有人员必须执行;

9.高级船员应当组织下属船员执行船长命令,督促下属船员履行职责。

六、船员的节日

1.世界海员日

2010 年 6 月 25 日,国际海事组织(IMO)在菲律宾马尼拉外交级峰会上通过了《海员培训、发证和值班标准国际公约》(《STCW 公约》)及其相关规则的里程碑式的修订,为了向海员致敬,感谢其对人类和世界的贡献,鼓励各国政府及航运组织采取措施维护海员合法权益,吸引更多有志于航海事业的人,特地设立了年度纪念日"世界海员日"。

每年的世界海员日,IMO 都会确立一个主题,从不同的角度感谢船员并为船员提供更好的工作条件,让我们来回顾下历年的世界海员日主题吧。

2011 年——谢谢你,海员!

Thank you, seafarers!

2012 年——你与大海同来,感恩与你同在!

It came by sea, I can't live without it!

2013 年——海上面孔

Faces of the sea

2014 年——海员给我带来了……

Seafarers brought me...

2015 年——海员的职业生涯

Career At Sea

2016 年——远航,为了世界

At Sea for All

2017 年——海员很重要

Seafarers Matter

2018 年——幸福海员

Seafarers' wellbeing

2019 年——船上工作性别平等

I Am On Board with gender equality

2020 年——海员是关键工作者

Our Seafarers Are Key Workers

2021 年——为海员创造公平的未来

Fair Future for Seafarers

2022 年——过去和现在,分享你的旅程故事

Your voyage—then and now, share your journey

2023 年——海员对保护海洋环境的贡献

Seafarers' Contribution to Protect the Marine Environment

2.中国航海日

2005 年 4 月,国务院批准 7 月 11 日为"航海日",作为国家的重要节日固定下来,同时也作为"世界海事日"在我国的实施日期。2005 年 7 月 11 日,中国航海日正式启动,当天也是中国航海家郑和下西洋 600 周年纪念日。郑和七下西洋拉开了人类走向远洋的序幕,航海日当天,各地会举办多种庆祝活动,相关船舶都要统一鸣笛一分钟。

任务 2　了解地理坐标

一、地球形状

地球自然表面的形状是非常复杂的,但从总体上看,可认为地球是一个不规则的椭圆体。航海上为了计算的方便,通常将地球近似地看成半径等于 6 366 707 m 的圆球体,并将该圆球体作为地球的第一近似体。

航海上需要较为准确的计算时,则将地球近似地看成两极略扁的(旋转)椭圆体,作为地球的第二近似体。旋转椭圆体是由椭圆 $P_N Q P_S Q'$ 绕其短轴(地轴)旋转而成的,如图 1-1-2-1 所示。

二、地理坐标

地理坐标(geographic coordinate)是用纬度、经度表示地面或海面上点位置的球面坐标。航海上船舶和物标的位置一般是用地理坐标来表示的。

1.地球上的基本点、线、圈

地理坐标是建立在地球椭圆体表面上的。要建立地理坐标,就必须掌握地球椭圆体表面

上基本的点、线、圈,如图 1-1-2-1 所示。

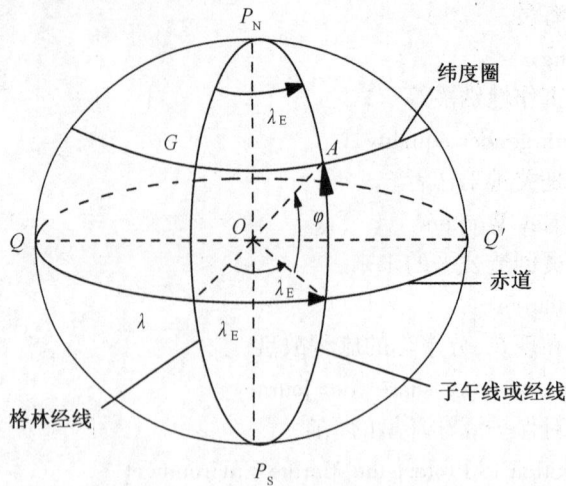

图 1-1-2-1　地理坐标

地轴:O 为地球椭圆体中心。椭圆 $P_N Q P_S Q'$ 的短轴 $P_N P_S$ 为地轴,即地球自转轴。

地极:地轴与地球表面相交的两个端点是地极。在北半球的称为北极 P_N,在南半球的称为南极 P_S。

赤道:通过地心,垂直于地轴的平面与地球表面的截痕(QQ')。它将地球分为南、北两个半球,包含北极的半球称为北半球,包含南极的半球称为南半球。

经线:又称子午线,通过地面某点并连接地球南北两极之间的半个大圆($P_N A P_S$)。

格林经线:又称本初子午线或零度经线,通过英国伦敦格林尼治天文台原址的经线($P_N G P_S$)。

纬度圈:与赤道平面平行的平面称为纬度圈平面,它与地球椭圆体表面相交的截痕是一个小圆,称为纬度圈。

地理坐标的基准圈是赤道和格林经线,坐标原点是赤道和格林经线的交点,辅助圈是纬线和经线。

2.地理纬度

地理纬度简称纬度(latitude):地球椭圆子午线上某点法线与赤道面的夹角,用φ或 Lat 表示。

度量方法是从赤道起,向北或向南计量,范围是 0°~90°,从赤道向北计量的叫北纬,用"N"表示;从赤道向南计量的叫南纬,用"S"表示。例如:北京的纬度是 39°54'.4 N,好望角的纬度是 34°21'.0 S。

纬度圈上任一点的纬度都是相等的。

3.地理经度

地理经度简称经度(longitude):格林经线与某点经线在赤道上所夹的劣弧长,或该劣弧所对的球心角(或极角),一般用λ或 Long 表示。

度量方法是从格林经线起,在赤道上向东或向西量到通过该点的经线止,范围是 0°~180°,从格林经线向东计算的叫东经,用"E"表示;从格林经线向西计算的叫西经,用"W"表示。例如:北京的经度是 $116°28'.2E$,纽约的经度是 $73°50'.0W$。

经线上所有点的经度都是相等的。

三、纬差和经差的计算

当船舶由一点航行至另一点时,它的地理坐标就发生了变化,其方向和大小的改变可用纬差和经差表示。

1.纬差

两点间的纬度之代数差称为纬差,即为两纬度圈在经线上所夹的弧长,用 $D\varphi$ 表示。

纬差有方向性,确定的原则是:以起始点的纬度为基准,到达点位于起始点的北面称为北纬差,用 N 标示;到达点位于起始点的南面称为南纬差,用 S 标示。

纬差的计算公式是:

$$D\varphi = \varphi_2 - \varphi_1$$

式中:φ_1、φ_2 分别为起始点的纬度和到达点的纬度。

计算中应注意:

(1)北纬取"+"值,南纬取"-"值。

(2)纬差也有符号,算得的纬差为"+"时,为北纬差;算得的纬差为"-"时,为南纬差。

在图 1-1-2-2 中,可以明显地看出起航点 A 和到达点 B 均位于北纬,纬度均为"+",两者之间的纬差为北纬差,也为"+"。

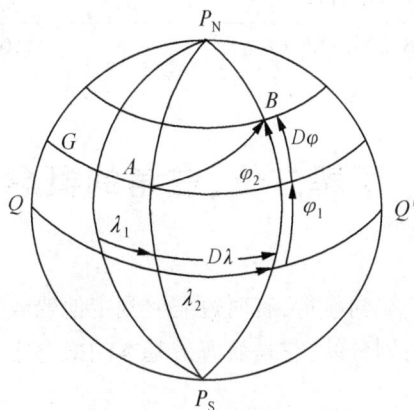

图 1-1-2-2 纬差和经差

2.经差

两点间的经度之代数差称为经差,即为两经线在赤道上所夹的短弧长,用 $D\lambda$ 表示。

经差有方向性,确定的原则是:以起始点的经度为基准,到达点位于起始点的东面称为东经差,用 E 标示;到达点位于起始点的西面称为西纬差,用 W 标示。

经差的计算公式是:

$$D\lambda = \lambda_2 - \lambda_1$$

式中:λ_1、λ_2 分别为起航点的经度和到达点的经度。

计算中应注意:

（1）东经取"+"值，西经取"-"值。

（2）经差也有符号，算得的经差为"+"时，为东经差；算得的经差为"-"时，为西经差；

（3）经差的绝对值应不大于180°，如果大于180°，则应用360°减去该值，并改变其原来的方向符号。

在图1-1-2-2中，可以明显地看出起航点 A 和到达点 B 均位于东经，经度均为"+"，两者之间的经差为东经差，也为"+"。

例 1-1-2-1：某船由 A 点（$\varphi_1 50°30'.0S$，$\lambda_1 120°42'.0E$）航至 B 点（$\varphi_2 68°48'.0N$，$\lambda_2 156°28'.0W$），求两点间纬差和经差。

解：

	φ_2	68°48′.0N（+）		λ_2	156°28′.0W（-）
-）	φ_1	50°30′.0S（-）	-）	λ_1	120°42′.0E（+）
	$D\varphi$	119°18′.0N（+）		$D\lambda$	277°10′.0W（-）
					082°50′.0E（+）

（=360°-277°10′.0）

例 1-1-2-2：某船由 A 点（$\varphi_1 43°37'.9N$，$\lambda_1 152°19'.7E$）航至 B 点，已知 A、B 两点间纬差 $D\varphi=05°18'.0N$，经差 $D\lambda=009°32'.5E$，求到达点的地理坐标。

解：

	φ_1	43°37′.9N（+）		λ_1	152°19′.7E（+）
+）	$D\varphi$	05°18′.0N（+）	+）	$D\lambda$	009°32′.5E（+）
	φ_2	48°55′.9N（+）		λ_2	161°52′.2E（+）

任务3 了解方位、舷角的概念和划分

船舶在海上需要按一定的航向航行，有时也需要测定他船或物标的方向。因此，在海上航行时船员必须知道方向是如何划分的，它是航海最基本的概念之一。

一、方向的确定与划分

1.测者地面真地平平面和测者真地平平面

与测者铅垂线相垂直的平面称为测者地平平面（horizon）。其中，通过测者眼睛的地平平面，称为测者地面真地平平面（sensible horizon）；通过地心的地平平面，称为测者真地平平面（true horizon）或天文地平平面（celestial horizon），测者真地平平面在天文航海中会涉及。

铅垂线是指通过测者眼睛，并与测者重力方向相重合的直线。由于地球内部物质的密度分布不均匀，地表的铅垂线并不一定都通过地球球心。但由于地球扁率很小，而半径很大，一般可近似地认为地球表面的所有铅垂线都是通过地球球心的，并且相邻各点的铅垂线是相互平行的。

2.方向的确定

测者周围的方向是在测者地面真地平平面上来确定的。如图 1-1-3-1 所示,假设观测者位于 A 点,眼高为 AA',$A'AO$ 是测者铅垂线,则:

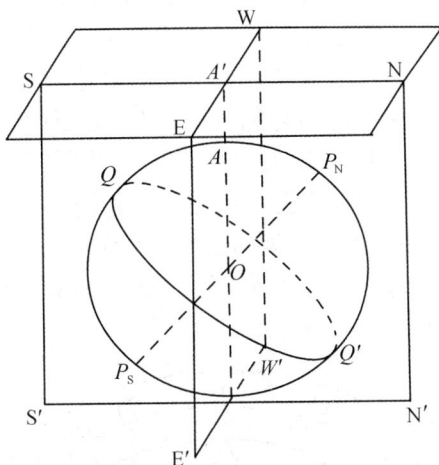

图 1-1-3-1　方向的确定

NESW 平面为测者地面真地平平面。

NN'S'S 是测者子午圈平面。

EWW'E' 是测者东西圈(prime vertical)平面,又称为测者卯酉圈平面,它是包含测者铅垂线并与测者子午圈平面垂直的平面。

南北线:NA'S 是测者子午圈平面与测者地面真地平平面的交线,是测者方向的基准线,称为南北线。其中,指向北极(P_N)的方向是正北(N)方向,其反方向为正南(S)方向。

东西线:EA'W 是测者东西圈平面与测者地面真地平平面的交线,称为东西线。当测者面北背南时,东西线的右方是正东(E)方向,左方是正西(W)方向。

位于不同地点的测者,其地面真地平平面、南北线和东西线是不同的。位于两极的测者无法确定北、东、南、西 4 个基本方向。位于北极的测者无正北方向,其任意方向都是正南方向;位于南极的测者,其任意方向都是正北方向。

3.方向的划分

仅在测者地面真地平平面上确定北、东、南、西 4 个方向还远远不能满足航海上的需要,必须将方向做进一步的划分。航海上常用的划分方法有以下三种:

(1)圆周法

以真(正)北为 000°,按顺时针方向计算至正东为 090°,正南为 180°,正西为 270°,再计算至正北为 360°,取值范围为 000°~360°。圆周法始终用三位数字来表示方向,它是航海上最常用的表示方向的方法。

(2)半圆法

以正北或正南为 000°,向东或向西计算至正南或正北,取值范围为 000°~180°。由于向东和向西计算有相同的度数,因此在表示度数的同时,还应表明计算基准和计算方向,即在度数的后面,标出两个字母,第一个字母表示计算的基准点(北或南),第二个字母表示计算的方向

（东或西），如 135°SW，即由南开始向西计算至 135° 的方向；045°NE，即由北开始向东计算至 045° 的方向。半圆法常用来表示天体的方位。

（3）罗经点法

北、东、南、西通常也称为 4 个方向基点。等分北、东、南、西 4 个方向基点之间地面真地平平面上的方向叫作隅点，其名称是由 2 个基点名称组成的，即东北（NE）、东南（SE）、西南（SW）和西北（NW）4 个隅点。等分基点和隅点之间地面真地平平面上的方向，叫作三字点，其名称是由基点名称之后加上隅点的名称构成的，即北北东（NNE）、东北东（ENE）、东南东（ESE）、南南东（SSE）、南南西（SSW）、西南西（WSW）、西北西（WNW）和北北西（NNW）8 个三字点。除了上述16个主要的点外，为了更细致地划分，还可以再将加以等分而得出另外的16 个点，即等分基点或隅点与三字点之间地面真地平平面上的方向，叫作偏点，其名称是由在基点或隅点名称之后加上偏向的方向组成的，如北偏东（N/E）、东北偏东（NE/E）、西南偏西（SW/W）等共 16 个偏点，如图 1-1-3-2 所示。

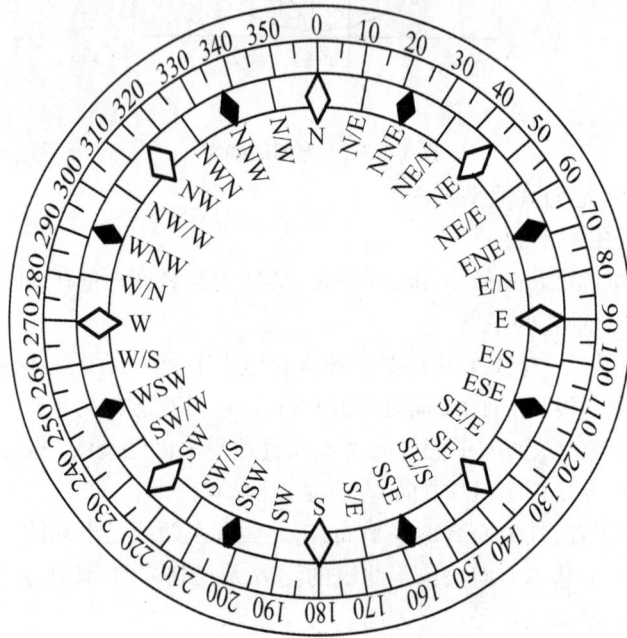

图 1-1-3-2 罗经点方向

4 个基点，4 个隅点，8 个三字点和 16 个偏点，共计 32 个方向点，称为 32 个罗经点。通常罗经点可以被认为是相邻两个罗经点方向之间的度数，因此：

$$1 \text{ 点} = 360°/32 = 11°.25 \text{ 或 } 4 \text{ 点} = 45°$$

罗经点在过去曾广泛地运用在航海上，但由于罗经点方向划分不够准确，目前仅用它表示风、流等的大概方向，或用以报告目标的大致方位。

4.方向划分系统的换算

（1）半圆法换成圆周法

在北东（NE）半圆，圆周度数等于半圆周度数，但必须用三位数表示；

在南东（SE）半圆，圆周度数等于180°减去半圆周度数；

在南西(SW)半圆,圆周度数等于180°加上半圆周度数;

在北西(NW)半圆,圆周度数等于360°减去半圆周度数。

例 1-1-3-1:将下列半圆法方向换成圆周法方向。

解: 半圆法方向　　　　圆周法方向

145°NE　　　　145°

045°SE　　　　180°-045°=135°

100°SE　　　　180°+100°=280°

120°NW　　　　360°-120°=240°

(2)罗经点换算成圆周法

因为 1 点=11°.25,所以圆周法方向=11°.25×罗经点数。

例 1-1-3-2:将方向点 SW/W 换成圆周法度数。

解:方向点(隅点)SW 在罗经点法中是第 20 个点,SW/W 是自 SW 向 W(右)偏一个罗经点,故 SW/W 是第 21 个罗经点,因此将它换算成圆周法时:

SW/W=11°.25×21=236°.25

二、航向、方位和舷角

在地面真地平平面上,以基准北确定的船舶的航向和物标的方位统称为向位。航海上经常遇到的两种方向是船舶航行方向(航向,course)和物标方向(方位,bearing)。

当船舶无横倾时,通过船舶铅垂线的纵剖面是船舶的首尾面;它与测者地面真地平平面相交的直线叫作船首尾线(fore and aft line)。船首尾线向船首方向的延伸线叫作航向线(course line,代号 CL)。船舶航行的方向,即从基准北顺时针方向计量至航向线的角度叫作航向。航海上有时用船首向(heading,代号 Hdg)来表示在任何情况下船舶某一瞬间的船首方向或瞬时航向。在地球表面上连接测者与物标的大圆 AM 叫作物标的方位圈,而物标方位圈平面与测者地面真地平平面相交的直线 A'M'叫作物标的方位线(bearing line,代号 BL)。物标的水平方向即从基准北顺时针方向计量至物标方位线的角度叫作物标的方位。航向、方位通常采用圆周法以整度三位数表示,精确计算时也常要求在三位整数后另加一位小数。

1.真向位

在地面真地平平面上,以真(正)北方向为基准所确定的船舶航向和物标方位统称为真向位,如图 1-1-3-3 所示。

(1)真航向(true course,代号 TC)

船舶航行时,在船上测者的地面真地平平面上,从真(正)北方向(true north,N_T)顺时针计量至航向线的角度叫作船舶的真航向。它在地面上是从测者子午圈平面至船舶首尾面之间的两面角。

(2)真方位(true bearing,代号 TB)

在测者地面真地平平面上,从真北方向顺时针计量至物标方位线的角度叫作物标的真方位。它在地面上是从测者子午圈平面至物标方位圈平面之间的两面角。

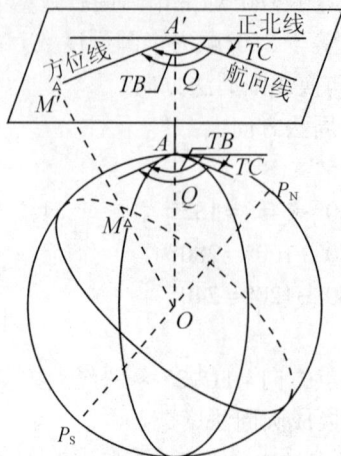

图 1-1-3-3　航向、方位和航角

（3）舷角（relative bearing，代号 Q）

在测者地面真地平平面上，以航向线为基准，从航向线至方位线之间的夹角叫作舷角（有时也称相对方位）。它是以船首方向为 0°，顺时针方向由 0°~360° 计量，计量至物标的方位线；或以船首方向为 0°，向右或向左由 0°~180° 计量，计量至物标的方位线，它们分别叫作物标的右舷角 $Q_右$ 或左舷角 $Q_左$。在地面上，舷角是船首尾面和地面相交的大圆与物标方位圈平面之间的球面角。当舷角 $Q=090°$ 或 $Q_右=90°$ 时，叫作物标的右正横；当 $Q=270°$ 或 $Q_左=90°$ 时，叫作物标的左正横；右正横和左正横统称为物标的正横（abeam）。

（4）航向、方位和舷角的关系

物标的真方位是以测者的真北方向线为基准度量的，它与航向变化无关。也就是说，如果测者位置不变，虽然航向改变了，但是物标的真方位是不变的。物标舷角是以艏艉线为基准度量的，因此航向改变后，舷角也就随着改变。航向、方位和舷角的关系是：

$$TB=TC+Q \text{ 或 } TB=TC+Q \begin{cases} Q_右 为（+） \\ Q_左 为（-） \end{cases}$$

由于航向、方位的范围为 0°~360°，计算航向、方位的结果如得负值，则应该加上 360°；如大于 360°，则应将计算结果减去 360°。

例 1-1-3-3：某船真航向 235°，测得 A 物标在右舷 036°，B 物标舷角 Q_B 为 315°，求 A、B 物标的真方位。

解：如图 1-1-3-4（a）所示，A 物标在右舷 036°，即 A 物标舷角 $Q_A=036°$

$$
\begin{aligned}
TB_A &= TC+Q_A \\
&= 235°+036° \\
&= 271° \\
TB_B &= TC+Q_B \\
&= 235°+315° \\
&= 550° 即 190°
\end{aligned}
$$

— 18 —

例 1-1-3-4:某船真航向 075°,求 M 物标左正横时的真方位。

解:如图 1-1-3-4(b)所示

$$TB = TC + Q_左$$
$$= 075° - 090°$$
$$= -015° 即 345°$$

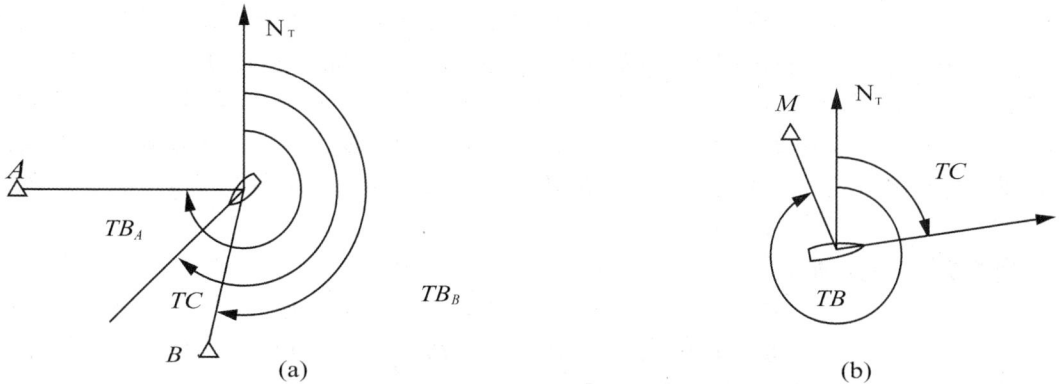

图 1-1-3-4 例题图

2.罗经向位

航海上测定航向和方位的仪器是罗经(compass)。目前船上配备的罗经有磁罗经(magnetic compass)和陀螺罗经(gyrocompass)(俗称"电罗经")两大类型。

(1)磁罗经

磁罗经是由指南针演变发展而来的。它是根据水平平面内自由旋转的磁针在地磁力的作用下能指向磁北的原理制成的一种指向仪器。

按磁罗经有否液体分,有液体罗经和干罗经两类。按用途分,有标准罗经(standard magnetic compass)、操舵罗经(steering magnetic compass)、应急罗经(emergency magnetic compass)、救生艇罗经(life-boat compass)和哑罗经等。

磁罗经主要由罗经柜(compass binnacle)、罗经盆(compass bowl)和自差校正器(deviation corrector)组成。

(2)陀螺罗经

陀螺罗经是利用陀螺仪的基本特性———定轴性和旋转性,借助控制设备和阻尼设备,能自动找北、指北并精确地跟踪地理子午面的一种指向仪器。近代船用陀螺罗经,按结构特征和工作原理划分,可分为安许茨系列(ANSCHUTZ)、斯伯利系列(SPERRY)和阿玛-勃朗系列(ARMA-BROWN)等 3 个系列。任何一个系列的陀螺罗经,均由主罗经及其附属仪器组成。主罗经是陀螺罗经的主体,具有指示船舶航向的功能;附属仪器则是确保主罗经正常工作的必需设备。

磁罗经和陀螺罗经均有与指向部分同步转动的刻度盘,可以通过刻度盘读取航向和观测物标方位。但由于指向原理、构造和外部条件等方面原因,不论是磁罗经还是陀螺罗经,罗经刻度盘 0°所指示的航向和方位都不是真航向和真方位。磁罗经刻度盘 0°所指示的方向叫作罗北(compass north,N_C)。陀螺罗经刻度盘 0°所指的方向叫作陀螺罗经北(简称陀罗北)(gyrocompass north, N_G）。以罗北为基准计量的航向称为罗航向（compass course, CC），以陀罗北为基准计量的航向称为陀罗航向（gyrocompass course, GC）；以罗北为基准计量的方位称为罗方位（compass bearing, CB）；以陀罗北为基准计量的方位称为陀罗方位（gyrocompass bearing, GB）；罗航向和罗方位统称为罗经向位。

3.向位换算

航海上用磁罗经或陀螺罗经测定的航向和方位是罗航向和罗方位或陀罗航向和陀罗方位。如果将它们绘画在海图上，则必须先将其换算成以真北为基准的真航向和真方位；反之，如果我们在海图上绘算出以真北为基准的真航向和真方位后，实际执行时，还必须先将真航向和真方位换算成罗航向和罗方位或陀罗航向和陀罗方位。这种不同方位之间或不同航向之间换算的方法和过程称为向位换算，换算时，必须修正两个基准方向线间的夹角即罗经差。

向位换算的公式如下：

$$TC = GC + \Delta G = CC + \Delta C = CC + Var + Dev$$
$$TB = GB + \Delta G = CB + \Delta C = CB + Var + Dev$$

从向位换算可知，罗经差等于真向位和罗经向位之差。

罗经差分为陀螺罗经差（gyrocompass error, ΔG）与磁罗经差（compass error, ΔC）。

陀螺罗经差（ΔG）简称陀罗差，是陀罗北（N_G）偏离真北（N_T）的角度。陀罗北偏在真北的东面叫作东陀罗差或陀罗差偏低（low），在它的度数后面用符号"E"或在度数之前用"+"号表示，例如 $\Delta G = 2°.5E$ 或 $\Delta G = +2°.5$；陀罗北偏在真北的西面叫作西陀罗差或陀罗差偏高（high），在它的度数后用符号"W"或在度数前用"–"号表示，例如：$\Delta G = 2°.5W$ 或 $\Delta G = -2°.5$。陀罗差与航向无关，在陀螺罗经工作正常时，ΔG 是一个固定值，但在地理纬度变化时和航速改变时，ΔG 会发生变化。

磁罗经差（ΔC）简称罗经差，是船上磁罗经的指针在受到地磁和船磁合力的影响下指示的罗北（N_C）偏离真北（N_T）的角度，罗经差是磁差（variation, Var）与自差（deviation, Dev）的代数和，即 $\Delta C = Var + Dev$。

当罗北偏在真北的东面时叫作东罗经差，在它的度数后面用符号"E"或在度数之前用"+"号表示，例如：$\Delta C = 2°.5E$ 或 $\Delta C = +2°.5$，当罗北偏在真北的西面时叫作西罗经差，在它的度数后面用符号"W"或在度数之前用"–"号表示，例如：$\Delta C = 2°.5W$ 或 $\Delta C = -2°.5$。

磁差（Var）是磁北（N_M）（指放置在地球上的磁罗经仅受到地磁场作用时磁罗经刻度盘 0° 的方向在地面真地平平面上的投影）偏离真北（N_T）的角度。磁差不仅随着地区和时间的不同而变化，而且也受地磁异常和磁暴的影响。

自差（Dev）是罗北（N_C）偏离磁北（N_M）的角度。自差不仅随着航向的改变而变化，而且也受船磁和磁纬的影响。

例 1-1-3-5：已知罗航向 $CC = 044°$，物标 M 的罗方位 $CB = 095°$，罗经差 $\Delta C = 2°W$，求真航向和物标 M 的真方位。

解：如图 1-1-3-5 所示

$\Delta C = 2°W = -2°$

$TC = CC + \Delta C = 044° + (-2°) = 042°$

$TB = CB + \Delta C = 095° + (-2°) = 093°$

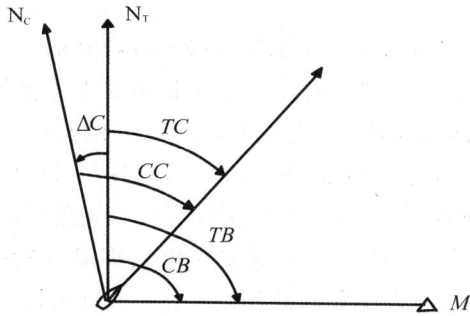

图 1-1-3-5　罗向位与真向位换算

例 1-1-3-6:已知真航向 $TC=043°$,物标 M 的真方位 $TB=094°$,陀罗差 $\Delta G=0°.7W$,求陀罗航向及物标 M 的陀罗方位。

解:如图 1-1-3-6 所示

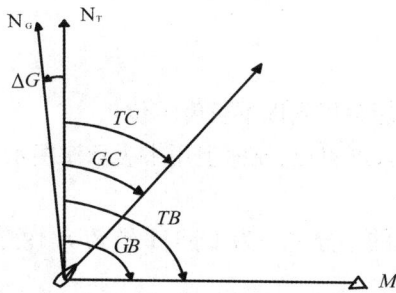

图 1-1-3-6　陀罗向位与真向位换算

$\Delta G=0°.7W=-0°.7$

$GC=TC-\Delta G=043°-(-0°.7)=043°.7$

$GB=TB-\Delta G=094°-(-0°.7)=094°.7$

任务4　了解距离的概念与航速、航程

一、航海上的距离单位

1.海里

航海上度量距离的长度单位为海里(nautical mile, n mile),它等于地球椭圆子午线纬度 1 分(′)所对应的弧长。

由于地球子午圈是一个椭圆,它在不同纬度处的曲率是不相同的,曲率半径小的弧长比曲率半径大的弧长要小,因此,纬度 1 分的子午线弧长是不相等的。可推导出椭圆子午线上纬度

1 分所对应弧长的公式为：

$$1 \text{ n mile} = 1\ 852.25 - 9.31\cos2\varphi(\text{m})$$

显然,椭圆子午线上纬度 1 分的弧长,即 1 n mile 的长度不是固定的,它是随着纬度的不同而略有差异的。当纬度 $\varphi = 0°$(即在赤道)时最短,为 1 842.94 m;当纬度 $\varphi = 90°$(即在两极)时最长,为 1 861.56 m。两地 1 n mile 的长度差值达最大,为 18.7 m。

为了航海上实际应用的需要,尤其是在使用计程仪计量航程时,必须用一个固定值作为 1 n mile 的统一长度。目前,我国和世界上大多数国家均采用 1929 年国际水文地理学会议推荐的 1 n mile = 1 852 m 作为统一的海里标准长度。这一长度恰好为纬度 44°14′处 1 分纬度的弧长,因此将 1 852 m 作为 1 n mile 的固定值去度量实际的距离时,在小于纬度 44°14′的地方,所量得的长度值比实际的长度值小;在大于纬度 44°14′的地方,所量得的长度值比实际的长度值大;在纬度 44°14′附近的地方,所量得的长度值与实际的长度值相差最小。为了减少度量距离误差,在海图上量取距离时应该在所量地区的平均纬度的纬度图尺上量取。

航海上,海里习惯上可用"′"表示(与表示地理坐标的单位分的符号相同),如 1 n mile 可记为 1′。

2.其他长度单位

在航海实际工作中,还可能会用到以下长度单位:

米(meter, m):国际通用长度单位,航海上用来表示海图水深、山高及灯高等,有时也用来度量距离。

链(cable, cab):1 n mile 的十分之一为 1 链,1 链约为 185.2 m。链是测量较近距离的长度单位。

在英文版航海图书资料中,用海里、码和英尺来度量距离,用英尺表示山高,用英尺和拓表示水深。

英尺(foot, ft):1 英尺 = 0.304 8 m。

码(yard, yd):1 码 = 3 ft 或 0.914 4 m。

拓(fathorm, fm):1 拓 = 6 ft 或 1.828 8 m。

二、航速与航程

1.航速(sailing speed)

航速即船舶在海上的航行速度,单位为节(knot, kn)。1 kn = 1 n mile/h。由于参照物不同,航速分为以下三种:

(1)船速(ship speed):船舶在静水(无风无流)中的航行速度称为船速。

(2)对水航速(speed through water):船舶相对于水的航行速度称为对水航速。船舶在航行中使用相对计程仪测定的速度就是对水速度,习惯上又称为计程仪航速用符号 V_L 表示。通常所说的航速是指船舶相对于水的速度。

(3)对地航速(speed over ground):船舶在风流和波浪等影响下相对于海底的航行速度称为对地航速,又称实际航速,用符号 V_G 表示。

从以上定义可知,船舶在有水流影响的海区航行时,船舶的实际航速应等于船舶相对于水

的速度与水流速度的矢量和,即:

$$\overrightarrow{实际航速} = \overrightarrow{对水航速} + \overrightarrow{流速}$$

2.航程

航程是船舶起航点至到达点航行的距离,单位是海里。

按照参照物的不同,航程可分为以下两种:

(1)对水航程:船舶相对于海水的航行距离。船舶在航行中使用相对计程仪计量的航程就是对水航程。

(2)对地航程:船舶相对于海底的航行距离,又称实际航程。绝对计程仪在其有效作用距离内计量的航程为实际航程。

与航速一样,在有水流影响时,实际航程、对水航程与流程的关系是:

$$\overrightarrow{实际航程} = \overrightarrow{对水航程} + \overrightarrow{流程}$$

顺流航行时,实际航程等于对水航程与流程之和;顶流航行时,实际航程等于对水航程与流程之差。

如:某船船速为 10 kn,流速为 1 kn。当船舶顺流航行时,1 h 船舶相对海底的实际航程应该是 11 n mile;而在顶流航行时,1 h 船舶相对海底的实际航程应该是 9 n mile。但不论是顺流航行或者是顶流航行,船舶 1 h 相对水的航程都是 10 n mile。

任务5 了解助航标志

在海上航行,正确辨认航标是正确利用航标引导船舶航行的前提。白天主要依据标志的形状、颜色、顶标来区分,夜间主要依据船舶位置与航标的相对位置和灯光的颜色、节奏及周期来区分。航海人员必须熟记中国海区水上助航标志制度、国际海区水上助航标志制度,正确识别每一具体的航标,确保航行安全。

1.航标的种类和作用

1)航标的作用

标示航道:在进港航道及岛岸明显处,设置引导标志或在水面上设立浮标、灯浮及灯船等航标,引导船舶沿航标所指定的航道航行。

供船舶定位:利用设置在陆上的航标或无线电航标测定船位。

标示危险物:标示航道附近的沉船、暗礁、浅滩及其他危险物,指引船舶避开这些危险物。

供特殊需要:标示锚地、海上作业区、禁区、渔区以及供船舶测定运动性能和罗经差使用的水域等。

2)航标的种类

(1)固定航标:固定航标是设置在岛屿、礁石、海岸等上面的航标。固定航标包括:

①灯塔:一般设置在显著的海岸、岬角、重要航道附近的陆地或岛屿上,以及港湾入口处。灯塔通常有专人看守,工作可靠,海图上位置准确,是陆标定位的良好标志,有的灯塔还附设音响信号、雾号和无线电信号等,如图 1-1-5-1 所示。

②灯桩:一般设置在航道附近的岛岸边,以及孤立的礁石上或港口附近的防波堤上。灯桩结构较为简单,灯火强度也较弱,一般无人看管,如图 1-1-5-2 所示。

③立标:一般设置在浅水区及水中礁石上,也有的设在岸上作为叠标或导标,用以引导船舶进出港口或测定船舶运动性能和罗经差。

图 1-1-5-1　灯塔

图 1-1-5-2　灯桩

(2)水上航标:水上航标是用锚或沉锤加锚链系留在预定海床上的浮标。水上航标包括:

①灯船:一般设置在周围无显著陆标又不便建造灯塔的重要航道附近,以引导船舶进出港口、避险等。灯光射程较远,可靠性较好,有的还有人看管,如图 1-1-5-3 所示。

②浮标:一般设置在海港和沿海航道以及水下危险物附近,一般不能用浮标来定位。装有发光器的浮标称为灯浮标,如图 1-1-5-4 所示。

图 1-1-5-3　灯船

图 1-1-5-4　浮标

2.中国水上助航标志

《中国海区水上助航标志》国家标准(GB 4696—2016)已于 2017 年 7 月 1 日付诸实施。该标准适用于中国海区及其港口、通海河口的所有浮标和水中固定标志(不包括灯塔、扇形光灯标、导标、灯船和大型助航浮标)。中国海区水上助航标志包括侧面标志、方位标志、孤立危险物标志、安全水域标志和专用标志五类。表示标志特征的方法为:白天以标志的颜色和形状或顶标来表示;夜间以标志的灯质,即光色、灯光节奏和周期来表示。该标准规定的基本浮标形状有罐形、锥形、球形、柱形和杆形五种。而顶标形状只有罐形、锥形、球形和 X 形四种。

(1)侧面标志

侧面标志根据航道走向配布,用以标示航道两侧界限或标示推荐航道、特定航道。确定航道走向的原则是:船舶由海向里,即从海上驶近或进入港口、河口、港湾或其他水道的方向;在外海、海峡或岛屿之间的水道,原则上按环绕大陆顺时针航行的方向;在复杂的环境里,航道走向由航标管理机关规定,并在海图上用洋红色的 ➡️ 表示;当船舶顺航道走向航行时,其左舷一侧为航道的左侧,右舷一侧为航道的右侧。

侧面标志包括左侧标、右侧标、推荐航道左侧标和推荐航道右侧标。左(右)侧标设在航道的左(右)侧,标示航道左、右侧界限,顺航道走向行驶的船舶应将该标志置于本船同名舷通过,如图1-1-5-5所示。

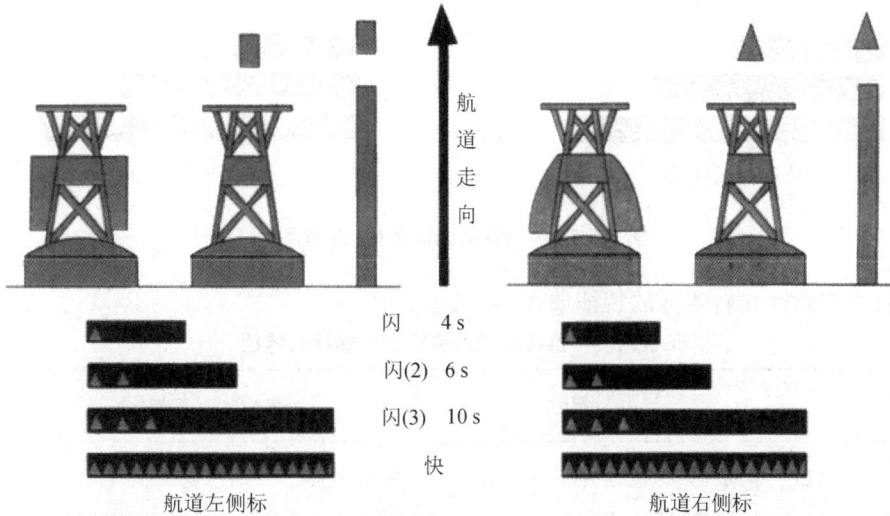

图 1-1-5-5 航道左侧标和右侧标的特征

航道左侧标和右侧标的特征如表1-1-5-1所示。

表 1-1-5-1 航道左侧标和右侧标的特征

特征	航道左侧标	航道右侧标
颜色	红色	绿色
形状	罐形,或装有顶标的柱形或杆形	锥形,或装有顶标的柱形或杆形
顶标	单个红色罐形	单个绿色锥形,锥顶向上
灯质	红光,单闪,周期4 s	绿光,单闪,周期4 s
	红光,联闪2次,周期6 s	绿光,联闪2次,周期6 s
	红光,联闪3次,周期10 s	绿光,联闪3次,周期10 s
	红光,连续快闪	绿光,连续快闪

推荐航道左侧标和右侧标设立在航道分岔处,也可设置在特定航道。船舶沿航道航行时,推荐航道左侧标标示推荐航道或特定航道在其右侧;推荐航道右侧标标示推荐航道或特定航道在其左侧,如图1-1-5-6所示。

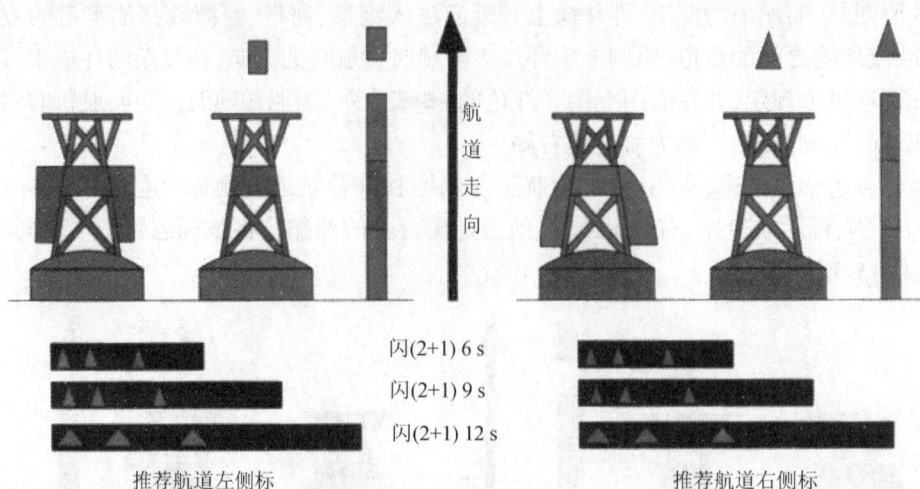

图 1-1-5-6　推荐航道左侧标、右侧标

推荐航道左侧标和右侧标的特征如表 1-1-5-2 所示。

表 1-1-5-2　推荐航道左侧标和右侧标的特征

特征	推荐航道左侧标	推荐航道右侧标
颜色	红色,中间一条绿色宽横带	绿色,中间一条绿色宽横带
形状	罐形,装有顶标的柱形或杆形	锥形,装有顶标的柱形或杆形
顶标	单个红色罐形	单个绿色锥形,锥顶向上
灯质	红光,混合联闪 2 次加 1 次,周期 6 s	绿光,混合联闪 2 次加 1 次,周期 6 s
	红光,混合联闪 2 次加 1 次,周期 9 s	绿光,混合联闪 2 次加 1 次,周期 9 s
	红光,混合联闪 2 次加 1 次,周期 12 s	绿光,混合联闪 2 次加 1 次,周期 12 s

（2）方位标志

方位标志设在以危险物或危险区为中心的北、东、南、西四个象限内,即真方位西北—东北、东北—东南、东南—西南、西南—西北,并对应所在象限命名为北方位标、东方位标、南方位标、西方位标,分别标示在该标的同名一侧为可航行水域。方位标志也可设在航道的转弯、分支汇合处或浅滩的终端。

北方位标设在危险物或危险区的北方,船舶应在本标的北方通过;东方位标设在危险物或危险区的东方,船舶应在本标的东方通过;南方位标设在危险物或危险区的南方,船舶应在本标的南方通过;西方位标设在危险物或危险区的西方,船舶应在本标的西方通过。方位标志如图 1-1-5-7 所示。

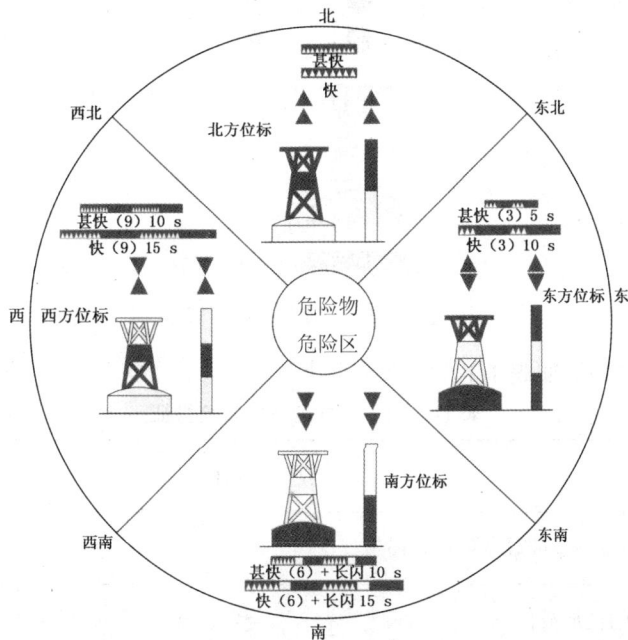

图 1-1-5-7　方位标志

方位标志的特征如表 1-1-5-3 所示。

表 1-1-5-3　方位标志的特征

特征	北方位标	东方位标	南方位标	西方位标
颜色	上黑下黄	黑色,中间一条黄色宽横带	上黄下黑	黄色,中间一条黑色宽横带
形状	装有顶标的柱形或杆形			
顶标	上下垂直设置的两个锥体			
	锥顶均向上	锥底相对	锥顶均向下	锥顶相对
灯质	白光,连续甚快闪	白光,联甚快闪 3 次,周期 5 s	白光,联甚快闪 6 次加一长闪,周期 10 s	白光,联甚快闪 9 次,周期 10 s
	白光,连续快闪	白光,联快闪 3 次,周期 10 s	白光,联快闪 6 次加一长闪,周期 15 s	白光,联快闪 9 次,周期 15 s

（3）孤立危险物标

孤立危险物标设置或系泊在孤立危险物之上,或尽量设置在靠近危险物的地方,标示孤立危险物所在。船舶应参照航海资料,避开本标航行。孤立危险物标如图 1-1-5-8 所示。

图 1-1-5-8　孤立危险物标

孤立危险物标的特征如表 1-1-5-4 所示。

表 1-1-5-4　孤立危险物标的特征

特征	孤立危险物标
颜色	黑色,中间有一条或数条红色宽横带
形状	装有顶标的柱形或杆形
顶标	上下垂直的两个黑色球形
灯质	白光,联闪 2 次,周期 5 s

（4）安全水域标

安全水域标设在航道中央或航道的中线上,标示其周围均为可航行水域;也可代替方位标或侧面标指示接近陆地。安全水域标如图 1-1-5-9 所示。

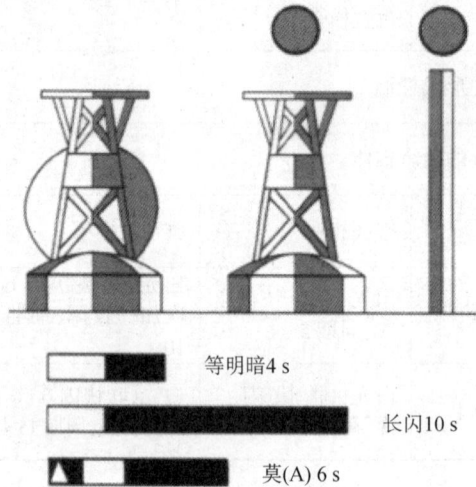

等明暗4 s

长闪10 s

莫(A)6 s

图 1-1-5-9　安全水域标

安全水域标的特征如表 1-1-5-5 所示。

表 1-1-5-5　安全水域标的特征

特征	安全水域标
颜色	红白相间竖条
形状	球形或装有顶标的柱形或杆形
顶标	单个红色球形
灯质	白光,等明暗,周期 4 s
	白光,长闪,周期 10 s
	白光,莫尔斯信号"A",周期 6 s

（5）专用标志（如图 1-1-5-10 所示）

专用标志主要不是为助航目的而设置的,它用于指示某一特定水域或水域特征。

专用标志的特征如表 1-1-5-6 所示。专用标志的具体规定如表 1-1-5-7 所示。

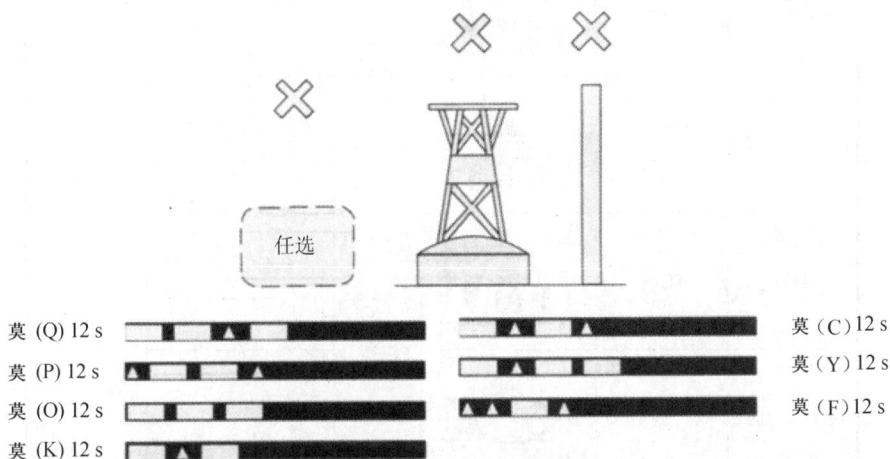

莫 (Q) 12 s
莫 (P) 12 s
莫 (O) 12 s
莫 (K) 12 s
莫（C）12 s
莫（Y）12 s
莫（F）12 s

任选

图 1-1-5-10　专用标志

表 1-1-5-6　专用标志的特征

特征	专用标志
颜色	黄色
形状	不与浮标和水中固定标志相抵触的任何形状
顶标	黄色,单个"×"形
灯质	符合表 1-1-5-7 的规定

表 1-1-5-7 专用标志的具体规定

用途种类	标记		灯质		
	颜色	图形标志	光色	闪光节奏	周期（S）
锚地	黑	⚓	黄色	莫尔斯信号"Q" — — · —	12
禁航区	黑	✕		莫尔斯信号"P" · — — ·	
海上作业区	红／白	◣		莫尔斯信号"O" — — —	
分道通航区	黑	⇄		莫尔斯信号"K" — · —	
水中构筑物	黑	△		莫尔斯信号"C" — · — ·	
娱乐区	红.白	⛱		莫尔斯信号"Y" — · — —	
水产作业区	黑	🐟		莫尔斯信号"F" · · — ·	
横越区	黑、白	‖‖		莫尔斯信号"Z" — — · ·	

注：可用 15 S 作为备用周期

3.国际浮标系统

国际航标协会海上浮标系统(以下简称"国际浮标系统")是国际航标协会和各国航标管理部门经过长期,反复协调而逐步形成的。国际浮标系统分为"A 区域"和"B 区域"。"A 区域"和"B 区域"的区别就在于其侧面标志的颜色(标身、顶标和光色)不同,"A 区域"是"左红右绿","B 区域"是"左绿右红"。实行"A 区域"的国家有欧洲、非洲、大洋洲和亚洲一些国家;实行"B 区域"的国家有美洲一些国家和亚洲的日本、韩国、菲律宾等。我国采用的是"A 区域"浮标系统,表 1-1-5-8 是我国和国际浮标系统的区别。

表 1-1-5-8　我国和国际浮标系统的区别

系统种类 浮标种类	国际	中国
侧面标灯光节奏	除 Fl(2+1) 以外	闪 4 s 或闪(2)6 s 或闪(3)10 s 或快闪
推荐航道侧面标发光周期		6 s 或 9 s 或 12 s
编号方法		可按浮标习惯走向编号,也可"左双右单"编号
安全水域标	ISO、Oc、LFl 或 Mo(A)	不用"明暗光"
孤立危险物标灯光节奏	闪(2)	闪(2)5 s

4.正确辨认助航标志

当一个区域内设置较多的水上标志时,为便于识别和管理,对浮标应进行编号。浮标编号一般应遵循航道走向按顺序连续编排,或按左双右单编排,编号一律用阿拉伯数字。正确辨认航标是正确利用航标引导船舶航行的前提,夜间主要依据船舶位置与航标的相对位置和灯光的光色、节奏及周期来区别不同的航标。

(1)航标的灯光及航标的设置可能改变,航行前应认真核对,无人看守或临时性浮标,容易漂离原位或灯光熄灭,可靠性较差。

(2)为了切实分清灯光节奏和周期相近而位置又比较接近的两航标,可用秒表准确测定其周期。

(3)夜间航行,往往是根据航标与船舶的相对位置来发现和识别航标的。但应注意,在差不多相同舷角上的两个航标,有时距离较远而光度强的可能先发现,距离近但光度弱的航标反而后发现。

(4)互闪光或互光航标,通常白光射程远,有色光射程近,在距离较远时,往往只能观测到白光,容易认为它是仅发白光的航标。

(5)由于大气状况的影响,有时会发生灯色混淆的现象。有的航标,为了指明在它附近暗礁,沉船之类的危险区域,在某一定范围内,常用红色或绿色光弧表示,而在其他范围内为白色光弧。当船舶航行在有危险物的光弧内时,应更加谨慎驾驶,尤其是船舶需向有危险物的一侧转向时,一般应越过该光弧的范围之后才开始转向,在不同光色光弧的分界线处,光色往往模糊不清。

(6)在船舶周围的能见度良好但航标附近有云雾时,特别是高度较高的灯塔等航标有时被云雾遮住,其灯光射程就会明显减小。

项目二　船上术语

【知识目标】

1.能够认识不同种类的船舶并了解其特点；
2.能够识别船舶主要部位名称并了解其功能；
3.能够认识船舶主要标志并了解其含义；
4.掌握船舶主要尺度、船舶吨位的定义及作用。

【能力目标】

1.具有判断不同船舶类型并描述其主要特点的能力；
2.具有能够说出船舶主要部位名称并掌握其具体位置的能力；
3.具有识别船体上主要标志并说明其含义的能力；
4.具有正确识读船舶吃水标志的能力；
5.具有正确识读船舶载重线标志并掌握其作用的能力。

【内容摘要】

本项目主要介绍船舶的基础知识,讲解不同类型的船舶,船舶的基本组成以及船舶的主要标志、船舶尺度、船舶吨位、船舶装卸设备等知识。让学生对船舶有一个大体的了解和认知,为后续章节的学习奠定基础。

任务 1　了解船舶的种类和特点

船舶是人们从事水上运输和水上作业的主要交通工具。船舶种类日益繁多,分类方法也有多种,一般按船舶的建造材料、行驶方式、航行区域、推进方式、动力装置和航行状态、用途等进行分类。

按船舶的建造材料,船舶可分为木质船、钢质船、铝合金质船、增强塑料船和钢筋水泥船等;按行驶方式,船舶可分为机动船和非机动船;按航行区域,船舶可分为远洋船、近海船、沿海船、内河船和港作船等;按推进方式,船舶可分为明轮船、螺旋桨船、平旋推进器及喷水推进船等;按动力装置,船舶可分为蒸汽机船、内燃机船、汽轮机船、电动船和核动力船等;按航行状态,船舶可分为排水型船、水翼船和气垫船等;按用途,船舶可分为民用船舶和军用船舶,民用船舶按业务用途又分为运输船舶、渔业船舶、工程作业船舶、海洋开发用船舶等。主要海上运输船舶的种类与特点如下：

一、客船

1.定义

客船是用于运送旅客及其所携带的行李的船舶，多为定期定线航行，故又称客班轮。《国际海上人命安全公约》(《SOLAS 公约》)规定：凡载客超过 12 人者均视为客船。

2.特点

(1)具有多层甲板的上层建筑。

(2)设有较完善的生活设施。

(3)具有较好的抗沉性，一般设计为"二舱或三舱不沉制"。

(4)船速较高(一般为 16~20 kn，大型高速客船可达 24 kn 左右。另还有短途运送旅客的气垫客船和水翼客船，其速度达到 30 kn 以上)。

(5)设有减摇装置(减摇鳍)。

3.分类

按载客的性质不同，客船可分为：

(1)专用于运送旅客及其所携带的行李和邮件的全客船。

(2)用于休闲和旅游、生活设施豪华及通信导航设备先进的豪华邮轮，如图 1-2-1-1 所示。

图 1-2-1-1　豪华邮轮

(3)以载客为主、载货为辅的客货船，如图 1-2-1-2 所示。

(4)具有滚装装货处所或特种处所的滚装客船(其结构特点与滚装船类似，详见滚装船部分)。

图 1-2-1-2　客货船

二、杂货船

1.定义

杂货船(又称普通干货船)是最早出现的且目前仍在沿用的一种干货船,主要装运各种成捆、成包、成箱和桶装的件杂货。

2.特点

(1)多层甲板结构。

(2)为了便于装卸,每个货舱的舱口尺寸较大且同时配有吊杆或起重机。

(3)一般设计成"一舱不沉制",主要是针对抗沉问题。如图 1-2-1-3 所示,这是杂货船中的一种船型。

图 1-2-1-3　杂货船

三、散货船

1.定义

散货船指专门装运谷物、煤炭、矿砂、糖等大宗散货的船舶。

2.特点

货舱为单层甲板，舱口较宽大且舱口围板高大，并且大多不配起货设备。

3.分类

根据货种和结构形式的不同，散货船大体可分为以下几种：

(1)通用型散货船

通用型散货船是装运谷物、煤炭等普通散货的船舶，其中专运散装谷物的称为散粮船，专运煤炭的称为运煤船，如图1-2-1-4所示。船型肥大，一般单向运输；为了避免航行中危及船舶的稳性，所以舱口围板高而大，货舱横剖面呈菱形；货舱四角的三角形水柜为压载水舱，可以用于调节吃水和稳性。

图 1-2-1-4 通用型散货船

(2)矿砂船

矿砂船(ore carrier)是专运矿砂的散货船，为单向运输船舶，如图1-2-1-5所示。矿砂船的一般特点如下：整个装货区域分成中间舱和两侧边舱两个舱；中间舱装载矿砂且下部设置成双层底，两侧边舱作压载舱使用；大多数采用高强度钢或加厚内底板等构件的方式来适应所载货物。有的也直接对货舱采取重货加强措施。甲板上不设货物装卸设备。散货船货舱横剖面结构示意图如图1-2-1-6所示。

(3)自卸式散货船

自卸式散货船是一种采用自卸系统的散货船。其货舱底部呈"W"形，下面尖顶部位有开口，可将货物漏到下面的纵向传动皮带上，再经垂直提升机和悬臂运输皮带输送到码头上，如图1-2-1-7所示。这种船不仅显著地缩短了停港时间，而且对码头要求不高，对需要中转的航

图 1-2-1-5 矿砂船

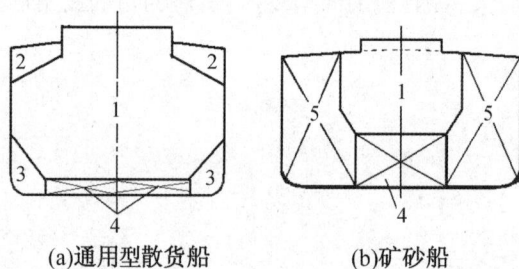

(a)通用型散货船 (b)矿砂船

图 1-2-1-6 散货船货舱横剖面结构示意图

1—货舱;2—上边舱;3—下边舱;4—双层底舱;5—边舱

线,也可避免码头的再装卸。

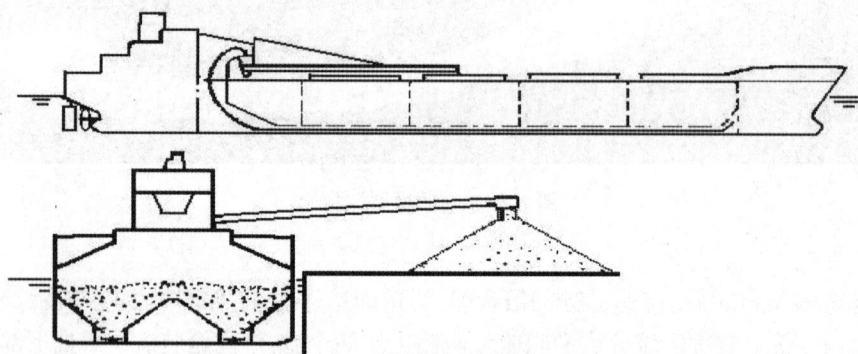

图 1-2-1-7 自卸式散货船示意图

四、集装箱船

1.定义

集装箱船是以装运集装箱货物为主的船舶,又称货柜船或货箱船。其载运能力是以国际通用的标准箱(TEU)作为换算单位来衡量的。

2.分类

集装箱船基本上可以分为全集装箱船和半集装箱船两大类。

3.特点

全集装箱船的主要特点是:货舱盖强度大;多为单层甲板,货舱开口宽大;装卸效率高,货损货差少;主机马力大、航速高;通常利用码头上的专用设备而不设起货设备。全集装箱船如图1-2-1-8所示。

图 1-2-1-8 全集装箱船

五、液货船

1.定义

液货船是建造成或改建成适合运输散装液体货物的船舶。

2.分类

液货船可以分为油船、液体化学品船和液化气船等。

(1)油船

油船是载运石油或石油产品的船舶,如图1-2-1-9所示。油船主要有原油油船和成品油油船两种。

油船的主要特点:

①油船一般采用纵骨架式船体结构,以保证纵向强度和减轻船体重量。

②对于石油而言,载重量越大,运输成本越低,所以油船可以建造得大些。船型比较肥大,干舷亦小。

③为保证船舶的总纵强度,油船设置为纵向舱壁。为保证足够的横向强度及适应装载不同种类的石油,应设置多道横舱壁和大型肋骨框架。

④油船都是艉机型船,机舱、锅炉舱布置在船尾部,使货油舱连接成一个整体,增加货舱容积,对于防火、防爆、油密等均有利。

⑤设有专用压载舱或清洁压载舱,并设有污油水舱,而新造油船应设专用压载舱。

图 1-2-1-9　油船

（2）液体化学品船

液体化学品多为有毒、易燃、腐蚀性强的液体货物且种类繁多，因此，液体化学品船的货舱设计与油船相比表现为多而小，并有多个泵舱，舱壁多采用耐腐蚀的不锈钢制成。

设有双层底和双层壳结构，以防止船体破损后造成化学品液体外漏而污染海洋；配载时，应将有毒物品装于中间一列货舱内；甲板上的不锈钢液罐用于装载强腐蚀性货物；利用单独设置在每个液舱舱底泵来完成该类的船舶液货的装卸。液体化学品船如图 1-2-1-10 所示。

图 1-2-1-10　液体化学品船

（3）液化气船

按所载运液化气种类的不同，液化气船有液化天然气船、液化石油气船和乙烯运输船三种。

①液化天然气船

液化天然气船主要运的是液化甲烷（又称液化天然气）。甲烷通常是气体，为了方便运输，须使其液化，在常压下极低温（-165 ℃）的环境中保存。所以要求液舱有严格的隔热结构，能保证液舱恒定低温。

常见的货舱形状有球形和矩形，也有极少数液舱设计成棱柱形或圆筒形，如图 1-2-1-11 所示。

图 1-2-1-11　液化天然气船

②液化石油气船

液化石油气的主要成分是丙烷和丁烷,俗称碳三和碳四。

目前有三种运输液化石油气的方法:

全加压式液化石油气船:货舱为球形或圆柱形罐,运输时将液化石油气加压使其液化,在常温下进行装卸。

全冷冻式液化石油气船:货舱为矩形,舱容利用率高,需要有良好的隔热层。

半加压/半冷冻式液化石油气船:这种液化石油气船既要加压又冷冻液化,如图 1-2-1-12 所示。

图 1-2-1-12　液化石油气船

③乙烯运输船

目前有两种运输乙烯的方法:

一是采用加压的方法,使乙烯液化,可在常温下进行装卸,其货舱常为球形或圆柱形罐;二是采用半加压半冷冻的方法,使乙烯液化,其货舱为圆柱形罐,如图 1-2-1-13 所示。

图 1-2-1-13　乙烯运输船

六、滚装船

1.定义

滚装船又称开上开下船或滚上滚下船,是一种能装载车辆、装载集装箱或托盘货物的专用船舶,如图 1-2-1-14 所示。

图 1-2-1-14　滚装船

2.特点

(1)结构较特殊,上层建筑高大,上甲板平整,无舷弧和梁拱,露天甲板上无起货设备。

(2)具有多层甲板和双层底结构,货舱内支柱极少,一般为纵通甲板,抗沉性较差,主甲板以下设有双层船壳,两层船壳之间可作为压载水舱。

（3）为了便于拖车开进开出，货舱区域内不设横舱壁，采用强横梁和强肋骨保证横强度。

（4）在各层甲板上设有升降平台或内跳板供车辆行驶；通常在滚装船的尾部、舷侧或首部设有供车辆上下的跳板。

（5）为保证航行的安全，在滚装船跳板的外侧船壳处设置艉门、舷门或艏门，并在其内侧布置内门，但除艏跳板处必须设置艏门与内门外，艉跳板与舷侧跳板处有时仅设内门。

（6）装卸作业时，因为跳板与码头的坡度不能太大，所以要求船舶吃水在装卸过程中变化不能太大，因此，必须用压载水来调节吃水、纵横倾和稳性。

（7）大多数装有首侧推装置，以改善靠离码头的操纵性。

（8）舱容利用率低，造价高。

七、木材船

1.定义

木材船是专运各种木材的船舶，如图 1-2-1-15 所示。

图 1-2-1-15　木材船

2.特点
（1）为了便于装卸和堆放，货舱要求长而大，舱内无支柱。
（2）为了防止甲板木材滚落舷外，规定两舷设立柱，而且舷墙也较高。
（3）为了不影响货物堆放和人员操作，起货机均安装在桅楼平台上。
（4）因甲板需装载木材，故甲板强度要求高。
（5）木材船的干舷比一般货船低。

八、冷藏船

1.定义

冷藏船是运送及冷藏鱼、肉、蛋、水果等易腐货物的专用船，如图 1-2-1-16 所示。

图 1-2-1-16　冷藏船

2.特点

(1)具有良好的隔热设施和制冷设备,其货舱口也比较小,货舱甲板层数较多(一般3~4层),船速较快,吨位一般不大。

(2)冷藏集装箱上的每个冷藏集装箱都有自己的冷冻设备,有的在装船前可将冷冻装置卸下,装船后利用船上的冷冻装置向冷藏集装箱送冷风。因为冷藏集装箱运输方便,所以部分代替了冷藏船的运输。

九、兼用船

1.定义

这类船舶一般既可装载油类又可装载散装干货,但不同时装载(存有油类的污油水舱例外),船型肥大。

2.类型

(1)矿/油两用船

矿/油两用船是用于运输矿砂和原油产品的船(简称O/O船)。矿/油两用船整个装货区域由两道纵舱壁分隔成两个舱,分别是中间舱和左右两侧边舱。

运输矿砂和运输原油装载位置不同,矿砂仅可装在中间货舱内,原油则可装在中间舱内,与两侧边舱内,如图1-2-1-17所示。

(2)矿/散/油三用船

矿/散/油三用船(又称O/B/O船)主要用于运输矿砂、散货和原油。货舱一般为双层船壳并具有双层底舱和上、下边舱。其货舱整体分布为:

①中间舱的全部或大部分用来装载散货或矿砂,其中,中间舱占整个船舶货舱容积的70%~75%。

②两侧边舱、上边舱和部分中间舱用来装载原油。

③下边舱为压载舱,如图 1-2-1-18 所示。

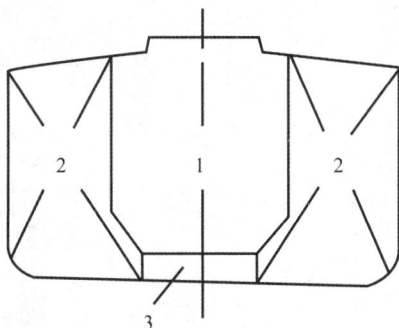

图 1-2-1-17 矿/油两用船货舱横剖面结构示意图

1—中间舱;2—边舱;3—双层底舱

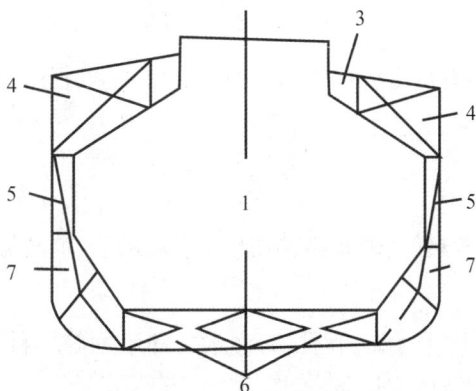

图 1-2-1-18 矿/散/油三用船货舱横剖面结构示意图

1—货船;2—货油船;3—通道;4—上边舱;

5—边舱;6—双层底舱;7—下边舱

十、载驳船

载驳船又称子母船。先将货物装在规格相同的小驳船内,再将这些小驳船装在母船上一起运输,如图 1-2-1-19 所示。

载驳船的发展大体上分为三个阶段:第一个阶段是 20 世纪 60 年代末建造的 LASH (Lighter Aboard Ship) 型载驳船,驳船靠母船尾部的龙门吊装卸;第二个阶段是 Sea-Bee 型载驳船,驳船由母船尾部的升降墙台从水中托起,再由输送机运到舱内;第三个阶段是以浮船坞原理进行装卸的 Baco 型载驳船,驳船靠拖船即可直接浮进浮出。从船型上看,除上述三种外,还有依内河或港湾条件而专门设计的船型。载驳船的装卸效率高,为普通货船的 30 倍以上,其运费也低,不需要码头,非常适合海、河联运。但载驳船也有其自身的缺点,目前发展较缓慢。

图 1-2-1-19　载驳船

除海上运输船舶外,还有从事各种不同任务的工作船、工程船及其他特殊任务的船舶。

十一、工作船

工作船主要包括科学考察船、破冰船、拖船、海上救助船、消防船、供应船、引航船等。

1.科学考察船

科学考察船主要研究考察气象、地质、海洋水文和生物等。科学考察船航海性能要求较高,而且还设有实验室和配备研究设备,如图 1-2-1-20 所示。

图 1-2-1-20　科学考察船

2.破冰船

破冰船主要用于救助冰困船舶和破开航道上冰层,如图 1-2-1-21 所示。

图 1-2-1-21　破冰船

3.拖船

拖船主要用于协助他船进行港内操纵,如图 1-2-1-22 所示。

图 1-2-1-22　拖船

4.海上救助船

海上救助船主要用于救援遇难船舶。它航速快,航海性能良好,在恶劣气象条件下能救助及拖带遇难船舶,如图 1-2-1-23 所示。

图 1-2-1-23　海上救助船

5.消防船

消防船主要用于扑救码头上邻近建筑物火灾或港内船舶火灾。船上设有多门消防炮和液压升降台,主要作用是喷射泡沫或高压水柱和扑救高处火灾。消防船如图 1-2-1-24 所示。

图 1-2-1-24　消防船

6.供应船

供应船是一种供应淡水、供油的船,如图 1-2-1-25 所示。

图 1-2-1-25　供应船

7.引航船

引航船用于接送在引航水域引导船舶进口、出口、移泊的引航员的小型交通艇,装有特殊灯光信号,如图 1-2-1-26 所示。

图 1-2-1-26　引航船

十二、工程船

工程船主要有挖泥船和起重船等。

1.挖泥船

挖泥船专用于疏浚航道,如图 1-2-1-27 所示。

图 1-2-1-27　挖泥船

2.起重船

起重船主要用于起重,又称浮吊。浮吊的起重量从几十吨到几百吨不等,大型浮吊的起重量可达几千吨,如图 1-2-1-28 所示。

图 1-2-1-28　起重船

任务 2　了解船舶主要部位名称

船舶由主船体和上层建筑及其他各种配套设备所组成,如图 1-2-2-1 所示。

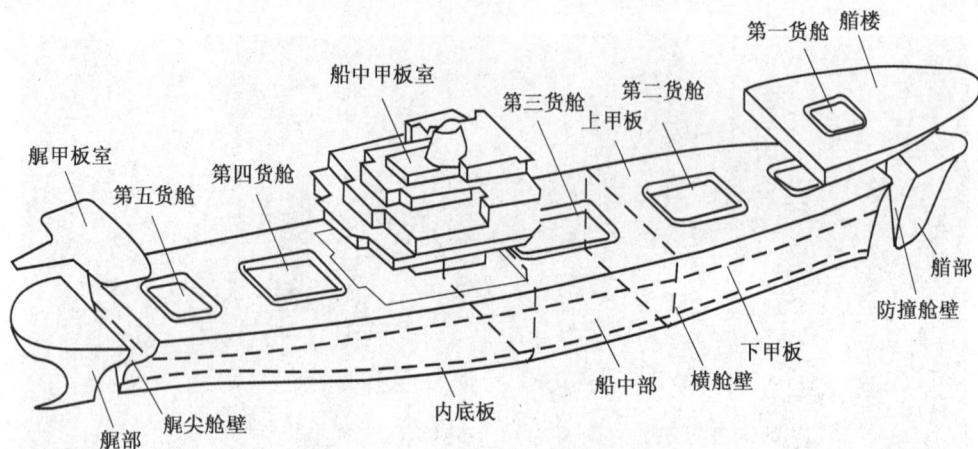

图 1-2-2-1　主船体与上层建筑

一、主船体

主船体,也可称为船舶主体,为水密空心结构,由上甲板及舷侧、甲板、船底、艏艉部与舱壁等组成。其内部被甲板、纵横舱壁及其骨架分割成许多舱室。

主船体各组成部分的含义如下:

1.船底

船底为主船体的底部结构,有单层底和双层底两种结构形式。其横向两侧以圆弧形式(称其为舭部,bilge)逐渐向上过渡至舷侧,如图 1-2-2-2 所示。

图 1-2-2-2　船底

2.舷侧

舷侧为主船体两侧的直立部分。两舷舷侧在过渡至近船舶前后两端时,逐渐成线型弯曲接近并最终会拢(该两会拢段部分分别称船首和船尾)。其中,前部的线型弯曲部分称艏舷(又称艏部,bow),后部的线型弯曲部分称艉舷(又称艉部,quarter),如图1-2-2-3所示。

图1-2-2-3 舷侧

3.甲板

甲板为主船体垂直向上成上下层并沿船长方向水平布置的纵向连续的大型板架。按照甲板在船深方向位置的高低不同,自上而下分别将甲板称为上甲板(upper deck)、二层甲板(第二甲板,second deck)、三层甲板(第三甲板,third deck)等。

(1)上甲板

上甲板是船体的最高一层全通(纵向自船首至船尾连续的)甲板,又称上层连续甲板,如图1-2-2-4所示。如果这层甲板的所有开口都能封闭并保持水密,则它又被称作主甲板(main deck),如图1-2-2-5所示。在丈量时又叫它量吨甲板(tonnage deck)。少数远洋船舶在主甲板以上还有一层贯通船首尾的上甲板,由于其开口不能保证水密,所以只能叫作遮蔽甲板(shelter deck)。第二、三……甲板,统称为下甲板(lower deck)。

(2)平台甲板

平台甲板(platform deck)为沿着船长方向布置并不计入船体总纵强度的不连续甲板,简称为平台,如舵机间甲板即为平台甲板。

图1-2-2-4 上甲板

图1-2-2-5 主甲板

4.舱壁

分隔船体内部空间成舱室的竖壁或斜壁的一种结构为舱壁。沿着船宽方向、船长方向的竖壁分别称为横舱壁、纵舱壁,如图1-2-2-6所示。

图1-2-2-6　舱壁

二、上层建筑

在上甲板上,由一舷伸至另一舷的或其侧壁板离舷侧板向内不大于船宽 B(通常以符号 B 表示船宽)4%的围蔽建筑物,称为上层建筑,包括艏楼、桥楼和艉楼。其他的围蔽建筑物称为甲板室。但是,通常不严格区分时,将上甲板以上的各种围蔽建筑物,统称为上层建筑。

1.艏楼

艏楼是位于艏部的上层建筑。艏楼一般只设一层且可用艏楼内的舱室作为贮藏室;能够减小船首部上浪,以改善船舶航行条件,如图1-2-2-7所示。

2.桥楼

桥楼是位于船中部的上层建筑。在上层建筑中供船员居住与活动的处所及布置驾驶室的结构称为桥楼,如图1-2-2-8所示。

图1-2-2-7　艏楼

图1-2-2-8　桥楼

3.艉楼

艉楼是位于艉部布置船员住舱及其他舱室并能减小船尾上浪的上层建筑。因为现代船舶基本分为艉机型或中艉机型船,将桥楼直接设在近船尾处,故一般无艉楼。

4.甲板室

甲板室是宽度与船宽相差较大的围蔽建筑物。对于大型船舶,由于甲板的面积大,布置船员房间等并不困难,在上甲板的中部或尾部可只设甲板室。因为在甲板室两侧外面的甲板是露天的,所以有利于甲板上的操作和便于前后行走,如图 1-2-2-9 所示。

图 1-2-2-9　甲板室

5.上层建筑各层甲板

根据船舶的种类、大小的不同,上层建筑所具有的甲板层数及命名方法均有所不同。如有的船舶从上层建筑下部的第一层甲板开始向上按 A、B、C……的方式命名各层甲板;有的船舶则按各层甲板的使用性质不同命名,如罗经甲板(compass deck)、起居甲板(accommodation deck)、艇甲板(lifeboat deck)、驾驶台甲板(bridge deck)、艏楼甲板(forecastle deck)、艉楼甲板(poop deck)等,如图 1-2-2-10 所示。

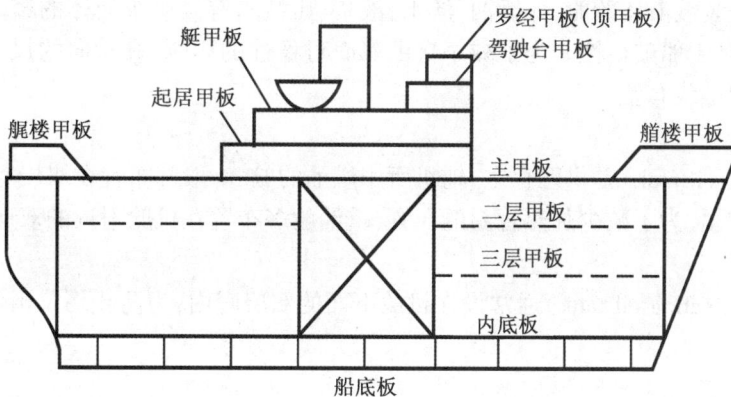

图 1-2-2-10　甲板

(1)罗经甲板

罗经甲板又称顶甲板,是船舶最高一层露天甲板,位于驾驶台顶部,其上设有桅桁及信号灯架、各种天线、探照灯和标准罗经等。

(2)驾驶台甲板

驾驶台甲板是设置驾驶台的一层甲板,位于船舶最高位置,操舵室、海图室、报务室和引航员房间都布置在该层甲板上。

(3)艇甲板

艇甲板是放置救生艇或救助艇的甲板,要求该层甲板位置较高,艇的周围要有一定的空旷区域,以便在紧急情况能集合人员,并能迅速登艇。救生艇布置于两舷侧,并能迅速降落水中。船长室、轮机长室、会议室、接待室一般多布置在该层甲板上。

(4)起居甲板

起居甲板在艇甲板下方,是主要用来布置船员住舱及生活服务的辅助舱室的一层甲板,大部分船员房间及公共场所一般都布置在这一层甲板上。

(5)游步甲板

游步甲板是在客船或客货船上供旅客散步或活动的一层甲板,甲板上有较宽敞的通道及供活动的场所。

三、舱室布置

1.机舱

机舱是船舶的动力中心,位于主船体区域,主要用于安装主机、辅机及其配套设备。

2.货舱

用于载货的舱室称为货舱。根据船舶种类的不同,有干货舱、液货舱及液化气体货舱。货舱的排列是从船首向船尾数的。通常,每一个货舱只设一个舱口(cargo hatch),有的船设有纵向舱壁,则在横向并排设置2~3个货舱口,如油船、集装箱船和较大型的杂货船等。

3.液舱

液舱是用来装载液体的舱,如燃油、淡水、液货、压载水等。由于液体的密度大,一般都设在船的低处,有利于船舶稳性。为了减小自由液面对稳性的影响,其横向的尺寸都较小,且对称于船舶纵向中心线布置。

(1)燃油舱

燃油舱(fuel oil tank)是供贮存主、辅机所用燃油的舱,一般都布置在双层底内。由于主机用的重油需要加温,为了减少加热管系的布置,重油舱多布置在机舱附近的双层底内。

(2)滑油舱

滑油舱(lubricating oil tank)通常设在机舱下面的双层底内,为防止污染滑油,四周设置有隔离空舱。

(3)污油舱

污油舱(slop tank)是供贮存污油用的舱,舱的位置较低,以利外溢、泄漏的污油自行流入舱内。

(4)淡水舱

淡水舱(fresh water tank)是饮用水、锅炉水舱的统称。生活用水一般靠近生活区下面的双层底内,亦有布置在艉舭尖舱内的。锅炉水舱多在机舱下的双层底内,是为机舱专用的。

（5）压载水舱

压载水舱(ballast tank)专供装载压载水用以调整吃水、纵横倾和重心用。双层底舱、艉舭尖舱、深舱、散货船的上下边舱、集装箱船与矿砂船的边舱等都可以作为压载水舱。

（6）深舱

双层底以外,下自船底或内底板,上至甲板或平台的液舱称为深舱(deep tank)。由船舶中纵剖面处设置的纵舱壁或制荡舱壁分隔为左右对称的舱室,以减小自由液面的影响。深舱常用作压载水舱、淡水舱、货油舱和燃油舱等,舱中一般设人孔供人员出入,并设有空气管、测量管、输入输出管等。

4.隔离空舱

隔离空舱又称干隔舱。它是一个狭窄的空舱,一般只有一个肋骨间距,专门用来隔开相邻的两舱室,如油舱与淡水舱,又如油船上的货油舱与机舱均必须隔离。隔离空舱的作用是防火、防爆、防渗漏。

5.锚链舱

锚链舱是位于锚机下方艏尖舱内、用钢板围起来的两个圆形或长方形的水密小舱,并与船舶中心线对称布置,底部设有排水孔。

6.轴隧

中机型和中艉机型船,推进轴系要穿过机舱后的货舱,从机舱后壁至艉尖舱之间设置的一个水密的结构叫作轴隧(shaft tunnel),其作用是保护轴系不受损坏,并防止水从艉轴管进入货舱内。

7.舵机间

舵机间(steering gear room)是布置舵机动力的舱室,位于舵上方艉尖舱的顶部水密平台甲板上。

8.应急消防泵舱(emergency fire pump room)

根据《SOLAS 公约》的要求,应急消防泵应设在机舱以外,一般多位于舵机间内,要求在最轻航海吃水线时也能抽上水。

任务3 了解船舶主要标志

船舶主要标志有吃水标志、载重线标志、船名和船籍港标志、烟囱标志等。

一、吃水标志

船舶的吃水标志(draft mark)也叫水尺,它勘绘在船首、尾及船中两侧船壳上,俗称六面水尺。船舶靠离码头、过浅水航道、锚泊及采用水尺计重时,均须精确掌握当时的船舶吃水。

水尺有公制和英制两种形式。采用公制水尺时,用阿拉伯数字标绘,每个数字高度为 10 cm,上下两个数字间的间距也是 10 cm。采用英制水尺时,用阿拉伯数字或罗马数字标绘,每个数字高度为 6 in,数字间距也是 6 in。水尺以数字下缘为准,如图 1-2-3-1 所示。

观测船舶吃水时,根据实际水线在数字中的位置,按比例取其读数。当水面与数字的下端相切时,该数字即表示此时该船的吃水。有波浪时应取其最高及最低时读数的平均值。有些大型船舶设有吃水的指示系统(draft indicating system),可以在驾驶台上直接读出六面水尺的读数。

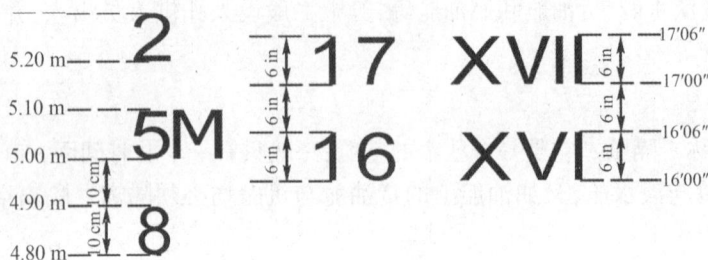

图 1-2-3-1 水尺

二、载重线标志

载重线标志是按照载重线公约或规范所规定的式样勘绘在船中部两侧船壳板上,作为在不同条件下船舶的载重量限制的标志,用以保证船舶在不同条件下航行的安全。现根据规范,就散装液体货船及一般货船和木材船的载重线标志说明如下:

1.散装液体货船及一般货船的载重线标志

如图 1-2-3-2、图 1-2-3-3 所示,载重线标志由一外径为 300 mm、宽为 25 mm 的圆环与长为 450 mm、宽为 25 mm 的水平线相交组成,水平线的上缘通过圆环中心。圆环中心位于船中,它的上方有与圆环外径等长的一甲板线,甲板线的上边缘通过干舷甲板上表面与船壳板外表面的交点。从甲板线上边缘垂直向下量至圆环中心的距离等于所核定的夏季干舷。在勘绘载重线时,还应在载重线圆环两侧并在通过圆环中心的水平线上方或圆环的上方和下方加绘表示勘定当局的简体字母,如圆环两侧加绘"C""S"表示勘定干舷高度的主管机关是"中国船级社"(China Classification Society)。

图中的圆环叫作载重线圆盘。圆盘向船首方向还绘有各区域和季节区的载重水线,均为长 230 mm、宽 25 mm 的水平线段,这些线段与标在圆环中心前方长 540 mm、宽 25 mm 的垂线成直角。度量时应以载重线的上边缘为准。各载重线的含义如下:

夏季载重线"S"(Summer Load Line),该水线与圆盘中心线处于同一高度;

冬季载重线"W"(Winter Load Line);

冬季北大西洋载重线"WNA"(Winter North Atlantic Load Line)(船长大于 100 m 的船舶可以不勘绘);

热带载重线"T"(Tropical Load Line);

夏季淡水载重线"F"(Fresh Water Load Line);

热带淡水载重线"TF"(Tropical Fresh Water Load Line)。

对圆圈、线段和字母,当船舷为暗色底时,应漆成白色或黄色;当船舷为浅色底时,应漆成黑色。船舶只有在正确和永久地勘绘载重线标志并清晰可见后,方可取得国际船舶载重线证书(International Load Line Certificate)。

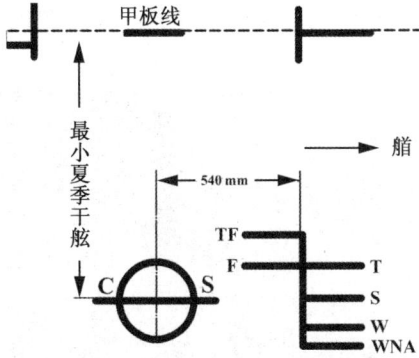

图 1-2-3-2　一般货船载重线标志

图 1-2-3-3　一般货船载重线标志

2.木材船的载重线标志

木材船载重线应在通常的货船载重线以外勘绘,位于船中舷侧的后方(向船尾),在圆盘的左侧,如图 1-2-3-4、图 1-2-3-5 所示。圆盘右侧还勘绘不装运木材甲板货船舶的正常的载重线。在各木材载重线上除上述规定字母外均附加上"木"字的英文词头"L"(Lumber)表示。《1966 年国际载重线公约》认为,木材甲板货可以给船舶一定的附加浮力和增加抗御海浪的能力。因此,专门装运木材的船舶干舷比一般货船小。

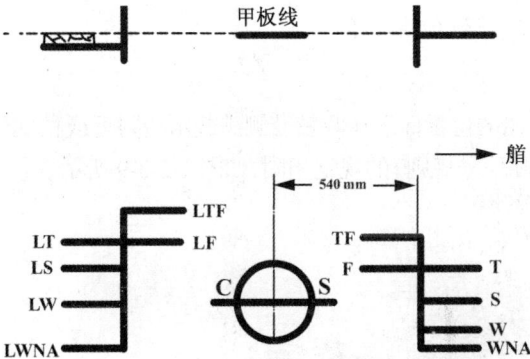

图 1-2-3-4　木材船的载重线标志

图 1-2-3-5　木材船的载重线标志

三、其他标志

1.船名和船籍港标志

每艘船都在船首左右两侧明显位置勘绘船名。船名一般写在艏楼中部,字的高度视字的多少及船的大小确定,中国籍船舶在船名下面加注汉语拼音。每艘船在船尾明显位置还写上船名和船籍港,船名字高比船首小10%~20%,船籍港字高为尾船名字高的60%~70%。有的船舶还在驾驶台顶罗经甲板的两舷舷侧勘绘船名,如图1-2-3-6所示。

2.烟囱标志

烟囱标志表示船舶所属的公司且其位置为烟囱左右两侧,同时应处于高处位置,便于识别。烟囱标志的颜色和图案可以由各航运公司自行规定,同时船体各部分的油漆颜色应统一,以便于在海上及港内互相识别,如图1-2-3-7所示。

图1-2-3-6　船名和船籍港

图1-2-3-7　烟囱标志

3.球鼻艏标志和艏侧推器标志

船舶中含有球鼻艏标志,其位置在船首两侧满载水线以上的船壳上。也有一些有艏侧推器的船舶为了引起靠近船舶的注意,在球鼻艏标志后绘侧推器标志,如图1-2-3-8所示。

4.顶推位置标志

有顶推位置的标志在两舷首、中、尾舷侧外板满载水线以上。

5.引航员登、离船位置标志

《SOLAS公约》规定,大型船舶的引航员登、离船的位置标志在两舷舷侧满载水线附近或稍低位置处勘绘。其要求标志的颜色为上白下红,与《国际信号规则》的规定相同,如图1-2-3-9所示。

图1-2-3-8　球鼻艏标志和艏侧推器标志

图1-2-3-9　引航员软梯位置

6.船舶识别号

船舶识别号(IMO 编号),用以识别船舶身份。船舶识别号应按规定载入相应证书中且要在适当位置勘绘。其中较普遍的勘绘位置是船尾船籍港标志的下方,如图 1-2-3-10 所示。

图 1-2-3-10　船舶识别号

7.公司名称标志

公司名称标志是航运公司经营理念改变的一种体现。它主要有两种勘划方式,一种是公司名称的全称,另一种为公司英文名称的缩写。公司名称标志勘绘于船舶左右两舷满载水线以上,除用于表示船舶所属的船公司外,还有一定的广告效应,如图 1-2-3-11 所示。

图 1-2-3-11　公司名称标志

任务 4　了解船舶尺度与吨位

一、船舶尺度

船舶尺度,主要是指表示船体外形大小的尺度,即船的长、宽、深和吃水等。它是根据各种船舶规范和船舶在营运中使用上的要求定义的。按照不同的用途,船舶尺度主要分为三种:船型尺度、登记尺度和船舶最大尺度,如图 1-2-4-1 所示。

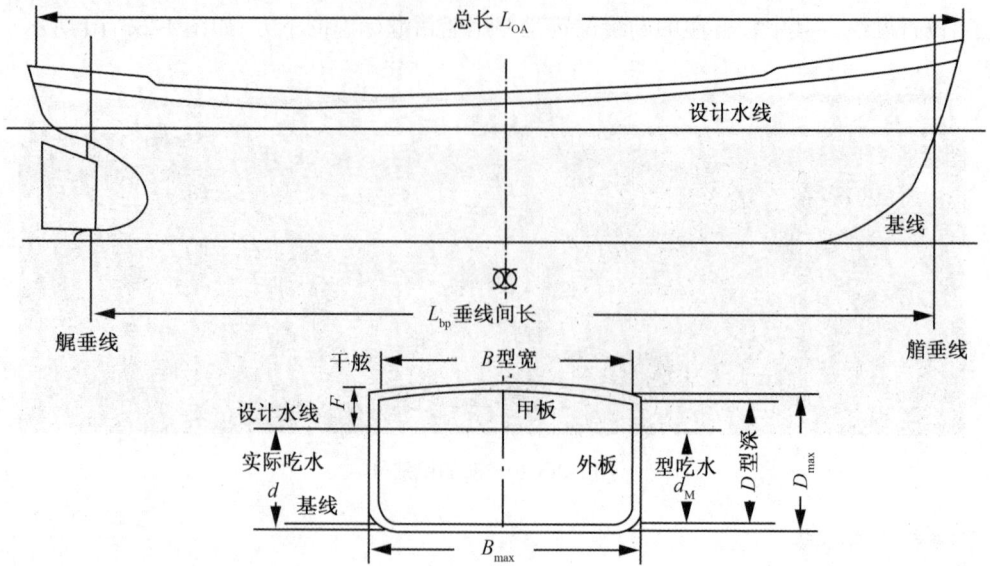

图 1-2-4-1　船舶尺度

1.船型尺度

船型尺度(molded dimension)是指《钢质海船入级规范》(以下简称《入级规范》)中定义的尺度,又称型尺度或主尺度。它主要是从船体型表面上量取的尺度,在一些主要的船舶图纸上,均使用和标注这种尺度,且用于计算船舶稳性、吃水差、干舷高度、水对船舶的阻力和船体系数等,故也称为理论尺度或计算尺度。

(1)型长 L_{bp}

型长(length between perpendiculars)是指沿设计夏季载重水线,由艏柱前缘量至舵柱后缘的长度;对无舵柱的船舶,由艏柱前缘量至舵杆中心线的长度,即艏艉垂线间的长度,但均不得小于设计夏季载重水线总长的96%,且不必大于97%。型长又称船长、垂线间长。

(2)型宽 B

型宽(molded breadth)是指在船体的最宽处,由一舷的肋骨外缘量至另一舷的肋骨外缘之间的横向水平距离。

(3)型深 D

型深(molded depth)是指在船长中点处,由平板龙骨上缘量至上层连续甲板(上甲板)横梁上缘的垂直距离;对甲板转角为圆弧形的船舶,则由平板龙骨上缘量至横梁上缘延伸线与肋骨外缘延伸线的交点。

(4)型吃水 d

型吃水(molded draft)是指在船长中点处,由平板龙骨上缘量至夏季载重水线的垂直距离。

通常用垂线间长、型宽、型深表示船体外形的大小。这三个尺度称为船舶主尺度,一般写成下面的形式:

主尺度＝垂线间长 L_{bp}×型宽 B×型深 D

2.登记尺度

登记尺度(register dimension)为《1969 年国际船舶吨位丈量公约》中定义的尺度。它是主管机关登记船舶、丈量和计算船舶总吨位及净吨位时所使用的尺度,载明于船舶的吨位证书中。

(1)登记长度 L_R

登记长度(register length)是指量自龙骨板上缘的最小型深 85%处水线总长度的 96%,或沿该水线从艏柱前缘量至上舵杆中心的长度,取两者中较大者。

(2)登记宽度 B

登记宽度(register breadth)是指登记长度 L_R 中点处的最大宽度。对于金属外板的船舶,其宽度量至两舷的肋骨型线;对于其他材料外板的船舶,其宽度量至船外板的外表面。

(3)登记深度 D

登记深度(register depth)是指在登记长度 L_R 中点船舷处从平板龙骨上缘量至上甲板下缘的垂直距离。对于具有圆弧形舷边的船舶,则是量至甲板型线和船舷外板型线相交之点。对阶梯形上甲板,则应量至平行于甲板升高部分的甲板最低部分的引申虚线。

3.最大尺度

最大尺度(overall dimension)又称全部尺度或周界尺度,是度量船舶在某个方向(横向、纵向或垂向)上的尺寸的最大值。船舶在停靠码头,进坞,过船闸、桥梁、架空电线和狭窄航道,进行船舶避碰操纵等过程中都要用到船舶的最大尺度。

(1)最大长度

最大长度(length overall)又称全长或总长,是指从船首最前端至船尾最后端(包括外板和两端永久性固定突出物)之间的水平距离。

(2)最大宽度

最大宽度(extreme breadth)又叫全宽,是指包括船舶外板和永久性固定突出物在内并垂直于中线面的最大横向水平距离。

(3)最大高度

最大高度(maximum height)是指自平板龙骨下缘至船舶最高桅顶间的垂直距离。最大高度减去吃水即得到船舶在水面以上的高度,称净空高度(air draught)。

二、吃水与干舷

船舶主尺度中除前述长、宽、深(高)三个基本尺度外,还有吃水与干舷高度。

1.吃水

船体浸入水中的深度叫吃水。根据不同用途,吃水分为型吃水和外形吃水。

(1)型吃水

在船长中点处由平板龙骨上缘至夏季载重线的垂直距离称为型吃水。它是船舶设计的吃水。

（2）外形吃水

从龙骨底缘至水面的垂直距离称为外形吃水，又称实际吃水。它是进出港、过浅滩、停靠码头、装卸货都应考虑的吃水。船舶在营运过程中，艏、艉吃水经常是不同和变化的，因此外形吃水又分为：

艏吃水：在船首处由龙骨底缘到艏柱与水线交点的垂直距离。

中吃水：在船长中点处由龙骨底缘到水面的垂直距离。

艉吃水：在船首处由龙骨底缘到艉柱（或舵杆中心线）与水线的交点的垂直距离。

平吃水：当艏、艉吃水相等时叫平吃水。

2.干舷

干舷就是某一时刻的水面至甲板线上边缘（干舷甲板上边缘）的垂直距离，表示当时船舶所具有的储备浮力，干舷越大，储备浮力越多，船舶越安全。

三、登记吨位

登记吨位是依据船舶登记尺度丈量出船舶容积后经计算而得出的吨位，它表示船舶所具有空间的大小，又称登记吨位。根据丈量范围和用途的不同，登记吨位可分为总吨位、净吨位和运河吨位。

1.总吨位

总吨位也就是船舶总容积，是按照《1969 年国际船舶吨位丈量公约》或各国制定的丈量规范确定的。船舶总吨位是统计船舶吨位，划分船舶等级，表示船舶规模大小，计算船舶建造、买卖、检验、租船等费用，船舶登记、检验及丈量等收费的标准，以及处理海事赔偿等的依据。

2.净吨位

净吨位也就是船舶实际用作载货、载客的有效容积，是按照《1969 年国际船舶吨位丈量公约》或各国制定的丈量规范确定的。船舶净吨位是港口向船舶征收各种港口使费（如港务费、引航费、灯塔费、系解缆费、拖船费、靠泊与进坞费等）和税金（如船舶吨税）的依据。

3.运河吨位

运河吨位是船舶按运河当局制定的船舶吨位丈量规范而量取的吨位。运河当局据此征收通过运河的费用。运河吨位主要有苏伊士运河吨位和巴拿马运河吨位。同一船舶运河总吨位和净吨位一般比该船总吨位和净吨位大。

四、船舶排水量和载重量

船舶排水量和载重量是决定装载货物重量能力的主要指标。船舶排水量等于该吃水时船舶的总重量，同时也是船舶在静水中保持自由漂浮与静态平衡后的排开同体积水的重量。

1.排水量

排水量可分为空船排水量、满载排水量以及某一装载状态下的排水量。

（1）空船排水量

空船排水量是指船舶在无载重时的排水量，空船排水量等于空船重量。

（2）满载排水量

当船舶满载时，排水量为吃水达到规定的满载水线时的水量。满载排水量是空船重量、货物、燃油、润滑油、淡水、压载水、船员及行李、粮食和供应品、船用备品等各类载荷重量的总和。但是夏季满载排水量是一定值。

（3）装载排水量

装载排水量是指装载状态下空船、货物、航次储备、压载水等重量之和。

2.船舶载重量

船舶载重量是指船舶在营运中所具有的载重能力，分为总载重量和净载重量两种。

（1）总载重量（DW）

总载重量随排水量（或吃水）的变化而不同，它等于满载排水量与空船排水量之差。

$$DW = 装载排水量 - 空船排水量$$

（2）净载重量（NDW）

净载重量等于总载重量减去该航次总储备量及船舶常数，其中航次总储备量为航次所需的燃润料、淡水、粮食、供应品、船员、行李等重量，即

$$NDW = DW - \sum G - C$$

式中：$\sum G$——航次总储备量（t）；

C——船舶常数（t），是指船舶经过一段时间营运后的空船排水量与新船出厂时的空船排水量之差。

船舶净载重量因航次航线、航程等因素的不同而变化，如果航线、航程已经确定，总载重量为一定值，则净载重量的大小取决于航次总储备量和船舶常数的大小。

综上所述，船舶净载重量、总载重量、排水量的关系如下：

满载排水量
（船舶总重量）$\begin{cases} 空船排水量（空船重量） \\ 总载重量\ DW \begin{cases} 净载重量\ NDW \\ 航次总储备量\ \sum G \\ 船舶常数\ C \end{cases} \end{cases}$

项目三　　航行值班

【知识目标】

1.掌握船舶值班制度、水手值班职责与值班交接程序；

2.掌握水手瞭望职责；

3.了解船舶内部通信和报警系统的使用；

4.了解声号、灯号、号型的基本常识；

5.了解潮汐与潮流的常识；

6.了解风流对舵效的影响；

7.了解基本的环境保护程序；

8.了解主要航海国家国旗和常见国际信号旗；

9.掌握船舶挂旗方法。

【能力目标】

1.能够认真履行值班交接程序和值班职责；

2.能够保持正规瞭望；

3.能够正确使用船上内部通信设备(如公共广播系统、声力电话、手持 VHF)；

4.能够正确识别各种号型及其含义；能够捕捉声号、灯号和其他目标，并正确描述其方位、特征和状态；

5.能够理解影响舵效的因素，并且操舵时能够把握运用；

6.能够正确使用消油剂、吸油毡、围油栏等防污染器材，按照公约法规要求正确处理海洋污染物；

7.能够正确识别 A、B、G、H、N、O、P、Q、Y 等国际信号旗的含义，能够正确进行升降旗操作。

【内容摘要】

在船舶停泊与航行过程中，甲板部除了要安排驾驶员值班外，还要安排水手值班，安排值班必须是昼夜不断的。水手值班可以分为系泊值班、航行值班、锚泊值班，值班水手必须认真履行值班职责。

任务1 掌握船舶值班制度、水手值班职责与值班交接程序

一、船员职务规则

船舶是完成水上交通运输的主要工具,同时又是一个多部门、多工种协同作业的生产单位。船舶的营运必须通过船员的安全驾驶、操作和管理来实现。因此,船员除了要具备适合于现代高科技船舶应有的专业技能和良好的职业素质外,还必须熟悉与其岗位相关的工作任务、岗位职责的内容,才能在船舶内部分工中充分挖掘个人的潜能,确保安全优质地完成运输生产任务。船员职务是海船船员任职时不可或缺的职业行为规范。船员掌握并遵循船员职务内容,是船舶正常运作的必要条件。

船舶营运依赖高度统一的意志和有机高效的分工。船长是船舶的最高领导人,在船公司的领导下全面负责船舶的安全生产、营运管理、航行工作、行政管理、技术培训、应变指挥以及船舶安全管理体系的运行和监控。全船人员必须服从船长的统一指挥。以下参照中远海运集团船舶部门分工和船员职务职责进行简要介绍。

(一)部门分工

1.甲板部(驾驶部)

(1)负责船舶营运、船舶驾驶和船舶操纵。

(2)负责货物运输,包括积载,装卸准备,货物的分隔、衬垫、绑扎、通风、途中保管,以及装卸的协助和监督。

(3)负责船体保养。

(4)主管货舱系统和在机舱外的淡水、压载水、污水系统的使用和保养。

(5)主管舵设备、锚设备、系缆设备、装卸设备、开关舱设备、舷梯及其属具的使用和机械部分的一般性保养。

(6)主管驾驶设备和助航仪器、信号、旗帜、海图及航海图书资料的管、用、养、修、添、换。

(7)主管救生、消防、堵漏工作及其设备器材的管理和维护。

(8)负责船舶通信、对外联络。

(9)负责系泊和锚泊安全,人员上下船安全。

(10)负责甲板部人员的管理、培训和考核。

(11)负责全船医务和其他有关事项。

2.轮机部

(1)负责主机、辅机,以及包括发电机在内的各种辅助机械及其管系的管、用、养、修。

(2)负责全船电力系统及用电设备的管理和维护。

(3)负责全船的明火作业、舱面机械转动部分的保养、修理,舱面管系的修换。

（4）负责轮机部人员的管理、培训和考核。

（5）负责燃油的补给、移驳和其他有关事项。

3.事务部

负责全船人员的伙食、卧具、公共场所卫生、来客招待,主管船舶财务。不设事务部的船舶,其人员和事务归属于甲板部。

(二)个人职责(甲板部普通船员)

1.水手长

水手长在大副的领导下,熟悉和执行公司的安全和环境保护方针,组织带领木匠和水手进行船体、甲板所属设备的维护保养和其他日常工作,并指定为甲板部安全监督员。

1)维修保养工作

（1）按照"船舶检修、养护责任分工",负责船体及甲板设备的检查和维护保养工作,使其处于良好的工作状态。

（2）按照维修保养计划和大副指示,安排水手工作。开工前布置任务并落实安全防范措施,加强现场检查,对高空、舷外、进入封闭场所和其他特殊作业,必须提前报告大副/船长,并在现场督促和指导。

（3）修船时,按照大副指示做好自修、监修和验收工作。

2)抵离港工作

（1）抵港前,按照大副指示,带领水手做好艏艉系缆、系锚链和装卸等各项准备工作。

（2）进出港口、靠离移泊时,按大副指示,带领水手收放引航员软梯、舷梯和安全网,并在船尾协助二副参加系解缆等工作。

（3）装货前,根据大副指示保持货舱处于适货状态,升起吊杆、打开舱盖,保持作业场所安全警示标志清晰可见。

（4）装卸完毕,及时检查货物及易移动物件的绑扎情况,必要时予以加固;整理甲板属具,落妥吊杆。

（5）开航前,检查木匠、水手是否全部到船。

（6）出港后,及时整理固定系缆,必要时存入仓库。

3)其他工作

（1）负责编制水手航行、停泊及瞭头轮流值班表,经大副批准后执行。必要时,根据大副的指示,参加瞭头和操舵。

（2）担任安全监督员,督促木匠和水手遵守劳动纪律、规章制度及安全操作规程,落实作业现场的安全防范措施。

（3）做好系缆、装卸等甲板机械的设备的养护维修,使其经常处于良好状态。

（4）负责整理、检查和保管甲板部使用的各种可移动灯具,做好这些灯具和甲板上的电源插座的防水防潮工作。

（5）指导水手熟悉和掌握除锈、油漆、帆缆、高空、舷外、起重、操舵等各种船艺。

（6）负责填写并保管甲板部"劳动安全记录簿"和"工前会记录簿"。

（7）负责向甲板见习生、实习生传授工作技能、劳动安全知识和注意事项。

（8）负责水手长所管物料、绑扎器材和劳保用品的管理,做好申领、验收、发放、清点、登记入册等工作。保证物料合理使用,避免浪费,并保持物料间整洁。

（9）妥善管理和养护堵漏器材。

（10）保持甲板整洁,做好甲板垃圾的收集、保管和处理工作。

（11）做好甲板部防火、防爆、防工伤及其他季节性安全预防工作。

（12）发生海事时,在船长、大副指挥下,带领水手积极抢救。

（13）执行船长、大副交办的其他工作。

4）船舶应急

在应急情况下,执行应急程序所规定的职责。

2.木匠

木匠在大副和水手长的领导下,熟悉和执行公司的安全和环境保护方针,负责木工及其他有关工作。水手长不在船或因故不能工作时临时履行水手长的职责。

1）维修保养工作

（1）负责锚机及其外部的清洁保养和活络部分的加油工作,保持锚链标志清晰,定期检查锚链和锚装置的技术状况。

（2）负责淡水舱、压载水舱的测量管、空气管、注入管、人孔盖和污水井测量管的检查维修,保持标志清晰。

（3）负责对舱盖板密封橡皮和压紧装置进行定期检查和维护保养。

（4）负责对舷窗、水密门、货舱导门等水密装置进行定期检查和维护保养。

（5）负责定期对导缆滚轮和救生艇转动部件进行加油活络。

（6）在大副的指导下,负责绘制甲板各设备活络部分的牛油嘴分布示意图,以避免加牛油保养工作中的疏漏。

（7）保持各层甲板泄排水管及货舱污水井的清洁和畅通。

（8）负责舱室通风设施和防火门的维护保养。

（9）负责修配门窗、玻璃、锁具、钥匙、桌椅等木工工作。

（10）修船期间,根据大副指示做好修理项目的监修和验收。

2）其他工作

（1）每天至少两次测量污水井、淡水舱、压载水舱水位,做好记录。发现异常,应立即报告并查明原因。

（2）抵离港及抛起锚前,应检查并试验锚机。在进出港口、靠离移泊、抛起锚、雾中航行和其他必要情况下,按大副指示在锚机旁值守或瞭头,并执行备锚、抛锚、起锚、系固锚、封启锚链筒口等操作。

（3）根据大副指示,负责压载水的压入、排出及加装淡水的操作,并做好记录。

（4）加装燃油前,负责堵塞甲板泄水孔。

（5）装卸作业前按大副指示,同甲板部人员一起及时开启舱盖,装卸完毕及时封妥舱盖。

（6）负责木工工具物料的申领、保管、清点工作,并登记入册。保持木工工作间整洁,妥善保管堵漏器材。

（7）在水手长领导下,参加甲板部维修保养工作。

(8)执行大副、水手长交办的其他工作。

3)船舶应急

在应急情况下,执行应急程序所规定的职责。

3.一级水手

一级水手在值班驾驶员、水手长的领导下,熟悉和执行公司的安全和环境保护方针,履行值班职责或参加维修保养。

1)值班

(1)熟悉并遵守值班制度以及航行安全、技术操作方面的规章。

(2)开航前,应做好试舵、检查航行灯和信号灯、备妥需要的号旗和号型等工作。

(3)负责升降国旗、号旗、号型,开关各种号灯和照明灯。

(4)航行中,按船长、值班驾驶员或引航员的口令正确操舵。当口令不一致时,应以船长的口令为准。未在操舵时并未被安排做其他工作时,必须认真瞭望。

(5)按值班驾驶员的指示正确转换操舵仪的工作状态。

(6)负责驾驶台内外(包括海图室、报务室)的清洁工作。

(7)根据船长指示及时收放引航员软梯、舷梯。

(8)在航行与停泊值班期间,按规定巡视检查船舶安全情况。靠泊期间,确保舷梯、系缆及挡鼠板处于正常状态,保持舷梯及甲板安全通道的清洁、畅通,夜间作业时安装货灯。

(9)在靠泊期间负责梯口值班时,对外来人员进行登记。

(10)按规定填写"一级水手操舵值班记录簿"和"一级水手停泊值班记录簿"。

(11)完成值班驾驶员指派的其他工作。

2)日常工作

(1)不参加驾驶台值班时,在水手长的安排下,参加甲板部的维修保养工作。

(2)靠离移泊时,不当值的一级水手参加系解缆作业。

(3)指导二级水手的工作并帮助其提高技艺。

(4)完成水手长指派的其他工作。

3)船舶应急

在应急情况下,执行应急程序所规定的职责。

4.二级水手

二级水手在水手长的领导下,熟悉和执行公司的安全和环境保护方针,完成指派的工作。看舱值班时听从值班驾驶员指挥。

(1)在水手长的安排下,参加甲板部的维修保养工作。

(2)靠离移泊时,参加系解缆作业。

(3)装卸作业时,参加看舱值班。

(4)协助收放引航员软梯、舷梯及安全网。

(5)在确保安全的原则下,经船长同意,在一级水手指导下学习操舵。

(6)完成上级指派的其他工作。

(7)在应急情况下,执行应急程序所规定的职责。

二、水手值班职责

在船舶停泊与航行过程中,甲板部除了要安排驾驶员进行值班外,还要安排水手值班,安排值班必须是昼夜不断的。水手值班可以分为系泊值班、航行值班、锚泊值班。

（一）系泊值班

系泊值班是指船舶在码头靠泊和系浮筒时的值班。

（1）坚守舷梯岗位,由于舷梯是船岸间的唯一交通要道,经常注意调整舷梯高低,系好安全网,保持梯口的整洁;注意上下船人员安全;加强责任心,对来访者必须逐一问清情况才能带领会见被访人员,不准任何无关人员登船。

（2）经常巡视检查船头和船尾,防止偷窃和偷渡事件的发生。

（3）按时升降国旗,按规定开关甲板照明灯,收放货舱照明灯,随时整理甲板索具,保持信道安全。根据值班驾驶员的指示,正确悬挂号灯及号型。

（4）注意潮水涨落和船舶装卸货时吃水变化情况,及时调整系泊缆绳、挡鼠板及碰垫等。

调整缆绳时注意:

①不要一次松太多,可分多次放松,以防一下刹不住。

②松前应察看缆绳有无障碍及对舷梯有无影响。

③短缆先松,长缆后松。

④系浮筒先松下游缆。如缆被他船压死或有其他障碍,应及时报告。

⑤系浮筒装卸货时,回头缆应当比其他缆多松一些。

⑥风流较大时,应同时松缆,必须报告值班驾驶员到现场指挥松缆,安排多名水手同时进行操作。

（5）配合装卸货,及时、安全地开关舱,尤其在多雨的港口,值班水手必须时刻注意天气变化情况,尽量在雨前盖好舱盖。

（6）根据装卸货的要求调整好吊杆,固定好稳索,大梁和舱盖板应放置稳妥。

（7）经常查看吊货索具及起货设备是否正常,发现问题或当货物及索具受损坏时,应立即报告值班驾驶员,并严格制止工人违章操作。

（8）认真进行安全防火巡视检查,尤其在夜间应多加注意,发现火警或其他以外危险情况时,应立即采取积极有效的灭火措施并报警,迅速报告值班驾驶员。严禁在货舱口附近吸烟。

（9）经常注意本船四周尤其是船尾车叶的安全,禁止与本船无业务关系的船来靠。当船靠泊时,应协助带缆、解缆、放好碰垫和梯子。有大船在前后靠离码头或系离浮筒时,应先报告值班驾驶员并注意缆绳情况。

（10）在加淡水、燃油或打排压舱水时,应予协助照顾。

（11）协助看管、点收甲板物料,保存送来的邮件。

（12）系浮筒时,应在舷梯旁备妥一个配有绳索的救生圈。夜间无装卸作业又无人上下船时,可将舷梯吊高。

（13）认真做好船长和值班驾驶员交代的工作。

（二）航行值班

水手在船舶航行中的值班可以分成航行班和锚泊班两种。航行班是指在海上航行时的水手值班；锚泊班特指船舶在锚地锚泊时的水手值班。

在船舶航行中，一般情况下，一级水手随驾驶台班，主要承担操舵工作和协助驾驶员进行瞭望；二级水手则听从水手长的安排值白班，主要进行船舶保养工作。

在大型商船上，一般每班安排两名一级水手跟随驾驶员值驾驶台班。其中一名称主班水手（操舵），另一名称副班水手（瞭望）。目前，随着航海技术的发展及设备的自动化，在大洋航行的水手也越来越少，现代船上往往只有三名一级水手，每班安排一名水手随驾驶员值班。在大洋航行或水域开阔，船舶稀少且保证安全的前提下，白天当班一级水手往往参加船舶保养工作。

1.驾驶台班

驾驶台班指水手在驾驶台及附近协助驾驶员进行工作的值班。

1）驾驶台班的时间安排

水手在驾驶台值班是和船舶驾驶员值班一致的，每位驾驶员与 1~2 名一级水手共同当班。每天值班 8 h，分两班进行，具体时间如下：

大副：值 0400—0800,1600—2000 班；

二副：值 0000—0400,1200—1600 班；

三副：值 0800—1200,2000—2400 班。

2）水手在驾驶台的主要工作

（1）在驾驶台航行值班的水手，必须听从驾驶员的指挥，执行驾驶员发布的任何口令。执行驾驶员命令的同时，应响亮、清楚地回令。

（2）以十分认真的态度进行操舵，操舵时应集中注意力，按给定的航向或口令进行操舵，保持航向准确，不得擅自离开操舵装置。

（3）发现舵效不好，应及时报告驾驶员。

（4）操舵时必须复诵船长、驾驶员或引航员所下达的舵令，达到操舵效果后必须响亮、清楚地回令，如没听清舵令或有怀疑时，应立即询问清楚，然后执行。船长和驾驶员或引航员同时在驾驶台时，以船长舵令为准。

（5）使用自动舵航行时，要密切注意自动舵是否工作正常，如发现异常，应立刻用手操舵并报告驾驶员。

（6）在通航密度大、狭水道、渔区航行或进行避让操纵时，应使用手操舵，以利安全。

（7）在夜间、能见度不良、进出港、狭水道等情况下航行时，当班水手要协助瞭望、监舵、监车，未经驾驶员同意，不得擅离驾驶台。当班水手应该协助驾驶员对海面情况进行不间断的瞭望，尤其驾驶员在进行海图作业时，必须加倍警惕，发现问题及时报告。

（8）当班水手必须熟知航行灯和信号灯的电源及转换开关所在，正确开闭航行灯，航行灯在日落时开启，日出时关闭；在能见度不良时也必须按照驾驶员的命令开启航行灯。在航行期间，当班水手应经常检查航行灯和其他信号显示是否正常，并且注意驾驶台附近不应有其他灯光外露。

（9）当班水手必须做好驾驶台内外的清洁工作。每天0400—0800班负责对驾驶台及附近进行全面的整洁，冲洗驾驶台两侧甲板和驾驶台前部的挡风玻璃。其他班也应保持驾驶台的清洁，并遵照驾驶员的布置，做些驾驶台的保养工作。整理好驾驶台的物件，使驾驶台经常保持清洁整齐状态。

（10）下雨时，应注意关闭门窗，检查罗经甲板上的标准罗经，及时采取防雨措施，盖好罩子。

（11）熟悉驾驶台上各种设备及用途，尤其是旗号及救生、消防设备的存放地点，在需要使用这些设施时能迅速找到。

（12）在大风浪天航行时，必须检查驾驶台的物品是否固定稳妥，及时固定好移动物品，查看船舶水密门是否关闭，甲板上是否有移动物体，发现问题及时报告，由值班驾驶员通知有关人员负责解决。

（13）如发现和遇到海军舰艇，根据规定及时回旗或下旗致敬。

（14）抵达目的港引航锚地时，必须检查艏艉吃水并报告值班驾驶员。

2.白班

（1）白班水手在水手长的安排和带领下，根据大副的指示，进行船舶保养工作。

（2）对船舶进行除锈保养。对船舶有锈的地方进行敲锈，敲锈必须彻底。

（3）油漆工作。对除锈后的船体，按照规定涂刷防锈漆、甲板漆等。

（4）对船舶装卸设备进行保养。对各种滑轮进行加油或更换，对各种吊杆钢丝抹油或更换。

（5）整理甲板上的各种物品，使其摆放整齐到位。

（6）整理和保养各种缆绳及索具。

（7）在三副的指导下，对救生、消防设备进行保养。

（8）做好船舶的清洁工作。

（9）在风浪天航行时，对各层甲板上的物品进行加固绑扎。

3.值班瞭头

（1）在能见度不良的情况下，为了航行安全，都应有人在船头加强守听、瞭望，船舶航行在通航密度大的狭水道、运河及在港内航行时，为了做好应变抛锚的准备，都应在船首部署船员，简称为派瞭头。

（2）瞭头由水手长、木匠、水手轮流担任，名单由水手长编排，经大副同意后实行。能见度不良时的瞭头一般由二级水手轮流担任，每2 h为一更，一更一人。

（3）瞭头的主要任务是：注视船头方向及左右两舷的海面情况（灯光、声音、回声、陆地、漂浮物及其他航行障碍物等），供驾驶台及时采取正确的避让措施。

（4）瞭头开始值班前，驾驶台应将当时航区情况及注意事项交代清楚。

（5）瞭头应在船头坚守岗位，全神贯注进行观察，发现情况及时正确地用电话或无线电对讲机向驾驶台报告，也可以用敲钟方法引起驾驶台注意，情况在右前方敲一下，在左前方敲两下，在正前方敲三下，此时驾驶台用口哨或手电闪光回答，表示已经听到。

（6）瞭头的交接班应在船头进行，交班者必须向接班者讲清当时海面情况及驾驶员交代事项,交代完毕后应向驾驶台报告,得到同意后方可离去。

（三）锚泊值班

值锚泊班的水手必须有高度的责任心,因为此时全船只有当班水手一个人在进行巡视值班,对船舶出现的任何异常情况都必须进行准确的判断和处理,对出现的各种对船舶安全有影响的情况应及时向值班驾驶员报告。

1.锚泊时的注意事项

（1）值班时应注意船舶四周情况,有无其他船舶在本船回转范围内锚泊,如果发现有锚泊过近的船舶,应立刻向值班驾驶员报告。

（2）如果在锚地等候引航员,则在引航船靠近时放下梯子,并检查是否绑扎牢固,梯子的摆放应按照规范进行并清除梯子附近的杂物,放好安全网,系好安全绳,备好救生圈,在夜间还必须安装照明灯。

（3）日没时开启锚灯及甲板照明灯,落下锚球,降国旗;日出时升国旗,关闭锚灯及甲板照明灯,挂上锚球。

（4）注意锚链松紧情况,如不正常情况或发现走锚应当立即向值班驾驶员报告。

（5）风浪增大时,应及时通知值班驾驶员值锚更班。

（6）应经常巡视甲板,注意船舶周围的各种船舶,做好防盗工作。如果遇到异常情况,应及时通知值班驾驶员和施放叫人信号。

（7）能见度不良时,应通知值班驾驶员值锚更班,通过雷达监视海面情况,如遇有船舶接近,在值班驾驶员的指挥下鸣放雾号。

（8）认真贯彻有关规章制度,切实注意上一班所交代的注意事项。

2.值锚更班发现走锚的方法

锚泊时船舶的最大危险是船舶走锚,也就是船舶拖着海锚相对海底移动。走锚对锚泊船威胁极大,如不及时发现并采取有效措施,必将发生搁浅、碰撞等事故,尤其在锚地抛锚,走锚常常造成船舶间的碰撞。

引起走锚的原因除偏荡外,还有锚链长度不足、抛锚方法不当、锚爪抓底不好、底质太差、大风浪来袭等,使船身所受外力大于锚和锚链的系留力而造成走锚。

（1）锚位正常时,锚链是有规律地一张一弛的,而走锚时,锚链筒外面的锚链会出现紧后突松的现象,用手触摸锚链筒附近的锚链,会感觉到有间歇性的抖动。当班水手应经常到船首观察锚链的受力情况。

（2）用耳伏在起锚机的锚链上探听,如有"咯咯"声说明已走锚。但在黏土底质的锚地,不易听到这种声响。

（3）经常利用正横串视标判断是否走锚,也可利用陆标校对锚位是否正常。

（4）在船中部舷旁,垂直放一测深铅锤,如走锚,测深铅锤绳会向前斜伸。

（四）交接班程序

根据事故统计,在交接班时发生海难事故的频率最高,这说明交接班工作是非常重要的,应该以认真、严肃的态度对待交接班,按照规定交好班、接好班。

1.航行值班交接班及交接班注意事项

（1）正在进行避让、转向或舵未把定时，不应进行交接班。交接班完后，双方都应把航向报告值班驾驶员或船长。

（2）在交接班前30 min，值班水手负责叫醒接班人员，交班的副班水手应会同接班的副班水手于交班前巡视甲板舱口、风斗、水密门、航行灯等设备。

（3）交接班注意事项

①操舵磁罗经航向和陀螺罗经航向度数，将交班时的航向报告值班驾驶员。

②舵性、舵效以及舵传动系统的工作技术状态。

③已显示的航行灯、信号灯及其他号灯、号型、旗号等技术状态。

④在航的船舶和周围水域情况。

⑤瞭头人员姓名、岗位和联系方法。

⑥货舱、舱盖、风斗、甲板货及甲板上可移动物体的情况和已采取的安全措施。

⑦保养检修工作及其执行情况。

⑧船长和值班驾驶员的指示及应提醒下一班注意的事项。

驾驶台值班时，每班两名一级水手（大型海船），如使用自动舵，在不影响安全航行的原则下，白天可以抽出一名水手参加保养工作。

2.复杂条件下的交接班

进出港、移泊、通过狭窄航道或在其他复杂的条件下航行时，船长应到驾驶台指挥，轮机长应到机舱指导值班人员操作。

3.停泊时

驾驶员值昼夜班，每班不超过12 h，在有驾助的船上，由二副、三副、驾助轮流值班；水手每班两名（其中至少有一名一级水手），值班4~6 h。

停泊中交接班应交接下列事项：

（1）舷梯值班注意事项及上下船人员情况。

（2）锚和锚链，涨落水掉头或系泊缆绳及属具情况。

（3）锚灯、号灯、甲板和货舱照明灯等情况。

（4）装卸货使用的吊杆、吊货索具及开工舱口情况。

（5）安全防火及有关要求。

（6）悬挂的旗号、信号及船舶周围的状况。

（7）本班发生的重大问题及提醒下一班注意的事项。

（8）值班驾驶员和水手长交代的工作。

4.在环抱式港内停泊时

在环抱式港内停泊时，留船值班人员不得少于全船船员的1/3；在开敞式港内，则不得少于2/3。遇有特殊情况，船长有权临时规定留船值班人员。

一般情况下，船长和大副、轮机长和大管轮、水手长和木匠不能同时离船，配有两名以上无线电人员的船，必须留一名值班。

5.值班时

值班人员不得擅自离开工作岗位,不得做与值班无关的事;驾驶台值班应严肃认真,不得坐着。值班人员如因故不能值班时,必须得到本部门领导的同意,并指定适当的人代替。

6.交接班时

交接班必须在工作岗位上进行,接班人员没有到,交班人员不能走开,只有交接清楚后才能离去。如果接班的人员没有按时接班,应向本部门领导或船长报告,区别情况,严肃处理。

(五)开航前值班水手应做的工作

船舶开航前,值班水手应在值班驾驶员的安排下,做好开航前的各项准备工作,保持船舶能安全地进入航行状态。

1.驾驶台的准备工作

开航前2 h,值班的副班一级水手应到驾驶台做准备工作:

(1)打扫驾驶台内外,擦净驾驶台玻璃。

(2)解除罗经罩盖及信号灯罩。

(3)准备好国旗、信号旗及其他信号,如船名旗、引航旗以及港口规定的有关信号旗或掉头信号等,并按驾驶员指示悬挂。

(4)遵照值班驾驶员的命令试验舵机,进行对舵,要在得到驾驶员的通知后方可操纵舵轮,要注意舵角指示器和舵轮方向是否一致,左右满舵要操纵舵轮到位。

(5)试验船舶汽笛是否正常。

(6)协助值班驾驶员对时。

(7)协助值班驾驶员对车钟。

(8)协助值班驾驶员试车。在主机冲车前,要注意检查螺旋桨附近有无其他船只,应到船尾查看周围是否清爽,通知船尾附近艇筏远离,要调整好前后缆绳及舷梯。

2.甲板上的整理工作

甲板上的整理工作包括以下各项:

(1)在装卸完货物后,及时关闭货舱盖,并进行舱口密封,对有些货舱,根据舱内货物品种的不同,还应在舱盖板上加盖帆布,紧好压紧器或压条,并用楔子固定。

(2)舱口道门也必须关闭并密封。

(3)对吊杆和其他装卸设备进行固定,及时将吊杆放下,将吊货钩头固定,收紧吊货钢丝和其他吊杆调整钢丝,保证装卸设备在航行中不发生移动。

(4)对装有甲板货的船舶,在装完甲板货后,应在水手长的带领下,及时进行甲板货的固定绑扎工作。绑扎过程应按要求进行,保证甲板货物在风浪中稳定。这项工作非常重要,直接关系到船舶航行安全,必须严肃认真地完成。在绑扎工作结束之后,大副或值班驾驶员应和水手长一起进行认真检查,发现问题及时处理。

(5)做好甲板上设备的防水工作,对装卸设备、救生设备等加盖帆布。

(6)收好甲板上的各种工具、物料,整理和清洁甲板,保证甲板上无杂物。

(7)关闭甲板上的贮藏舱室(如油漆间、物料间、艏尖舱等)的舱门。

（8）查看艏艉吃水并报告值班驾驶员。

（9）通知甲板部人员准备开船，在已无人员上下的情况下收进舷梯并固定好；准备好接送引航员用的梯子、照明灯及救生圈等。

（10）及时做好离泊准备工作。

（11）做好拖船的带缆和解缆工作，准备好拖缆。

（12）做好驾驶员交代的其他工作。

（六）抵港时值班水手应做的工作

船舶抵达装卸货港口，值班水手应该在值班驾驶员或水手长的领导下，及时做好靠泊准备和装卸货准备等工作：

（1）打扫驾驶台内外。

（2）准备好国旗、信号旗及其他信号，如船名旗、申请引航旗以及到达港口规定的有关信号旗或掉头信号等，并按驾驶员指示悬挂。

（3）查看艏艉吃水并报告值班驾驶员。

（4）准备好梯子，做好引航员上船准备。

（5）解开舷梯的固定装置，准备好安全网。

（6）解开缆绳的固定绳索，活络绞缆机械。

（7）打开货舱的密封楔子，整理货舱盖上的防雨帆布，保证到港后能迅速开舱。

（8）打开甲板上的各种设备的防雨帆布，以利于靠泊后立刻能进入装卸货状态。

（七）驾驶台值班须知

（1）驾驶台是船舶航行的指挥中心，其范围包括两翼甲板及标准罗经甲板。航行中，除船舶领导和值班人员外，其他人员非工作需要不得随意进入。

（2）驾驶台值班人员必须严肃认真，集中精力工作；不做与值班无关的事；不得嬉笑闲谈、高声喧哗或收听广播妨碍指挥操作；除船长和引航员外，任何人不得坐着值班，也不得在驾驶台用餐和睡眠。

（3）驾驶台值班人员应穿着整洁，不得只穿背心、内裤、拖鞋，进出国外港口时，应仪容端正。

（4）驾驶台必须经常保持内外整洁，窗要明亮，桌、柜、四壁、地板要干净；航行中每天0400—0800 班水手负责驾驶台内外清洁，抵港前尤应彻底清洁。

（5）航行中，操舵室的门窗任何时候不可全部关闭，尤其在能见度不良时，瞭望人员应在两翼甲板值守。

（6）驾驶台各种仪器、仪表设备、航海文件、通告、图表、资料等，无关人员不得擅自翻动，未经船长许可，不得任意销毁或携出驾驶台。

（7）操舵室和标准罗经附近不可放置铁质或磁性物件；必要的航行用具和物品，应在限定地点放置整齐。

（8）夜间航行时，严禁有碍正常航行、瞭望的灯光外露。

（9）在港停泊期间，驾驶台无人值守时，驾驶台所有门窗均应锁闭，未经船长批准不准外人参观。倘有外人检修，必须派有关人员陪同并配合。

（10）值班驾驶员有责任维持驾驶台秩序,保持驾驶台的清洁,严格执行驾驶台规则。

（八）理解船舶常规指令

指令意味着指示和命令,是上级对下级的要求。船员理解船舶常规指令,目的是在实践中要求船员在船上能够使用工作语言就有关值班职责的事宜与值班高级船员进行沟通,交流清楚简明,在未能清楚地理解值班信息或指示时,能从值班高级船员处求得建议和说明。

船舶常用的指令通常体现在驾驶台值班、瞭望、操舵、系泊、锚泊、装卸货和船舶维修保养等方面。在船舶的管理权力上,船长是船舶领导人,在船舶安全、人员健康和环境保护方面拥有绝对权力。值班驾驶员是船长的代表,例如在航行值班时,值班驾驶员应保持正规的瞭望,保证船舶的安全航行,这是值班驾驶员的航行值班职责,也是船长的指令。值班水手在值班驾驶员的领导下,理解驾驶台值班的常规指令,使用工作语言就值班职责的事宜与驾驶员进行沟通,交流清楚简明,包括舵令和瞭望。

任务 2　掌握水手瞭望职责

一、瞭望的重要性

1.瞭望的含义

"瞭望"一词,通常意指"对船舶所处水域的一切情况进行观察,并对所发生的一切情况做出充分的估计与分析"。从某种意义上讲,对事物的估计与判断的重要性远远高于对事物进行观察本身所具有的一般意义。因而,不能简单地把"瞭望"一词仅理解为一种单纯的观察,而忽视其内在的实质意义。

2.瞭望条款的演变及《STCW 公约》的规定

早先的国际海上避碰规则中,保持瞭望的要求仅反映在有良好的船艺的规则中。

在《1972 年国际海上避碰规则》(以下简称《规则》)中,不但对"瞭望"做出专款明文规定,同时将瞭望条款置于"驾驶与航行规则"中首要的位置上,要求每一船舶在任何时候均必须严格遵守瞭望的规定。显然,规则把瞭望的重要性提高到其应有的高度。IMO 在制定《1978 年海员培训、发证和值班标准国际公约》(《STCW 公约》)时对瞭望提出了更为具体的要求。《STCW 公约》对瞭望的具体规定及要求,实质上也可以视为对《规则》"瞭望"条款所做出的解释与补充。

因而,船长、值班驾驶员以及瞭望人员在履行职责时,不但要遵守《规则》"瞭望"的规定,同时还要熟悉《STCW 公约》中的具体要求并严格遵守。

3.瞭望的重要性

不言而喻,确保海上航行安全的首要因素,就是保持正规的瞭望。海上避碰事故统计结果表明,无人瞭望或未能保持正规的瞭望,是导致碰撞事故的重要原因或主要原因。在各国法院审理船舶碰撞案件中,绝大多数的当事船舶几乎都被法院指责为犯有不同程度的瞭望过失。这充分说明了瞭望的重要性,同时告诫海员疏于瞭望将可能导致严重后果并将承担法律责任。当然,要避免碰撞事故的发生,还要注意其他很多因素,如安全航速、正确判断碰撞危险、及早采取避碰行动、优良的船艺等。然而,不难设想,倘若在未能保持正规瞭望的前提下,又如何去决定所使用的航速是否安全,又怎样去判断是否存在碰撞危险;在没有发现他船的存在,又不知道是否存在碰撞危险的情况下,又何谈"及早地采取行动"。

因而,可以这样讲,保持正规的瞭望是决定安全航速、判断碰撞危险、及早采取避让行动的先决条件。

二、瞭望人员

1．"瞭望人员"的含义

"瞭望人员"意指"专门负责或承担对周围的海况进行全面观察的航海人员"。所谓"专门负责或承担",是针对该人员的职责而言,也就是说,其唯一的任务就是瞭望。《STCW公约》第二章"航行值班中应遵守的基本原则"指出:"为保持正规瞭望,瞭望人员应集中精力,并不应承担或被分配给会妨碍本工作的其他任务";"瞭望人员和舵工的职责是分开的。舵工在操舵时不应被视为瞭望人员,但在小船上,能在操舵位置上无阻碍地看到周围情况时除外。"

"瞭望人员"通常是指专职瞭望人员,如空班舵工或被指定为暂时性执行瞭望任务的水手。而在封闭式的驾驶台担任操舵任务的舵工不应被视为"瞭望人员"。值班驾驶员是否可以被视为唯一的瞭望人员而单独承担瞭望任务,对此历来持有较大的争议。尤其是近年来,在紧缩船员编制的一些船公司以及一些只配备一名舵工、一名驾驶员作为驾驶台值班人员的船舶,此问题显得更为突出。应该肯定驾驶员负有保持正规瞭望的责任和义务,即使在配有专职的瞭望人员的情况下也不例外。然而,值班驾驶员除应履行瞭望的任务之外,还负有确保船舶航行安全的其他职责,如确定船位、驾驶船舶、避让操纵以及负责其他有关本船航行的动态活动等任务。因而,把值班驾驶员视为一名专职的瞭望人员将不符合《规则》的规定,也不符合《STCW公约》的要求。在某些特定的情况下,值班驾驶员可作为唯一的瞭望人员,但在准备履行这职责之前,值班驾驶员应做到,并满足以下三方面的要求:

(1)已对当时的处境予以仔细、充分的估计,确信此种做法是安全的,并不存在任何的碰撞危险和航行危险。

(2)已对包括下列但不限于下列的所有因素做出了充分的考虑:

①天气情况;②能见度;③通航密度;④邻近的航行危险;⑤当航行在或接近于分道通航制区域时必要的注意。

(3)当情况发生变化而需要协助时,协助人员能立即应召至驾驶台。

2．"瞭望人员"的资格

为确保正规的瞭望,切实地履行《规则》及《STCW公约》的规定及其要求,瞭望人员至少应具备下述两方面的素质：

（1）健康的身体素质，尤其是应能适应"视觉及听觉瞭望"的基本要求。

（2）合格的业务素质，即：具有一定的航海专业知识，掌握一定的航海技能，并能运用所掌握的知识分析与判断所观察到的一切事物。

因而，可以认为："瞭望人员"只能由合格的、称职的航海人员来担任，而不宜由船上的服务人员来担任。这一观点针对当今船员编制趋于紧缩的现状仍具有指导性的意义。

3."瞭望人员"的数目

"瞭望人员"的配备数目，国际上并无统一的做法，《规则》以及《STCW公约》也无明确的规定。然而，船公司在确定船舶的船员编制时，以及船长在制定值班人员的具体数目时，应充分考虑并适应当时环境及情况的要求，尤其是必须考虑保持正规瞭望的必要性。务必保证在任何时候，驾驶台均应有人保持不间断的瞭望。同时，还应考虑当时的天气情况、能见度情况、所处水域的自然条件、导航条件和通航密度、船舶所装备的助航仪器、自动操舵装置的使用和操作条件，以及由于特殊的操作环境可能产生的对航行值班的特别要求等诸多因素。而法院在衡量一船的瞭望人员的配备是否妥当时，除考虑上述因素之外，还往往考虑该船当时在船水手的人数。

在通常情况下，下述做法是正确的：

（1）开阔的水域中，在能见度良好的情况下，若能满足《STCW公约》（瞭望人员的含义）中所指出的三个条件，则可由值班驾驶员单独担任瞭望任务，而不必指定专职的瞭望人员；但仍应指定一名水手担任操舵任务；即使是装置有自动操舵仪的船舶，也不例外。若仅安排一名驾驶员作为驾驶台的唯一航行值班人员，则该驾驶员必须什么都做，既要负责瞭望，同时还要负责操舵，这无论怎样都不会是合理的。

（2）在能见度不良的水域中航行，由船长亲自指挥操纵船舶，则值班驾驶员应被指定为雷达的专职观察员；除此之外，至少还应在船首设置一名瞭望人员；若仍由驾驶员负责船舶的操纵，则还应在驾驶台再增派一名瞭望人员。

（3）在狭水道、港口附近、渔区等通航密度较大的水域中航行，除值班驾驶员、舵工外，还应设置一名瞭望人员；必须在船首再指派一名瞭望人员（如在黄浦江航行时）。即使船长在驾驶台负责船舶操纵，也应做到如此。

总之，瞭望人员数目的配置，将涉及多方面的问题。即使在航海技术高度发达的未来，驾驶台也应配置适量的值班人员，负责处理航行中的一切事务。

三、瞭望的手段

1.视觉瞭望

视觉瞭望是最基本的瞭望手段。《规则》将其列为在任何情况下均应保持的瞭望手段。通常利用视觉由近及远、从前至后、由右舷到左舷，对本船周围的水域认真地搜索、仔细观察，如发现来船，应迅速判明该船的类别、动态、与本船构成的局面、是否存在碰撞危险，并应注意他船可能发出的视觉信号。

在使用视觉瞭望时,应特别注意因遮蔽物而产生的视觉盲区和狭水道内或渔区等复杂水域中的那些不点灯的小船及灯光被遮蔽的帆船。

2.听觉瞭望

《规则》亦将听觉瞭望列为在任何情况下均应保持的瞭望手段。听觉瞭望主要用以监听海面声响。互见中避让时,应注意守听他船发出的操纵和警告信号,能见度不良时则主要守听他船的雾号。

应注意的是,在雾中听到他船的雾号,而没有看到他船时,雾号仅表明附近有他船存在,绝不能将雾号传来的方向作为转向避让的依据。因为,声波在雾中传播受不同密度或不同高度的雾层影响会产生折射,故其方向不是很可靠。此外,没有听到雾号,并不表明附近没有其他船舶,因为雾层会使声波衰减,逆风时也会使雾号传播距离变小,对此应予充分的注意。

3.雷达瞭望

在雷达已十分普及的今天,雷达瞭望已成为能见度不良时的主要瞭望手段。但这种瞭望手段在互见中也应予以使用,特别是"在适当的时候和遇到或料到视程受到限制时,以及在拥挤的全部时间里"。

在使用雷达进行瞭望时,除应了解雷达设备的特性、效率和局限性,以及海况、天气和其他干扰对雷达探测的影响外,还应予以正确使用,诸如进行远、近距离扫描,及对探测到的物标进行雷达标绘或与之相当的系统观察,以便对局面和碰撞危险做出充分的估计。

4.VHF 无线电话

VHF 无线电话在避碰中的应用已越来越受到重视。利用这种方法,与他船或岸基雷达监控站及船舶交通管理中心进行通信联系,了解周围船舶的动态、协调两船间的避让行动,是保持正规瞭望的一种有效的手段。如不能予以正确运用,也将被认为是对瞭望的一种疏忽。

以上方法均是保持正规瞭望的有效手段。能否达到瞭望的目的,取决于能否根据当时的环境和情况及各种瞭望手段的不同特点,予以合理的使用,并将其有机地结合起来。

四、正规的瞭望

何谓"正规的瞭望",《规则》并未给予明确的定义,《STCW 公约》也未做出明确的规定。实际上,法院在审理船舶碰撞案件时,对当事船是否保持正规瞭望的认定,也往往是就具体案件中所涉及的瞭望事件,从某一侧面去说明何者为正规瞭望,何者为不正规的瞭望,或犯有过失。就"正规瞭望"本身意义而言,可以解释为"合适的瞭望"或"适当的瞭望"。它与很多因素有关,其中包括下列但不限于下列的各种因素:

(1)配备足够的、称职的瞭望人员。

(2)指定能获得最佳瞭望效果的瞭望位置。

(3)使用适合当时环境及其情况下的一切有效的手段。

所谓"当时环境及其情况",通常是指:

①船舶所处水域的情况(包括航区的性质、可航水域的宽度与深度、水文及潮汐等

情况）。

②天气及海况（包括阴天、晴天、刮风、下雨、白天、黑夜等各种天象，以及涌、浪、流等诸海况）。

③能见度情况（包括雾、霾、雪、暴风雨、沙暴、尘暴、烟雾等可能导致能见度受到限制的各种情况）。

④交通、导航条件（包括航道概况、航线分布、通航密度、岛礁及其他碍航物的存在、导航设施、岸基雷达站等）。

⑤船舶本身条件限制（包括吨位、长度、吃水、上层建筑物及其他甲板设备与构件对视觉的影响、助航设备及装置、船舶的操纵性能等）。

所谓"一切有效的手段"，请参见"三、瞭望的手段"内容。

（4）保持连续的、不间断的观察。在航行中，必须保证驾驶台始终有人进行瞭望。若值班驾驶员欲进入海图室标定船位，必须事先全面、系统地观察海面，并确信不存在任何碰撞危险的前提下才可进入海图室。同时还应委托瞭望人员或舵工仔细搜索海面，遇有情况应立即通报。并应尽可能缩短在海图室停留的时间。锚泊时，应坚持昼夜值锚更。

（5）采用科学瞭望方法、坚持全方位的系统观察。瞭望过程中，应交替使用各种瞭望手段，并注意各种手段的不同特点及其优劣，尤其应注意交叉比对、反复查核使用各种手段所获得的信息与资料。在瞭望时，应采用由近到远、由右到左、由前到后的周而复始的瞭望方法，务必做到全方位的观察；同时应注意甲板上层建筑及其设施、构件（其中包括大桅、起货机、通风筒、将军柱等）对视线所造成的遮蔽，并适当走动，以消除视觉的盲区。为确保获得资料的准确度，应以一定的时间间隔进行有规律性的观察与记录。

（6）在能见度不良的水域或在通航密度较大的水域中航行时，应坚持雷达观察，并进行雷达标绘或与之相当的系统观测。同时应开启驾驶台门窗，以利于守听他船雾号，并注意视觉瞭望。

（7）正确处理"定位与瞭望"的关系，切不可因忙于定位或寻找浮标或灯标，忙于转向或核对罗经而疏忽对来船及海面的观察。

（8）在瞭望时，做到认真、谨慎、尽职尽责。除了为充分判断碰撞、搁浅和其他危害航行安全的危险和情况而保持正规的瞭望外，还应包括对遇难的船舶和飞机、船舶遇难人员、沉船和碎片保持正规的瞭望。总之，瞭望人员应该从避碰的角度履行瞭望的职责，尽快地报告他所看到的与本船构成碰撞危险或以任何方式影响本船航行的任何船舶或物体；然而也不必报告所发现的一切灯光或物标，尤其是在狭水道或通航密度较大的区域；否则，将可能使驾驶员或船长惊慌失措，顾此失彼。

总之，在衡量一船是否保持正规的瞭望时，除考虑上述各种情况之外，法院还往往更为重视一船发现他船的时间以及当时两船的距离，并依此作为确定一船是否在保持正规瞭望的依据。通常情况下，若一船在能见度良好的条件下，能在 6 n mile 之外即发现来船；或当能见度不良之时，能在 12 n mile 之外即在雷达上发现他船的回波，并对该物标是否与本船构成碰撞危险做出充分的估计，则即可认为已保持正规的瞭望；否则，将可能被法院指责犯有"未能保持正规瞭望、未能及早发现来船"的过失。

任务 3 了解船舶内部通信和报警系统的使用

卫星通信和地面通信系统是船舶与外界进行沟通联络的手段。在船员的工作和生活中，也经常需要相互沟通联络，这就要求船舶内部要有一整套完善的、便利的通信系统来满足船员的需求。船舶内部通信泛指在船舶内部进行的各种必要信息的传递，其涉及面很广。就安放位置和通信方式来讲，至少应确保驾驶台和机器控制室之间、驾驶台和舵机舱内操舵装置控制位置之间、驾驶台和无线电室之间、驾驶台和消防集中控制室之间的通信系统随时可用。伴随科技水平的发展，局域网也开始在很多大型、超大型船舶上安装，从而实现船员间的无纸化办公，它也可以划归船内通信系统。

在此只简要介绍船内应急通信和报警系统。

一、船内应急通信

用于船内应急通信的设备包括电话、有线对讲机、无线对讲机、话管，有线广播、报警系统用于单向传递应急信息。驾驶台还可以用车钟摇两次完车信号的方式通知机舱人员撤离。其中船内有线电话和无线对讲机是最有效的船内应急通信系统。

在主电源停止供电的情况下，只要船舶纵倾不超过 10° 和横倾不超过 22.5°，船上的应急电源会向所有船内通信设备持续供电 18 h（客船 36 h）。无线对讲机便于在船内任何地点通信，但电池供电时间相对较短。

在全船失电或有线通信损坏的情况下，可用话管保持驾驶台与机舱和舵机间的通信。驾驶人员和轮机人员应清楚本船话管系统和使用方法。

所有的船内通信语言，必须是工作语言。如果全体船员均为中国国籍但存在多种方言，则应使用普通话。如果船员来自不同的国家，则应使用船上工作语言，通常是使用英语。进行船内应急通信时，通话应简明扼要，关键语言应当重复；受话人员如有不清楚之处，应立即询问清楚，以免延误应急时机或错误操作。

船长和高级船员应通过应急演习来考察船员的船内应急通信能力，并进行必要的应急用语培训和考核。

船员应了解船上应急报警系统并熟悉各种形式的报警信号，并且在听到紧急报警后，能迅速而有效地做出应急反应。

1.程控电话

程控电话也称自动电话，是指通过程控电话交换机交换信息的电话系统。程控电话交换机也称为程控数字交换机或数字程控交换机，是利用预先编好的计算机程序来控制电话接续的交换机。使用时，用户端电话的摘机、挂机状态由本地交换机自动检测。用户摘机时，本地交换机立即给用户的话机回送拨号音，并接收用户话机产生的脉冲信号或双音多频拨号信号，随之完成从主叫到被叫号码的接续并保持连接。在交换机检测到通信的双方中有一方挂机时,立即中断接续。与机电式交换机电话系统相比,程控电话系统具有接续速度快、业务功能多、交换效率高、声音清晰、质量可靠等优点。

2.声力电话

声力电话是指完全不依赖外部或内部电源,在完全无电的状态下凭借人们讲话的声音,使送话器的振膜随声音而振动,从而改变磁路中气隙的大小,由此引起磁路中磁通量的变化,进而在送话器线圈中产生感应电流,这个感应电流经线路传输到受话方受话器的线圈中,再次引起其磁通量的变化,最终使受话器的膜振动,并相应地发出声音。

目前,船用声力电话系统多采用增音技术,因此也称船用增音声力电话系统。这种电话系统已非真正意义上的声力电话系统,在其话机中装有内置电池。平时系统处在增音通话状态,需要外接24 V直流电源供电,但在外接电源断电的情况下,能自动转换为声力通话,此时由机内电池来供电。使用时用呼叫键和声光振铃器来进行联络。只有当进行纯粹意义的声力通话时,才通过传统的手摇发电机来产生振铃所需的能量。

船用声力电话系统是一种三线制通信设备。它可装于各类大、中、小型船舶作为内部通信及应急设备使用,也可为海上石油平台、油轮、石油化工企业等有爆炸性气体混合物存在的危险场所提供安全可靠的内部通信。在船舶上一些比较重要的场所,如主机旁、舵机舱、驾驶台、机舱集控室、电梯、艏艉部等,按规定除配备有程控电话外,还要求配置声力电话,以保证通信的可靠性。

3.船令广播系统

在《国际救生设备规则》中,国际海事组织(IMO)强制要求船舶必须安装通用报警和船令广播设备。船令广播系统的主要用途,是通过扬声器装置向船员或乘客工作、休息或经常活动的所有场所发布有关信息,以便使全体在船人员在特殊情况下,服从船舶的整体安排或向船上某处集结。船令广播系统一般允许从广播站直接广播,也可由安装在驾驶台、船首、船尾或主管机关认为必要的船上某处的遥控站进行遥控广播。遥控站比广播站有优先权。

进行设备安装时,还应充分考虑到声音的限界条件并无须收听者进行任何个人操作。另外,该系统应有严格的使用规定,未经授权者严禁擅自使用。

船令广播系统可以作为通用报警的补充,但一般不应用其来替代通用报警系统。关于这一点,在中国船级社(CCS)规范中明确规定,如使用船令广播系统发通用报警信号,则应符合下列要求:

(1)系统中应至少设置两个放大器,并单独供电。

(2)扬声器电路应布置成即使一个放大器或一个扬声器电路发生故障,仍能维持报警信号的发送,但其强度可以有所减弱。

(3)当扬声器由内置音量控制器控制时,在发出报警信号时,音量控制应自动失效。

(4)系统应能随时发出清晰的报警信号,其他同时发送的信号应自动中断。

(5)每一扬声器应设有独立的短路保护。

4.手持对讲机

手持对讲机(VHF)是一种体积小、重量轻、功率小的无线对讲机,适合于手持或袋装,便于个人随身携带,能在行进中进行通信联系。手持VHF对讲机一般发射功率不超过5 W,当发射功率是5 W时,传播范围约3 n mile;当发射功率是1 W时,在无障碍的开阔地带通信距离大于1 n mile。所以在通信距离不远的情况下,视实际情况选择使用小功率,特别是在靠离泊、进出坞、过船闸和船舶内部通信时,这样既可充分使用频率资源,避免在同一频道影响他人使用,又可延长便携式手持 VHF 对讲机电池的使用时间。

二、报警系统

船上应急报警系统按照作用区域有全船性报警系统和局部性报警系统;按照发送方式分为手动报警系统和自动报警系统。

1.全船性报警系统

全船性报警系统通常挂接火灾自动报警系统、烟火探测自动报警系统、手动火警按钮和驾驶台报警器等。

感温式或感烟式火灾自动报警系统的探头遍布全船各处,通常装在舱室天花板上。切勿故意损坏或悬挂衣物,以免造成本室失火时不能自动报警而危及人命,妨碍全船的及时施救。

手动火警按钮用途十分广泛,除主要用作火灾报警外,当人员在遇到任何需要向全船报警的紧急情况时,能够方便地就地使用就近的火警按钮及时发出警报。手动火警按钮应遍布于起居处所、工作场所和控制站,并且每一通道出口都应装设。每层甲板的走廊内的手动火警按钮的间隔距离最多为 20 m。手动火警按钮均应封闭在墙壁上的玻璃罩内,旁边存放小型手锤等敲击器具。需要时,可不拘方式果断地击碎玻璃罩,按下火警按钮。

驾驶台警报器,用于按约定的警报信号召集船员。

2.局部性报警系统

机舱施放 CO_2 前的自动报警系统,用于通知机舱人员立即撤离;保安警报系统,该系统启动后,能激发并向主管机关指定的主管当局发送船对岸保安警报,而不向任何其他船舶发送船舶保安警报,也不在船上发出任何警报;主机、舵机、供电设备、锅炉等的故障自动报警系统,用于通知机舱值班人员修理和照料。

除上述的声、光报警系统外,船上还使用汽笛和有线广播报警。必要时,船钟、雾锣和口哨等均可用于报警。

任务 4　了解船舶号灯、号型、声号的基本常识

号灯和号型是用来表示船舶种类、大小和动态的各种灯光和型体,是每一船舶必不可少的重要装置,也是构成船舶适航的重要组成部分;同时,也是决定避让行动的主要依据。船舶应按照《规则》的有关规定正确显示号灯、号型。

通过对号灯、号型的观察与识别,我们不但能了解一船的种类、大小与动态,而且还可以判断一船的航向,两船会遇格局,是否存在碰撞危险,以及如何进行避让操纵。

海船的号灯是从日没到日出或白天能见度不良时或认为有必要时使用的;而号型是在任何白天使用的。

一、号灯（light）

1.种类、灯质、频率、范围

（1）桅灯（masthead light）

灯质为白灯；不间断灯光。范围：安装在船首尾中心线上方，在225°的水平弧范围内显示不间断的灯光。其装置要使光从船的正前方到每一舷正横后22.5°内显示。

（2）舷灯（side light）

灯质左舷为红灯，右舷为绿灯；不间断灯光。范围：各自在112.5°的水平弧内显示不间断的灯光，其装置要使灯光从船的正前方到各自一舷的正横后22.5°内分别显示。长度小于20 m的船，其舷灯可以合并为一盏，装设于船的首尾线上。

（3）艉灯（stem light）

灯质为白灯；不间断灯光。范围：其位置尽可能接近船尾，在135°的水平弧内显示不间断的灯光，其装置要使灯光从船的正后方到每一舷67.5°内显示。

（4）拖带灯（towing light）

灯质为黄色；不间断灯光。范围：其位置尽可能接近船尾，在135°的水平弧内显示不间断的灯光，其装置要使灯光从船的正后方到每一舷67.5°内显示。

（5）环照灯（all round light）

灯质有白、红、绿、黄等，根据用途而定；不间断灯光。范围：在360°的水平弧内显示不间断灯光的号灯。

（6）闪光灯（flashing light）

闪光灯是指每隔一定时间以每分钟频率120闪次或120以上闪次闪光的号灯。

航行灯显示如图1-3-4-1所示。

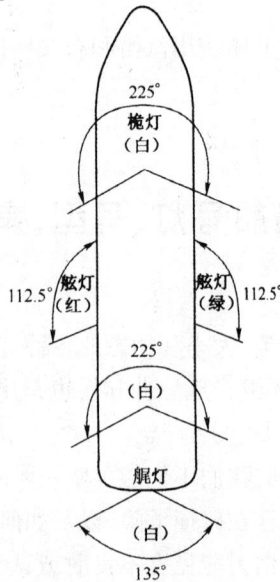

图 1-3-4-1　航行灯显示

2.号灯的能见距离

（1）L≥ 50 m 的船舶

①桅灯:6 n mile；

②舷灯 3 n mile；

③艉灯:3 n mile；

④拖带灯:3 n mile；

⑤环照灯:3 n mile。

（2）12 m≤L<50 m 的船舶

①桅灯:5 n mile；

②舷灯:2 n mile；

③艉灯:2 n mile；

④拖带灯:2 n mile；

⑤环照灯:2 n mile。

（3）L<12 m 的船舶

①桅灯:2 n mile；

②舷灯:1 n mile；

③艉灯:2 n mile；

④拖带灯:2 n mile；

⑤环照灯:2 n mile。

（4）不易察觉的、部分淹没的被拖船或物体

白色环照灯:3 n mile。

二、号型（shape）

号型一般在白天使用。颜色为黑色,形状有 4 种。其尺寸如下：

（1）球体（ball shape）:直径应不小于 0.6 m；

（2）圆锥体（conical shape）:底部直径应不小于 0.6 m,高度应与直径相等；

（3）圆柱体（cylinder shape）:直径应不小于 0.6 m,高度等于直径的 2 倍；

（4）菱形体（diamond shape）:由两个底部直径应不小于 0.6 m 的圆锥体以底相合而成。号型间的垂直距离不得小于 1.5 m。

三、船舶号灯、号型的显示

根据《规则》的要求,不同船舶在各种状态下的号灯、号型的显示如表 1-3-4-1 所示。

表 1-3-4-1　不同船舶在各种状态下的号灯、号型

信号类别			号灯			号型	
信号　船舶动态 船舶种类			在航		锚泊	在航	锚泊
			在水中移动	不在水中移动			
机动船		长度＞100 m	前后桅灯各1盏，舷灯、艉灯		前后锚灯各1盏		
		长度≥50 m	前后桅灯各1盏，舷灯、艉灯		前后锚灯各1盏		
		长度＜50 m	桅灯、舷灯、艉灯		锚灯1盏		
		长度＜20 m	桅灯、舷灯（1盏）、艉灯		锚灯1盏		
		长度＜7 m且速度＜7 kn	环照白灯（如可行还应显示舷灯）		锚灯1盏		
气垫船			按同等长度机动船（在非排水状态操作时，另一环照黄色闪光灯）		锚灯1盏		●
机帆船			按同等长度机动船		锚灯	▼	●
拖船	吊拖	拖带长度＞200 m	垂直桅灯3盏，舷灯、艉灯、拖带灯，拖船长度＞50 m，另后桅灯			◆	●
		拖带长度≤200 m	垂直桅灯2盏，舷灯、艉灯、拖带灯，拖船长度＞50 m，另后桅灯				●
	顶推或傍拖		垂直桅灯2盏，舷灯、艉灯，拖船长度＞50 m，另后桅灯		锚灯		●
	联合单体		按同等长度机动船		锚灯		●
被拖船或物件	被吊拖	拖带长度＞200 m	舷灯、艉灯（若不能按规定显示，至少应点灯或表明其存在）			◆	
		拖带长度≤200 m					
	被傍拖		舷灯（船的前端）、艉灯		锚灯		●
	被顶推		舷灯（船的前端）		锚灯		●
帆船		长度≥12 m	舷灯、艉灯，还可垂直上红下绿环照灯		锚灯		●
		长度＜12 m	同上（舷灯和艉灯可合并成1盏，但不应与上红下绿环照灯联合显示）		锚灯		●
		长度＜7 m	同上，或在手边备妥一电筒或点亮着的白光灯		锚灯		●
划桨船			按同等长度帆船，或在手边备妥一电筒或点亮着的白光灯		锚灯		●
引航船			垂直上白下红环照灯、舷灯、艉灯		垂直上白下红		●

信号类别	号灯			号型	
信号　船舶动态　船舶种类	在航		锚泊	在航	锚泊
	在水中移动	不在水中移动			
失去控制船	垂直环照红灯2盏，舷灯、艉灯	关闭舷灯，余同左	按同等长度机动船	●　●	●
操纵能力受到限制的机动船　从事安放、维修或起捞航行标志、海底电缆或管道的船	除按同等长度机动船外，另垂直红、白、红环照灯	关闭桅灯、舷灯、艉灯，余同左	垂直红白红环照锚灯	●　◆　●	●和●　◆　●
操纵能力受到限制的机动船　从事补给或转运人员食品或货物的在航船	除按同等长度机动船外，另垂直红、白、红环照灯	关闭桅灯、舷灯、艉灯，余同左		●　◆　●	
操纵能力受到限制的机动船　从事疏浚、水下作业或潜水工作的船	除同上外，有阻碍一舷，垂直环照红灯2盏；可通航一舷，垂直环照绿灯2盏	关闭桅灯、舷灯、艉灯，余同左	同上外碍航舷●通航舷●；有障碍一舷，垂直环照红灯2盏；可通航一舷，垂直环照绿灯2盏	同上外碍航舷　●　通航舷　◆　◆	同左，潜水工作船若不能显示，可改用一国际简语A旗的硬质复制品
操纵能力受到限制的机动船　从事扫雷工作的船	除按同等长度机动船外，另3盏环照绿灯（在或接近前桅顶及前桅横桁两端各1盏）			●　●　●	
操纵能力受到限制的机动船　从事拖带而不能偏离航向的船	除按一般吊拖拖船外，另垂直红、白、红环照灯			○　◆　○　拖带长度大于200米加◆	
限于吃水的机动船	除按同等长度机动船，还可垂直环照红灯3盏		锚灯	最易见处垂直显示一个圆柱体	●
搁浅船			垂直环照红灯2盏，锚灯		●　●　●

备注：凡长度小于20 m的任何船舶，不论从事何种工作，红、绿舷灯均可并成　盏。

三、船舶灯光信号

船舶灯光信号指用闪光信号灯或其他闪光器为通信工具，利用莫尔斯符号（Morse symbols）组成的字母、数字和规定的程序信号等，于夜间或白天在视距范围内进行的通信。

莫尔斯符号和发送方法:莫尔斯符号是用"点"(dot)和"划"(dash)单独或组合代表英文字母和数字。莫尔斯符号如表1-3-4-2所示。

表1-3-4-2 莫尔斯符号

字母	符号	字母	符号	字母	符号	字母	符号
A	·—	K	—·—	U	··—	1	·————
B	—···	L	·—··	V	···—	2	··———
C	—·—·	M	——	W	·——	3	···——
D	—··	N	—·	X	—··—	4	····—
E	·	O	———	Y	—·——	5	·····
F	··—·	P	·——·	Z	——··	6	—····
G	——·	Q	——·—			7	——···
H	····	R	·—·			8	———··
I	··	S	···			9	————·
J	·———	T	—			0	—————

莫尔斯符号的点和划以及间隔应按一定的比例发送。但在实际发送时,最好把点描得短些,以便使点和划区分得更清楚。

四、船舶声响信号

1.船上主要声响设备

(1)号笛(whistle)。

(2)号钟(bell)或号锣(gong)。

表1-3-4-3为不同长度船舶的号笛、号钟配备。

表1-3-4-3 不同长度船舶的号笛、号钟配备

船舶长度/m	可听距离/n mile	数量/只
200或200以上	2	号笛、号钟、号锣各一
75或75以上	1.5	号笛、号钟、号锣各一
20或20以上	1	号笛、号钟各一
小于20	0.5	有效声号

2.船舶互见中的操纵声号

船舶在互见中,为了表明自己的船舶状态和意图,经常使用船舶互见中的操纵信号,而最常用的是汽笛所发出的声响信号。这就要求航海人员对船舶互见中所使用的操纵信号非常熟悉,以保证船舶的航行安全。表1-3-4-4为船舶互见中的操纵和警告信号。

3.能见度不良时使用的声号

在能见度不良的水域及其附近时,不论是日间还是夜间,都应按照《规则》的规定鸣放声号。能见度不良时船舶使用的声号如表1-3-4-5所示。

表1-3-4-4　船舶互见中的操纵和警告信号

信号	信号的意义	发号器具
· ·· ···	在航机动船 我正在向右转向 我正在向左转向 我正在向后推进	号笛(并可用灯号补充) 一闪:表示"我船正在向右转向" 二闪:表示"我船正在向左转向" 三闪:表示"我船正在向后推进"
——· ——··	在航机动船在狭水道或航道 我船企图从你船的右舷追越 我船企图从你船的左舷追越	号笛
—·—· ·····	同意追越 对你船的意图或行动无法了解或有怀疑	号笛 ·····号笛,该声号可以用至少五次短而急的闪光来补充
—	船舶在驶近可能被居间障碍物 遮蔽的他船的水道或航道的 弯头或地段时,应鸣放的警告信号	号笛

表1-3-4-5　能见度不良时船舶使用的声号

船舶状态	声号	说明	器具
机动船在航且对水移动	—	应以每次不超过2 min的间隔鸣放一长声	号笛
机动船在航但已停车,并且不对水移动时	——	应以每次不超过2 min的间隔鸣放二长声,二长声间的间隔约2 s	号笛
失去控制的船舶 操纵能力受到限制的船舶 限于吃水的船舶 从事捕鱼的船舶 从事拖带或顶推他船的船舶	—··	应以每次不超过2 min的间隔鸣放三声,即一长声继二短声	号笛
从事捕鱼的船舶锚泊时 操纵能力受到限制的船舶在锚泊中执行任务时	—··	应以每次不超过2 min的间隔鸣放三声,即一长声继二短声	号笛
一艘被拖船或者多艘被拖船的最后一艘,如配有船员	—···	应以每次不超过2 min的间隔鸣放四声,即一长声继三短声。当可行时,这种声号应在拖船鸣放声号之后立即鸣放	号笛

船舶状态	声号	说明	器具
当一顶推船和一被顶推船牢固地连接为一个组合体时,应作为一艘机动船	— 或 — —	在航对水移动 在航已停车,且不对水移动	号笛
锚泊中的船舶	·—·	应以每次不超过 1 min 的间隔急敲号钟约 5 s,长度为100 m 或 100 m 以上的船舶,应在船前部敲打号钟,并在紧接钟声之后,在船尾部急敲号锣5 s	号笛
搁浅的船舶	·—· 或 ··—	同上;如有要求,应加发锣号。此外,还应在紧接急敲号钟之前和之后,各分隔而清楚地敲打号钟 3 下。搁浅的船还可以鸣放合适的笛号	号笛
长度小于 12 m 的船舶	发出有效的声响声信号	不要求鸣放上述信号,但如不鸣放上述信号,则应以每次不超过 2 min 的间隔鸣放其他有效的信号	发声器具
引航船执行任务时	同机动船另加····	除上述1、2 或 7 所规定的声号外,还可以鸣放由四短声组成的识别信号	号笛

五、船舶常用号灯、号型、声响和灯光信号的含义评估标准

参照海事局评估标准如下:

评估要素	评估标准
两项选一 1.船舶常用号灯、号型的含义:机动船在航、锚泊、搁浅船、拖带作业船舶(拖带及被拖带)、操纵能力受到限制的机动船、限于吃水的机动船、从事捕鱼作业的船舶 2.船舶常用声响和灯光信号的含义 能够正确识别能见度不良时船舶使用的声号 能够正确识别船舶互见中的操纵和警告声号	1.识别与回答准确、熟练(10分)
	2.识别与回答准确、比较熟练(8分)
	3.识别与回答准确、熟练程度一般(6分)
	4.识别与回答较差(4分)
	5.回答差(2分)
	6.不能回答(0分)
说明	单项考核总分:10 分

任务5　了解潮汐与潮流的基本常识

一、潮汐

潮汐对于航海的影响很大,关系十分密切。在潮汐现象复杂的沿岸或狭水道,潮汐现象导致海水深度不断变化,直接影响船舶的航行安全。因此,船舶在有潮汐影响的海区航行时,必须很好地掌握潮汐状况。当船舶航行在接近海岸、过浅水域、进出港口、靠离码头和装卸货物时,尤其应注意潮汐的影响,不能有任何疏忽。

潮汐学有着丰富的内容,这里仅从航海实际应用出发,对潮汐现象的产生、潮汐术语和《潮汐表》的使用方法做必要的介绍。

1.潮汐成因与潮汐不等

长期生活在海边的人们可以看到,海面在一天里有时上升、有时下降、周而复始地循环着,海水这种周期性涨落现象称为潮汐。海面上升过程叫作涨潮,海面下降过程叫作落潮。伴随着海水的涨落,会发生海水沿水平方向流动的现象,这种现象称作潮流。潮汐与潮流都是一种自然现象。

为什么会产生潮汐现象？海水周期性地升降运动,是由月球和太阳对地球所产生的吸引力造成的。

牛顿的万有引力定律指出:引力的大小与天体的质量成正比,与天体的距离平方成反比。各天体之间都有引力。由于月球、太阳接近地球,其引力是引起潮汐的原因。其他天体不是离地球太远,就是质量太小,对地球引力很小。虽然太阳的质量约是月球质量的 2 719 万倍,但月球离地球的距离只等于太阳距离地球的1/389,因此,月球引起的潮汐比太阳引起的潮汐要大2.17倍。我们以月球对地球的引潮力为主,来讨论潮汐产生的大致原因。

月球引潮力的产生:

(1)月球对地球的吸引力

月球对地球表面各点都有吸引力。其吸引力的大小与该点至月球的距离的平方成反比,

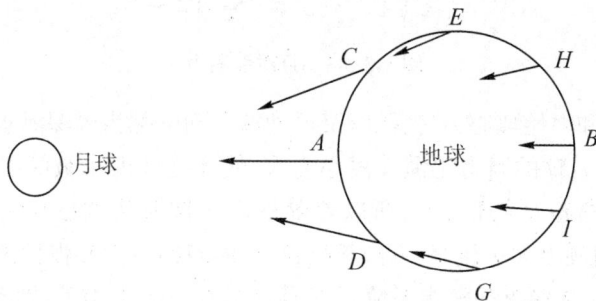

图 1-3-5-1　月球对地球的吸引力

如图 1-3-5-1 所示。离地球远的地方所受的吸引力小,距地球近的地方所受的吸引力大,吸引力的方向都指向月球中心。

（2）地球各点的惯性离心力

月球是绕着地球旋转的,其绕地球公转一周约 27.3 日,但并非绕地球中心旋转,而是绕着地球和月球的公共质心旋转。这个公共质心不在地球的中心,而是位于地球和月球中心的连线上,距地球中心约 0.73 倍地球半径处。地球除自转外,还和月球一起绕这个公共质心旋转,从而产生了惯性离心力,如图 1-3-5-2 所示。

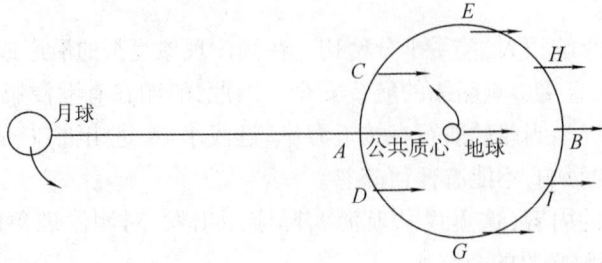

图 1-3-5-2　地-月系统的运动

整个地球对于公共质心的运动是一种平行绕动。地球表面任何一点所受的惯性离心力与地心所受的离心力都是相等的,并且都是互相平行的,方向都是背着月球。

（3）月球引潮力的产生

如上所述,地球表面任何一点,都同时受两个力的作用,一个是月球的引力;另一个是惯性离心力。我们把地球各点的月球引力和惯性离心力的合力方向称为月球引潮力。在地球中心,引力和惯性离心力的方向相反,大小相等,互相抵消,所以引潮力为零。在地球表面各点,引力与惯性离心力不会抵消,而产生了引潮力,如图 1-3-5-3 所示。

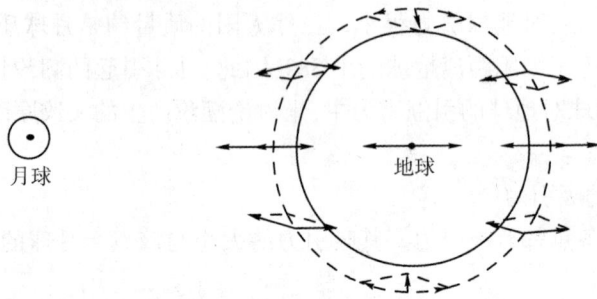

图 1-3-5-3　月球引潮力

在讨论月球引力和惯性离心力时,同时又设地球表面全部为等深海水所覆盖。因此,地球上离月球最近点 A,其月球的引力比惯性离心力大,使 A 处的海水被吸引向月球,C 点离月球最远,引力最小,惯性离心力大于引力,所以 C 处的海水被惯性离心力位向背离月球的方向,而且证明:A、C 两点引潮力大小相等,方向相反;B、D 两点的引力和惯性离心力的合力,都是指向地球中心的,因而 B、D 两点的海水下降。在月球引潮力的作用下,地球表面的海水形成的椭圆体,称为月潮椭圆体,如图 1-3-5-4 所示。

引潮力使地球表面的海水引向月球和背向月球,如图中 A、C 两点,而当月球位于该点的

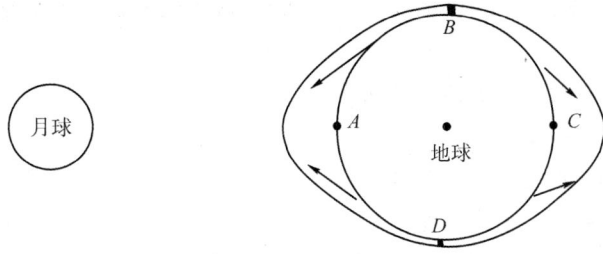

图 1-3-5-4 潮椭圆体

上中天或下中天时,海水达到最高,称为高潮;B、D 两点海水达到最低,也就是海面落到最低时,称为低潮。月球连续两次通过同一子午线的时间间隔称为一个太阴日,约为 24 h 50 min。一个太阴日中一般会出现两次高潮和两次低潮。

由于地球绕太阳公转,太阳也产生了与月球类似的引潮力,称为太阳引潮力。太阳引潮力也会使海水发生高潮和低潮,而且一个平太阳日(24 h)产生两次高潮和两次低潮,不过太阳的引潮力比月球的引潮力要小些。由于太阳引潮力的作用,会使地球表面的海水变化更加复杂。

2.潮汐不等

因为月球和太阳在空间周期性地不断变化它们的相对位置,所以使潮汐也发生了周期性的改变。月球赤纬不断变化和海洋被大陆、岛屿分割限制了海水流动等原因,使潮汐变化更加复杂。

(1)潮汐的半月不等

潮汐受月球引潮力和太阳引潮力的影响,每当农历初一(新月)或十五(满月),月球引潮力和太阳引潮力方向一致,两个引潮力方向叠加,出现高潮最高、低潮最低的现象。这种潮汐称为大潮,如图 1-3-5-5 所示。

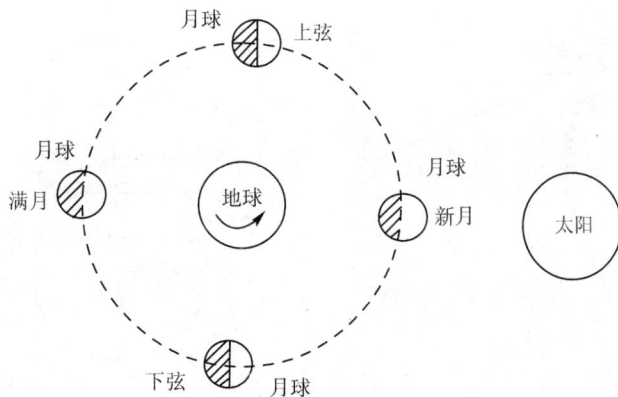

图 1-3-5-5 大潮和小潮的产生

在每月的上弦(农历初七),下弦(农历二十三)时,月球引潮力和太阳引潮力的方向互相垂直,两个引潮力相互抵消,出现了高潮最低、低潮最高的现象,这种潮汐称为小潮,如图1-3-5-5所示。

综上所述,潮差的变化规律是:大潮时,潮差最大;小潮时,潮差最小。从新月到上弦,潮差逐渐变小;从上弦到满月,则潮差逐渐变大;当满月时潮差与新月一样又达到最大,这种现象称潮汐半月不等。

大潮和小潮在一个太阳月中各出现两次。

(2)潮汐的周日不等

按上述的潮汐成因理论,每天都有两次高潮、两次低潮,并且两个高潮和两个低潮潮高和时间均是相等的。实际并非如此。在一个太阳日中,即使是两个相邻的高潮高和两个相邻的低潮高往往也是不等的,而且相邻的高潮和低潮的时间间隔也不尽相同。

由于月球是沿一个椭圆轨道绕地球旋转的,其轨道与地球赤道面夹角最大可达到28°35′,即月球的赤纬是不断变化的。当月球赤纬为0°时,地球上某点在C_1位置时出现高潮;当它转到C_2位置时也发生高潮。从图1-3-5-6中可以看出,两次高潮潮高和两次低潮潮高相等,时间间隔也相等。这种潮汐现象称为分点潮,分点潮的日潮不等现象最小。

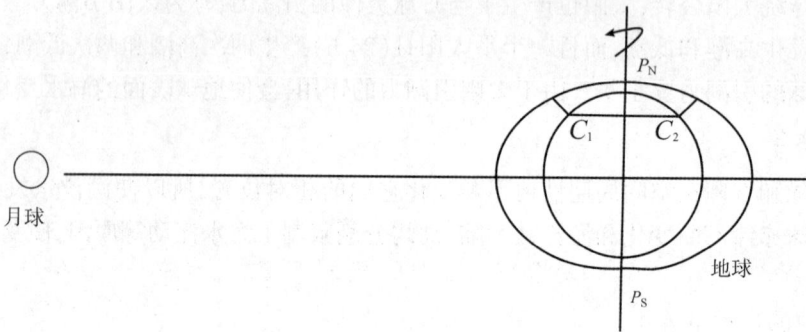

图 1-3-5-6 分点潮

当月球赤纬不等于零时,椭圆体长轴与赤道面的夹角等于地轴与椭圆体短轴的夹角,如图1-3-5-7所示。

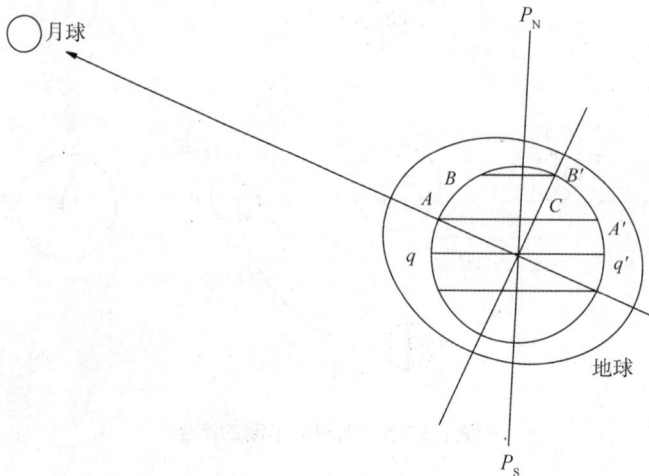

图 1-3-5-7 月球赤纬不等于零时的潮汐椭圆体

如A点的测者,正处于第一次高潮,经12 h 25 min后,由于地球自转到A'的位置,遇到第二次高潮,但这两次潮高不等,而且弧长$AC > A'C$,因此从第一次高潮到第一次低潮时间大于

6 h 12 min,从第一次低潮到第二次高潮的时间小于 6 h 12 min;从第二次高潮到第二次低潮,再从第二次低潮回到原位置的时间,也都不等于 6 h 12 min,但在 24 h 50 min 内,仍出现两次高潮和两次低潮。

如 B 点测者处在高潮,需经过 12 h 25 min 后才达到 B' 点即椭圆体短轴上,即低潮。从 B' 点回到原来的位置也需要 12 h 25 min,即在 24 h 50 min 内只出现一次高潮和一次低潮。

在一个太阳日中发生两次高潮,较高的高潮称为高高潮,较低的高潮称为低高潮。在一个太阳日中发生两次低潮,较高的低潮称为高低潮,较低的低潮称为低低潮。

有时日潮现象不明显,有时日潮现象明显,当月球赤纬为最大时(即月球在北或南回归线时)的潮汐现象称回归潮,回归潮潮汐不等现象显著。

由于地球表面海水被大陆、岛屿分割成几大洋、限制了海水的自由流动,海岸曲折,海底不平,深度不等,海水在受引潮力作用时受阻,而且海水运动中的摩擦力和惯性使潮汐变化更加复杂。例如我国沿海大潮一般不发生在农历的初一或十五,而推迟 2~3 天,发生在农历的初三或十八。由新(满)月到实际大潮发生的时间间隔称潮龄。同样的原因,加上太阳、月球相对位置的不断变化,当月球上、下中天时,一般都不会出现高潮,而是月中天后一段时间才发生高潮,低潮也是这样,这种现象称为高(低)潮间隙。

3.潮汐术语

在讨论潮汐成因、潮汐不等现象时已介绍了一些潮汐术语,为了便于掌握和实际运用潮汐推算方法,下面再介绍一些常用的潮汐术语(如图1-3-5-8、图1-3-5-9所示)。

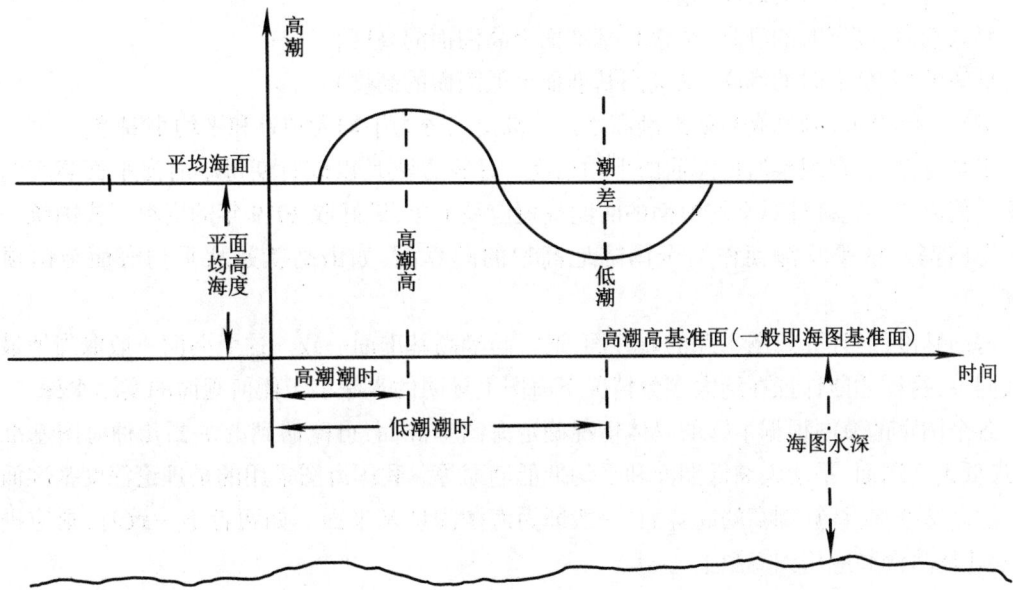

图 1-3-5-8 常用的潮汐术语图解(一)

高潮:当海面涨到最高位置时,称为高潮。
低潮:当海面落到最低位置时,称为低潮。
高潮潮时:高潮出现的时间。

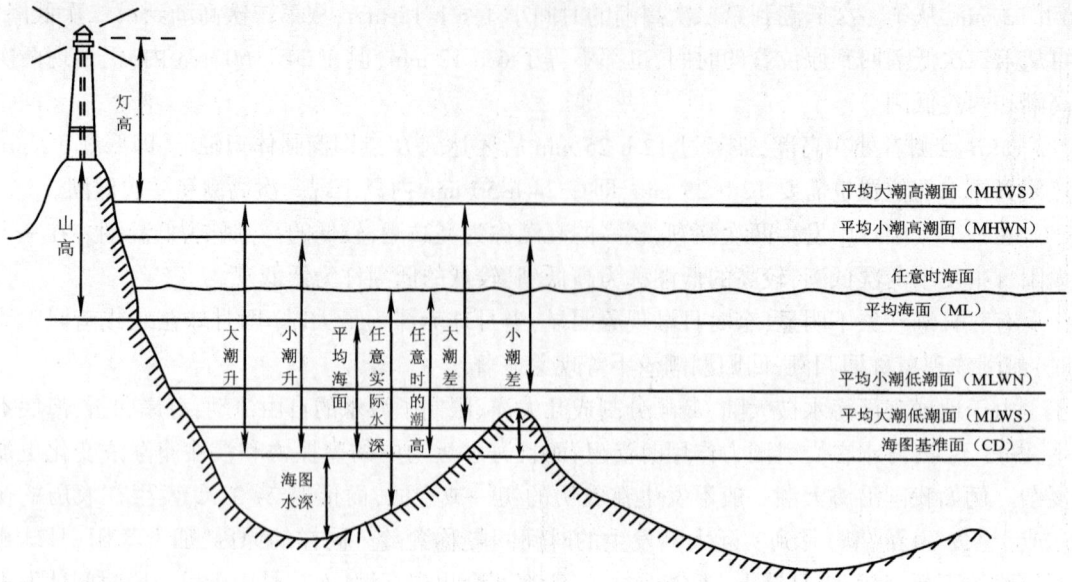

图 1-3-5-9　常用的潮汐术语图解（二）

低潮潮时：低潮出现的时间。

涨潮：海面由低潮上升到高潮的过程。

落潮：海面由高潮下降到低潮的过程。

涨潮时间：涨潮时的时间间隔。

落潮时间：落潮时的时间间隔。

高潮潮高：高潮时的潮高（从潮高基准面至高潮面的高度）。

低潮潮高：低潮时的潮高（从潮高基准面至低潮面的高度）。

潮差：相邻的高潮潮高与低潮潮高之差。潮差又分为平均大潮差和平均小潮差。

平均海面：长期观察所得海面的平均高度。计算方法是以该时期每小时海平面高度的算术平均值求得。正确计算平均海面的时间最短应是 1 年，最好取 2019 年的资料。我国统一采用黄海（青岛）的平均海面作为全国陆地高程的起算面，如山高就是从平均海面至山顶的高度。

海图基准面：计算海图水深的起算面，通常与潮高基准面一致。这个潮面一般取当地最低潮面附近，这样才能保证在绝大多数情况下海图上标明的水深小于任何潮面的实际水深。

各个国家的海图根据本国的具体情况确定海图基准面，可能遇到的主要几种海图基准面有：最低天文潮面、平均大潮低潮面和平均低低潮面等。我国海图采用的是理论深度基准面。

潮高基准面：计算潮高的起算面，一般即为海图深度基准面。如两者不一致时，则应进行订正，才能将潮高应用到海图上。

各个海区的潮汐都有周期性的变化，但不同海区又各有其特点。根据潮汐在一个周期内，即一个太阳日内所呈现的海面涨落方式，潮汐可分为以下几种类型：

半日潮：在一个太阳日中，海面出现两涨两落。其两次高潮潮高或两次低潮潮高的高度相差不大，两相邻的高潮或两相邻的低潮的时间间隔基本相等（约 12 h 25 min）。我国大部分港口属于这种类型。

日潮:在一个太阳日中,海面出现一涨一落现象,海面上涨和下降的时间间隔约为12 h 25 min。

不正规半日潮:在一个太阴日中有两次高潮和两次低潮,但涨落的时间和高度都不相同,而且有较大差异。如我国的浙江镇海港属于不正规的半日潮。

不正规日潮:当月球赤纬最大时,每天只有一次高潮和一次低潮,否则就会出现潮高涨落时间有很大差异的两次高潮和两次低潮。如鄂霍次克海的马都加属于不正规日潮。

通常我们又把不正规半日潮和不正规日潮统称为混合潮。

4.《潮汐表》

《潮汐表》又分为中文版和英文版两种,这里主要介绍中文版《潮汐表》的使用。

1)中文版《潮汐表》的几个说明

(1)出版情况

我国出版的年度《潮汐表》由自然资源部海洋情报研究所编制,共 6 册,前 3 册覆盖中国沿岸,后 3 册覆盖世界大洋区域,各册范围如下:

第 1 册:中国黄海和渤海沿岸,从鸭绿江口至长江口。

第 2 册:中国东海沿岸,从长江口至台湾。

第 3 册:中国南海沿岸及诸群岛,包括广东、广西和南海诸岛。

第 4 册:太平洋及邻近海域。

第 5 册:印度洋沿岸(含地中海)及欧洲水域。

第 6 册:大西洋沿岸及非洲东海岸。

《潮汐表》每年出版一次,下年度《潮汐表》均在本年度编好提前发行。根据使用情况,我们对中国沿岸前 3 册《潮汐表》的使用做以详细介绍。世界大洋沿海地区册仅对第 4 册的使用做以简单介绍。

(2)主要内容

①主港潮汐预报表:这部分刊载了各主港的逐日高、低潮潮时和潮高预报以及我国部分港口的逐时潮高。

②潮流预报表:这部分刊载了部分海峡、港湾、航道以及渔场的潮流预报。

③差比数和潮信表:这部分用于以附港和主港差比数推算附港潮汐,用潮信资料概算潮汐。还刊有《部分港口潮高订正值表》《格林尼治月中天时刻表》《东经 120°月中天时刻表》《月赤纬表》,以及梯形图卡。

(3)《潮汐表》的使用

求主港潮时和潮高的方法。

查表引数:年、月、日、时、港名。

查得数据:潮时和潮高。

例 1-3-5-1:求汕头港 2002 年 6 月 18 日潮汐情况及 1800 时潮高。

查《潮汐表》得 18 日潮汐情况:

0800 时,高潮潮高 202 cm;1239 时,低潮潮高 111 cm;1941 时,高潮潮高 156 cm。

1800 时,潮高 151 cm。

（4）注意事项

①我国沿海港口用北京标准时（东 8 区），外国港口均在每页左下角注明所用标准时。

②关于潮高基准面与深度基准面不一致。

潮高基准面一般与深度基准面一致，某地某时潮高加上当地海图水深即得到该地时的实际水深；反之，某时某地的实际水深减去潮高，即得到该时该地的海图水深，用于测深辨位。但是，有些港口的海图深度基准面与《潮汐表》采用的潮高基准面不尽一致，使用时应予订正，如图 1-3-5-10 所示。

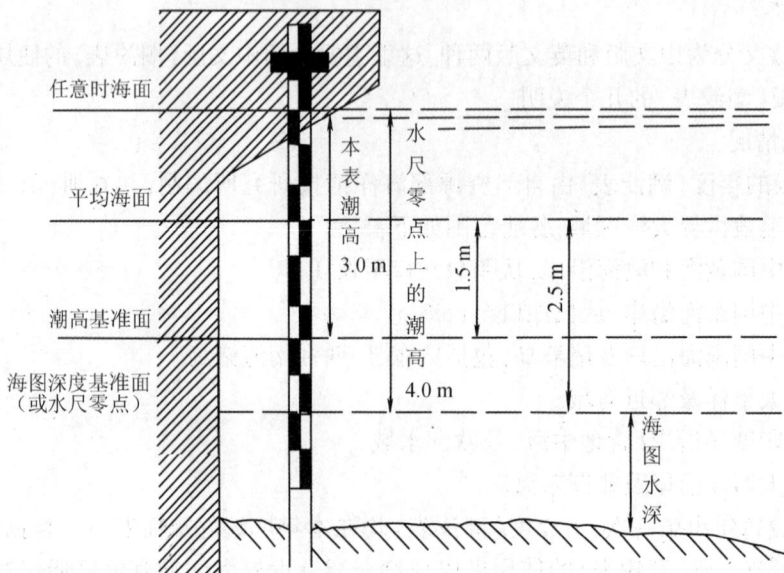

图 1-3-5-10　水深与潮高

实际水深 = 海图水深+潮高 +（海图基准面−潮高基准面）

海图水深 = 实际水深−潮高 −（海图基准面−潮高基准面）

例 1-3-5-2：某地某时潮高 3.0 m，该地海图水深 6.0 m，海图基准面在平均海面下 2.5 m，潮高基准面在平均海面下 1.5 m，求当时当地的实际水深。

解：如图 1-3-5-10 所示

实际水深=海图水深+潮高+（海图基准面−潮高基准面）

$\qquad$ = 6.0+3.0+（2.5−1.5）

$\qquad$ = 10（m）

③关于《潮汐表》的预报误差及水文气象的影响：

在正常情况下，《潮汐表》预报潮时的误差为 20~30 min，潮高误差为 20~30 cm。在下列情况下误差较大：有寒潮、台风或其他天气急剧变化时；处在江河口的预报点；南海的日潮混合潮港。

2）英文版《潮汐表》简介

（1）各卷《潮汐表》的范围

英文版《潮汐表》（英文简称为 ATT）由英国海军海道测量部出版，共 4 册，其书号为 NP201、NP202、NP203、NP204。各册每年更新，其年份附在书号之后，如系 1999 年版，则有

NP201-99、NP202-99、NP203-99、NP204-99均刊载在各册封面的右下角。

英文版《潮汐表》包括全世界主要港口,各册范围如下:

第1册:英国和爱尔兰。

第2册:欧洲、地中海和大西洋。

第3册:印度洋和南中国海。

第4册:太平洋。

至于各册所包括的海域界限可查阅各册的潮汐表界限图。

(2)各册主要内容

各册《潮汐表》的主要内容基本相同,主要有:

第一部分:主港每日潮汐预报。预报主港每日高、低潮时和潮高,潮高单位均采用米。第一册还有一些主要港口的逐时潮高预报,第三、四册还有潮流表。

第二部分:用以预报附港潮汐的潮时差和潮高差。

第三部分:调和常数。这部分提供了编号、地点、平均海面、4个主要分册的潮高和常数。

其他内容主要有:地理索引、主港索引、求任意时潮高曲线图和一些其他辅助用表。另外还有前言、引言、用法说明等,各册内容大体相同。

有关各册《潮汐表》自付印之后的改正资料,即补遗和勘误,均发布于《航海通告年度摘要》第一号通告之中。

二、潮流

1.水流要素

水流要素有流向和流速。流向是指水流流去的真方向;流速是流相对海底运动的速度。

2.水流的种类

航海上经常遇到的水流有海流、潮流和风海流三种,这里主要介绍潮流。

潮流是指一天中流向流速随涨落潮做周期性变化的水平流动;它分为往复流和回转流。

(1)往复流

往复流是指涨潮流和落潮流的流向在两个相反的方向上做周期性变化的潮流。大多发生在海峡、江河、港湾和沿岸一带。海图上,涨潮流为"$\xrightarrow{3\,kn}$",落潮流为"$\xrightarrow{\quad 3\,kn\quad}$"。带羽尾的箭矢表示涨潮流流向,不带羽尾的箭矢表示落潮流流向,箭矢上的数字表示流速,单位是节(kn)。只注明一个数字的是指大潮日的最大流速,若注明两个数值,则分别表示小潮日和大潮日的最大流速。

(2)回转流

回转流是指潮流方向随时间转换,在一个潮汐周期内做顺时针(或逆时针)方向变化360°的潮流。大多发生在江河入海口的外方、开阔的大海上或海湾的中央等。中心地名表示主港港名,0表示主港高潮时的潮流;阿拉伯数字1、2、3…表示主港高潮前第1小时、第2小时、第3小时……的潮流;罗马数字Ⅰ、Ⅱ、Ⅲ…表示主港高潮后第1小时、第2小时、第3小时……的潮流,如图1-3-5-11所示。

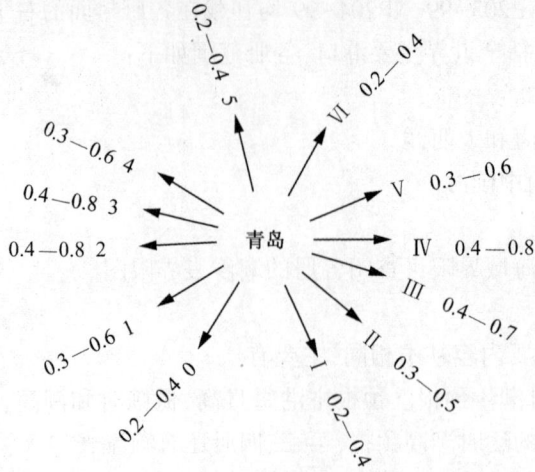

图 1-3-5-11　回转流图式

3.流对航迹的影响

船舶按一定的航向和航速航行,受流的作用随着水流产生漂移运动,其漂移的方向和流向一致,漂移速度等于流速。在船速矢量 $\vec{v_A}$ 与流速矢量 $\vec{v_C}$ 的共同作用下,船舶是向着两者的合成方向即流中航迹向航行,航行的速度即为相对海底的实际速度 v_G,但其真航向保持不变。流中航迹向是真北线与流中航迹线的夹角,用 CG_β 表示,如图 1-3-5-12 所示。

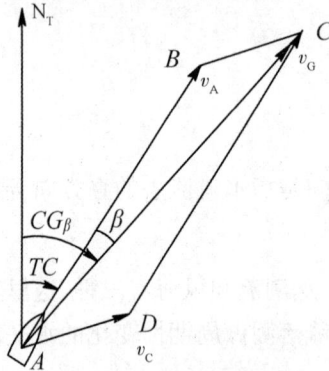

图 1-3-5-12　流对航迹的影响

4.流压差

真航向 TC 与流中航迹向 CG_β 的夹角称为流压差,用 β 表示,如图 1-3-5-13 所示。规定:左舷受流 β 为正号,右舷受流 β 为负号。真航向、流中航迹向和流压差三者之间的关系是:

$$CG_\beta = TC + \beta \text{ 或 } CA = TC + \beta$$

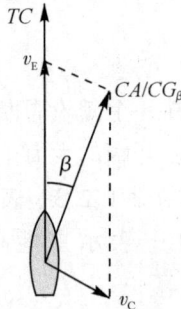

图 1-3-5-13　流压差

任务6 了解风流对舵效的影响

一、舵的效应

1.舵效的概念

舵效是一个综合概念,操船中的舵效指的是直航中的船舶操一定舵角后,使船在一定时间和一定水域所取得转头角的大小。能在较短时间、较小水域转过较大的角度,称为舵效好,反之舵效差。

舵效的好坏与下列因素有关:

(1)舵角:舵角越大,舵力矩越大,舵效越好。

(2)舵速:舵速越大,舵力矩越大,舵效越好。舵速主要由船舶航速、伴流速度和排出流速度三部分组成。伴流速度使舵叶对水运动速度降低,舵效变差,因此,当船舶航速较低时,常常用短时间进车的方法来增大排出流速度以增加舵效。

(3)船舶的惯性:惯性越大,转动惯量越大,舵效越差。由于惯性与质量成正比,所以,排水量越大的船,舵效越差,其表现是起转迟钝、停转不易。因此,港内操纵重载大船,应早用舵,早回舵,用大舵角。

(4)舵机的性能:电动舵机来舵快,回舵慢,不易把定;蒸汽舵机来舵慢,回舵快,容易把定;电动液压舵机来舵快,回舵也快,性能最好。

(5)船舶的纵、横倾:艏倾时舵效差,适量艉倾舵效好。横倾时,如航速低,低舷侧阻力较大,水流动压力小,船首易向低舷侧偏转,所以,向低舷操舵时舵效较好,向高舷侧施舵则舵效较差。如航速高时,水流动压力作用大于水阻力作用时,则可能相反。

(6)风、流及浅水:空载慢速船,顺风转向较迎风转向舵效好;船舶顶流时比顺流时舵效好。浅水中旋回阻力较深水中大,舵效也较深水中差。

2.车舵综合效应

(1)右旋单车船的车舵综合效应

对右旋单车船而言,只要一开进车,强大的排出流即作用在舵叶上,产生足够的舵速,船舶操舵后产生的舵力矩足以克服各种螺旋桨横向力和各外力的致偏作用。因此,船舶在进车时均服从舵的作用。

船舶动车用舵后,螺旋桨所产生的推力(或拉力)、螺旋桨横向力和舵产生的舵力都首先作用于船尾。右旋单车船在前进时或静止中进车,同样的舵角,左舵时船尾所受的合力大于右舵。

而船舶开倒车时,螺旋桨的排出流作用在船尾部产生排出流横向力,推尾向左,船首偏右,特别是当沉深比小于0.65时,沉深横向力更加剧了这种作用。此时,由吸入流产生的舵速比较低,特别是前进中的船舶,其航速所产生的舵速与吸入流所产生的方向相反,互相抵消。因此,只有在船舶退速相当大时,舵力矩才可能抑制螺旋桨横向力的致偏作用。而在其他情况下,船舶均遵循倒车首偏右这一规律。

（2）双车船的车舵综合效应

双车船的两部主机以相同工况工作时,因两螺旋桨旋转方向相反,其横向力互相抵消,所以正舵时船舶基本上不发生偏转,而施舵时则服从舵的作用。

当两部主机开不同速级的进车时,船首向转速低的一侧偏转,此时可向另一舷压舵,以保持航向。当两部主机一部开进车,另一部开倒车时,船首向开倒车一舷偏转。双车双舵船可用舵增加回转速度,而双车单舵船则不宜用舵。

3.旋回圈及其要素

定速直航(一般是全速)的船操一舵角(一般是满舵)后,其重心运动的轨迹叫作旋回圈,如图 1-3-6-1 所示。现将旋回圈各要素分述如下:

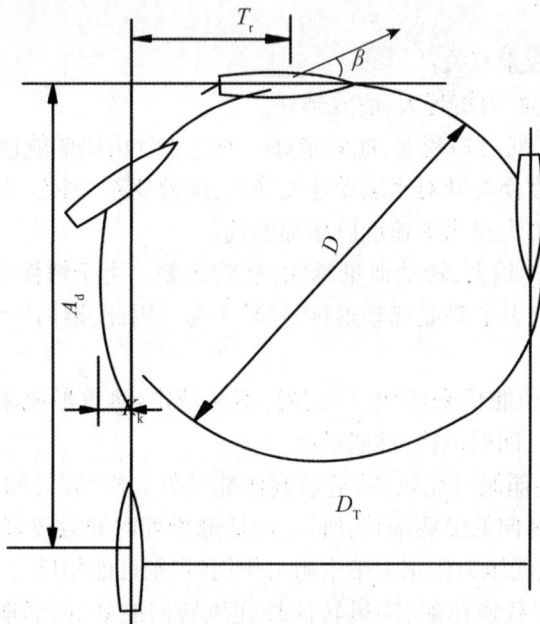

图 1-3-6-1　旋回圈

（1）偏距或反移量(kick)K_k:是船舶重心向转舵相反一舷的最大横移的距离(船长的 1% 左右)。

（2）进距或纵距(advance)A_d:开始转舵到航向转过任一角度时重心所移动的纵向距离。当航向转过 90°时的进距为最大进距 A_M,一般为 3~6 倍船长。

（3）横距或正移量(transfer)T_r:船舶转舵时重心位置到航向转过 90°时重心位置的横向距离,一般为 1.5~2.5 倍船长。

（4）旋回初径(tactical diameter)D_T:转舵时船舶重心位置到航向转过 180°时重心位置之间的横向距离,一般为 4~8 倍船长。

（5）旋回直径(final diameter)D:是船舶做定常旋回时重心轨迹圆的直径。

（6）漂角(drift angle)$β$:船舶旋回时,船舶首尾线与旋回圈在重心 G 点的切线所成的夹角。漂角为 3°~15°。

4.影响旋回性能的因素

（1）船速

对于同一艘船来说，船速大小对旋回圈影响不是很大。当以高速旋回时，则旋回时间短，旋回圈大。

（2）舵角

船速不变时，舵角越大，旋回圈越小，但舵角不能超过极限舵角。舵角与旋回圈两者之间的关系如表1-3-6-1所示。

表 1-3-6-1　舵角与旋回圈两者之间的关系

舵角	旋回直径
满舵（35°）	1
1/2 满舵	1.7 倍
1/3 满舵	2.5 倍

（3）舵面积

增加舵面积旋回圈减小，但增加太多反而不利。一般单车船的舵面积为其水下侧面积的1/40～1/50。

（4）水下侧面形状

后部侧面积较大的船型，特别是具有尾钝材或龙骨前端部斜度大的船，旋回圈大。

（5）方形系数

瘦削型船舶方形系数小，旋回圈大；肥胖型船舶旋回圈小。

（6）螺旋桨方向

旋回方向与螺旋桨回转方向一致时，旋回圈大。

（7）纵、横倾

船尾纵倾将使旋回圈增大。有船长1%的艉纵倾，将使旋回圈增大10%左右，而艏纵倾将使旋回圈减小。

高速时向高舷侧旋回时旋回圈小，低速时向低舷侧旋回时旋回圈小。

（8）风、流、浅水等自然因素

风、流、浅水都会使旋回圈变化。顶风顶流旋回进距将减小，顺风顺流则增大。浅水中因摩擦力增大，旋回圈也将增大。此外，船底寄生物也将使旋回圈增大。

5.旋回要素的运用

（1）转舵初期要考虑偏距和尾偏外的影响。例如在狭水道对遇避让时，需保持一定的横距，以免向右转舵时，双方因偏距而突然靠拢。又如在急迫避让时，双方船首已错开，但碰撞可能发生在船尾时，双方可做相对的满舵，利用偏距使各自船尾摆开而避免碰撞。再如过弯道时，船尾与岸边的距离至少保持3倍船宽，以防偏距及尾外偏而使船尾触及岸壁。

（2）当船舶开始向转舵一侧逐渐加快旋转时,应考虑进距的影响。它是船舶转向避让时转舵时机的依据。例如在狭水道内转向,应根据进距考虑转舵提前量。又如对遇避让时,至少应在相距双方进距之和的距离之外两船同时转舵避让。

（3）船舶的旋回初径是判断船舶用舵旋回调头所需水域大小的依据。

（4）船舶旋回过程中产生的外倾现象,对操纵极为不利,应予注意。在旋回初期,由于舵叶突然受力,船舶出现向旋回一侧内倾的现象。当船舶旋回轨迹变成弧线后,产生了离心力,使船产生外倾现象,尤其船速较高时外倾有时能达到10°～12°。这时如突然回舵,由于舵叶受力突然消失,船在离心力作用下,外倾急剧增大,甚至导致船舶倾覆,在大风浪中特别危险。

二、风、流、浅水因素对舵效的影响

1.风的影响

风直接作用于船体水线以上部分,它除使船向下风漂移外,还使船产生偏转。风的影响和船舶装载情况以及上层建筑的面积形状有关。在港内操纵,由于船速缓慢,风的影响更为显著。

船舶受风后的偏转规律如下:

（1）船舶在静止中或船速接近于零时

①风从正横前来,如图1-3-6-2所示。风压力 F_a 作用中心 A 在船舶重心 G 之前,水阻力 F_w 作用中心 W 在船舶重心 G 之后,它们所产生的偏转力矩都使船首向下风偏转。随着偏转到风舷角接近90°时偏转停止,船舶处于横风状态,向下风漂移。

②风从正横后来,如图1-3-6-3所示。风压作用中心 A 在船舶重心 G 之后,水阻力作用中心 W 在船舶重心 G 之前,它们所产生的偏转力矩都使船首向上风偏转,直到船处于横风漂移状态。

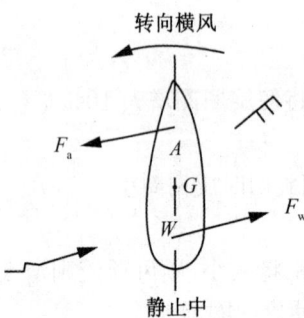

图 1-3-6-2　静止中正横前来风　　　　图 1-3-6-3　静止中正横后来风

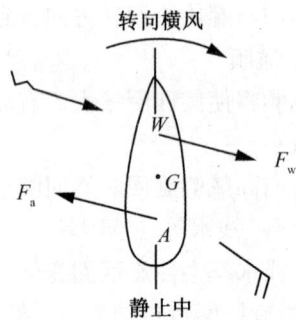

（2）船舶在前进中

①风从正横前吹来,如图1-3-6-4所示。风压作用中心 A 和水阻力中心 W 都在船舶重心 G 之前,且它们作用方向相反,它们相对位置的不同,使船首出现向上风或下风偏转现象。当船空载、慢速、船首受风面积大时,风压偏转力矩大于水阻力偏转力矩,船首向下风偏转,称为顺风偏。当船半载或满载船速较高、船尾受风面积大时,风压偏转力矩小于水阻力偏转力矩,船

首向上风偏转,称为逆风偏。

②风从正横后吹来,如图1-3-6-5所示。风压作用中心 A 在船舶重心 G 之后,水阻力中心 W 在船重心 G 前,它们产生的偏转力矩方向一致,使船首明显向上风偏转,即逆风偏显著。

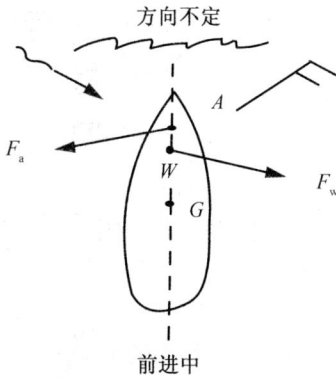

图1-3-6-4 前进中正横前来风

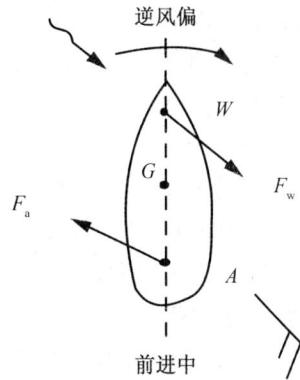

图1-3-6-5 前进中正横后来风

(3)船舶在后退中

① 风从正横前吹来,如图1-3-6-6所示。风压作用中心 A 在船舶重心 G 之前,水阻力中心 W 在 G 之后。它们产生的偏转力矩方向一致,只要船有一定退速,就使船尾迎向上风,左舷来风比右舷来风偏转更为明显。

②风从正横后吹来,如图1-3-6-7所示。风压中心 A 和水阻力中心 W 都在船舶重心 G 之后。当退速较低时,水阻力偏转力矩较小,受风压偏转力矩作用,船尾偏向下风,其偏转规律基本上与静止时相同;当船有一定退速时,一般船舶尾部线型比较肥大,特别是由于舵和螺旋桨的存在,水阻力将随退速增加而很快增加,且水动力中心 W 更靠近船尾,使船尾迎向上风,出现船尾找风趋势,用满舵都难克服。

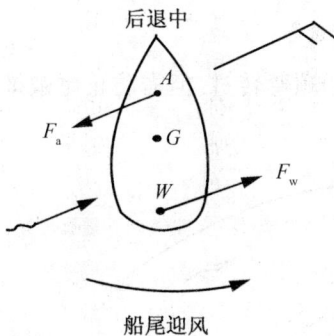

图1-3-6-6 后退中正横前来风

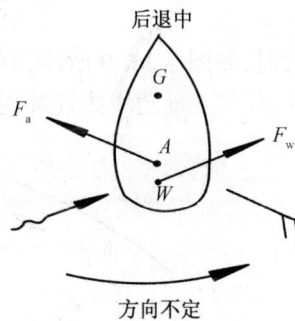

图1-3-6-7 后退中正横后来风

在风的影响下,增加了操纵船舶的复杂性,根据经验,平均风力6级或阵风7级靠离码头就很不安全,尤其是空船遇风,更要引起重视。风的影响在操纵上也可加以利用。如船要靠预定泊位,只要把船驶向上风,利用漂移可达预定泊位点;又如利用船尾找风的作用,进行掉头操纵。

2.流的影响

（1）水流对船速和舵效的影响

船舶顺流航行时，实际船速等于静水船速加流速；顶流时，实际船速等于静水船速减流速。

无论有流或无流，只要车速不变，船相对于水的速度是不变的，即舵叶上的水流速度不变。因此在舵角相等的条件下，顺流和顶流时舵力是一样的。顺流和顶流时虽然舵力一样，但对比来说顶流时能在较短的距离上使船头转过较大的角度，需要时也容易把定。因此顶流时的舵效要比顺流时为好。

（2）流压的影响

当流向与船首尾线有一夹角时，船身将被压向流向下方，通常称之为流压。夹角大，流压的影响也大。如顶流靠码头时，控制好夹角和船速，可使船慢慢地靠拢码头。如船速和夹角控制不当，尤其急流时，交角太大，流压会造成船舶碰压码头的事故。

（3）弯道水流的影响

河道的弯曲地段，流依地形不断变化，而且弯道凹的一边水深流急，凸的一边水浅流缓。船舶顶流过弯时，如图1-3-6-8所示，船首和船尾的流向和流速不一致，势必造成船首被推向凹岸。因此应顺凸岸用慢速、小舵角，连续内转，切忌把定。

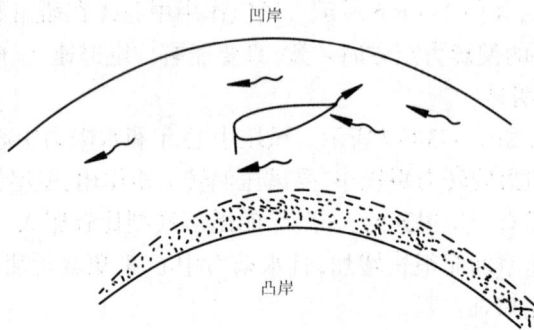

图1-3-6-8　顶流过弯

顺流过弯时，如图1-3-6-9所示，流向有助于船舶顺弯转过，但需防止尾被推向凹岸一边。因此宜用慢车，保持在航道中央连续内转。

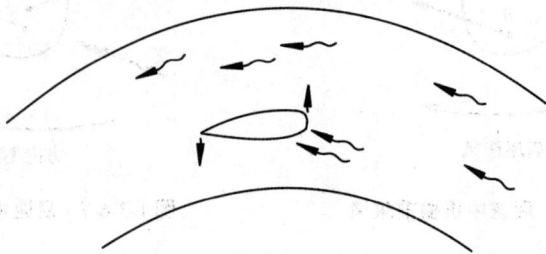

图1-3-6-9　顺流过弯

（4）水流对旋回的影响

顺流旋回时，其进距及反移量等要素都比在静水中旋回时大，其旋回轨迹是一条向水流方向伸展的弧线；顶流旋回时正好相反，如图1-3-6-10所示。

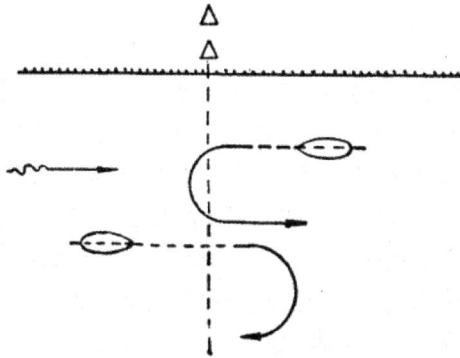

图1-3-6-10　水流对旋回的影响旋回

3.浅水的影响

当船底富余水深小于船舶吃水的1/3时，一般认为该船已进入浅水区，对船舶操纵有显著影响，并会伴随出现如下几种现象：

（1）船速降低

船舶进入浅水区时，由于船体周围流速相对增加，引起摩擦阻力和兴波阻力增加，使船速明显下降。

（2）船体下沉和纵倾

船舶进入浅水区，由于船底与海底间距的缩小流速增大，压强相对减少，使船体下沉。由于船底压强变化首尾不均匀，所以还会引起纵倾。

（3）舵效差转向不灵

浅水中由于船速下降，同时在尾部的排出流和水流方向紊乱，使舵效变差，操纵不大灵活，重载大船过浅滩时要特别小心。

（4）船首偏转

浅水区由于船底两侧水深不等，船首两侧水的反作用力也不等，会使船首向深水一侧偏转，造成操纵困难。

4.纵横倾的影响

（1）纵倾的影响

艏倾（拱头）过多，会使船尾上翘，螺旋桨效率降低，舵效下降，对操纵不利。

艉倾过多，会使航速降低，航向不稳，对操纵不利。适当艉倾，螺旋桨效率高、船速快、舵效好，利于操纵。

（2）横倾的影响

横倾时使低舷边的水尺增加，对过浅滩不利。横倾时左右浸水面积不等，两侧所受水压力不同，使船首向高舷边偏转的趋向，同时对舵效也有影响。

任务7 了解基本的环境保护程序

船上的油类、有毒有害物质、油性混合物、压载水、洗舱水、船舶垃圾和生活污水等的意外排放和违章排放,都会造成水域污染。污染损害的法律责任属于结果责任制,即船舶一旦发生污染,除不可抗力类原因外,不论船方有无过失,一概按污染损害后果承担法律责任。船舶一旦发生污染事故,均应迅速反应,竭尽全力控制和消除污染,迅速报告有关当局并听从其指挥,接受当局的调查和处理,赔偿污染损害。目前,国际海事组织(IMO)通过船旗国和港口国,明确要求绝大部分国际航行船舶制订防污染应急计划,配备控制污染器材和设备,开展防污染演习、训练,从而预防和有效控制海洋环境污染。

一、掌握防止油污染器材的使用

船舶发生污染海域事故,应当立即向当局(我国海事局)报告,并应当尽可能地实施围控,合理利用吸油和除油材料进行及时有效的控制。但船舶使用消油剂,必须事先向当局申请,经批准后方可使用。

1.围油栏

(1)围油栏基本结构和种类

围油栏是一种用于水域防止溢油扩散、缩小溢油面积、转移溢油和保护水域环境的防污染器材。围油栏的结构种类很多,但基本上由浮体、裙体和配重链组成。船用围油栏大多为固体浮体式(如图1-3-7-1所示)、气体浮体式、充气式(如图1-3-7-2所示)。轻型围油栏高500~700 mm,中型围油栏高700~800 mm,重型围油栏高900~1 000 mm。

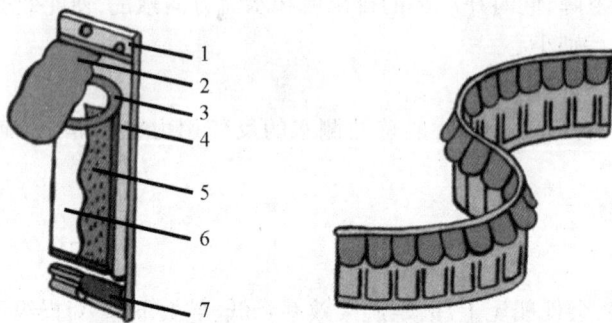

图1-3-7-1 固体浮体式围油栏

1—复盖;2—稳定盖;3—塑料杯;4—塑料管;5—固体浮体;6—包布;7—配重体

(2)围油栏使用方法

固体浮体式围油栏大多为20 m一节,充气式围油栏大多为30 m一节,使用时需把多节围油栏连接起来。连接方法有卸扣连接、螺钉连接等。

围油栏在甲板上连接好后,尽量用船舶装卸设备吊放入海,或用其他能避免围油栏与船体摩擦的方式投放。围油栏投入水中前必须整理裙体和绳索,避免扭曲和缠结,以保证围油栏下水流畅和水中姿势正确。投放时,应有小艇配合,避免堆积。

如果有足够数量的围油栏,溢油尚未大面积扩散,通常采取围控措施,即把溢油包围在船旁;如果围油栏数量不足以围控,可用两艘小艇拖带围油栏进行扫油,包围较多溢油后,分出一艘小艇清除围住的油污。若有三艘小艇,则可采取两艘小艇扫油,另一艘小艇在围油栏内除油的方案。若未备有围油栏的船舶可用漂浮的化纤缆绳代替。

除油结束后,应谨慎地回收、拆解和清洗围油栏,晾干后按厂家要求存放。

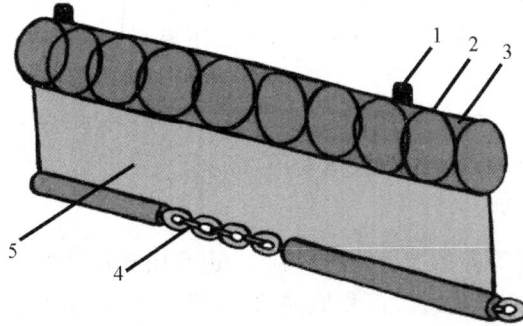

图 1-3-7-2　充气式围油栏

1—单向筏;2—弹簧支撑环;3—气室;4—配重链;5—裙体

2.木屑、草袋

木屑、草袋(如图 1-3-7-3 所示)属于天然有机吸油材料,具有吸油的表面,能够成功地吸着自重 5~10 倍的溢油,最适用于吸着风化原油和重油。木屑和草袋吸水性强,应存放于干燥通风处,注意防潮,严禁雨淋。

图 1-3-7-3　草袋

(1)船上溢油使用方法

木屑和草袋用于吸着船上溢油时,可一边派人采取关阀、移驳等阻止继续溢油的措施,一边在溢油下游处铺设草袋和木屑围堵和吸油。油流大时应构筑围堰并在其上加压重物,防止冲决;向上游的溢油抛掷足量的草袋和木屑,用扫帚等反复搅拌木屑使之充分吸油;清除上游已吸油的木屑和草袋,再次播撒木屑并反复搅拌,直至甲板溢油全部吸收干净。以同样的方法处理下游的围油处所(该方法同样适用于有毒液体物质的处理,但处理人员应采取防毒措施)。已吸着溢油的木屑和草袋应集中堆放和迅速处理,防止二次污染和积热自燃。通常是在船上焚烧处理或卸岸处理。

(2)水中溢油使用方法

用木屑和草袋吸附水中溢油时,应注意做到:

①先用围油栏围控溢油,以控制溢油和吸油材料的漂散,方便吸油作业和回收吸油材料。

②用小艇向溢油面播撒木屑或抛投草袋。

③在吸油后应立即捞出木屑和草袋,因其吸水性强,长时间留在水中会因吸水后重量变大而沉入水下;已吸油的木屑不易回收,可用两艘小艇用拖网方式慢速拖曳,边拖边捞,也可自制回收装置或请专业船回收。

④最后一边收缩围控设施,一边用小艇捞起积聚在围控设施处的木屑。

⑤从水中捞起的吸油材料应尽快焚烧处理。

3.吸油毡

吸油毡通常用聚丙烯等人造聚合物材料制作,也有用棉花纤维制成的。主要用于船舶、水面溢油应急处理;尤其适用于处理大面积原油的溢漏事故。吸油毡一般都具有易吸油、吸水性低、密度小、吸油前后浮于水面不变形的独特优点,且具有吸油倍数高、吸油速度快、无污染、焚烧不产生毒废气,易于储存、耐高温、可重复使用等优点。吸油毡吸油量通常为自重的 10~20 倍;吸水量应小于自重的 1.5 倍;在通常保管情况下性能变化很小;使用后容易回收;可以燃烧处理。

水面使用吸油毡(如图 1-3-7-4 所示),通常在围控状态下,用小艇向溢油多处呈水平投放,在一面吸油后翻面充分吸油。最好使用足够数量的吸油毡,使其处于吸油未饱和状态而不断吸油。当余油稀薄时,应逐步缩小围控范围。使用吸油材料时,禁止使用消油剂,以免降低吸油能力。对吸足油的吸油毡应及时回收并应及时焚烧处理,并防止滴出的含油污水第二次污染水域。

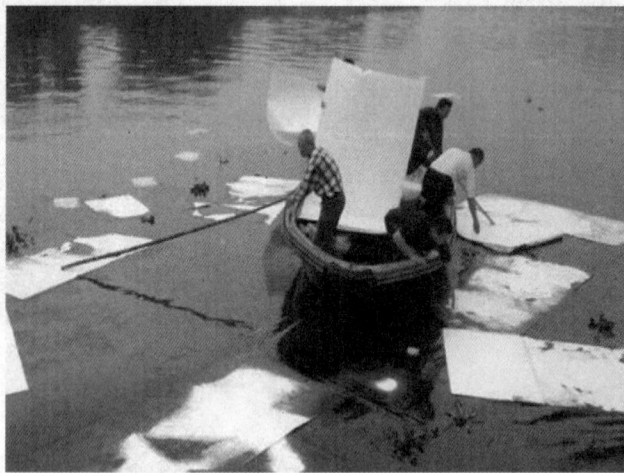

图 1-3-7-4　水面使用吸油毡

4.消油剂

消油剂是溢油分散剂的俗名,是目前使用最多的溢油处理剂,一般由主剂和溶剂组成。其原理是应用表面活性剂的乳化能力,以及溶剂能降低溢油黏度和表面张力的特性,从而使溢油乳化分散,形成小颗粒,最终被水分解和微生物降解,加快了水体的自净速度。

船舶使用消油剂通常是在回收大部分溢油后处理表面残油,或是因风浪大无法回收溢油时使用。

现有消油剂多为毒性较低的酯型,分为普通型和浓缩型。消油剂的使用多采用直接喷洒的方式。浓缩型按说明书稀释后喷洒。但无论如何,在沿海国管辖区域内使用消油剂前,必须事先向当局申请,说明其牌号、用量和使用地点,经批准后方可使用。

5.海上溢油的一般处理过程

(1)使用围油栏等围油材料将溢油围控,防止其扩散,如图1-3-7-5所示。

(2)使用油回收船或吸油装置将大部分溢油回收。

(3)使用吸油材料回收残留的少量溢油。

(4)喷洒油处理剂将无法回收的油乳化分散在海水中或使用生物处理的方法等处理。

图1-3-7-5　火灾溢油后海面铺设围油栏围控

二、了解防污染设备的正确使用和操作注意事项

船舶防污染设备主要有油水分离器、生活污水处理装置、船舶垃圾处理装置,操作时正确使用并注意相关事项。

1.油水分离器

(1)启动前的管理

油水分离器在首次或清洗后投入使用前应注满清水,以洗掉可能黏附的油污和杂质,避免油污水对分离器的污染。注水时,应打开顶部的放空气阀、上排污阀和高位检验旋塞,以驱逐分离器内的空气,直至水从这些阀中流出时将其关闭并停止注水。启动污水泵前打开舷外排出阀,检查自动排污阀和应急操纵手轮是否处于正常位置。如有气动装置,应接通气源。启动污水泵,油水分离器投入运行。

（2）运行中管理

注意避免油水分离器超负荷。所谓超负荷,即超过其达到排放标准的分离能力。如果供水量过大,或排油装置失控,积油过多,就会降低油从水中分离的效果,造成污油污染分离器内壁。检验超负荷的方法,一是检查低位检验旋塞,有油流出时说明积油过多,应立即排油,如果自动排油失灵应改为手动排油;二是通过出水口水样的观察,如果发现有可见的油迹,应停止分离器的工作。

油水分离器经长期使用后或因超负荷使内壁污染时,应及时进行冲洗。冲洗时,先开加热器蒸汽进出口阀,通过加热蒸汽使分离器内污水加热,以去除黏附于内壁及其他装置上的油污并在加热温度达到60~70 ℃时停止加热。然后启动污水泵,排出清洗后的污油,再投入工作。如果清洗效果仍然不好,可停止工作进行蒸汽吹洗,以使内部油污脱除干净。一般蒸汽清洗一月一次。

当天气寒冷或油种浓度较大时,采用加热的方法提高分离效果。一般用0.25~0.3 MPa的蒸汽加热到40~60 ℃,以加速油滴上浮和黏附在内壁上的油污脱落。

组合式油水分离器中的过滤元件和吸附材料容易堵塞,工作一定时间后要按规定操作进行反向冲洗。过滤元件和吸附材料长期使用而失效时,要予以更换或补充。同时,在检查滤器或换新聚合元件前也应对分离器进行加热、冲洗、排空。清洗或更换过滤材料和填充吸附材料时,要保证充填密度均匀,不得有局部孔隙存在。

在自动排油失灵时要定期检验油位,防止引起分离器自身污染。定期排放集油室中空气,防止自动排油装置因存气太多而失灵。油水分离器每隔一年拆检、清洗、维修一次以保持其工作性能稳定。

2.生活污水处理装置

船舶生活污水通常指由厨房、盥洗室、厕所、医务室及动物住所排出的污水。这些污水不仅含有有机物和矿物质,而且含有大量的寄生虫、细菌和病毒。如不经任何处理直接排放,必定会造成海域的污染。

国际上对处理后的生活污水用三个指标来评定,其排放标准是:

五日生化耗氧量　　　　≥50 mg/L

悬浮固体量　　　　　　≥50 mg/L

大肠杆菌　　　　　　　≥250 个/100 mL

为满足上述排放标准,目前船上的污水处理方式基本分为三种:贮存方式、生物处理方式和物理化学处理方式。

（1）贮存方式

船舶装设生活污水贮存柜(粪便柜)在禁止排放污水的区域内,将生活污水全部暂时收存在粪便柜内,当航行到允许排放海域时再排出,或者排给港口污水接收船。这种方式装置设备简单、造价低,但贮存量有一定限度,船舶在禁止排放区域内停泊时间过长时,污水的处理就会发生困难。按污水收集的方法,贮存方式又分为单纯贮存方式和真空收集贮存方式两种类型。

（2）生物处理方式

利用微生物的作用,将污水中有机污染物转变成无害物质。船舶主要用活性污泥法,即利用各种好氧性微生物(如细菌、真菌、原生物、后生动物等),以污水中有机污染物质为食物,在有氧的条件下使污染性有机物质氧化分解,再经凝集吸附、沉淀等作用将不稳定的需要耗氧物质转化为不再耗氧的有机物质,从而使污水得到净化。

装置的主要特点是需要连续不断地向曝气室中的污水内吹入空气,否则微生物就会死亡,装置失去净化作用。一般从装置开始运转到能发挥出所定性能需 10～30 天。活性污泥法净化效果好、臭气味小、装置体积小,但剩余污泥量大,对水质、水量变动比较敏感,缓冲性能弱,不能去除难分解性的物质。船舶实际使用的装置系统有排放型和无排放型两种。

目前常用的生物处理装置(ST 型)主要由曝气室、沉淀室、消毒室、离心泵等组成。启用时必须严格按照说明书要求操作。装置最好是连续进行,特别是不得停风,以防微生物死亡。每 3 个月检查一下曝气室活性污泥的浓度,一般污水以巧克力色为佳。如表面出现浮渣,说明浓度太大,要进行调整。装置运行时厕所冲洗水量不宜过大,且不要丢入破布、纤维类的东西,更不要使对微生物有杀伤作用的药剂进入处理装置。应及时补充消毒剂,通常 3 个月补充一次,每人每月 20 g。

（3）物理化学处理方式

物理化学处理方式净化污水的机理是利用具有絮凝作用的化学药剂在污水中产生的絮凝胶团吸附污水中有机悬浮物质,并使其从污水中沉淀分离出来,同时污水中大肠杆菌群也被化学药剂杀死,污水得到净化。因此,絮凝剂的性质直接影响污水净化质量。

在排放型机械粉碎式处理装置系统中,污水经机械粉碎投药处理后直接排出船外。该系统装置简单、尺寸小,可使 BOD 值减少,但不能去除悬浮固体,处理药剂消耗量大,必须储备大量药剂。

在再循环型处理装置中,处理后,水循环使用,固体残渣进入焚烧炉烧掉。由于它结构紧凑、性能稳定、净化效果好,使用广泛。

3.船舶垃圾的处理装置

（1）船舶垃圾

船舶垃圾来源于厨房、舱室、污泥水、废油、污油、油泥及扫舱垃圾等。为了遵守《MARPOL 73/78 防污公约》的有关规定,对不同性质的垃圾常采用三种处理方法:直接投弃、粉碎处理和焚烧处理。

①直接投弃,船舶航行到允许排放海域时,将垃圾不经任何处理直接投放入海。

②粉碎处理,废弃物用粉碎机粉碎至规定尺寸后,在允许排放海域,排放入海。

③焚烧处理,将废油、污油、油泥、污泥及其他固体垃圾送入焚烧炉焚烧掉,可在任何海域排放。

（2）焚烧炉

焚烧炉多数采用旋杯式和空气喷雾式燃烧的方式,也有少数采用重力滴下式。一般焚烧炉都有一个钢制的外壳,内衬用耐火砖形成燃烧炉膛。炉膛周围设有固体废料投料口,污油燃烧器用以喷入污油、污水和污泥。设有辅助燃烧器以保证点火助燃,装有排烟风机,以保证炉膛呈负压并冷却排烟,防止烟气外漏和发生火灾。除此之外,还有废油柜、控制箱、观察孔等。使用焚烧炉时应注意下列事项:

①可燃固体垃圾应在点炉前打开炉门送入焚烧炉,切不可在焚烧炉工作时打开炉门。

②焚烧炉在点火前应扫气 30 s 以上,驱除炉内油气,防止爆炸。

③焚烧炉污油柜加温到 80～100 ℃,并放掉残水。

④用柴油引燃焚烧炉,待炉温到达一定温度(约 600 ℃)后,再逐渐引入污油燃烧。

污油中含有 30%～50% 的水时，一般仍可连续燃烧 。因此，当焚烧炉正常运行时，可以停止使用点火柴油；如果不能连续燃烧，则需要用柴油一直引燃；停炉前应燃用柴油，以冲洗污油管路。

⑤焚烧后的炉灰，系无污染、无毒的垃圾，可在船舶离港后，距最近陆地 12 n mile 以外倾倒入海。

三、预防和防止海洋环境污染

(一) 船舶污染的种类和途径

1.船舶污染源

船舶污染源有石油及其制品、生活污水、有毒化学品、船上垃圾、有害排气、带有有害生物和病原体的压载水等。国际公约中指定的对海洋直接造成污染的物质可达近千种，因此，彻底消除船舶污染源是不现实的，排放的控制便显得尤为重要。

2.船舶污染的途径

船舶可能的污染途径包括：船舶营运中产生的废弃物的污染；船舶海损事故引发的污染；利用船舶向海上倾倒废弃物所致污染；船舶修造、打捞、拆解造成的污染等。对于营运船舶，污染途径可以概括为操作性污染和海损事故污染。

(1) 操作性污染

操作性污染是指船舶营运过程中由于船员操作不当或所及系统的损坏导致的意外排放。为船舶安全或救助海上人命的故意排放，可看作是特殊的操作性污染。

(2) 海损事故污染

海损事故污染通常是指船舶发生严重的海损事故，使所载的油类等污染物部分或全部溢入海中，造成严重污染。引起污染的海损事故主要有：搁浅、火灾或爆炸、碰撞、船壳破损、严重横倾等。

3.船舶操作性污染的种类

(1) 船舶运输石油和船舶使用燃油可能造成的油污染。

(2) 船舶运输散装液体化学品可能造成的散装有毒液体物质污染。

(3) 船舶运输包装有害物质可能造成的包装有害物质污染。

(4) 船舶生活污水可能造成的污染。

(5) 船舶垃圾可能造成的污染。

(6) 船舶废气排放可能造成的污染。

(7) 船舶压载水中的有害物质、病原体可能造成的污染。

(二) 预防船舶污染海洋环境的措施

IMO 和各沿海国预防船舶污染海洋环境的措施，关键在于运用安全科学理论，把握"人—机—环境—管理系统"的要素。

1.切实执行国际船舶防污公约和中华人民共和国有关船舶防污法规

(1)《国际防止船舶造成污染公约》(《MARPOL 73/78 公约》)。

（2）《国际船舶压载水和沉积物控制与管理公约》（简称《压载水管理公约》）。

（3）《中华人民共和国海洋环境保护法》。

（4）《中华人民共和国防治船舶污染海洋环境管理条例》。

2.油污染应急

1）制订船上油污应急计划

鉴于船舶溢油会严重损害海洋环境，危及人类的健康和生存，IMO 已通过船旗国和港口国，明确要求国际航行船舶配备船上油污应急计划（SOPEP），船舶必须照此进行演习、应急和维护。

制订船上油污应急计划的目的是帮助船员在船舶发生或可能发生意外排油时，采取措施以控制或尽量减少排放，减轻油污损害。

2）制定油污应急反应部署表及演习

（1）油污应急反应部署表

油污应急反应部署表的性质与船舶应急部署表相同，针对船舶发生油污事故后各类人员的职责和应采取的应急措施做出明确的分工和规定：船长任总指挥，大副和轮机长联手任现场指挥，二副在驾驶台值班和记录，三副带艇指挥捞油。船舶发生油污应急时，一般将人员分成指挥及通信组、除油组、溢油回收组、机船组和救护组。

（2）演习及记录

为保证 SOPEP 发挥应有的指导作用，提高船员抗污染的应急反应能力，应定期进行油污应变演习。演习可同船上其他演习合并进行。我国船上配备的 SOPEP 中通常要求每月至少进行一次；每次的演习情况应详细地记入航海日志，保存 3 年。

有关油污事故记录的保存：因为油污事故均涉及责任、赔偿和补偿等问题，所以 SOPEP 中规定了应保存记录的项目和时间，我国船上配备的 SOPEP 有保存 3 年的规定。

3）海上溢油的处理

溢油控制的应急措施包括：操作性溢油（管系泄漏、舱柜溢油、船体泄漏）；海损事故溢油（搁浅、火灾/爆炸、碰撞、船壳破损、严重横倾等）。

海上发生溢油时，除特殊情况以外，应首先采取有效措施，防止溢油扩散，然后再根据溢油场所、状况、气象、海况条件等采用物理或化学方法，将溢油回收或处理。

（1）溢油回收的方法

一般使用物理方法回收，这样既能避免进一步污染，又能回收能源。

①人工回收：溢油量少天气好时，组织较多人员利用简单工具回收。

②机械回收：采用回收船、回收装置等回收溢油，但易受天气和水文条件限制。

③吸油材料吸附回收：用亲油疏水的吸油材料吸附溢油，吸足后回收，适宜与围油栏一起使用。

（2）溢油的处理方法

当无法用物理方法回收时，可采用化学及物理方法将溢油处理掉。

①化学油分散剂处理：将浮油分解成微小油滴溶于水中，易造成二次污染，所以使用前必须征得港口当局同意。

②燃烧处理：当大面积溢油，气候条件恶劣又远离陆地后，可用特殊的材料引燃浮油，直接焚烧处理。

③沉降处理：用比重大的亲油性物质撒在浮油上，与油一起沉至海底。由于会污染海底生

物,只适于在特殊的远海进行。

3.其他物质造成污染的应急

除油类和油性混合物以外,其他物质诸如有毒物质、压舱水、洗舱水、船舶垃圾和生活污水等,违反港口国和港口当局的规定排放,均属污染事故,船方都必须采取防污染应急措施。这些应急措施包括:

(1)发出警报,召集船员准备应急。

(2)立即查明污染源,评价污染规模,拟定应急方案。

(3)实施控制污染源,消除海面污染的应急措施,包括对液体类污染物关闭阀门、船内移驳、堵漏,对散落入海的漂浮物进行打捞等。

(4)按当地法律的污染报告规定向当局报告,并听从其指挥(包括接受强制清除污染措施);向公司报告污染情况。

(5)应急结束后,船方应接受当局的污染事故调查和处理。船长应做好记录并向公司做详细汇报。

任务 8 了解主要航海国家国旗和常见国际信号旗

一、主要航海国家国旗

从事国际航线航行的船舶,除了配备本国国旗之外,还应配备船舶经常到达国家的国旗。到达目的港时,必须悬挂目的港所在国家的国旗。到达港口国家的国旗一般悬挂在主桅或前桅桅顶或横桁的最右端;船籍港国旗亦称船旗国国旗,应悬挂在船尾的小旗杆上。

主要航海国家国旗有中国、韩国、日本、印度、菲律宾、新加坡、马来西亚、泰国、塞浦路斯、印度尼西亚、土耳其、俄罗斯、德国、波兰、丹麦、法国、英国、挪威、希腊、芬兰、西班牙、利比里亚、澳大利亚、新西兰、加拿大、美国、哥斯达黎加、阿根廷、巴西、玻利维亚等。

二、国际信号旗

旗号通信是值班水手必须掌握的内容,也是在值班过程中经常要做的工作之一,因此必须达到熟练掌握的程度。它是利用国际信号旗组成信号码语或其他各种信号,在白天视距范围内进行通信。通信必须遵守《国际信号规则》(International Code of Signals)的要求进行。

1.国际信号旗的组成

国际信号旗(international flag and pendants)是用红、黄、蓝、白、黑 5 种颜色的旗纱制成的。每套共 40 面,其中字母旗(alphabetical flag)26 面、数字旗(numeral pendants)10 面、代旗(substi tutes)3 面和回答旗(answering pendant)1 面,见本书附录2。

每一信号旗的上、下端应配有合适长度的旗绳和系挂钩。

2.国际信号旗的用法

(1)单字母信号的含义

单字母信号由单个英文字母组成。在26个字母中,除"R"没有意义外,其他25个字母都有它完整的意义(如表1-3-8-1所示)。

单字母信号用于最紧急、最重要或最常用的内容,并适合于任何通信方法。

表1-3-8-1 单字母信号的意义

A	我下面有潜水员,请慢速远离我	I have a diver down,keep well clear at slow speed
★B	我正在装、卸或载运危险货物	I am taking in,or discharging,or carrying dangerous goods
★C	是(肯定或"前组信号的意义应理解为肯定的")	Yes(affirmative or "The significance of the previous group should be read in the affirmative")
D	请让开我,我操纵困难	Keep clear of me;I am manoeuvring with difficulty
E	我正在向右转向	I am altering my course to starborad
F	我操纵失灵;请与我通信	I am disabled;Communicate with me
G	我需要引航员。在渔场有邻近一起作业的渔船使用时,它的意思是"我正在收网"	I require a pilot. When made by fishing vessels operating in close proximity on the fishing grounds it means "I am hauling nets"
★H	我船上有引航员	I have a pilot on board
★I	我正在向左转向	I am altering my course to port
J	我船失火,船上有危险货物,或我船有危险货物漏出,请远离我	Keep well clear of me.I am on fire and have dangerous cargo on board, or I am leaking dangerous cargo on board
K	我希望与你通信	I wish to communicate with you
L	你应立即停船	You should stop your vessel instantly
M	我船已停住,并已没有对水速度	My vessel is stopped and making no way through the water
N	不(否定或"前组信号的意义应理解为否定的")。这个信号仅可以用视觉或者声响信号发出。在用语音或无线电发出这个信号时,应该用"NO"	No(negative or "The significance of the previous Group should be read in the negative"). This signal may be given only visually or by sound. For voice or radio transmission the signal should be "NO"
O	有人落水	Man overboard
P	在港内,本船将要出海,所有人员应立即回船;在海上,利用声号发送表示"我需要引航员";在海上,当由渔船使用时,意为"我的网缠在障碍物上"	In harbour, all persons should report on board as vessel is about to sea. At sea, it may also be used as a sound signal to mean:"I require a pilot." At sea, it may be used by fishing vessels to mean "My nets have come fast upon an obstruction"
Q	我船没有染疫,请发给进口检疫证	My vessel is "healthy" and I request free pratique
★S	我正操纵推进器向后退	I am operating astern propulsion

A	我下面有潜水员,请慢速远离我	I have a diver down,keep well clear at slow speed
★T	请让开我;我正在对拖作业	Keep clear of me. I am engaged in pair trawling
U	你正在进入危险中	You are running into danger
V	我需要援助	I require assistance
W	我需要医疗援助	I require medical assistance
X	终止实施你的意图,并注意我发送的信号	Stop carrying out your intentions and watch for my signals
Y	我正在走锚	I am dragging my anchor
Z	我需要一艘拖船。在渔场由邻近一起作业的渔船使用时,它的意思是"我正在放网"	I require a tug.When made by fishing vessles,operating in close proximity on the fishing grounds, it means:"I am shooting nets"
备注	(1)有★符号的字母信号,仅在遵照《国际海上避碰规则》的规定的情况下,才可以用信号发送	(1) Signals of letter marked ★ when made by sound may only be made in compliance with the requirements of the International Regulations for Preventing Collisions
	(2)信号"K"和"S"如果作为对乘小艇的遇险船员的登陆信号时,则另有专门的含义(《1974年国际海上人命安全公约》第V章第16条的规定)	(2)Signals "K" and "S" have special meanings as landing signals for small boats with crews or persons in distress(International Convention for the Safety of Life at Sea,1974,Chapter V Regulation 16)

（2）字母旗的用法

在26面字母旗中,除"R"字母外,其他25面字母旗都有其独立的信号意义,但也可与其他字母旗或数字旗组成各种信号码组、拼字信号等不同的信号(实际使用中可查找《国际信号规则》)。

（3）数字旗的用法

数字旗共10面,在通信中,除表明数字外,也可与字母旗联合组成各种信号。

（4）回答旗的用法

①在数字码组中,当作小数点。

②在旗号通信中,表示回答通信和通信结束。

③当军舰与商船通信时悬挂,表示正与商船用国际信号通信中。

（5）代旗的用法

代旗是用来代替同一组中的同类信号旗。在同一组信号旗中,任何一面代旗只能用一次。

"代一"是代替同组中同类(字母、数字)的第一面旗,如当悬挂"B代一GC"时,代表的是"BBGC"。

"代二"是代替同组中同类(字母、数字)的第二面旗,如当悬挂"MG代二C"时,代表的是"MGGC"。

"代三"是代替同组中同类(字母、数字)的第三面旗,如当悬挂"QNC代三"时,代表的是"QNCC"。

注意:在同一组信号旗中,若既有字母旗又有数字旗时,代旗仅代替本组同类的信号旗,即紧接在字母旗下面者应为代替字母旗,紧接在数字旗下面者则代替数字旗。

例如:悬挂"M2 代一代二"时,则表示"M2M2";

悬挂"W62 代二回答代三"时,则表示"W626.2"。

任务9 掌握船舶挂旗方法

一、船舶挂旗常识

1.旗帜分类

(1)供区别国籍的,如国旗、军旗。

(2)供区别人物或所有权的,如公司旗或官职旗。

(3)供通信用,如通信旗、手旗等。通信旗采用的是国际信号旗。

2.挂旗位置

(1)国旗:悬挂在船尾旗杆上,亦可悬挂在后桅斜杆上。

(2)到达港国旗:在船到达国外港口时,应在前桅顶或前桅横杆上悬挂该国国旗,离港后降下。

(3)船公司旗:悬挂在船首旗杆或后桅顶,航行时不挂。

(4)国际信号旗:悬挂于桅杆横桁或斜拉旗绳上。

3.各旗升降时间

(1)不论在航行或停泊中,应悬挂的各类旗帜通常在日出时升起,日落时降下。国旗,不论在航行时或停泊时,必须在日出时升起,日落时降下。在大洋中航行可不悬挂。

(2)在升旗时,应先升起国旗,随后升起其他各旗;降旗时,应先降下其他各旗,最后降下国旗。

(3)在极地航行时,冬天应能在看得见的情况下悬挂有关旗帜。

(4)船舶在进出港或其他必须显示国籍的情况下,国旗及各旗的升降时间视需要提早或延迟。

4.升、降旗的正确操作方法

(1)国旗代表一个国家的尊严。保护国旗是所有海员的光荣职责,应时刻注意国旗的悬挂状况。升降国旗时,应注意缓缓升起(降下),并应升到顶后系牢旗绳,防止松弛而滑下。严禁国旗倒挂。

(2)国旗应保持飘扬,不应卷叠,收下后平整叠好,放在旗箱内。如有破损,应及时缝补或换新。

(3)船舶间致敬

航行中在较近距离与本国及友好国家的海军舰艇和商船相遇时,都应用国旗敬礼,以示敬意。在进出港口时遇到军舰也应降旗致敬。

敬礼的方法:在驶近对方船的正横方向前,将国旗降到旗杆的 1/3 处,对方船也应同样将国旗降至旗杆的 1/3 处,随即再升到顶表示回礼,我船也同时将国旗升到顶,敬礼的全过程结束。在下半旗期间敬礼时,应先将国旗升到顶后再降到一半高度处,礼毕后还应将国旗升到顶后再降到半旗位置。

（4）国旗志哀

凡遇哀悼日,应按国务院规定下半旗志哀。

在挂半旗时,应先将国旗升到顶,随后再降到一半高度。在日落后降旗时,仍应将国旗先升到顶后再降下。在国外港口是否需要降半旗,应取得我国驻外使领馆的正式通知后执行。

（5）升挂满旗

船舶在停泊中,遇到我国国庆等重大节日,应挂满旗致庆(日落后根据指示可悬挂满灯)。船舶在国外港口,遇到该国国庆等重大节日,是否悬挂满旗致庆,应请示我国驻在国使馆、领事馆。

主要的方式:在主桅顶上升挂国旗,从船首、尾到前、后桅以及桅间用绳索以滑车固定穿引,将国际信号旗连接并绕缠于张索上,然后升起装饰全船。但应注意以下各点:

①将全部国际信号旗从形状(一般为两方一尖旗搭配)、色泽上做好搭配。

②升降索以及主旗绳应采用白棕绳或专用蜡旗绳,信号旗应与主旗绳牢固连接。

③航行中不挂满旗,但中、前、后桅顶分别悬挂国旗。船首公司旗、船尾国旗等仍应悬挂。

④悬挂满旗时不能使用国旗、军旗、商船旗以及与各国国旗有相同图案的通信旗,如 C、E、H、J、T 和数字旗 3。

（6）进出港挂旗

船舶进出港时,除应悬挂国旗、公司旗外,还应视需要悬挂以下几种旗:

①船舶呼号旗。

②需要引航员时应先挂出"G"旗(我船需要引航员);在引航员登船后,应降下"G"旗,升上"H"旗(我船上有引航员);在引航员离船后,应立即降下"H"旗。

③船抵达国外港口或返航抵达国内第一港时,应到检疫锚地锚泊,悬挂出"Q"旗(我船没有染疫,请发给进口检疫证)。待检疫结束,领到进口检疫证后,可降下"Q"旗。

④抵达泊位,系泊结束后,即可降下船舶呼号旗、泊位旗、引航旗等。

⑤船舶在预计开航前 2 h,应在明显位置悬挂"P"旗(我船即将开航,所有人员应立即回船)。当引航员抵达,船舶呼号旗、引航旗升起,解掉第一根缆绳时,即可降下"P"旗。

（7）升挂和收看信号旗的次序和原则

升挂和收看的次序是:桅顶、三角绳、右横桁、左横桁。

根据风力、风向和桅杆式样的不同,升挂和收看的原则是:

①三角形升挂和收看信号旗的次序是由前到后。

②挂在同一横桁的信号旗的收看次序是由外到内。

③两横桁同时挂有信号旗,收看次序是先右外一挂,后左外一挂,逐次进行收看。

（8）信号旗的正确悬挂方法

取出所需的信号旗,到挂旗处,解开桅上旗绳,把旗绳一头与信号旗旗头的环用双索花结连接,旗绳另一头打一单套结(或用双索花结连接),再用信号旗旗尾的小绳以单套结与它连接(或用双索花结连接),如有旗绳 8 形钩,直接套接即可。然后先将连接旗头一端的绳子拉到顶,把连接旗尾一端的旗绳用力向下一拉,使打在信号旗上的活扣脱开,使信号旗扬开。最后把旗绳(两股)在羊角或其他生根点上固定。

（9）国旗、信号旗的正确折叠与保管

先将旗头、旗尾对折两道,注意:旗头旁的代号应一直保持露在外面,然后横折两道,向头尾处卷紧,成一筒状,在卷好的旗头处,用旗尾的绳子绕两道打一活扣,绕的这两道绳子不应压在代号上,如代号没有或不清应及时写上。

在驾驶台有专门存放信号旗的箱子,箱子隔有40格,每个端面或接近端面处应标有代号,信号旗按代号次序放入箱格内,叠好的信号旗代号端朝外,这样,下次使用时,取旗方便、准确。

受潮的旗帜必须晾干后方可收藏,平时应防止霉变和虫蛀。发现破损应及时修补。

（10）升挂旗帜注意事项

①无论在何种天气情况下升挂信号旗,应先将旗帜连接好后拉到顶,再将旗帜扬开。最后把旗绳(二股)在羊角或其他生根点上固定牢靠。

②信号旗应悬挂在对方最易见的位置,升挂的旗帜应保持飘扬,不要被烟囱、上层建筑物等阻碍,或被其他旗帜遮盖起来。

③若同时挂几面信号旗,需要的话应按收、挂次序挂出。

④一组挂两面以上信号旗组时,旗与旗之间的连接应是每面旗的旗头与另一面旗的旗尾,同组内两旗连续间距不应太大,建议在 0.5 m 左右为宜。

5.船舶旗号的保养

（1）旗绳

旗绳(flag halyard)在平时或张挂中应适当放松,防止因雨、雾使绳受潮缩短以至拉断。靠近烟囱的旗绳要注意保持清洁,一般情况下旗绳应每年换新一次。

（2）旗帜

平时应正确叠好,并使旗号顶端识别字母显示在外,分别放置在专用旗号柜内。使用过受潮的旗帜,必须晾干后再卷叠存放,防止霉烂。如发现破损应及时缝补。

对专用的船名呼号旗,一般固定连接卷叠存放。

经常用的旗帜会过早破损,应经常检查,必要时做单旗更新。

6.遇险信号

（1）下列信号,不论是一起使用或分别使用或显示,均表示遇险需要救助:

①每隔约 1 min 鸣炮或燃放其他爆炸信号一次;

②以任何雾号器具连续发声;

③以短的间隔,每次放一个抛射红星的火箭或信号弹;

④无线电报或任何其他通信方法发出莫尔斯码 · · · --- · · ·(SOS)信号;

⑤无线电话发出"梅代"(MAYDAY)语言的信号;

⑥《国际简语信号规则》中表示遇险的信号 N.C.;

⑦由一个球体或任何类似球体的物体及在其上方或下方的一面方旗所组成的信号;

⑧船上的火焰(如从燃着的油桶等发出的火焰);

⑨火箭降落伞或手持式的红色突耀火光;

⑩放出橙色烟雾的烟雾信号;

⑪两臂侧伸,缓慢而重复地上下摆动;

⑫无线电报遇险报警信号;

⑬无线电话遇险报警信号;

⑭由紧急无线电示位标发出的信号;

⑮由无线电通信系统发送的经认可的信号。

(2)除为表示遇险需要救助外,禁止使用或显示上述任何信号以及可能与上述任何信号相混淆的其他信号。

(3)应注意《国际信号规则》《商船搜寻和救生手册》的有关部分,以及下述的信号:

①一张橙色帆布上带有一个黑色正方形和圆圈或其他合适的符号(供空中识别);

②海水染色标志。

二、中华人民共和国国旗法

中华人民共和国国旗是我国的象征和标志。每个公民和组织,都应当尊重和爱护国旗。《中华人民共和国国旗法》于1990年10月1日起施行。

国旗应当早晨升起,傍晚降下。遇有恶劣天气,可以不升挂。

升挂国旗时,可以举行升旗仪式。举行升旗仪式时,在国旗升起的过程中,参加者应当面向国旗肃立致敬,并可以奏国歌或者唱国歌。

升挂国旗,应当将国旗置于显著的位置。列队举持国旗和其他旗帜行进时,国旗应当在其他旗帜之前。国旗与其他旗帜同时升挂时,应当将国旗置于中心、较高或者突出的位置。

在直立的旗杆上升降国旗,应当徐徐升降。升起时,必须将国旗升至杆顶;降下时,不得使国旗落地。

下半旗时,应当先将国旗升至杆顶,然后降至旗顶与杆顶之间的距离为旗杆全长的1/3处;降下时,应当先将国旗升至杆顶,然后再降下。

不得升挂破损、污损、褪色或者不合规格的国旗。

在公共场合故意以焚烧、毁损、涂画、玷污、践踏等方式侮辱中华人民共和国国旗的,依法追究刑事责任。

三、船舶升挂国旗管理办法

为了规范中国籍民用船舶以及进入我国内水、港口、锚地的外国籍船舶升挂我国国旗的行为,交通部根据《中华人民共和国国旗法》制定了《船舶升挂国旗管理办法》。本办法自1991年11月1日起施行。

1.适用范围

本办法适用于中国籍民用船舶(简称中国籍船舶)以及进入中华人民共和国内水、港口、锚地的外国籍船舶(简称外国籍船舶)。依照我国有关船舶登记法规办理船舶登记,取得了我国国籍的船舶,方可将中国国旗作为船旗国国旗悬挂。

2.主管机关

交通部授权港务(港航)监督机构对船舶升挂和使用中华人民共和国国旗(以下简称中国

国旗)实施监督管理。

3.处罚

对违反《中华人民共和国国旗法》和本规定的船舶和船员,港务监督机构应令其立即纠正,并可根据情节,按照《中华人民共和国国旗法》和我国其他有关规定予以处罚。

外国籍船舶拒绝按港务监督机构的要求纠正的,港务监督机构可令其驶离我国内水、港口、锚地。

4.悬挂时间

船舶悬挂中国国旗应当早晨升起,傍晚降下。但遇有恶劣天气时,可以不升挂中国国旗。

5.应每日悬挂中国国旗的船舶

(1)中国籍船舶

①50总吨及以上的船舶。

②航行在中国领水以外水域和香港、澳门地区的船舶。

③公务船舶。

(2)外国籍船舶

进入中华人民共和国内水、港口、锚地的外国籍船舶。

6.国旗要求

船舶应按其长度悬挂下列尺度的中国国旗:

(1)150 m及以上的船舶应悬挂甲种或乙种或丙种中国国旗。

(2)50 m及以上不足150 m的船舶应悬挂丙种或丁种中国国旗。

(3)20 m及以上不足50 m的船舶应悬挂丁种或戊种中国国旗。

(4)不足20 m的船舶应悬挂戊种中国国旗。

外国籍船舶悬挂的中国国旗尺度,一般不应小于其悬挂的船旗国国旗尺度。

船舶悬挂的中国国旗应当整洁,不得破损、污损、褪色或者不合规格,不得倒挂。

7.悬挂位置

中国籍船舶应将中国国旗悬挂于船尾旗杆上。船尾没有旗杆的,应悬挂于驾驶室信号杆顶部或右横桁。

外国籍船舶悬挂中国国旗,应悬挂于前桅或驾驶室信号杆顶部或右横桁。

中国国旗与其他旗帜同时悬挂于驾驶室信号杆横桁时,中国国旗应悬挂于最外侧。

8.仪式

中国籍船舶在航行中与军舰相遇,需要时可以使用中国国旗表示礼仪。

船舶取得中华人民共和国国籍后,第一次升挂中国国旗时,可以举行升旗仪式。

中国籍船舶改变国籍,在最后一次降中国国旗时,可以举行降旗仪式。降旗仪式可参照升旗仪式进行。降旗仪式后,船长或船舶其他负责人应将中国国旗妥善保管,送交船舶所有人。

船舶非经批准不得将中国国旗下半旗。外国籍船舶根据船旗国的规定需将船旗国国旗下半旗的,应向港务监督机构报告。

船舶遇难必须弃船时,船长或船舶其他负责人应指定专人降下中国国旗,并携带离船,送交船舶所有人。

四、识别国际信号旗、主要航海国家国旗和挂旗操作的评估标准

参照海事局评估标准如下：

评估要素	评估标准
1.识别国际信号旗、船舶的国旗和信号旗挂旗操作的方法 能够正确识别国际信号旗 能够回答出单字母信号旗的意义 能够进行信号旗或国旗的挂旗操作 2.主要航海国国旗的识别 能正确识别下列航海国国旗：韩国、日本、印度、菲律宾、新加坡、马来西亚、泰国、塞浦路斯、印度尼西亚、土耳其、俄罗斯、德国、波兰、丹麦、法国、英国、挪威、希腊、芬兰、西班牙、利比里亚、澳大利亚、新西兰、加拿大、美国、哥斯达黎加、阿根廷、巴西、玻利维亚等	1.操作、回答准确、熟练(20分)
	2.操作、回答准确、比较熟练(16分)
	3.操作、回答准确、熟练程度一般(12分)
	4.操作、回答较差(8分)
	5.操作、回答差(4分)
	6.不能操作、回答(0分)
说明	单项考核总分：20分

项目四　操舵

【知识目标】

1.了解操舵装置；

2.了解磁罗经和陀螺罗经的基本常识；

3.掌握船舶操舵程序；

4.掌握操舵方式与转换；

5.掌握舵令和操舵方法。

【能力目标】

1.能够执行高级船员下达的舵令并就操舵中出现的情况及时向高级船员报告；

2.能够稳定地操舵以保持航向并平稳地改变航向；

3.能够正确完成各种操舵方式的转换；

4.能够在驾驶台和舵机间进行应急操舵。

【内容摘要】

操舵是值班水手的主要职责之一,直接影响着船舶航行的安全。值班水手应熟悉开航前试舵的主要内容和程序,了解自动舵和自动操舵的局限性,掌握手动操舵的方法及自动舵、手动舵、应急操舵之间的转换方法,能够掌握操舵方法与要求,熟悉舵令。

任务 1　了解舵设备

一、舵设备的作用与组成

舵设备是舵及其支承部件和操舵装置的总称,是操纵船舶的主要设备。船舶在航行中,保持航向或改变航向主要依靠舵来实现。

舵设备由舵、转舵装置、舵机、操舵装置的控制装置及其他附属装置组成,如图 1-4-1-1 所示。

舵:通常安装在船尾,承受相对水流的作用,产生转舵力矩使船回转。

舵机及转舵装置:安装在艉尖舱甲板平台上的舵机房内。舵机为转舵的动力源,通过转舵装置将力矩传递给舵杆,从而带动舵叶转动。

操舵装置的控制装置:主要部件安装于驾驶室内,将舵令通过电力或液压控制系统由驾驶室传递给舵机,以控制其动作。

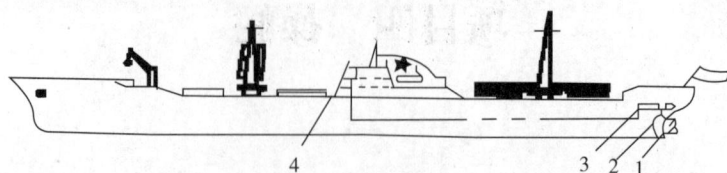

图 1-4-1-1　舵设备主要组成部分
1—舵;2—转舵装置;3—舵机;4—操舵装置的控制装置

安装在驾驶室的操舵装置将驾驶人员的命令传达到舵机,由舵机发出转舵动力,通过转舵装置使安装在船尾水下的舵转到预定的角度,迫使船舶绕其中心轴转动。

二、操舵装置

操舵装置是能使舵转动的装置,通常是指安装在舵机舱内的舵机和传动机构。根据动力源的不同,操舵装置可分为电动操舵装置和液压操舵装置等;根据有关公约和规范的要求,操舵装置是指在正常航行情况下,为驾驶船舶而使舵产生动作所必需的机械、转舵机构、舵机装置动力设备(如设有)及其附属设备和向舵杆施加转矩的部件(如舵柄及舵扇)。其中,舵机装置动力设备包括电动操舵装置、电动液压操舵装置和驱动机及与之相连接的泵等其他液压操舵装置。主操舵装置应在驾驶室和舵机室均设有控制器。

辅助操舵装置是指在主操舵装置失效时,为驾驶船舶所必需的设备。它不属于主操舵装置的任何部分,但不包括舵柄、舵扇或做同样用途的部件。

船舶要求设有两套操舵装置,一套是主操舵装置,另一套是辅助操舵装置。小船的辅助操舵装置可以是人力操纵的,大船必须是用动力操纵的。现在较大船舶上的主操舵装置,一般有两套相同的动力,并且使用其中一套动力就能满足操舵要求,因此它可不设辅助操舵装置。

1.电动操舵装置

电动操舵装置(electric steering gear)主要由电动机、传动齿轮、舵扇和舵柄等组成。当由驾驶室操舵装置控制系统遥控电动机转动时,通过蜗杆、涡轮、小齿轮带动松套在舵杆上的舵扇旋转,舵扇再通过缓冲弹簧推动键套在舵杆上的舵柄,从而使舵杆和舵偏转。

采用蜗杆蜗轮的传动方式主要是为了获得较大的减速比,以增大转矩,同时也可以利用其机械传动中的自锁作用,防止舵叶在受外界冲击作用下发生逆转现象,从而起保护电动机的作用。

缓冲弹簧的硬度较大,在正常力的作用下,弹簧不会变形,相当于刚体能顺利地传递转舵力矩;当舵叶受到外界巨大冲击力作用时,弹簧能吸收冲击能量,从而起保护舵机的作用。

这种操舵装置的舵扇下面装有楔形块,停泊时打上楔形块可刹住舵扇,防止舵受波浪冲击而损坏舵机。由于电动操舵装置的结构简单、操作容易、工作可靠、维修方便,因此其被广泛使用于中小型船舶。

2.液压操舵装置

液压操舵装置(hydraulic steering gear)主要由电动机、油泵、管路、转舵机构等组成。这种操舵装置是现代海船广泛采用的一种操舵装置。它的特点是:传动平稳、无噪声、操作方便、易于遥控、能实现无级调速,在操舵次数频繁的情况下,比电动操舵装置具有较高的可靠性。尤其是对大型、高速和转舵力矩大的船舶,如果采用较高的工作油压时,可获得尺寸较小、重量较轻、布置紧凑的转舵装置。

液压操舵装置的种类很多,常见的有往复式和转叶式两大类。

1)往复式液压操舵装置

往复式液压操舵装置又称柱塞式液压操舵装置,目前海船上常用的有二缸柱塞式和四缸柱塞式液压操舵装置。图1-4-1-2所示为往复式四缸柱塞式液压操舵装置示意图。由操舵装置控制启动电机带动变量泵,变量泵从一对油缸中抽油,同时向另一对油缸输油,使活塞2在油压作用下移动,通过球窝关节3带动舵柄4,从而转动舵叶,如果油泵改变输油方向,舵就反向转动。

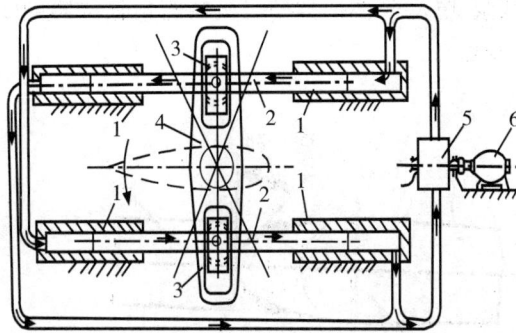

图 1-4-1-2　往复式四缸柱塞式液压操舵装置示意图
1—油缸;2—活塞;3—球窝关节;4—舵柄;5—泵;6—电机

2)转叶式液压操舵装置

图1-4-1-3所示为转叶式液压操舵装置示意图。油缸体6之内有三个定叶7和三个转叶8,将油缸体分成六个工作腔,工作腔内充满油液,定叶与缸体固定连接,转叶用键固定连接在舵杆上。开动电动机1使变量油泵2工作。油泵控制杆3控制油液流向和流量,通过油管路4、5向三个对应的工作腔送油,从另三个工作腔排油,如图中箭头所指的流向,则转叶逆时针方向转动,带动舵杆9使舵叶转出相应的角度。

3.辅助操舵装置

辅助操舵装置是在主操舵装置失效时,为应急操舵而补设的一种操舵装置,有时也称应急操舵装置。在舵机室内的这些装置不应属于主操舵装置的任何部分,但可共用其中的舵柄、舵扇或其他等效用途的部件。小船的辅助操舵装置是以人力去操纵轴传动、链索传动和液压传动等形式去驱动舵柄舵扇,而大船的辅助操舵装置必须是以独立的动力操作去驱动舵柄或舵角。较大的船舶可不设辅助操舵装置,一般至少设两台相同的动力设备供主操舵装置使用,其中一台作为备用。

4.舵角限位器

航行中船舶使用的最大有效舵角,一般流线型舵为32°,平板舵为35°。为防止在操舵时实际舵角太大而超过有效舵角,在操舵装置的有关部位设置舵角限位器(rudder angle

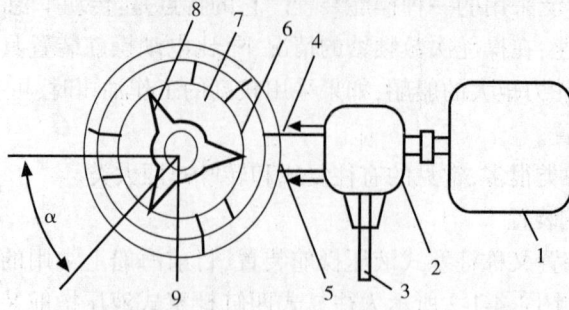

图 1-4-1-3　转叶式液压操舵装置示意图
1—电动机；2—变量油泵；3—油泵控制杆；4、5—油管路；
6—油缸体；7—定叶；8—转叶；9—舵杆

stopper）。舵角限位器有机械、电动等多种类型。机械舵角限位器可以设在舵叶上或下舵杆与舵柱的上部，如图 1-4-1-4 所示。

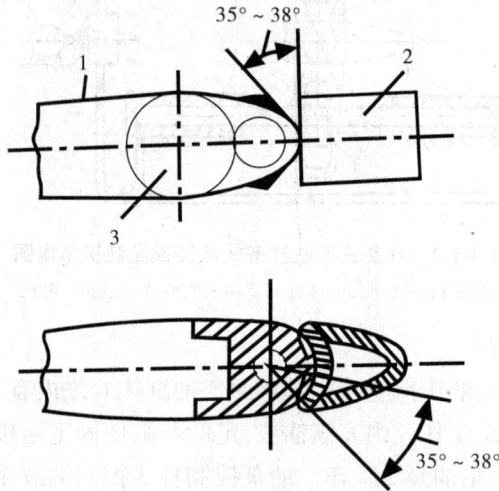

图 1-4-1-4　机械舵角限位器
1—舵叶；2—舵柱；3—舵杆

另外，在舵柄两极限舵角位置处可以装设角铁架。当舵转到满舵时，舵柄被角铁架挡住不能继续转动，电动舵角限位器为装于舵柄两侧极限位器的开关。当舵转到满舵时，舵柄与其相连的装置使开关处于断路位置，与开关串联的舵用电机即停止向某一舷继续转动。当舵机电机反转时，舵柄或与其相连的装置和开关脱离接触，开关即在弹簧的作用下回到通路位置。

5.操舵装置的基本要求

1）每一艘船舶应满足：

如果设置一个主操舵装置和一个辅助操舵装置，对主辅操舵装置的布置，应能满足当其中一个失效时应不致使另一个失灵。

2）主操舵装置和舵杆应能满足：

（1）具有足够的强度并能在最深航海吃水和以最大营运前进航速前进时进行操舵，使舵自任一舷的35°转至另一舷的35°，并且于相同条件下自一舷的35°至另一舷的30°所需时间不超过28 s。

（2）为了满足上款的要求，当舵柄处的舵杆直径（不包括航行冰区的加强）大于120 mm时，该操舵装置应为动力操作。

（3）设计成船舶最大的后退速度（指船舶在最大航海吃水情况下用设计的最大后退功率估计能达到的速度）时不致损坏，但这一设计要求不需要对试航中的最大后退速度和最大舵角进行验证。

3）辅助操舵装置应能满足：

（1）具有足够的强度和足以在可驾驶的航速下操纵船舶，并能在紧急时迅速投入工作。

（2）能在最大营运前进航速的一半但不小于7 kn时进行操舵，使舵自一舷的15°转至另一舷的15°所需时间不超过60 s。

（3）为了满足上款的要求，在任何情况下，当舵柄处的舵杆直径（不包括航行冰区的加强）大于230 mm时，该操舵装置应为动力操作。

（4）人力操舵装置只有当其操作力在正常情况下不超过160 N时方允许装船使用。

4）主、辅操舵装置动力设备的布置应能满足：

（1）当动力源发生故障失效后又恢复输送时，能自动再启动。

（2）能从驾驶室使其投入工作。

（3）任一台操舵装置动力设备的动力源发生故障时，应在驾驶室发出声、光警报。

（4）如主操舵装置具有两台或几台相同的动力设备，则在下列条件下可不设置辅助操舵装置：

①对于客船，当任一台动力设备不工作时，主操舵装置仍能按2）（1）的规定进行操舵。

②对于货船，当所有动力设备都工作时，主操舵装置能按2）（1）的规定进行操舵。

③主操舵装置应布置成：当其管系或一台设备发生单项故障时，此缺陷能被隔离，使操舵能力能够保持或迅速恢复。

三、操舵装置的控制系统

操舵装置的控制系统是指将舵令由驾驶室传至操舵装置动力设备之间的一系列设备，由发送器、接收器、液压控制泵及电动机、电动机控制器、管路和电缆组成。目前海船上采用的主要有电力和液压两种操舵装置的控制系统。

1.电力控制系统

现代海船广泛使用的是电力控制系统。该系统的主要优点是：轻便灵敏、便于遥控和操舵自动化、线路易于布置、不受温度变化和船体变形的影响、工作可靠及维修管理方便。

根据操舵的实际需要，目前采用电力控制系统的海船都可实现自动操舵、随动操舵和应急操舵的功能。其中，海船都应配备随动操舵控制系统和应急操舵系统。而且，这两套系统的线路必须独立布置，当一套操舵系统发生故障时，可立即转换使用另一套操舵系统。

1）随动操舵系统

设有舵角反馈装置，并能进行追随控制的操舵系统称为随动操舵系统。目前，海船上常用的有液压舵机的随动操舵系统和电动舵机的随动操舵系统。

（1）液压舵机的随动控制原理

图 1-4-1-5 所示为液压舵机电力控制系统的操作示意图。

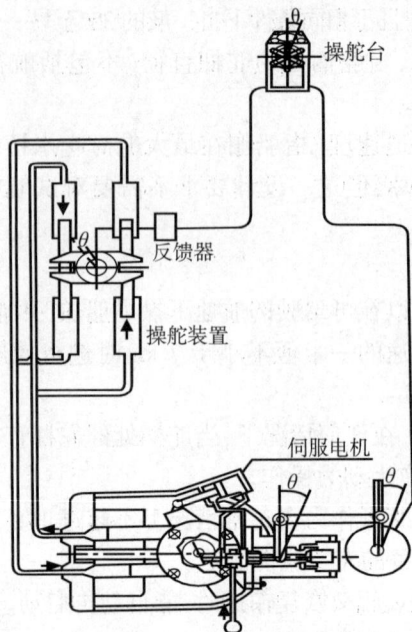

图 1-4-1-5 液压舵机电力控制系统的操作示意图

当操舵台的舵轮转出一舵角信号并停止在某一舵角后,该舵角信号被放大器放大后送至力矩电机。随后,力矩电机驱动伺服电机控制油泵盘倾斜一个角度,油泵即开始排出相应的液压油。在液压油的作用下,柱塞开始直线运动,并通过舵柄带动舵叶开始转动,来自舵柄处的反馈信号发到操作台并逐渐缩小与舵令信号的电位差。在此过程中,力矩电机驱动机械伺服电机逐渐回到中间位置(0°),直至电位差为零。此时,油泵倾斜盘也返回到平衡位置,吸油与排油停止,舵叶便停止在舵轮所给出的指令舵角上。

(2)电动舵机的随动控制原理

电动舵机的随动控制系统由电阻 r_1 和 r_2 组成的电桥、放大器、继电器和舵角反馈装置等组成。电动舵机的随动控制的工作原理如图 1-4-1-6 所示。由舵轮控制的电阻滑动触臂 L_1 可在电桥电阻 r_1 上移动,电阻 r_1 和 r_2 组成电桥,由交流船电供电,电阻滑动触臂 L_2 由舵角反馈发送器控制,也可在电桥电阻 r_2 上移动。当驾驶台的舵轮位于正舵(零度)和船尾的舵也位于正舵(在首尾线上),即 L_1 与 L_2 分别处于各自电阻中点时,电桥的电位平衡,L_1 与 L_2 引入放大器接线端 a 与 b 两点的电压为零,此时舵机不工作。如果转动舵轮,L_1 在电阻 r_1 上移动后使电桥失去平衡,L_1 与 L_2 的电位不一致而产生电位差,放大器 a、b 两点便输入操舵信号电压,经放大整流后输出直流控制电压至继电器 J。操左舵时,继电器 $J_左$ 接通,舵机直流电源经 $J_左$ 启动舵机工作,带动舵叶转出左舵角。同时,通过机械连接使舵角反馈发送器转动,并通过电路使舵角反馈接收器也同步转动,带动电阻滑动触臂 L_2 在 r_2 上移动,直至 L_2 与 L_1 同位,电桥恢复平衡状态,输入放大器信号电压为零,舵机停止工作。这时舵叶便处于舵轮所给出的指令舵角上。回舵时,反向将舵轮转回零位,舵机也反向转动,使舵回到正中位置。由此可见,改变操舵手轮的转动方向,便可改变舵叶的偏转方向。这种操舵方式的舵轮转动角和舵叶的偏转角度是相当的,操舵时比较直观。

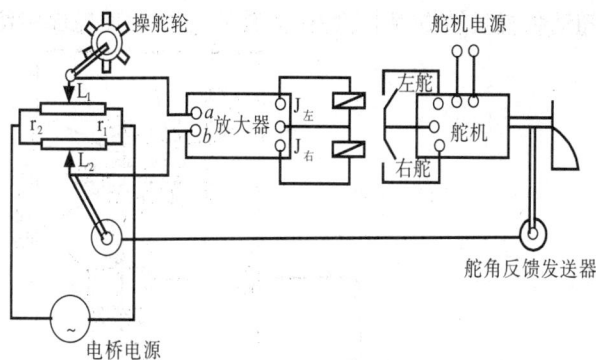

图 1-4-1-6　电动舵机的随动控制的工作原理

2）手柄控制系统

手柄控制系统也称直接控制系统或应急控制系统。该系统是在自动和随动操舵控制装置发生故障时使用。它由独立的电源、操纵开关、手柄或按钮直接控制执行电机使舵机工作，该系统无反馈装置。图 1-4-1-7 所示为手柄控制系统工作原理图。

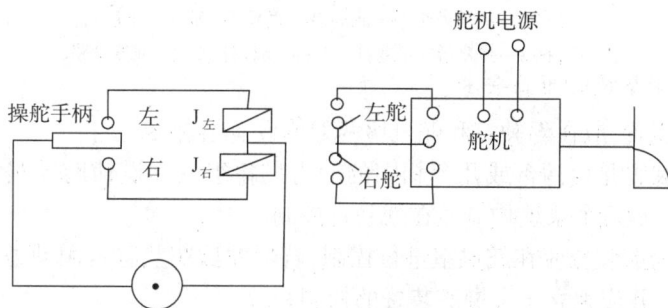

图 1-4-1-7　手柄控制系统工作原理图

当操舵手柄位于中间位置或按钮处于松开位置时为断电位置，舵机不工作，手柄向左或按下左按钮（左按钮为红色，右按钮为绿色），使继电器 $J_左$ 接通，左舵触点闭合，舵机电源经左舵触点启动舵机转出左舵角。松开手柄或按钮，舵机停转，舵角保持不变。若需加大舵角，重复上述操作。回航时，应将手柄向右偏转，使继电器 $J_右$ 接通，右舵触点闭合，舵机电源经右舵触点启动舵机，使舵向右回转，当舵角指示器的指针接近零度时，应将手柄提前放在中间位置。

使用该系统操舵时，应注意掌握船舶的回转惯性的作用，要提前及时断电，才能使舵叶准确到达所需的舵角。

2.液压控制系统

该系统主要适用于港作船等小型船舶，因其存在很多缺陷，目前海船上也不再采用。它由发送器和受动器组成，发送器装在驾驶室，受动器装在舵机房，两者之间由充满甘油和水的混合液体的管路连通。图 1-4-1-8 为液压控制系统示意图。转动舵轮 1，通过传动齿轮 2、轴 5、小齿轮 6 和齿条 7，使发送器液缸 3 里的活塞 4 向上移动，把液缸内的油通过液压管路 A 压入受动器液缸，把受动器的活塞推向右边。受动器液缸右边的油液通过液压管路 B 压至发送器液缸。由于受动器活塞带动活塞杆向右移动，把曲拐杠杆 10 拉向下方，从而控制液压舵机的变量泵工作，使舵偏转。如果舵轮向相反方向转动，使曲拐杠杆 10 向上推，舵即向相反方向移动。舵轮停止转动时,在舵机随动装置反馈作用下,舵机油泵停止抽油,使舵能停留在所操的舵角上。

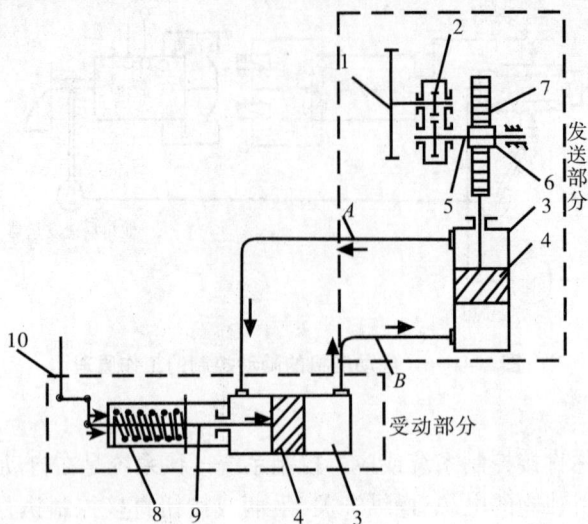

图 1-4-1-8　液压控制系统示意图

1—舵轮;2—传动齿轮;3—液缸;4—活塞;5—轴;6—小齿轮;

7—齿条;8—弹簧;9—活塞杆;10—曲拐杠杆;A、B—液压管路

3.操舵装置控制系统的布置要求

(1)对主操舵装置,应在驾驶室和舵机房两处均设有控制器。

(2)对主操舵装置是由两台或几台相同的动力设备组成不设辅助操舵装置时,应设置两个独立的控制系统,且每个系统均应能在驾驶室控制。

(3)对于辅助操舵装置应在舵机室进行控制,若辅助操舵装置是用动力操纵的,则也应能在驾驶室进行控制,并应独立于主操舵装置的控制系统。

(4)能从驾驶台操作的主、辅操舵装置的控制系统应符合下列要求:

①在舵机室应设有能将驾驶室操作的控制系统与其所服务的操舵装置脱开的装置。

②此控制系统应能在驾驶室某一位置被投入操作。

(5)当控制系统的电源供应发生故障后,应在驾驶台发出能视听的警报。

(6)驾驶室与舵机室之间应备有通信设备。

(7)舵角位置应在驾驶台及舵机室显示,舵角显示应与操舵装置控制系统独立。

(8)驾驶室和舵机室应固定展示带有原理框图的适当操舵说明,此说明表明操舵装置控制系统和动力转舵系统的转换程序。

四、自动舵

自动舵是一种自动操舵装置控制系统,能模拟并代替人力操舵,还可以和其他导航设备结合组成自动导航系统,使船舶无人驾驶成为可能,大大提高船舶自动化水平。目前海船上装置的自动舵按其功能不同分为一般自动舵、自适应自动舵及自动驾驶仪(又称舵迹轮)。本书简要介绍一般自动舵。

一般自动舵是目前海船上最常用的自动舵。它是在随动舵基础上发展起来的一种自动操舵装置控制系统。与人工舵相比,其具有自动纠正偏航角、减轻人员的劳动强度、航向精度高、提高航速、减少燃料消耗及缩短航程等突出优点。

1．自动舵的种类

海船实际使用自动舵的种类较多，按其调节规律来分，基本可分为以下三种：

1）比例舵

这种自动舵是按船舶偏航角 φ 的大小来调节偏舵角 β 的，其偏航角与偏舵角之间的关系为：

$$\beta = -K_1\varphi$$

式中：K_1——比例系数，负号表示偏舵的方向与偏航方向相反。

比例系数 K_1 可以根据船舶类型、海况、装载情况加以选择和调整。这种类型的自动舵结构简单，自动操舵时主要根据偏航角 φ 的大小来给出偏舵角 β，没有考虑偏航角速度即船舶偏航惯性的影响，也没有考虑风流、装载等引起的恒值干扰的影响。因此，航向稳定的过程较慢，航迹易呈现出"S"形曲线，精度较差。目前海船已不采用这种老式自动舵。

2）比例-微分舵

这种自动舵是根据船舶偏航角的大小和偏航角速度的大小来调节偏舵角的，其偏舵角 β 和偏航角大小之间的关系为：

$$\beta = (K_1\varphi + K_2 d\varphi/dt)$$

式中：K_2——微分系数。

偏舵角 β 与偏航角 φ 和偏航角速度 $d\varphi/dt$ 成正比，比例系数 K_1 和微分系数 K_2 则根据船舶种类、装载和偏航惯性等加以选择和调整。

由于增加了偏航角速度 $d\varphi/dt$ 的因素，因而加快了给舵速度，能更好地克服船舶的回转惯性，并大大提高维持航向的精确度。目前海船上使用的自动舵，大多属于这一类型。

这种舵由于考虑了船舶偏航惯性的影响，所以比较接近人工操舵，其纠正偏航的过程示意图如图 1-4-1-9 所示。

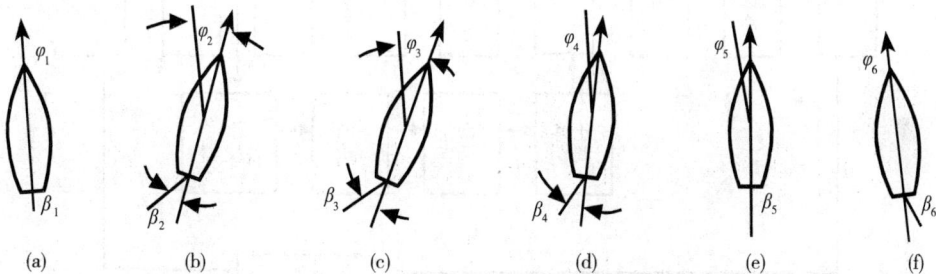

图 1-4-1-9 纠正偏航的过程示意图

设航行中由于外界因素的影响使船舶向右偏航，当达到图 1-4-1-9 中（b）位时，所给出的偏舵角为 $\beta_2 = -(K_1\varphi_1 + K_2 d\varphi_2/dt)$，此时 $\varphi_2 > 0$，$d\varphi_2/dt > 0$。

随后，尽管船首继续右偏，但在偏舵角 β_2 的作用下，偏舵惯性减少，当船处于图 1-4-1-9 中（c）位时，偏航角 φ_3 最大，而偏航惯性为零，即 $d\varphi_3/dt = 0$，$\beta_3 = -(K_1\varphi_3 + 0)$。此时的 β_2 并非整个纠偏过程中的最大偏舵角。

船舶在偏舵角 β_3 的作用下开始返回原航向，当船到达图 1-4-1-9 中（d）位时，给出的偏舵角 $\beta_4 = -(K_1\varphi_4)$。由于 $\varphi_4 > 0$，而 $d\varphi_4/dt < 0$，故 $\beta_4 < \beta_3$，因而船舶在尚未回到原航向时，偏舵角已归于零，如图中（e）位所示。

当船舶回到原航向时,将产生一足够大的反向偏舵角如图 1-4-1-9 中(f)位所示。$\beta_6 = -K_2 \mathrm{d}\varphi_6/\mathrm{d}t$(此时 $\mathrm{d}\varphi_6/\mathrm{d}t < 0$,故 $\beta_6 > 0$)。这对克服船舶惯性引起的向另一侧偏摆是很有利的,它能使船舶较快地稳定在原航向上。

3)比例-微分-积分舵

这种舵是在比例-微分舵的基础上经改进而成的。实际上是在比例-微分舵的基础上增加了一个积分器,其目的是克服由于风流或螺旋桨不对称等而产生的恒值干扰的作用。船舶在一舷受到恒值干扰情况下产生单侧偏航时,它能自动累计偏航角 $\int \varphi \mathrm{d}t$ 使舵机转出一个压舵舵角以消除单侧偏航的影响。其偏舵角与偏航角的关系为:

$$\beta = -(K_1\varphi_1 + K_2\mathrm{d}\varphi/\mathrm{d}t + K_3\int \varphi \mathrm{d}t)$$

式中:K_3——积分系数。

这种自动舵既能加快给舵速度,又能自动压舵消除偏航角,是比较完善的新型自动舵。但其结构复杂、造价昂贵,因此一般只适用于新型的要求较高的商船。

2.自动舵的工作原理

自动舵由自动检测航向偏离、信号比较、信号放大、执行机构和反馈等主要机构组成。图 1-4-1-10 是目前海船上广为使用的电气元件调节自动舵的工作原理图。

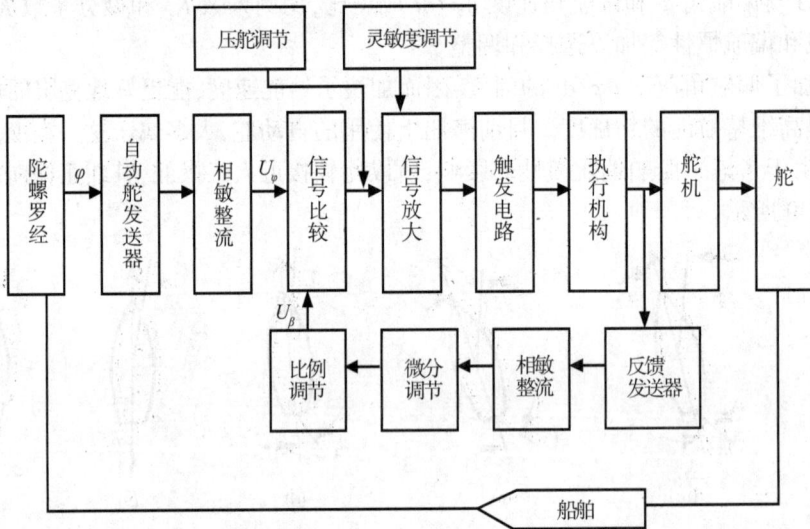

图 1-4-1-10　电气元件调节自动舵的工作原理图

当船舶在自动操舵状态下,各种类型的自动舵都由陀螺罗经检测船舶是否偏离航向。一旦船舶偏离航向,陀螺罗经就能检测出偏航角 φ,并带动自动操舵发送器输出与偏航角成正比的交流电压,再经相敏整流变成不同极性的直流电压 U_φ。该电压信号进入比较电路,再经放大器放大,使触发电路接通带动执行电机运转,从而使舵机工作,转出舵角。

在转出舵角的同时,执行机构通过机械传动带动反馈发送器,输出一个相位与偏航信号相反,大小与偏航信号成正比的反馈交流电压,经相敏整流电路整流并经过比例电路和微分电路后产生一个反馈直流电压 U_β。将 U_β 输入比较电路与 U_φ 进行比较,由于 U_β 与 U_φ 的极性相反,当两者的电压值大小相等时,比较电路内的偏差信号为零,放大器无输入,执行机构停止工作,舵叶就停止在所需的舵角上。

船舶在该舵角的作用下开始回转,偏航角 φ 随之减少,则 U_β 也随之减少,这时 $U_\beta > U_\varphi$,比较电路又出现偏差信号,其极性服从于 U_β,所以舵机开始反转而回舵。

任务 2 了解磁罗经和陀螺罗经的基本常识

一、磁罗经

(一)地磁场

磁罗经是由我国古代四大发明之一——指南针演变发展而来的。它是根据在水平面内自由旋转的磁针,受到地磁磁力的作用后,能稳定指示地磁磁北方向的特性而制成的。

地球可看作一个均匀磁化的球体,地球周围存在一个天然磁场——地磁,它是由地球内部的一个大磁铁所形成的磁场。磁力线方向垂直于地面的点,叫作地磁磁极,靠近地理北极的地磁磁极是磁北极;靠近地理南极的地磁磁极是磁南极。在其周围空间存在着磁场。地磁极位于地理南北极附近,而且位于地球深处。地磁极的地理位置是不固定的。磁罗经是借助于地球磁场吸引磁针指北的能力而制造的指向仪器,可为船舶指示航向、定位和导航。但安装在钢铁结构船舶上的磁罗经由于受船磁的影响,磁针不是指向磁北,而是指向地磁力与船磁力的合力方向,即罗北方向,罗北偏离磁北的误差称为磁罗经自差。使用磁罗经时,必须事先知道磁罗经的自差。

(二)磁罗经的分类

1.按罗盆内有无液体分类

罗经可分为液体罗经和干罗经两类。因船舶摇摆时,干罗经的罗盘不易稳定,使用不方便,故已被淘汰。液体罗经的罗盘浸浮在盛满液体的罗盆内,因受液体的阻尼作用,船舶摇摆时,罗盘的指向稳定性较好。另外,液体浮力的作用可减小轴针与轴帽间的摩擦力,提高罗盘的灵敏度,这种液体罗经在现代船舶上得到普遍使用。

2.按磁罗经的用途分类

(1)标准罗经,它用来指示船舶航向和测定物标的方位。它一般安装在驾驶室顶露天甲板上,因其位置较高,受船磁影响小,指向较为准确,故称为标准罗经。

有的标准罗经配有一套导光装置,可将罗盘刻度投射到驾驶室内的平面镜中,供操舵人员观察航向。根据照射罗盘光源位置的不同,这类罗经又可分为投影式和反射式两种。投影式罗经光源在罗盘的上方,罗盘上的刻度均被挖空以便透射光线;而反射式罗经的光源从罗盘下方向上照射,经过反射把罗盘上的度数传至驾驶室内的平面镜中。

(2)操舵罗经安装在驾驶室内,专供操舵用。当安装有反射式或投影式的标准罗经时,可免装操舵罗经。

(3)救生艇罗经,每个救生艇都备有一个小型液体罗经,以供操纵救生艇时使用。

(4)应急罗经安装在应急舵房内,以便使用应急舵航行时,指示航向。当船舶装有陀螺罗经时,大都用它的分罗经作为应急罗经。

3.按罗盘的直径分类

常用的有 190 mm 型、165 mm 型和 130 mm 型等三种罗盘直径的罗经。190 mm 型罗经安装在中大型船舶上,165 mm 型和 130 mm 型罗经安装在中小型船舶上。

(三) 磁罗经的结构

一般船上使用的磁罗经由罗经柜、罗盆和自差校正器三部分组成。磁罗经的结构如图1-4-2-1 所示。

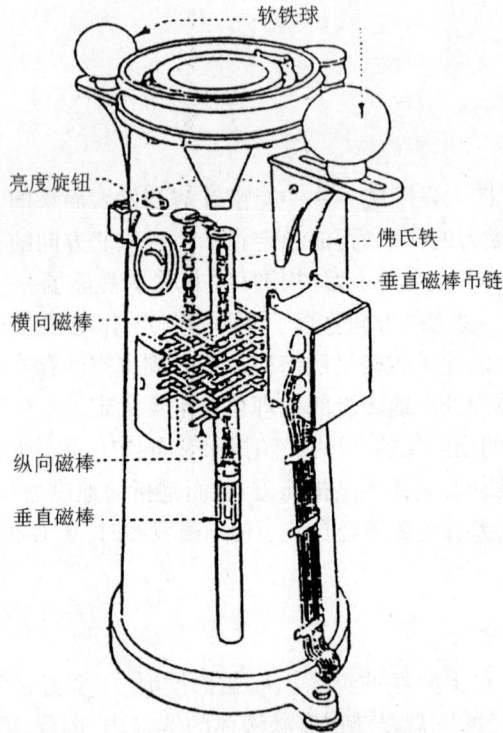

图 1-4-2-1 磁罗经的结构

1.罗经柜

罗经柜是用非磁性材料制成的,用来支撑罗盆和安放自差校正器。

在罗经柜的顶部有罗经帽,它可以保护罗盆,使其避免雨淋和阳光照射,以及在夜航中防止照明灯光外露。

在罗经柜的正前方有一竖直圆筒,筒内根据需要放置长短不一、消除自差用的佛氏铁,或在竖直的长方形盒内放数根消除自差用的软铁条。

在罗经柜左、右正横处有放置象限自差校正器(软铁球或软铁片)的座架,软铁球或软铁盒的中心位于罗盘磁针的平面内,并可内外移动。

罗盘放置在常平环上,以在船体发生倾斜时,罗盆能保持水平。常平环通常装在减振装置上,以减轻罗盆振动。

在罗经柜内,位于罗盘中心正下方安装一根垂直铜管,管内放置消除倾斜自差用的垂直磁铁,并由吊链拉动可在管内上下移动。

在罗经柜内还有放置消除半圆自差的水平纵横向磁铁的架子,并应保证罗经中心位于纵横磁铁的垂直平分线上。

2.罗盆

罗盆由罗盆本体和罗盘两部分组成,如图 1-4-2-2 所示。

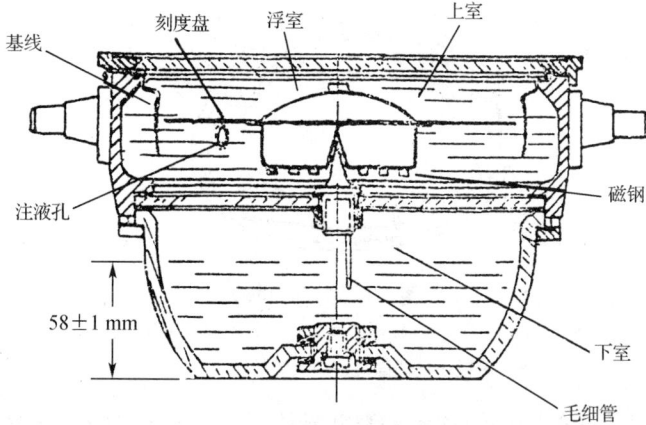

图 1-4-2-2　罗盆

罗盆由铜制成,其顶部为玻璃盖,玻璃盖的边缘有水密橡皮圈,并用一铜环压紧以保持水密。罗盆重心均较低,以使罗盆在船摇摆时仍能保持水平。

罗盆内充满液体,通常为酒精与蒸馏水的混合液,混合液的比例为 45% 的酒精和 55% 的二次蒸馏水,在温度为 15 ℃时,其密度约为 0.95 g/cm³。酒精的作用是为了降低冰点,该溶液沸点为 83 ℃,冰点为−26 ℃,黏度系数在温度 50 ℃至−20 ℃内不产生显著变化,有的罗经还用纯净的煤油做罗盆液体。在罗盆的侧壁有一注液孔,供灌注液体以排除罗盆内的气泡。注液孔平时由螺丝旋紧以保持水密。

在罗盆内,其前后方均装有罗经基线,位于船首方向的称为艏基线,当艏基线位于船首尾面内时,其所指示的罗盘刻度即为本船的航向。

罗盆还采取了用以调节盆内液体热胀冷缩的措施。有的罗经在其罗盆底部装有铜皮压成的波纹形的皱皮,用以调节罗盆内液体的膨胀与收缩。还有的罗经,其罗盆分为上下两室,上室安放罗盘,并充满液体;下室液体不满,留有一定的空间,由毛细管连通罗盆的上下两室。当温度升高时,上室液体受热膨胀,一部分液体通过毛细管流到下室;反之,当温度降低,上室液体收缩时,在大气压力下,由下室又向上室补充一部分液体,起到调节液体热胀冷缩的作用,避免上室出现气泡。

罗盆是磁罗经的核心部分,它是指示方向的灵敏部件。液体罗经的罗盆均由刻度靠浮室、磁钢和轴帽组成。

3.方位仪

方位仪是一种配合罗经用来观测物标方位的仪器,通常有方位圈、方位镜、方位针等几种。

方位圈如图 1-4-2-3 所示,它用铜制作,有两套互相垂直观测方位的装置。其中一套装置由目视照准架和物标照准架组成。在物标照准架的中间有一竖直线,其下部有天体反射镜和棱镜。天体反射镜用来反射天体(如太阳)的影像,而棱镜用来折射罗盘的刻度。目视照准架为中间有细缝隙的竖架。当测者从细缝中看到物标照准线和物标重合时,物标照准架下三棱镜中的罗盘刻度,就是该物标的罗经方位。这套装置既可观测物标方位,又可视测天体方位。

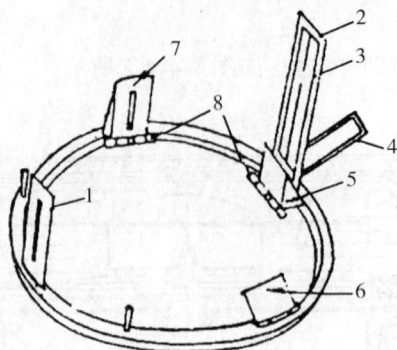

图 1-4-2-3　方位圈

1—目视照准架;2—物标照准架;3—直线;4—天体反射镜;
5—棱镜;6—凹面镜;7—反光棱镜;8—水平仪

另一套装置由可旋转的凹面镜和允许细缝光线通过的棱镜组成,它专门用来观测太阳的方位。若将凹面镜朝向太阳,使太阳聚成一束反射光经细缝和棱镜的折射,投影至罗盘上,则光线所照亮的罗盘刻度即为太阳的方位。在方位仪上均有水准仪,在观测方位时,应使气泡位于中央位置,以提高观测方位的精度。

(四)磁罗经测定向位

1.磁罗经基本概念

将磁罗经放置在地球上某一点,当它仅受到地磁磁场的作用时,其 N 极所指的方向(即磁罗经刻度盘 0 的方向)即为磁北 N_M,如图 1-4-2-4 所示。

因为地磁北极与地理北极并不在同一地点,地磁磁场本身又很不规则,所以地面上某点的磁北线与真北线往往不重合。磁北(N_M)偏离真北(N_T)的角度称为磁差,Var。如磁北偏在真北东面,称磁差偏东,用 E 或(+)表示;若磁北偏在真北西面,则称磁差偏西,用 W 或(-)表示。

磁北线与航向线之间的夹角称为磁航向,代号 MC;磁北线与方位线之间的夹角称为磁方位,代号 MB。磁航向与磁方位均以磁北为基准,分别按顺时针方向计量到航向线或物标方位线,计量范围 $000° \sim 360°$。

显然,磁向位、磁差和真向位之间的关系如下:

$$TC = MC + Var$$

$$TB = MB + Var$$

安装在钢铁制成的船上的磁罗经,除了受到地磁的作用外,还将受到船上钢铁在地磁磁场中磁化后形成的磁场——船磁场的影响,以及磁罗经附近电气设备形成的电磁场的影响。这样,致使磁罗经的指北端不再指示磁北方向,而指向上述各磁场的合力方向上。此时磁罗经刻度盘 0°所指示的北,称为罗北,代号 N_C。

罗北偏离磁北的角度称为自差,用缩写 Dev 或符号 δ 表示。如罗北偏在磁北之东,称为东自差,用 E 或(+)表示;若罗北偏在磁北之西,则为西自差,用 W 或(-)表示。

在地磁和船磁的合力影响下,其罗经刻度盘 0°所指示的罗北 N_C 偏离真北 N_T 的角度称为

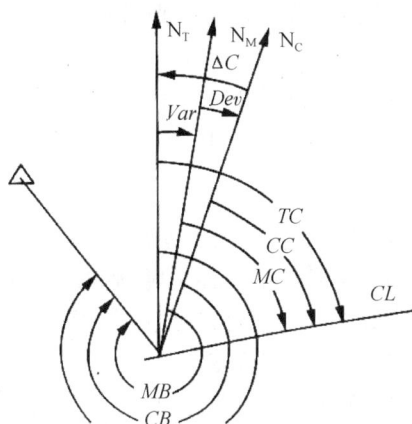

图 1-4-2-4　磁罗经罗经差及罗经向位

磁罗经差,简称罗经差,用 ΔC 表示。当罗北偏在真北东面时,罗经差偏东,用 E 或(+)表示;罗北偏在真北西面,罗经差偏西,用 W 或(-)表示。显然,罗经差 ΔC 是磁差 Var 和自差 Dev 的代数和,即:

$$\Delta C = Var + Dev$$

例 1-4-2-1:已知 $Var = 5°.5$ W,$Dev = 3°.5$ E,求 ΔC。

解:$\Delta C = Var + Dev = -5°.5 + (+3°.5) = -2°.0 = 2°W$

例 1-4-2-2:已知 $Var = 6°W$,$Dev = 2°W$,求 ΔC。

解:$\Delta C = Var + Dev = -6° + (-2°) = -8° = 8°W$

以罗北为基准的航向和方位统称为罗向位。如图 1-4-2-4 所示,罗北线和航向线之间的夹角叫作罗航向,代号 CC;罗北线和物标方位线之间的夹角叫作罗方位,代号 CB。罗航向和罗方位均以罗北 N_C 为基准,各自按顺时针方向计量到航向线或物标的方位线,计量范围为000°~360°。

2.磁差的求取

由于地磁磁轴并不与地轴重合,而且地磁磁轴也不通过地球球心,因此各地磁差的大小和方向各不相同。另外,由于地磁磁极沿椭圆轨道不断地绕地极缓慢移动,同一地点的磁差将因此随时间逐渐变化,每年变化0°~0.2°。因此,磁差随时间和地区不同而变化。

某地每年磁差的变化量,叫作磁差的年变化或年差。年差可用东(E)或西(W)表示,也可用磁差绝对值的增加(+,increasing)或减少(-,decreasing)表示。年差的东(E)或西(W)表示该地磁差每年向东或向西变化,如年差0°.1E,表示磁差每年向东变化0°.1,即该地磁北每年向东偏移 0°.1;年差的+或-并不表示磁差的变化方向,而是指该地磁差绝对值的增加或减少。

完整的磁差资料应包含:测量当时的磁差值(大小和方向),测量年份和年差。如:4°30′E1982(9′E)。

磁差偏西 6°12′(1989),年差约+4′;Variation 3°00′W(1965) decreasing about 2′annually。

使用磁罗经时,必须适时地查取磁差资料,并按下式求取当地、当时的磁差:

所求磁差=图示磁差+年差×(所求年份-测量年份)

式中:图示磁差取其绝对值。年差增加取+,减少取-。若年差用 E 或 W 表示,则当年差与图示磁差同名时,年差取+;异名时取−。若结果为+,则所求磁差与图示磁差同名;若结果为−,则所求磁差与图示磁差异名。

例 1-4-2-3:某地磁差资料为:磁差偏西 0°30′(1989),年差−2′.0,求该地 1999 年的磁差。

解:$Var = 0°30′W − 2′.0 \times (1999 − 1989) = 0°10′W$

3.自差的求取

自差的大小和符号与船舶钢铁磁化的性质和程度(船磁)有关,而船磁又与船首向和地磁磁力线方向的相对位置有关,因此磁罗经的自差也随航向的变化而变化。

此外,自差还可能因船舶装载钢铁和磁性矿物、磁罗经附近铁器和电器的变动、船舶倾斜和船舶所处不同地区磁差的显著变化而有所变动。

如果磁罗经自差较大必须进行自差校正工作,应尽可能地消除各个方向的自差。磁罗经自差虽然可以校正,但不可能把各个方向的自差消除干净,一般还会剩下 0°±3° 的自差,叫作剩余自差。对磁罗经进行自差的校正以后,应测出剩余自差,然后制成如图 1-4-2-5 所示的磁罗经自差表和自差曲线,供船舶航行中向位换算用。

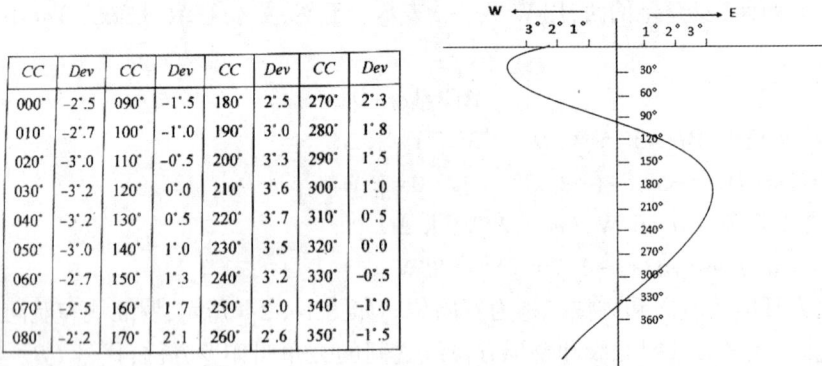

CC	Dev	CC	Dev	CC	Dev	CC	Dev
000°	−2°.5	090°	−1°.5	180°	2°.5	270°	2°.3
010°	−2°.7	100°	−1°.0	190°	3°.0	280°	1°.8
020°	−3°.0	110°	−0°.5	200°	3°.3	290°	1°.5
030°	−3°.2	120°	0°.0	210°	3°.6	300°	1°.0
040°	−3°.2	130°	0°.5	220°	3°.7	310°	0°.5
050°	−3°.0	140°	1°.0	230°	3°.5	320°	0°.0
060°	−2°.7	150°	1°.3	240°	3°.2	330°	−0°.5
070°	−2°.5	160°	1°.7	250°	3°.0	340°	−1°.0
080°	−2°.2	170°	2°.1	260°	2°.6	350°	−1°.5

图 1-4-2-5　磁罗经自差表和自差曲线图

二、陀螺罗经

陀螺罗经是船舶上指示方向的航海仪器。陀螺罗经是根据陀螺原理,用一个或两个高速旋转的转子为主轴的一整套机件和电器件构成的罗经,如不受外力作用,其主轴能稳定地指向空间一定的方向。通过其他装置的作用,可使转子主轴的方向逐渐变动,并最终能稳定在北的方向上。它可以通过电器同步装置带动若干个分罗经(亦称复示器)上的刻度盘,使 0° 和转子主轴的方向同步指北。近代船舶所用的陀螺罗经,按其结构和工作原理划分,可分为安许茨系列、斯伯利系列和勃朗系列等三种。

陀螺罗经刻度盘 0° 所指示的方向称为陀螺罗经北,简称陀罗北,用 N_G 表示。陀罗北偏开真北的角度称为陀螺罗经差(简称陀罗差),用 ΔG 表示。陀罗北偏在真北的东面,陀罗向位小于真向位,ΔG 为偏东,用 E 或+表示;陀罗北偏在真北的西面,陀罗向位大于真向位,ΔG 为 偏西,用 W 或−表示,如图 1-4-2-6 所示。

陀罗北和船舶航向线之间的夹角,称为陀罗航向,代号 GC。陀罗北线和物标方位线之间的夹角,叫作陀罗方位,代号 GB。陀罗航向和陀罗方位均以陀罗北为基准,按顺时针方向计量至航向线或物标方位线,计量范围为 000°～360°,如图 1-4-2-6 所示。

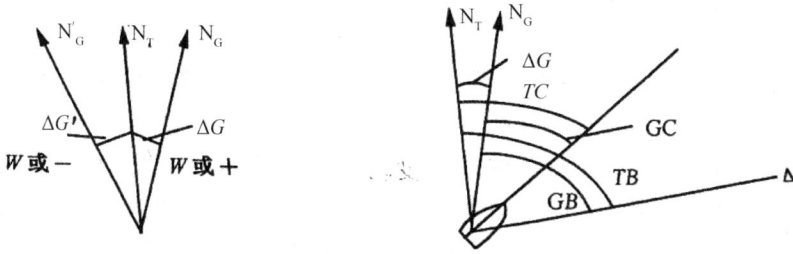

图 1-4-2-6　陀螺罗经罗经差和陀螺向位

真向位、陀罗向位和陀罗差之间的关系如下:

$$TC = GC + \Delta G$$
$$TB = GB + \Delta G$$

式中:ΔG 偏东为+;ΔG 偏西为-。

任务 3　掌握船舶操舵程序

操舵是值班水手的主要职责之一,其直接影响着船舶航行的安全。值班水手应掌握操舵程序。

一、开航前试舵

试舵又称对舵,在开航前,是为检查系统的可靠性所进行的试验。开航 1 h,值班驾驶员应会同值班轮机员核对船钟、车钟,试舵等,对主操舵装置、辅助操舵装置和应急操舵装置等进行全面的检查。其中包括舵的运动、动力供给、操舵方式的转换、故障报警、舵的实际位置和舵角指示器的一致性,以及驾驶室与舵机室通信联络手段的工作情况等。试舵前,值班驾驶员应派人查看舵叶周围有无障碍物,接通控制系统电源,核对主罗经与分罗经误差及舵轮与舵角指示器的一致性。

值班驾驶员用电话或无线电对讲机与舵机室的轮机员取得联系,让操舵人员在驾驶室操舵,先将舵角指示器的指针指向"0"刻度,观察舵机室的实际舵角是否在正舵位置。然后再慢慢将舵轮往左(右)转到满舵,检查舵轮座上的舵角指示器与船尾舵杆上的指示刻度是否一致。接着用同样的方法向右(左)满舵进行一次,再快速活舵一次,然后操舵人员听令,分别连续地做左(右)5°、15°、25°、满舵操舵和回舵。最后进行从一舷满舵到另一舷满舵、回舵的试验,以判断遥控机构、追随机构、工作系统和舵角指示器的可靠性、准确性、运转速度及平稳性。

舵角指示器在最大舵角时的指示误差,机械的应不超过±2°,电动的应不超过±1°;正舵位置应无误差,再用同样方法试对第二部舵机。

二、操舵程序

船舶在航行中,指挥人员(船长、驾驶员或引航员)根据航行的需要,对舵工下达舵令,由舵工根据舵令进行操舵,以控制船舶的航行方向。

指挥人员下达舵令时,应考虑到船舶在各种不同情况下的应舵性能和舵工的操舵水平。所下达的舵令应确切、明了和清楚。舵工在操舵时应有高度的责任感,思想集中、动作准确。当听到指挥人员下达舵令后,应立即复诵(以防听错)并执行,如遇舵工复诵舵令错误或操作不当,指挥人员应立即加以纠正。舵工在未听清舵令或不理解指挥人员下达的舵令时,可要求其重复一遍。

所有发出的舵令应由舵工复诵,指挥人员应保证这些舵令被正确、准确地立即执行。且所有舵令应一直保持,直至被撤销。如果舵不灵,舵工应立即报告。当发现舵工有疏忽时,应向其提出询问:"What is your course ?"(航向多少?)舵工应该答复:"My course is... degree."(我的航向是……度。)

当指挥人员要求按罗经航向来操舵时,可先说出转舵的方向,再说出所操的航向×××。随后,分别说出每个数字,包括零。例如:

舵令	操驶航向
Port, steer one eight two.	左舵,操 182°。
Starboard, steer zero eight two.	右舵,操 082°。
Alter course to three zero five.	改向走航向 305°。

接到操舵舵令后,舵工应立即复诵该舵令并操一适当舵角使船舶平稳地转到所命令的航向上,而后,舵工应报告:

Steady on one eight two.	把定在 182°。
Course on one eight two.	航向到 182°。

指挥人员应对舵工的报告予以确认。如果要求对着选定的参照物操舵(即按导标操舵),应命令舵工:

Steer on... buoy/...mark/...beacon.
对着……浮标/……物标/……立标行驶。

接到操舵舵令后,舵工应立即复诵该舵令并操一适当舵角使船舶对着所命令的参照物航行,并应报告:

Course two one eight. 航向 218°。

指挥人员同样应对舵工的报告予以确认。

三、完舵

当船舶靠泊、锚泊或进行其他作业,不再需要用舵操纵船舶时,指挥人员下令:

Finish with the wheel.(No more steering) 操舵完毕。(不需操舵)

舵工在听到指挥人员下达的命令后,应立即复诵:

Finish with the wheel.(No more steering) 操舵完毕。(不需操舵)

把舵轮转到正舵,关闭舵机。

任务 4　掌握操舵方式与转换

目前船上的操舵系统一般都是集成式的,即一套操舵设备包含了几种操作方式,如随动操舵方式、自动操舵方式和手柄操舵方式,它们之间通过开关进行转换。

一、随动操舵方式

随动操舵方式(follow up steering/hand pilot/hand steering/manual steering)是一种人工手动操舵方式。在海上,我们一般所说的手动操舵方式就是指这种操舵方式。它的控制系统装有舵角反馈装置,操舵时,由人工转动舵轮,随之舵机转出相应舵角,舵轮停止转动,舵角也随之固定。也就是说,舵轮转动的角度与舵机转出的角度是一致的。在采用随动操舵方式时,应该同时注意舵轮指示器和舵角指示器,通过舵角指示器所反馈的实际舵角和值班驾驶员的舵令进行比较,必须保证转出的舵角和舵令完全一致。

1.舵角指示器

目前船舶的舵角指示器(rudder angle indicator)一般是电动式的,通过两个构造相同的同步器(自整角机),将舵机转出的实际舵角,复示到驾驶台前部上方的舵角指示器上。舵机转出的舵角和舵角指示器的读数必须严格保持一致。

实际舵角和舵角指示器的同步是由每次开航前的对舵过程校准的,电动舵角指示器一般误差很小,不必调整,只要记下误差即可,值班水手不必进行调整。舵角指示器的亮度控制一般由操舵水手自行调节。

2.标准罗经

船上的标准罗经(standard compass,磁罗经)一般安装在驾驶台的罗经甲板上,它的读数由光学反射装置反射到操舵水手的上方,供操舵水手读取。

操舵水手必须对标准罗经的使用采取下列操作:

(1)反射镜角度调整

调整反射镜的反射角度,使反射下来的罗经盘面保持在操舵水手的视野中。

(2)亮度调整

磁罗经亮度调整旋钮将反射下来的罗经盘面调整至合适的亮度。

3.舵角与航向关系

(1)舵角

船舶前进时,操正舵,舵面两边压力相等,不计其他因素,船基本保持直行。若舵转向右边,即右舵时,船尾舵右边压力大,左边压力小,船尾向左偏转,同时船首向右偏转。船舶后退时,操正舵,不计其他因素,船基本保持直退,而右舵或左舵时,则与前进时船首的偏转方向相反,即右舵时,船首向左偏转;左舵时,船首向右偏转。

船舶偏转的快慢与船舶的速度、舵角大小、吃水等因素有关。在速度、吃水等因素相同的情况下,舵角大偏转快,舵角小偏转慢,35°左右偏转最快。

（2）航向

航向就是船头（船首尾线）所指的方向,即船舶前进的方向。在航行中,可以通过转动不同的舵角来改变或保持航向。

二、自动操舵方式

自动操舵方式（auto pilot）又称自动舵。它是根据罗经的航向信号来控制舵机自动地使船舶保持在给定航向上的操舵控制装置。自动舵由装设在驾驶台上的自动操舵仪来实现自动操舵。自动操舵仪与两种手动操舵方式能由转换开关迅速转换。

自动舵可以减轻舵工的劳动强度,减少舵工配备人数,它保持航向的精度比人工操舵高,一般在船舶通航密度不大的海域或大洋航行时,往往采用这种操舵方式。自动舵还可以和其他导航设备相结合,组成自动导航和自动避碰系统。

1.自动舵的正确调节

为完善自动舵的工作性能,在使用中还要通过自动操舵仪面板上的调节旋钮对自动操舵系统进行调节,以得到最佳使用效果,各旋钮使用调节及特点如下:

（1）选择开关从随动位置转至自动位置

从随动舵转换为自动舵时,应注意先把压舵旋钮和自动改向调节旋钮归零位,同时把船舶稳定在指定的航向上。当船舶处于正航位置时,将选择开关从随动转至自动位置上,船舶即进入自动操舵状态,再根据载重情况和海况调节主操舵台面板上的有关旋钮。

（2）灵敏度调节

灵敏度调节（sensitivity control）又称天气调节或航摆角调节。它调节的是自动舵系统开始投入工作的最小偏航角。在天气好、海况良好的情况下,为了使船舶走得更直一些,即当出现较小偏航角时,就能使舵机工作,产生舵角纠正偏航,可将灵敏度调高一些;而当天气转坏、海况恶劣时,航向偏摆频繁,为防止舵机频繁启动工作而造成舵机受损,应将灵敏度调低一些。

（3）比例调节

比例调节（rudder angle control）也称舵角调节旋钮。它调节的是自动舵的偏舵角与偏航角的比例。比例系数一般为0.5~4。万吨船在实际使用中比例系数以2~3为宜。刻度的挡位越高,比例系数越大,偏舵角越大,调节时应根据海况、船舶装载情况和舵叶浸水面积等不同情况而定。海况恶劣、空载、舵叶浸水面积小时,选用高挡;风平浪静、船舶操纵性能好时选用低挡。

（4）微分调节

微分调节（counter rudder control）又称反舵角调节旋钮或速率调节。根据船舶偏航惯性的大小来调节该旋钮的大小。大船、重载、旋回惯性大时应将微分旋钮调大,反之则应调小;海况恶劣时,微分旋钮要调小或调至零。

（5）压舵调节

压舵调节（checking the helm control）用以调节压舵的舵角大小。当船舶受到风流等恒值外力干扰而向单侧偏航时,可用此旋钮向相反方向压一舵角,以抵消单侧偏航的作用。压舵的舵角大小可根据船舶偏转情况来选定。

（6）自动改向调节

使用自动改向调节（course control）改向时，应把比例旋钮放在最小位置，而且每次只能进行小度数改向，若需大角度改向，则应分几次进行，一般每次不超过10°。操作方法通常为：先按下旋钮，然后转动指针至改向的度数，使船舶转到给定航向时指针自动回零，不必人工复位。

（7）零位修正调节

零位修正调节（zero set control）用来修正自动舵中航向指示刻度盘与陀螺经的同步误差。自动舵的指令来自航向信号，船舶航向以陀螺罗经为准。自动舵上的航向指示器（分罗经）如与主罗经不同步，将产生误差。调节时，应先取下螺帽，用专门钥匙插入，旋转刻度盘，使它的读数与主罗经一致，然后将调节旋钮的指针拨回零位。

2.自动舵使用须知

（1）权限：船长应根据航道、海面、气象等条件决定是否使用自动舵，船长不在驾驶台时，由值班驾驶员决定使用自动舵的时机。

（2）禁用：进出港口，航经狭水道、分道通航区、交通繁忙区、锚地、渔区、危险航段，能见度小于5 n mile 的区域，避让、改变航向、追越时不得使用自动舵。

（3）机动操纵：加强瞭望，需要机动操纵时，应距他船5 n mile 外即改为手操舵。手操舵时间较长时，应由2名舵工轮流操舵，并应监督舵工操舵的正确性。

（4）转换：手操舵与自动舵的相互转换由值班驾驶员负责。转换时，应亲自操舵或监督舵工的转换操作，保证操舵系统运转正常和所驶航向的正确性、稳定性。

（5）核试：值班驾驶员应每小时检查自动舵的运动情况，并核对陀螺航向、磁航向是否正确，督促舵工经常核查。每班至少试验手操舵一次。值班驾驶员有权决定是否允许水手或实习生练习手操舵。

三、手柄操舵方式

1.应急操舵方式

手柄操舵（emergency steering gear）方式又称应急操舵方式，也是一种手动操舵方式，其控制系统是由手柄直接控制继电器使舵机转动的装置。使用时先将舵的转换开关拨到"应急操作"挡，即可进行操舵。应急操舵方式有两种：一种是扳动手柄操舵，另一种是按动左右按钮操舵。它没有舵角反馈装置，操舵手柄相当于继电器开关，分成左、中、右三挡，中间位置是零位。操舵时，手柄向左，舵叶向左转动；手柄向右，舵叶向右转动；手柄位于中间，舵机不工作。按钮操舵的操作方法是：手按舵转，手放舵停；左舵按左，回舵按右；右舵按右，回舵按左。

利用手柄操舵，常常是因为随动操舵装置工作不正常，将手柄操舵作为应急方法，必须在发现随动操舵装置工作失常时，立刻通过切换开关将随动操舵方式改成手柄操舵方式，以免造成船失控。在进行手柄操舵时，必须根据驾驶台前部上方的舵角指示器来确定舵机实际转出的舵角，利用舵角指示器的读数和罗经反射器的读数控制船舶的航向。

2.应急操舵须知

（1）手操舵失灵时，值班驾驶员应立即（命令）改为应急操舵，使用磁航向操舵；迅速通知电机员、大管轮,并报告船长。

（2）驾驶台应急操舵装置失灵时,值班驾驶员应做到以下几点：

①派舵工迅速到舵机房进行应急操舵。

②在交通繁忙区立即停车。

③通知大管轮、电机员立即到舵机房协助舵工。

④唤请船长上驾驶台指挥。

⑤用有线电话或手持对讲机或话筒指挥舵工操舵。

⑥请船长增派一名舵工协助操舵。

⑦应急操舵生效后,立即用车舵控制航向和船位。

（3）舵机房应急操舵

①将控制箱选择按钮由"驾驶台"切换到"舵机房",即可用手柄进行应急操舵。

②用对讲机或电话与驾驶台联系,听从驾驶台指挥。

③用舵工应急操舵手柄处的舵角指示器和航向分罗经协助操舵。

④若操舵装置全部失灵,应迅速倒车停船,就地抛锚;若为深水区,应显示失控信号,并警告附近船只。

四、操舵方式的转换

自动操舵仪与两种手动操舵方式由开关迅速转换。

1.自动操舵方式转换为手动操舵方式程序

（1）复诵舵令。

（2）将操舵方式由自动操舵转换为手动操舵。

（3）测试新的操舵方式是否正常。

（4）报告驾驶员现在是手动操舵。

2.手动操舵方式转换为自动操舵方式程序

（1）复诵舵令。

（2）查看操作台分罗经航向刻度与主罗经的航向一致后,再"把定"指定航向。

（3）当舵处于正舵位置时,旋转自动操舵仪上的"航向校正"旋钮,把航向校正刻度调到零位,按指定航向航行。

（4）转换开关扳到"自动"位置,保持指定航向。

（5）如发现船舶不对称偏航,可向左或右旋转"航向校正"旋钮少许,以拨正航向。

（6）核实自动操舵是否正确响应。

（7）报告驾驶员现在是自动操舵,航向是"×××"。

在紧迫局面时,更应注意操舵装置的转换是否有效。

五、水手操舵方式转换评估标准

参照海事局评估标准如下：

评估要素	评估标准
1.能用进行手动舵与自动舵的相互转换操作 2.能够进行手动舵、自动舵与应急舵的相互转换操作 3.能够正确地回答出在进行相互转换操作的注意事项	1.操作及回答准确,熟练(20分)
	2.操作及回答准确,比较熟练(16分)
	3.操作及回答准确,熟练程度一般(12分)
	4.操作及回答较差(8分)
	5.回答差(4分)
	6.不能回答(0分)
说明	单项考核总分:20分

任务5　掌握舵令和操舵方法

一、舵令

舵令是由船长、值班驾驶员、引航员对舵工发出的有关舵角或航向的口令。口令中有一部分是比较机械的,操舵水手只要按口令来转动舵轮就行了。另一部分是比较灵活的,操舵水手必须凭自己的经验来转动舵轮,控制船首航向,以达到口令所表明的目的。作为发口令的人,要根据操舵水手的技术水平以及当时的实际情况,发出恰当的口令。因此驾驶人员对舵令应当非常熟悉,下达口令时要正确清楚,以防听错。操舵水手听到舵令后,要复诵一遍,当舵或航向转到指定舵角或航向时,还要报告一次。

驾驶员要根据实际情况的需要及本船在各种不同情况下的应舵性能下达口令。当航行于狭窄航道中时,不可骤然使用满舵,以防产生过大的旋转惯性而不易停住。当航行中做大幅度变换航向时,宜采用逐渐改变的舵令,等船旋转已接近停止时,才可发出"把定"命令,其顺序如:右满舵→回舵→正舵→把定。

二、操舵方法

船舶在航行中,驾驶人员根据航行的需要,对舵工下达舵令,由舵工根据口令进行操舵,以控制船舶的航行方向。驾驶人员在下达口令时,应考虑船舶在各种不同情况下的应舵性能和舵工的操舵水平。所下达的口令应确切、明了和清楚。舵工在操舵时应有高度的责任感、思想集中、动作准确。当听到驾驶人员下达舵令后,应立即复诵并执行,以防听错。如遇舵工复诵口令错误或操作不当,驾驶人员应立即加以纠正。舵工在未听清口令或不理解驾驶人员下达的口令时,可要求重复一遍。

要掌握罗经基线与船首向的关系,罗经基线所指示的刻度盘上的度数就是航向。当罗经基线偏离在原定航向刻度的左边时,表示船首已偏到原航向的左边,应操相反方向的小舵角(右舵3°~5°即可),使船首(罗经基线)返回原航向。

1.按舵角操舵

舵工在听到驾驶人员下达舵角口令后,应立即复诵并迅速、准确地把舵轮转到所需舵角位置,注意查看舵角指示器所指示的舵叶实际偏转情况和角度,当舵叶转到所要求的角度时,应及时报告。在驾驶人员下达新的舵令前,不得随意改动舵的位置。

船舶在进出港和靠离泊时通常按舵角操舵。

2.按罗经操舵

船舶在海上航行时,大都按罗经操舵,使其保持在所需的航向上。

当船舶需要改变航向时,驾驶人员可直接下达新航向的口令,舵工复诵后将新航向与原航向做比较,马上得出转向角的大小。根据转向角的大小和方向,舵工可确定舵角的大小,一般情况下,如转向角超过30°,可用10°~15°舵角;如转向角小于30°,则宜用5°~10°舵角。用舵后船舶开始转向,此时可根据罗经基线和刻度盘的相对转向情况,掌握船舶回转时的角速度。当船舶逐渐接近新航向时,应根据船舶惯性和回转角速度的大小,按经验提前回舵并可向反方向压一舵角以防船舶回转过头,这样船舶就能较快地进入并稳定在新航向上。

在船舶按预定航向航行时,由于受到各种因素的影响,经常会发生偏离预定航向的现象。为此,舵工应注视罗经刻度盘的动向,发现偏离或有偏离倾向时,应及时采用小舵角(一般为3°~5°)进行纠偏,以维持航向。纠偏时要求舵工反应快、用舵快、回舵也快。

船舶由于受单侧风浪、潮流、积载不当或推进器不对称等恒值干扰力矩的影响而始终向固定一侧偏转时,应采用一适当的反向舵角来消除这种偏转,习惯称之为压舵。压舵角的大小可通过实践来确定,通常先操正舵,查看船首向哪一舷偏转,然后操一反向舵角,如所用舵角太小,船首仍将偏向原来一舷;舵角太大,则反之。反复调试压舵角,直至能将船首较稳定地保持在预定航向上。

3.按导标操舵

在近岸航行时,特别是在狭水道或进出港时,经常利用船首对准前方的某个导标航行。舵工根据驾驶人员所指定的导标操舵,使船首对准该导标,并记下航向度数,报告给驾驶人员。

如发现偏离,立即进行纠正,并检查航向有无变化。如有变化,舵工应及时提醒驾驶人员是否存在风流压。

4.操舵要领

(1)要清楚地知道罗经基线与船首航向的关系,当罗经基线偏离原航向时,说明船首已偏离了原航向,应采用相反方向小舵角(3°~5°即可)来修正,以保持原航向。不宜用大舵角,以免旋转惯性影响使船难以稳定而成"S"形航行。

(2)注意船首偏动有一定的惯性,不要等在罗经上看到基线偏离原航向才用舵,应在感觉船首有偏转的趋势时,立即用相反的小舵角纠正。

(3)在有风浪的天气或流速大的航区航行时,船首易向一边旋转,此时操舵应根据风浪及流水的影响,采取适当的舵角来抵消这种偏转。可先将舵放在正中位置,再看罗经基线偏向哪一边,然后再向相反的方向用舵,使采用的舵角能保持航向稳定。

(4)由于船舶在大风浪天气下颠簸剧烈,左右摇摆和前后俯仰很大,航向很难稳定,因此,应指派经验丰富的舵工操舵,并细心观察风流影响的综合结果,掌握它的规律,提前回舵或压舵。例如知道了船首将要向右偏转时,应先用左舵来抵制。当这种偏转影响将要消失时,应及时将舵渐渐回到正舵位置,使舵产生的作用恰好抵消偏转。否则等船首已经开始偏转时再用舵,就迟了一步。

(5)在狭水道操航向"把定"时,操舵水手不仅要看罗经基线是否对准航向,而且还要看船首前方较明显的目标。因为从驾驶室经船首旗杆串视船首前方目标,观察航向是否"把定"的反应速度要比看罗经快而准。

(6)平时应尽量不用或少用急舵,以防止引起舵设备的损坏或出故障。

三、操舵的要求及注意事项

(1)舵工操舵时应直立,两脚分开与肩同宽,双手扶舵轮。操舵时思想集中,随时准确、迅速地执行驾驶员的每一个口令。复诵和回答口令要响亮、正确、清晰。

(2)长时间手操舵时,应由两名舵工轮流操舵;空舵水手负责监督操舵的正确性,并协助瞭望,如果只有一名舵工,值班驾驶员有责任监舵。

(3)舵工应随时注意操舵仪舵角指示器与驾驶台主舵角指示器的舵角是否一致,注意操舵仪工作是否正常,如发现舵效或操舵仪异常,应立即报告船长或驾驶员。

(4)操舵时,若航向未把定或正在避碰,舵工不应换舵。

(5)船舶进出港口前或进入复杂航段前,应试验应急操舵装置。

(6)操舵时要有高度的工作责任感,注意力要集中,时刻注视罗经航向,始终保持船舶驶于指定航向。

(7)严格遵照舵令操舵,未得到舵令不能任意改变航向。驾驶人员与操舵人员要密切配合,如有疑问要互相及时提醒,以防发错或听错舵令乃至操错舵角,还必须及时复诵和报告执行情况。

(8)努力掌握本船的舵性,如左舵与右舵、空载与满载、强风与急流、浅水与波浪、顶流与顺流、快车与慢车等情况下舵来得快与慢,偏转惯性大与小。

(9)熟悉本船操舵装置的转换开关,能迅速转换各种操舵方式。

(10)注意随动舵与应急舵的不同,前者有舵角反馈,而后者则没有,操舵方法亦有所不同。

四、中、英文舵令（standing wheel orders）

口令 Order	复述 Reply	报告 Report	说明
左（右）舵五 Port（or starboard）five	左（右）舵五 Port（or starboard）five	5 度左（右） Wheel（is on）port（starboard）five	数字系指舵角度数，舵工听到口令后操舵角到口令所需舵角
左（右）舵十 Port（or starboard）ten	左（右）舵十 Port（or starboard）ten	10 度左（右） Wheel（is on）port（starboard）ten	
左（右）满舵 Hard a port（or a starboard）	左（右）满舵 Hard a port（or a starboard）	满舵左（右） Wheel hard a port（or a starboard）	舵工听到口令后操舵角到左（右）满舵
正舵 Midship	正舵 Midship	舵正 Wheel is midship	操舵使舵角迅速回到 0°
回舵 Ease helm（or ease the wheel）	回舵 Ease helm（or ease the wheel）	舵正 Wheel is midship	操舵使舵角逐渐回到 0°
回到× Ease to ×（degrees）	回到× Ease to ×（degrees）	×度左（右） × of port（or starboard）on	操舵使舵角逐渐回到指定度数
把定 Steady	把定 Steady	航向××× Course ×××	发令后，舵工操舵将船稳定在发令时的航向（或物标）上
航向××× Course ×××	航向××× Course ×××	航向×××到 Course on ×××	舵工自行调节航向到指定度数
向左（右）××度 ×× degrees to port（or starboard）	向左（右）××度 ×× degrees to port（or starboard）	航向×××到 Course on ×××	在小舵角修正航向时，指罗经度数，不是指舵角
不要偏左（右） Nothing to port（or starboard）	不要偏左（右） Nothing to port（or starboard）		操舵时注意不要偏到航向的左（右）边
航向复原 Course again	航向复原 Course again	航向×××到 Course on ×××	命令回到原来航向
完舵 Finish with wheel	完舵 Finish with wheel		用舵完毕，舵不用了
什么舵 What is your rudder		×度左（右） × port（or starboard）	询问当时舵角度数
稳舵 Mind your rudder	稳舵 Yes sir		要舵工注意力集中，不要偏离航向
舵灵吗 How does she answer		正常 Very good 很慢 Very slow 不灵 No answer 反转 Answer back	询问当时舵效情况
航向多少 What course		航向 Course ×××	舵工应报告当时罗经航向

五、水手操舵评估标准

参照海事局评估标准如下:

评估要素	评估标准
1.能用手操舵正确进行操舵 2.能迅速正确把定 3.舵令复诵及时、准确、清楚	1.操舵、应答准确,熟练(30分)
	2.操舵、应答准确,比较熟练(24分)
	3.操舵、应答准确,熟练程度一般(18分)
	4.操舵、应答较差(12分)
	5.操舵、应答较差(6分)
	6.不能正确操舵、应答错误(0分)
说明	单项考核总分:30分

项目五 操作应急设备和应用应急程序

【知识目标】

1.掌握船舶应急职责和报警信号的知识；
2.了解堵漏器械和堵漏方法；
3.掌握烟火遇险信号和应急无线电设备的基本知识；
4.掌握误遇险报警的避免和偶然触发警报时应采取的行动。

【能力目标】

1.能够正确使用常见的堵漏器械；
2.能够正确使用烟火遇险信号；
3.能够正确使用紧急无线电示位标和搜救雷达应答器。

【内容摘要】

除消防、救生、堵漏等应急设备之外,船舶还应配备各种烟火信号、船内通信和报警系统、卫星应急系统和搜救应答器等。当船舶出现紧急情况时,若船员不能准确熟练地操作应急设备和应用应急程序,应急行动将难以成功。

任务 1 掌握船舶应急职责和报警信号的知识

船舶的应急设备有消防设备、救生设备、堵漏设备等。除此之外,还应包括各种烟火信号、船内通信和报警系统、卫星应急系统和搜救应答器等。

一、应变演习和报警信号

每个船员都应参加船上的集合演习。演习以救生和消防演习为主,并应尽可能按照实际的应变情况来进行。定期演习可使每个船员熟悉本人的岗位及任务,掌握操作技能,发现设备缺陷,及时维修保养,在发生紧急情况时不致惊慌失措。

1.演习制度

(1)货船每个月至少进行一次弃船演习和消防演习。若有 25% 以上的船员未参加上个月的演习,则应在离港后 24 h 内举行以上两项演习。

（2）客船每周应举行一次弃船演习和消防演习。

（3）非短程国际航行的客船，应在旅客上船后 24 h 内举行旅客的集合演习。如果只有少数旅客在港口上船，则应请这些旅客注意应变须知，不必进行另外的演习。

（4）短程国际航行的客船，如在离港后不举行旅客的集合演习，则应请旅客注意应变须知。

2.应变部署表的基本内容

（1）船舶及船公司名称，船长署名及公布日期。

（2）紧急报警信号的应变种类及信号特征、信号发送方式和持续时间。

（3）职务与编号、姓名、艇号、筏号的对照一览表。

（4）航行中驾驶台、机舱、电台固定人员及其任务。

（5）消防应变、弃船求生、施放救生艇筏的详细分工内容和执行人编号。

（6）每项应变具体指挥人员的接替人。

（7）有关救生、消防设备的位置。

对于其他的应急计划，将上述项目做适当的修改，就可以做相应的内容框架了。

3.船员主要的应急职责

《SOLAS 公约》规定，应变部署表应写明指派给每个船员的应急任务，包括：

（1）船上水密门、防火门、阀、流水孔、船舷小窗、天窗、舷窗和其他类似开口的关闭。

（2）救生艇筏和其他救生设备的配备。

（3）救生艇筏的准备工作和降落。

（4）其他救生设备的一般准备。

（5）集合旅客。

（6）通信设备的用法。

（7）指定各防火区域的消防队人员。

（8）使用消防设备及装置方面的专门任务。

对于其他紧急情况的应急计划中的任务和程序，可根据本船的具体情况而定。

4.集合地点

消防及弃船救生演习的集合地点应紧靠在登乘地点。集合与登乘地点均设有从起居和工作处所能容易到达的通道，一般在艇甲板上。通往集合与登乘地点的通道、梯口和出口应有能用应急电源供电的照明灯。

客船应有旅客容易到达登乘和集合地点，并且是一个能集结和指挥旅客用的安全可靠的宽敞场地。消防演习在火场或警报信号指定的地点集合。

5.警报信号

通常做法如下：

（1）综合应变——警铃或汽笛一长声，连放 30 s。

（2）消防——警铃或汽笛短声，连放 1 min。为了指明火警部位，在消防警报信号之后，鸣一长声表示前部，二长声中部，三长声后部，四长声机舱，五长声上层甲板。

（3）堵漏——警铃或汽笛二长声继以一短声，连放 1 min。

（4）人落水——警铃或汽笛三长声，连放 1 min。在人落水警报信号之后一短声表示右舷落水，二短声表示左舷落水。

(5)弃船——警铃或汽笛七短声继以一长声,连放 1 min。

(6)解除警报——警铃和汽笛一长声,持续 6 s 或以口令宣布。

《SOLAS 公约》还规定,七个或七个以上的短声继以一长声为通用紧急报警信号。

6.弃船演习内容

听到弃船警报信号后,全体船员应在 2 min 内穿好救生衣并到达集合地点,进行弃船演习和操练。

(1)艇长检查人数,检查各艇员是否携带规定应携带的物品,检查每人的穿着和救生衣是否合适,并加以督促、指导,然后向船长汇报。

(2)船长宣布演习及操练内容。

(3)船员按分工各就各位,做好降落救生艇的一切准备工作。

(4)启动及运转救生艇发动机。

(5)运转降落救生艇所用的吊艇架。

(6)试验集合与弃船所用的应急照明系统。

(7)至少降下一艘救生艇。该艇应在船长发出放艇命令后 5 min 内,将艇放至水面。每只救生艇都应该每 3 个月进行一次降落演习,并且在水中进行操纵,除兼作救助艇的救生艇外,救生艇应在合理和可行的范围内,每个月载乘指定船员降落下水并在水上进行操纵;如果不可能,至少也应 3 个月进行一次。救生艇和救助艇如在船舶航行中演习,应在有遮蔽水域中,船舶尽量减速并在有演习经验的驾驶员监督下进行。

(8)演习结束,船长发出解除信号,收回救生艇,清理好索具,由艇长进行讲评,然后解散艇员,向船长汇报。

7.记录

弃船和消防演习的起止时间、演习及操练内容、优缺点和存在问题等详细情况由大副记录在航海日志中。其他演习和海上操练也应记入航海日志中;如未按规定时间演习,也应在航海日志中记录原因。

二、弃船时的行动

弃船是万不得已而做出的决定。当船舶发生事故,经积极抢救无效,事态恶化,确已无法保全船舶,并即将危及船员和旅客的生命安全时,船长才能发出弃船警报,下令弃船;如情况允许,船长还应先电告公司。

1.全体船员在奔赴集合地点前的行动

(1)尽量多穿保暖性能好的衣服。

(2)尽可能多带淡水和食物。

(3)携带应变部署表中所规定的应携带的物品。

(4)固定值班人员应严守岗位。

2.到达集合地点时的行动

(1)全体船员,除固定值班者外,应在 2 min 内穿好救生衣到达集合地点;

(2)艇长立即清点人数,检查每人所应携带的物品;

(3)迅速做好放艇准备工作；

(4)按船长发出的命令行动。

任务 2　了解堵漏器械和堵漏方法

船舶可能会因为各种海损事故而破舱进水，因而根据船舶规范要求配备了各种堵漏器材。船舶发生漏损时，可根据破损的情况选用合适的堵漏器材，采用合适的方法进行堵漏应急。

一、堵漏器材的种类

堵漏器材是根据船舶的大小、类型及航行区域等来配备的。堵漏器材包括堵漏毯、堵漏板、堵漏箱(盒)、堵漏柱、堵漏螺杆、各种规格大小的木塞、各种螺丝钩、水泥、黄沙、木柱、木板、木楔等。使用时应根据破洞大小、部位、破损情况等灵活应用。

1.堵漏毯

堵漏毯又称堵漏席、堵漏垫，如图 1-5-2-1 所示，是进行舷外堵漏的有效工具。它虽不能完全将船壳水下破口堵严，但能大大减少破口的进水量。

（1）堵漏毯的类型

堵漏毯有重型和轻型两种，规格有 2.0 m×2.0 m、2.5 m×2.5 m、3.0 m×3.0 m、3.5 m×3.5 m、4 m×4 m 等。

重型堵漏毯用镀锌钢丝绳编成网眼直径约 30 mm 的网络，两面都装上双层防水帆布，毯的四角和每边中央都装有穿索具用的套环。

轻型堵漏毯无钢丝网络，在上下两层帆布当中铺上粗羊毛毯，并每隔 200 mm 用帆线按对角平行方向缝牢。这种堵漏毯比较软，为了防止在堵大洞时海水将毯压入洞内，特在毯的一面用帆布缝上几道管套，可插入几根直径 25 mm 的镀锌钢管作为支撑，使用时无管的一面贴在船壳上。在船体弯曲较大的地方，带撑管的堵漏毯不适用，此时可采用一面缝有油麻绒的堵漏毯，堵漏时将有麻绒的一面转向破洞，靠水压将堵漏毯压紧在船壳板上，堵住破洞。

（2）堵漏毯的索具

每张堵漏毯配有：

①顶索 2 根：用 16 mm 纤维绳，每根长 20 m，顶索上有深度标志。

②前后张索各 1 根：用 16 mm 纤维绳，每根长度应为船长的一半以上。

③底索 2 根：用 12 mm 钢丝绳，每根长度应为船深与船宽之和的 2 倍再加上 5 m。

④卸扣 8 只，直径 19 mm，用来连接绳索和堵漏毯上的套环。

⑤导索滑车 4 只：用来把绳索引至绞车绞紧。

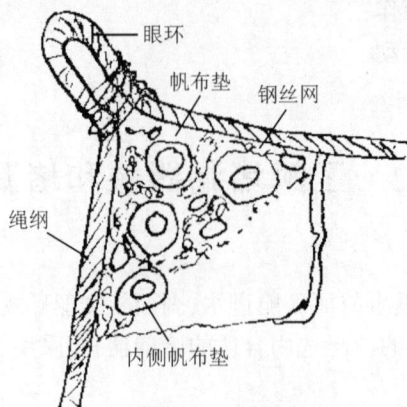

图 1-5-2-1　堵漏毯

(3)堵漏毯的使用方法

①菱形挂法

菱形挂法只用 1 根底索,如图 1-5-2-2 所示。这种挂法,平直船壳及弯曲船壳处均适用。确定漏洞位置后,如用毛毯型堵漏毯,应将有毛的一面朝上,平放在漏洞上方的甲板上,如图 1-5-2-3 所示,接好前后张索,系好顶索,并将顶索放在堵漏毯下,将底索从船首前端兜过船底,沿两舷拉到漏洞处。底索的一端用卸扣接在堵漏毯上,另一端在另一舷准备绞收,即可准备放毯堵漏。放时根据破洞深度,按标志将顶索固定好,再将堵漏毯推下水,在相对的一舷绞收底索,同时不断收紧张索,直到顶索标志指明已到达破洞时为止,如图 1-5-2-4 所示。

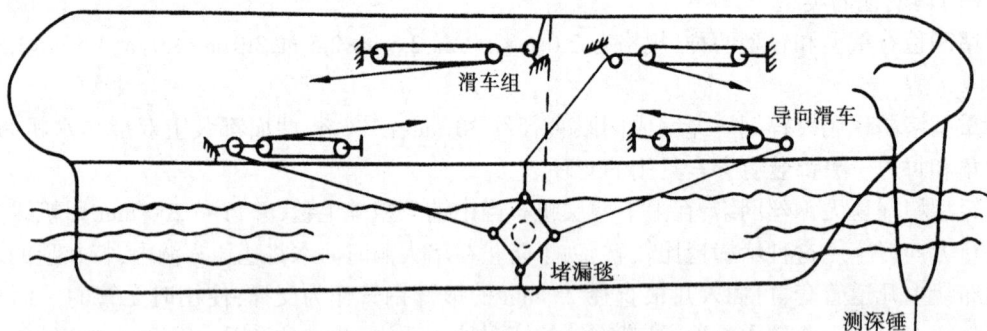

图 1-5-2-2　堵漏毯菱形挂法

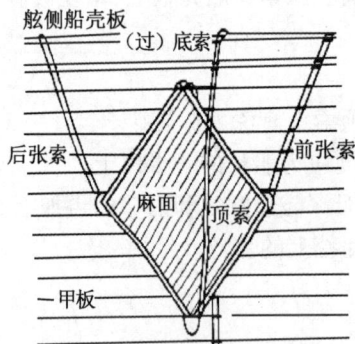

图 1-5-2-3　堵漏毯准备放出舷外

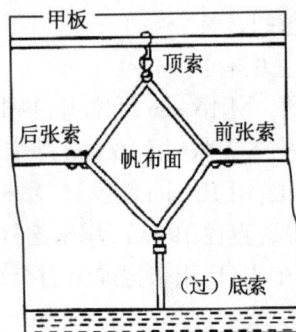

图 1-5-2-4　堵漏毯在破洞外

②方形挂法

方形挂法适用于平直船壳处,使用两根底索,操作方法和菱形挂法相似,如图 1-5-2-5 所示,此法最适合于堵水线附近的破洞。

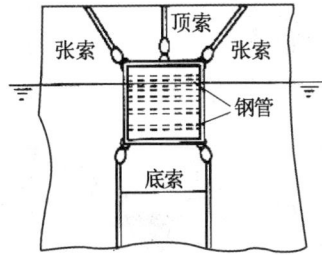

图 1-5-2-5　堵漏毯方形挂法

2.堵漏板

堵漏板有方形堵漏板、圆形折叠式堵漏板、螺杆折叠式堵漏板等。

（1）方形堵漏板

方形堵漏板由吊索、铁板、橡皮垫、拉索等组成,如图 1-5-2-6 所示。它是从舷外向内堵的一种堵漏工具。

使用方法是在拉索一端系一小绳,再用小绳系一木块从船内推出,待木块浮出水面后,从甲板上将它捞起并将拉索系在堵漏板的中央眼环上,然后边松吊索边将拉索拉进舷内,使堵漏板紧贴船壳。

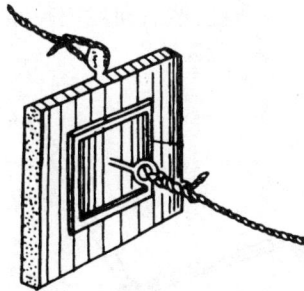

图 1-5-2-6　方形堵漏板

（2）圆形折叠式堵漏板

圆形折叠式堵漏板由拉索、橡皮、两折式铁板、铰链等组成。它是一种简易型堵漏工具,如图 1-5-2-7 所示。

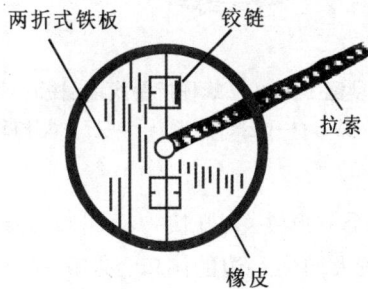

图 1-5-2-7　圆形折叠式堵漏板

使用方法是先将堵漏板折叠好,从舷内破洞口伸向舷外展开,如图 1-5-2-8 所示,并拉紧压住破洞,靠拉索系紧于撑在肋骨上的木棍来支撑。

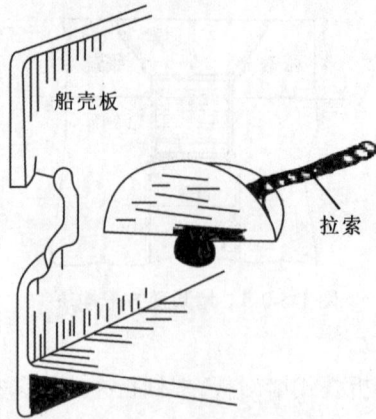

图 1-5-2-8　圆形折叠式堵漏板的使用

（3）螺杆折叠式堵漏板

螺杆折叠式堵漏板由螺杆、螺母、支架、铰链、三折式铁板、橡皮等组成,如图 1-5-2-9 所示。该堵漏板适合于堵住直径在 280 mm 以下的近似圆形破洞。

使用方法是:先把堵漏板折叠,以缩小面积,并与螺杆平行,从破洞舱内一边向舱外伸出,转动螺杆使堵漏板张开并与螺杆保持垂直,然后向舱内拉紧螺杆,抵上撑脚,旋紧蝶形螺母,使堵漏板贴紧壳板。

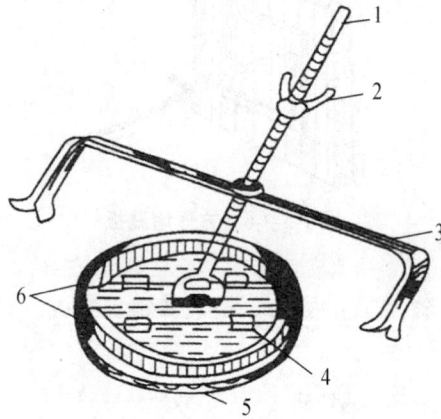

图 1-5-2-9　螺杆折叠式堵漏板

1—螺杆;2—螺母;3—支架;4—铰链;5—折叠式铁板;6—橡皮

3.堵漏箱

堵漏箱也称堵漏盒,它是一个方形铁箱,开口一面四周有橡皮垫条,是一种从船内进行堵漏的器材。其主要用于复罩有较大向内卷边的洞口,或有一些小型突出物的舷壳裂口,或以木塞、木楔塞漏后四周仍有不规则的缝孔等。其规格一般为 400 mm×400 mm×300 mm 的无盖铁盒。堵漏箱如图 1-5-2-10 所示。

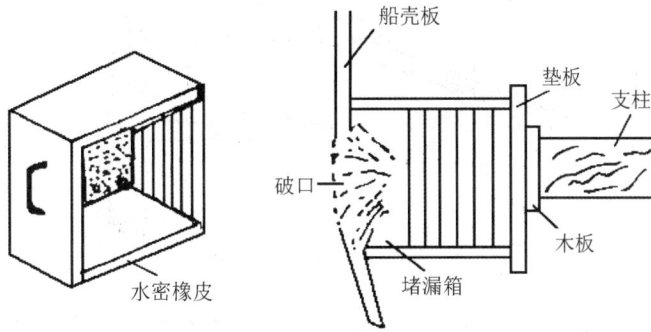

图 1-5-2-10　堵漏箱

4.堵漏螺杆

堵漏螺杆适合堵中型破洞,并用如图 1-5-2-11 所示的有孔垫木、有孔垫板和有孔软垫圈配合。

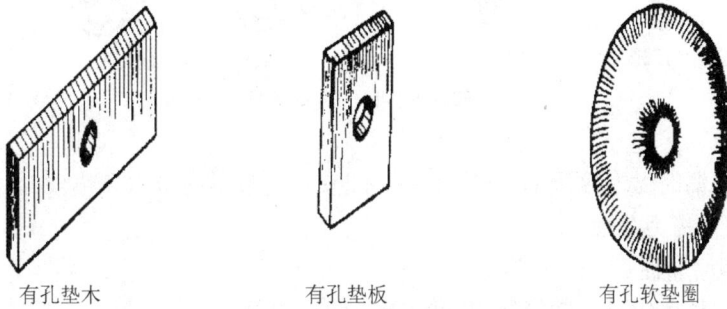

图 1-5-2-11　有孔垫木、有孔垫板和有孔软垫圈

(1)"T"形固定式螺杆

"T"形固定式螺杆用来堵船壳上的裂口。螺杆由舷内经裂口伸出舷外后,将与螺杆垂直的横杆转到与裂口成直角,如图 1-5-2-12 所示,加有孔软垫圈和垫木,再用螺母旋紧,裂口大时,可同时使用几根。

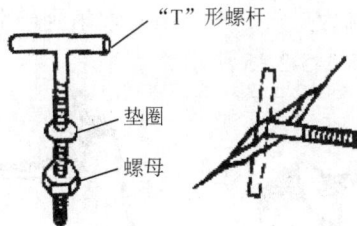

图 1-5-2-12　"T"形固定式螺杆

(2)"T"形活动螺杆

"T"形活动螺杆和"T"形固定式螺杆不同的是螺杆头上的横杆是活动的,使用时将横杆折直后伸出舷外,更加方便,如图 1-5-2-13 所示。

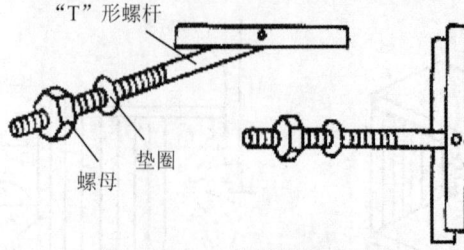

图 1-5-2-13 "T"形活动螺杆

（3）钩头螺杆

钩头螺杆有"L"形和"J"形,如图 1-5-2-14 所示。这些堵漏杆适合于堵船壳裂口和破洞。

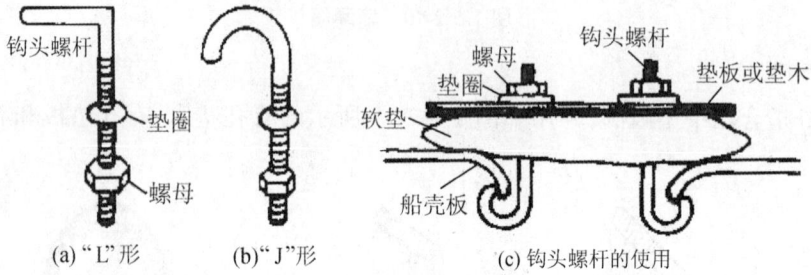

（a）"L"形   （b）"J"形   （c）钩头螺杆的使用

图 1-5-2-14 钩头螺杆

5.堵漏柱

堵漏柱是堵漏时做支撑用的,长度不一。配有一定数量的垫木和垫板,以便支撑时可垫至所需的长度,并使撑力分散。

（1）伸缩型堵漏柱

伸缩型堵漏柱由钢管或铁管制成,伸缩度为 0.5～1.2 m。

（2）堵漏木支柱

堵漏木支柱由松木或杉木制成,有圆形支柱和方形支柱,长度为 4～6 m。

6.其他堵漏器材

（1）堵漏木塞

大的木塞可从舷外塞住中型破洞。其塞法是:在木塞两端旋上一个螺丝环,环上各系一根绳索,大的一端为吊索,小的一端为拉索。木塞用吊索吊到破洞处,由船内用带钩艇篙经破洞处钩入拉索,然后拉紧系牢,如图 1-5-2-15 所示。

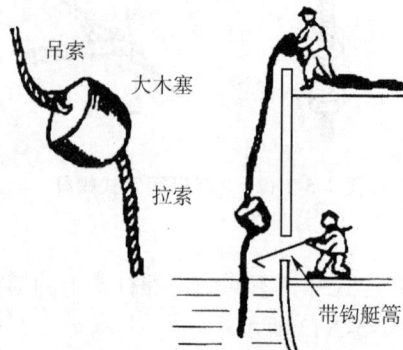

图 1-5-2-15 堵漏木塞

（2）堵漏木楔

堵漏木楔用来衬垫支柱，它的长度为厚度的 5~6 倍。衬垫时，将两块的尖端相对，上下叠起，如图 1-5-2-16 所示。为防止木楔滑出，可在两边加木顶并用钉子钉住以便固定。

图 1-5-2-16　堵漏木楔

（3）堵漏用垫料和填料

堵漏用垫料和填料有软垫、浸油麻絮、橡胶垫等。

（4）水泥、黄沙、石子及催凝剂

船上一般应备有 10 包 500 号的高强度水泥，300 kg 洁净无杂物的粗粒黄沙，400 kg 直径 25 mm 以下的石子。催凝剂用苏打或水玻璃代替。

（5）堵漏用工具

堵漏用工具有锤子、锯子、电钻、扳手等木工和钳工工具，以及各种钉子、螺丝、铁丝等材料。

（6）充气袋

充气袋有圆形、圆柱形等。使用时将充气袋放在漏洞处，利用潜水空气泵膨胀堵住漏洞，也有用二氧化碳充气使袋膨胀的。袋上设安全阀，当压力太大时可以放气。

（7）木滑车组

一般用双饼木滑车组来拉紧各种绳索。

二、堵漏方法

堵漏应根据破损位置及破洞大小而采取不同的措施。

1. 水线以下船壳破洞的堵法

水线以下直径小于 76 mm 的小孔，可用吸水发胀的软木塞堵住。孔小时，可以圆形和方形木塞混用（如图 1-5-2-17 所示）或用布包卷木塞（如图 1-5-2-18 所示），如要进一步水密，还可用麻丝填塞。

图 1-5-2-17　圆形木塞和方形木塞

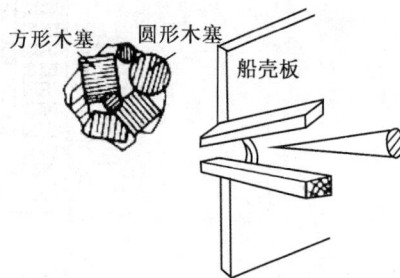

图 1-5-2-18　用布包卷木塞

小于堵漏板的洞可用堵漏板堵住,大于堵漏板的洞先用堵漏毯堵住,排水后再用水泥箱堵漏。其方法是:根据破洞大小,用木板制成型箱,先在破洞上敷设钢筋或组织丝网,再将型箱架设在破洞上,灌进调拌好的水泥浆。为了防止水泥浆被渗进的水冲走,可在型箱侧壁上装一排水管,等水泥凝固后再把水管塞住。

水泥浆如需灌入浸水部位,应使用一漏斗和槽管,以免水泥浆被冲走。灌时要一面移动槽管下端,一面用铁条将水泥浆捣下去,如图 1-5-2-19 所示。槽管里要保持高于水面的水泥浆,以防海水侵入。

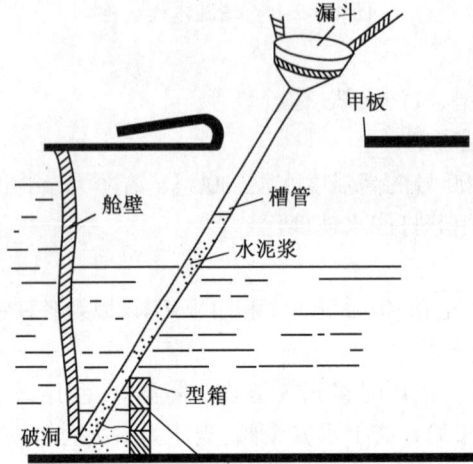

图 1-5-2-19　浸水部位灌水泥浆

2.水线以上船壳破洞的堵法

水线以上的船壳破洞在舷内舷外都可堵塞,但从外向里堵比较可靠。小的破洞,各种堵漏器材均可使用,如用木塞堵,可使用吊索及拉索由舷外堵塞。大的破洞,可用床垫和撑柱(如图 1-5-2-20 所示)进行撑堵。

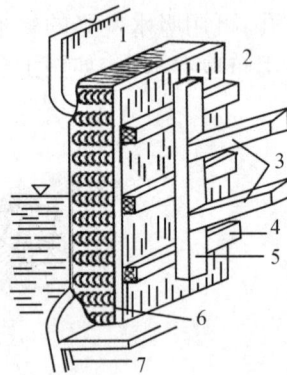

图 1-5-20　床垫和撑柱

1、7—船壳板;2—木板;3—撑柱;4—横木方;5—垫木;6—床垫

3.裂缝的堵法

裂缝不能直接用木塞打入,应先在裂缝两端钻小孔止裂,用麻丝、破布或木塞将缝堵塞之后,再用螺丝旋入小孔堵塞。可用橡胶或厚帆布掩盖裂缝,用木板压上,再用撑柱加固;如裂缝接近角铁,可用"C"形夹代替撑柱较为方便、牢固。

4.舱壁支撑

破舱进水后,随进水水位的升高,舱壁承受的压力也越来越大,为防止舱壁压裂,水漫至邻舱,需要在邻舱的舱壁上用垫木、垫板、支柱、木楔等进行支撑。

支撑的要点是:

(1)支撑点的位置应位于舱内水位的 1/2~1/3 高度处。

(2)使用垫板的垫木来分散应力,垫木应横架在舱壁加强筋上,并应有若干支撑点。

(3)支撑力应与舱壁垂直,可使用垂直支撑法或三角支撑法,如图 1-5-2-21 所示。三角支撑时支撑合力必须和舱壁平面成直角,支撑角越小,支撑合力越大。

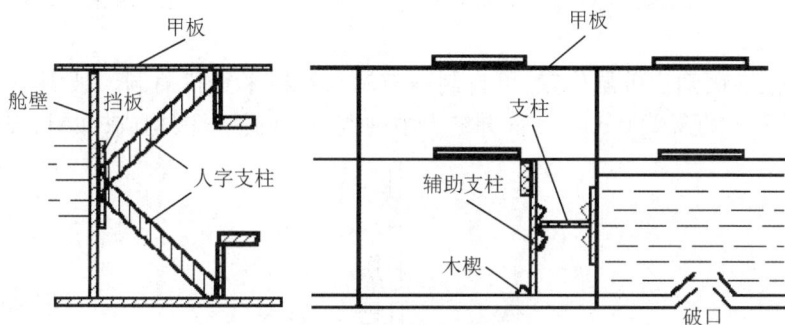

图 1-5-2-21 舱壁支撑堵漏

(4)支撑应结实,其横截面应不少于 100 mm×100 mm。支柱应用木楔打紧,并用马钉将其固定。

(5)若舱壁已变形,不能用千斤顶进行矫正,以防破裂。

5.其他堵漏方法

(1)焊补

情况许可时,可以用船上电焊设备进行破洞焊补。

(2)粘补

使用黏合剂将钢板粘补,黏合面要平坦洁净,可先用汽油去污,黏合后静止固化,在20~25 ℃时,初步固化要 2~3 h,10 h 左右才基本固化。

(3)泡沫体堵漏

使用化学泡沫方法,在几分钟至几十分钟内将泡沫体填充到破损舱室内,使损伤处被泡沫密封,以阻止进水。

三、船体破损后的行动

1. 查损探漏

船舶破损以后是否漏水与漏水位置确定，可以通过直接观察或船舶的其他特征来分析判断，如出现明显破洞、船舶下沉、纵横倾、漏油、冒气泡等现象，但必须在查明破损的具体情况和漏洞的确切位置后才能有效地进行堵漏抢险。

（1）测量各油、水舱和污水沟，根据其水位变化来判断是否进水，测量时可注意舱内有无水声。双层底还应注意有无空气从空气管中冒出。测量应先从进水可能性较大的舱室开始，由近到远。

（2）对油、水舱等进水有怀疑时，还可取样检验油里有无水分或淡水中有无海水渗入。

（3）发现漏水舱室后，应尽可能进舱检查漏水位置，记下肋位及离甲板的高度。如破洞在舱内水位之下，则可以根据气泡和水声来判定它的位置，也可以敲击邻舱舱壁，根据声音判断舱内进水的水位。

（4）若无法准确知道破洞位置，可自制一破洞探查器来查找漏洞。破洞探查器用一刻有标记的竹竿和一直径为 0.5～1.0 m 并缝上纱网或帆布的铁丝圈构成，如图 1-5-2-22 所示。

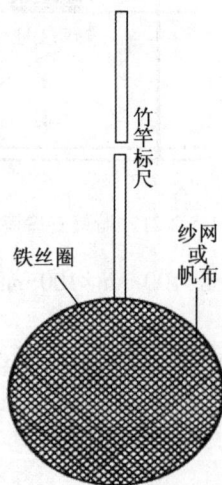

图 1-5-2-22　破洞探查器

（5）如因强烈爆炸或振动而造成船壳破损，还应检查舱壁、管系、水密设备等是否被振裂、损坏或渗漏。

2. 封闭排水

发现破损后应立即封闭可能会受到影响的一切水密门窗，以防蔓延，并通知机舱进行排水。如果机舱进水，开启舱底泵及压载水泵仍不能阻止舱内水位上升，还可开启机舱应急阀而关闭船旁吸入海水阀，利用主机排量很大的海水冷却泵将海水泵出舷外。其他舱室进水，必要时也可将水引入机舱，但在操作中要特别小心，并在确保机舱安全的情况下才能进行。

3.应急措施

(1)发出堵漏警报信号(二长声一短声,连续发出 1 min),船员按应变部署表要求立即采取堵漏行动。

(2)停车并将漏损部位置于下风以减少水流、风浪的冲击,减少进水量。

(3)根据本船破损控制图将各层甲板及货舱的水密舱室界限上的一切开口迅速关闭。迅速关闭水密门、窗和开口以防止进水的蔓延,并开动全部排水泵排水。

(4)检查吃水和船舶倾斜的变化,随时掌握干舷和稳性等情况。

(5)尽快测定漏损部位以便采取有效的堵漏措施。测定漏损部位的方法较多,例如:根据事故发生的部位判断;根据船体倾斜方向判断,一般倾斜侧为进水侧;观察舷外四周有无油污泛出,油污泛出处附近为进水处;静听各空气管的排气声,如空气管的排气声迅速,则该处可能进水;用榔头敲击相邻舱壁听其声音有无变化;用简易探测器在舷外水线下船壳板外移动时吸力情况来判断等方法。

(6)对将会受到影响的相邻舱壁进行支撑加强。

(7)船舶横倾严重时,应采取移载法、排除法或对称灌注法等方法使船舶保持平衡,以防发生倾覆。

(8)把救生艇放出舷外,以免船舶倾斜后不易放艇。

(9)向上级机关报告,与附近港口以及过往船只保持联系,以便救援。

四、堵漏器材的维护与保管

1.堵漏器材的维护

(1)不要让木质及纤维质的材料受到高温、潮湿的影响。

(2)各种堵漏器材每半年检查一次,注意是否锈蚀、损坏,活动部分加油润滑。

(3)木塞及各种工具材料要定期清点,检查是否安全。

(4)水泥及催凝剂等,每半年检查一次,注意是否变质、短缺,并及时更换和补充。

2.堵漏器材的保管要求

(1)堵漏器材应存放在规定地点,由专人保管,不能移为他用。舱室外应有明显标志。

(2)各种金属漏器材与部件,应注意保养,防止锈蚀。活动部分应经常加油润滑,以保持灵活。

(3)由纤维材料制作的堵漏器材,如堵漏毯、软垫、帆布和麻絮等,应经常晾晒通风,保持干燥,不致霉烂。

(4)木质堵漏器材不要置于高温或潮湿处。

(5)橡胶填料不可遇油,也不宜置于高温或潮湿处。

(6)水泥要防潮,防止压实结块,一般应每半年至一年更换一次;黄沙应保持清洁,不为油脂和尘土所污染。

任务3　掌握船用烟火信号的基本知识

船用烟火信号是指用物理或化学方法使化学混合物如火药被引燃后反应时发出的声响、火焰或烟雾的化学现象和物理现象,作为船舶遇险需救助和识别的联络信号的统称。

一、救生视觉信号

1. 火箭降落伞火焰信号

火箭降落伞火焰信号(rocket parachute flares)应:

当垂直发射时,火箭应达到不低于 300 m 的高度。在其弹道顶点处,或在接近其弹道顶点处,火箭射出降落伞火焰,该火焰应:

(1)发出明亮红光;

(2)燃烧均匀,平均光强不小于 30 000 cd;

(3)燃烧时间不小于 40 s;

(4)降落速度不大于 5 m/s;以及

(5)在燃烧时不烧损降落伞或附件。

2. 手持火焰信号

手持火焰信号(hand flares)应:

(1)发出明亮红光;

(2)燃烧均匀,平均光强不小于 15 000 cd;

(3)具有不少于 1 min 的燃烧时间;及

(4)在浸入 100 mm 深的水中历时 10 s 后,仍能继续燃烧。

3. 漂浮烟雾信号

漂浮烟雾信号(buoyant smoke signals)应:

(1)在平静水面漂浮时,匀速地喷出鲜明易见颜色的烟雾,持续时间不少于 3 min;

(2)在整个喷出烟雾期间,不喷出任何火焰;

(3)在海浪中,不致被淹没;及

(4)在浸入 100 mm 深的水中历时 10 s 后,仍能继续喷出烟雾。

二、救生圈自亮灯和自发烟雾信号

当船舶发现有人落水时,应将救生圈抛向落水者,以便落水者游近救生圈,用它拯救自己的生命。但为了在白天或黑夜更容易发现救生圈的位置,必须在救生圈上附带自亮灯和自发烟雾信号。

1.救生圈用自亮灯

救生圈用自亮灯平时与救生圈连在一起,倒悬在驾驶台两边。随同救生圈一起抛投入水后,即垂直漂浮在海面上,同时接电源,发出 2 cd 的白光,以每分钟不少于 50 闪也不多于 70 闪的速率闪光(放出闪光);可以工作至少 2 h。

2.救生圈用自发烟雾信号

其使用方法、步骤与自亮灯相同。其能在平静水面漂浮时,匀速喷出鲜明易见颜色的烟雾不少于 15 min;在喷出烟雾信号的整个期间,不会爆燃或喷出任何火焰;在海浪中,不致被盖过;当完全浸没在水中至少 10 s 后,能继续喷出烟雾。

三、船用海水染色信号

在紧急使用时拉开令环,抛入海水中,即可使周围海水染成绿色或橙黄色的信号,维持的时间为 90 min,可见距离至少为 3 n mile。

四、烟火信号使用的时机

烟火信号是一般在船舶遇险后求救、呼叫、通信联系时使用。应该注意,如果要施放各种求救烟火信号,先必须明确,在发现对方的目标为过往船舶、飞机、陆地单位等以后,才可以施放各种信号。因船上所备信号有限,故须防止漫无目标地施放信号,造成不必要的浪费。在各种场合,施放者可以分别应用各种信号来引起注意。

1.在遇难船上

白天可以拉汽笛、哨笛、日光信号镜或点燃柴油、布片等物质以引起过往船舶注意。烟火信号中红色火焰、红色降落伞火箭、音响榴弹(音响火箭)、烟雾信号都可以用来引起注意。晚上,遇险船除可用船上配备的音响设备和灯光设备,如汽笛、哨笛、铜锣、警铃以及探照灯、莫尔斯信号灯等求救信号,也可以用烟火信号、音响榴弹(音响火箭)、火箭降落伞火焰信号、手持火焰信号甚至手电筒等来引起过往船舶注意。

2.在救生艇、筏中

白天可以用哨笛、日光信号镜、黄色烟雾信号。手持火焰及火箭降落伞火焰也能应用,尤其是后者,虽在阳光下,其可观察距离也较远。在晚上,可以用哨笛、莫尔斯手电筒、手持火焰或火箭降落伞火焰等信号。

3.在救生站或岸上海事救助单位

可以用红星火箭、白星火箭或绿星火箭,也可用火焰做信号,在晚上指引运送遇难船员或小艇登陆的方向。在白天,可以用白旗、红色火焰以及各色星光火箭指示安全行动的方向。

五、常用烟火信号的施放方法

1.火箭降落伞火焰信号

在其外壳上印有使用须知和简明发射方法图解,应按其说明及图解进行操作。一般步骤是:

(1)撕掉塑料袋,揭开盖子,注意将外壳上的箭头朝上。

(2)放下底部触发器绞链式压杆,一手握住火箭,垂直高举过头,一手手掌托在压杆上,做引发准备。

(3)将压杆上推,并迅速双手紧握火箭,有风时可略偏上风,火箭很快发射,也有的火箭是使用拉环或其他方式触发发射的。

2.手持火焰信号

应按其外壳上的说明及图解进行操作。一般步骤是:

(1)撕开塑料封袋,揭去底盖。

(2)抽出内筒,并拧开它底部的擦火塞,将内筒、外筒的螺柱、螺母拧接牢固。

(3)一手握住外筒,注意将外壳上的箭头朝上,一手用擦火塞在内筒顶端擦划到发出"吱吱"声。

(4)将信号伸出下风舷外,并向下风倾斜,注意手要握低些,以免被火焰烤伤。有的火焰信号不分内外筒,下筒是空的,以便手握。

3.漂浮烟雾信号

应按其罐外说明及图解进行操作。一般步骤是:

(1)撕去塑料密封袋,揭去盖子,露出拉环。

(2)拉掉拉环,开始引燃发烟。

(3)将信号罐投入下风舷外水中,让其漂浮发烟。

任务 4 掌握紧急无线电示位标和搜救雷达应答器的基本知识

紧急无线电示位标(Emergency Position Indicating Radio Beacon, EPIRB)在 GMDSS 的报警体系中是在船舶发生突发事件时遇险报警的主要手段,也是遇险船舶使用的进行遇险报警的最后手段,设备启动以后,可以连续发射 48 h,救助协调中心(RCC)可以根据其发射的信号对示位标进行连续的位置跟踪,尽快找到遇险船舶和幸存者。

搜救雷达应答器(Search And Rescue Radar Transponder, SART)是在搜救过程中,利用雷达锁定幸存者或遇险船舶所使用的设备。AIS-SART 是按《SOLAS 公约》最新要求安装的设备,目的都是在搜寻救助过程中近距离发现幸存者。

国际海事组织(IMO)规定,所有 300 总吨及以上的货船及公约船都必须配备上述两种设备。

一、设备概述

EPIRB 是《SOLAS 公约》第Ⅳ章所要求配备的设备。GMDSS 中曾经有过三种类型的紧急无线电示位标,分别是 COSPAS-SARSAT 系统的卫星紧急无线电示位标(Satellite-Emergency Position Indicating Radio Beacon,S-EPIRB)、INMARSAT 系统的 L-EPIRB 和地面通信系统的 VHF-EPIRB。2006 年 12 月 1 日,INMARSAT 宣布关闭 L-EPIRB 系统,L-EPIRB 退出舞台。VHF-EPIRB 只能在 A1 海区使用,用户不多,目前在用的示位标主要是 S-EPIRB。

GMDSS 中的 EPIRB 具有遇险报警、定位、识别和寻位功能。在船舶遇险时,人工或自动启动 EPIRB 发出含有示位识别码的报警信息。RCC 接收到报警信号后,就可以根据 EPIRB 提供的信息展开搜救活动。

SART 是《SOLAS 公约》第Ⅲ章所要求的设备,属于无线电救生设备,但在《SOLAS 公约》第Ⅳ章也有要求。所有客船和 500 总吨及以上的货船每船至少应配备 2 部 SART,未满 500 总吨的货船可配备 1 部,同时允许船舶和救生艇筏兼用。

SART 的主要作用是近距离发现和准确锁定幸存者的位置,它和搜救船舶或飞机的雷达相配合,在一定范围内能够准确锁定幸存者的位置,非常适合在夜晚或恶劣的气象条件下对幸存者进行搜救。

另外,根据国际海事组织(IMO)于 2008 年 5 月 16 日通过的 MSC.256(84)号决议,2010 年 1 月 1 日及之后建造的船舶或在此日期后更换设备的船舶,允许船上配置 SART 或配置 AIS-SART 作为搜救寻位装置。

二、国际搜救卫星系统

国际搜救卫星系统(COSPAS－SARSAT)(COSPAS 是俄文 KOCTTAC 的译音,意为搜寻遇险船舶空间系统 Space System For Search of Distress Vessels;SARSAT－Search And Rescue Satellite Aided Tracking,搜救卫星辅助跟踪)系统,原称为"低极轨道搜救卫星系统",由于该系统又引入了静止卫星作为遇险报警信息的转发器,因此,该系统现在更名为"国际搜救卫星系统"。

COSPAS-SARSAT 系统是 1981 年由美国、苏联、法国和加拿大四国联合开发的旨在全球利用卫星进行搜索和救援的信息服务系统;一年以后,以上述四国为理事的国际搜救卫星组织(COSPAS－SARSAT)宣布成立,在此后的搜救活动中,使许多遇险人员安全脱险。该系统也是 GMDSS 的重要组成部分,为海上搜救提供信息服务。

我国 COSPAS－SARSAT 系统的基本功能是对国际搜救卫星低极轨道卫星和静止轨道卫星进行跟踪,接收 406 MHz 紧急无线电示位标信号,经过任务控制中心的处理,产生遇险报警位置和相关信息的报告,及时准确地传递到中国海上搜救协调中心。同时将相关报警数据集成到应急搜救指挥系统中,为 RCC 组织的搜救工作提供报警定位。

COSPAS－SARSAT 系统由紧急无线电示位标、卫星空间段、本地用户终端和任务控制中心组成,如图 1-5-4-1 所示。

图 1-5-4-1　COSPAS–SARSAT 系统组成示意图

三、紧急无线电示位标

(一) 紧急无线电示位标简介

1.作用

紧急无线电示位标是一个独立的小型专用发射机,根据其使用的载体分为三种类型,即陆地用紧急无线电示位标——个人示位标(Personal Locator Beacons, PLB)、航空用紧急无线电示位标——紧急示位发信机(Emergency Locator Transmitters, ELTs)和船用紧急无线电示位标(Emergency Position-Indicating Radio Beacons, EPIRBs),如图 1-5-4-2 所示。紧急无线电示位标的发射频率是 406 MHz,曾经有过频率为 121.5/243 MHz 的紧急无线电示位标,但已于 2009年 2 月 1 日起停止使用。现在使用的一些紧急无线电示位标具有双频或三频发射机,但其中的 121.5/243 MHz 频率主要用于引航信号,供搜救飞机测向使用。不同载体的紧急无线电示位标发射信号后,都会被相同的卫星接收并转发。

图 1-5-4-2　紧急无线电示位标实物图

紧急无线电示位标主要用于航海和陆地个人用户,EPIRB 已广泛地在船舶上装配使用,在大量的搜救行动中起着不可替代的作用。

EPIRB 启动后,每 50 s 发射一次持续时间 0.5 s、功率为 5 W 的射频脉冲。EPIRB 的电池有效期一般为 4 年,现在设计的电池有效期可以达到 5 年甚至更长时间,电池容量为启动后连续发射 48 h。静水压力释放器有效期为 2 年。紧急无线电示位标能从 20 m 高落入水中而不损坏;在 10 m 深水处,至少应能保持 5 min 而不进水。

2.安装 EPIRB 时应考虑的因素

EPIRB 一般安装在驾驶台两侧或顶部。安装的地点应便于接近,容易维护,人工启动方便;周围无障碍物,无废气,无化学品污染,无机械冲击,无海浪冲击。

(二)EPIRB 的启动方式

EPIRB 的启动方式分为三种,分别是自动启动、手动启动和遥控启动。

1.自动启动

如果紧急无线电示位标的存放盒或安装支架是浮离式的,则该紧急无线电示位标可以自动启动。具体是指当船舶遇险,船体下沉到一定深度后(一般为 1.5~4 m),压力传感器测得海水静压力,释放机构自动启动,紧急无线电示位标脱离支架或存放盒,浮出水面,开始发射报警信号。自动启动式紧急无线电示位标需要安装在没有遮挡的暴露场合。当然,自动启动式紧急无线电示位标通常也可以手动启动。

2.手动启动

手动启动是指人工启动紧急无线电示位标的遇险报警功能,使其开始发射报警信号。

3.遥控启动

遥控启动需要 EPIRB 保持天线长时间处于接收遥控信号状态,并且随时对接收信号进行命令解析,以便遇险时能够马上响应遥控信号。遥控启动平时就要消耗掉一些电量,实际的用处也不是很大,因此,一般紧急无线电示位标不具有遥控启动功能。

紧急无线电示位标的作用是当载体遇到危险时,能够自动启动或人工启动,发射报警信号,自动方式根据载体的不同有不同的方式,航空器用紧急无线电示位标多采用撞击式,船用紧急无线电示位标基本采用水浸式或脱离式,由于脱离式误发报警的概率比较大,因此现在准备淘汰此种方式。

(三)几种型号的 EPIRB 在船上配备与使用的介绍

1.KANNAD 406 MHz EPIRB、SAILOR EPIRB 和 MCMURDO E5 406 MHz EPIRB

法国的 KANNAD 406 MHz EPIRB、丹麦的 SAILOR EPIRB 和英国的 MCMURDO E5 406 MHz EPIRB 的外形与操作几乎完全一样,本书以 MCMURDO E5 406 MHz EPIRB 为例进行介绍。

MCMURDO E5 406 MHz EPIRB 如图 1-5-4-3 所示,E5 平常装在外罩里面,水平或垂直安装在甲板上,设备可以自动启动,也可以人工启动。

(1)自动启动

一旦船舶遇险,设备下沉到水下 4 m 之前,静水压力开关动作,设备外罩被弹开,并浮出水面,磁性开关闭合,水敏开关动作,设备启动,开始发送报警信号。

(2)人工启动

打开外罩,取出示位标,向上揭开红色开关保护罩,按住"PRESS"按钮,把开关推向最左边,直至示位标闪光灯闪烁,表明设备被启动。

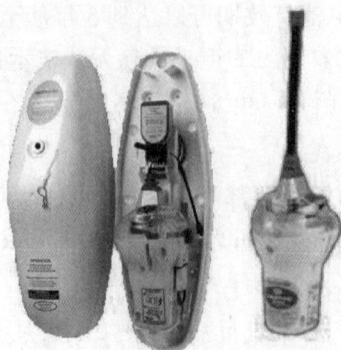

图 1-5-4-3 MCMURDO E5 406 MHz EPIRB

（3）自检测

打开外罩,取出示位标,按住示位标顶端的"TEST"按钮,直至红灯亮,设备开始自检测。如果自检项目全部通过,蜂鸣器鸣叫,红灯和白灯也将同时闪烁数次;如果有任何项目检测不通过,将不会有任何闪烁现象,并且红灯不亮。

鸣叫与闪烁的次数表示电池的使用时间,鸣叫闪烁 3 次,表示电池累计使用 0~4 h;鸣叫闪烁 2 次;表示电池累计使用 5~6 h;鸣叫闪烁 1 次,表示电池累计使用超过 6 h。

（4）停止发射

在自动启动状态下,把示位标从水中捞出,擦干即可;

如果是人工启动,把红色开关推回最右边即可。

2.TRON-40S EPIRB

TRON-40S 是挪威 JOTRON 公司的产品,如图 1-5-4-4 所示,设备操作比较简单,表面印有简要操作说明。设备配有 20 m 的细绳,可以将 EPIRB 拴在救生艇筏上。设备顶端有一个指示灯,显示设备的工作状态,当设备启动时,指示灯以每分钟 20 次的频率闪烁。

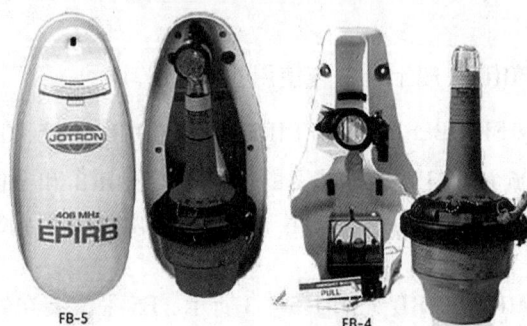

图 1-5-4-4 TRON-40S EPIRB

电池单元设在设备的下半部分,电池单元标有失效日期,更换电池时只要打开中间的腰环即可。电池安全开关也设在下半部,避免设备因雨雪天气和浪花飞溅而误启动。

该设备有两个可安装的支架,分别是手动支架 MB4,自动支架 FB4、FB5 等。手动支架是当该设备作为第二套报警设备时使用,一般用于客船,安放在驾驶台内,没有静水压力开关,设备必须人工启动;自动支架具有静水压力开关,安放在室外,设备既可以自动启动,也可以人工启动。

(1)人工启动程序

①从支架上取下设备;

②破坏上面的封条,拉动固定主开关的锁针;

③主开关即自动弹到"EMERGENCY"的位置;

④设备顶端的指示灯闪烁,表明设备已经启动,发送遇险报警;

⑤若要停止发射,把开关调到"OFF"的位置,或放回支架即可。

(2)自动启动

EPIRB 在水下 2~4 m,静水压力释放器动作,自动释放支架上的示位标,示位标浮出水面即可启动。

将示位标提出水面拭干后即可停止发射,放回支架也可以停止发射。

(3)自测试

取下示位标,把示位标顶端的开关打到"TEST"的位置即可。

测试成功,测试显示 LED 灯闪烁,在 15 s 后变为常亮,主闪灯也闪亮一次,表明设备工作正常。

测试完毕后,开关恢复到原位置,把设备放回支架即可。

3.JQE-103 406 MHz EPIRB(日本 JRC 公司产品)

设备实物图片如图 1-5-4-5 所示。

图 1-5-4-5　JQE-103 406 MHz EPIRB

设备存放与工作程序如下:

(1)平时放置

EPIRB 平时放置在自浮式屏蔽罩内,"selector switch"开关放在"READY"位置。

(2)自动启动

船舶遇险时,EPIRB 在水下 2~4 m 时,静水压力释放器动作,自动释放自浮式屏蔽罩内的紧急无线电示位标,示位标正立浮出水面,水敏开关动作。紧急无线电示位标的电池电压提供到 EPIRB 发射机,发射机开始发射报警信号。

(3)人工启动

船舶遇险时,可人工启动 EPIRB。方法是:"selector switch"开关放在"ON"位置。紧急无线电示位标启动,发射机开始发射报警信号。

(4)试验

①电池测试

"selector switch"开关放在"TEST"位置。

i.如果黄色和橘黄色指示灯同时亮 4 s,表示电池电量正常;

ii.如果黄色和橘黄色指示灯以 0.5 s 的间隙同时闪烁 4 s,表示电池电量有损耗;

iii.如果黄色和橘黄色指示灯以 0.1 s 的间隙同时闪烁 4 s,表示电池电量已经耗尽。

②发射测试

i.如果黄色和红色指示灯同时亮 0.44 s,表示发射正常;

ii.如果只有黄色指示灯亮 0.44 s,表示没有信号发射;

iii.如果指示灯没有亮,表示设备故障。

③指示灯测试

所有指示灯以 2.6 s 为周期闪烁属于正常,否则不正常。

(四)EPIRB 设备的维护保养

1.EPIRB 部件的更换

EPIRB 部件更换主要是指静水压力开关和电池的更换。静水压力开关的有效期限一般是 2 年,电池的有效期限一般是 4 年,具体时间以这两个部件上标识的失效日期(截止日期)为准,在到期前应及时更换,更换由岸上的专业公司负责。

2.EPIRB 的检测

根据《SOLAS 公约》的规定,EPIRB 的测试分为 5 年一次的特检、每年一次的年度检验和 3 个月一次的常规检测。无线电操作员需要进行 3 个月一次的 EPIRB 常规检测,并做好记录。

3.日常维护

(1)检查紧急无线电示位标周围有无杂物堆积、有无新的构建物,判断这些情况是否在紧急情况下影响示位标的释放。

(2)检查紧急无线电示位标周围有无腐蚀品,注意机体和存放支架是否牢固,有无腐蚀及爆裂等损坏。

(3)检查紧急无线电示位标机体是否有海水浸泡及密封不良的情况。

(4)检查紧急无线电示位标表面的船名、呼号、MMSI、电池的有效期等各种标志是否清晰。

四、搜救雷达应答器

搜救雷达应答器(SART)是 GMDSS 中的寻位装置,用于在船舶遇险时寻找遇难船舶、救生艇或幸存者,以及幸存者手持 SART 时,可以使他们得知是否有救助船舶或飞机在靠近他们。

每艘客船和 500 总吨及其以上的每艘货船,每舷至少应配备 9 GHz SART,300 总吨到 500 总吨的每艘货船至少应配备一台 SART,如图 1-5-4-6 所示。

SART 的搜寻与救助功能体现在下述两点:

(1)在搜救船舶或直升机上的导航雷达(X 波段)探测脉冲作用下,SART 发射的信号能使搜救船舶或直升机上的导航雷达荧光屏显示出 SART 的确切位置。

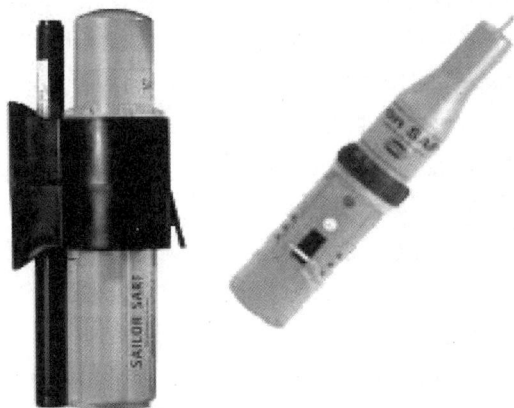

图 1-5-4-6　SART

（2）能使手持 SART 的幸存者或配备 SART 救生艇上的人,确信有搜救船舶或直升机在靠近他们。

1.SART 寻位系统及示位原理

SART 是一个具有收发功能的小型设备,其作用是当搜救船舶或飞机接近时,在 9 GHz 雷达(亦称 X 波段雷达或 3 cm 雷达)信号的触发下,发出特定的示位信号,以使搜救者能在复杂的海况下及时发现遇险幸存者,大大地提高救助的成功率。SART 实物、搜救雷达显示抓拍及示意图如图 1-5-4-7 所示。

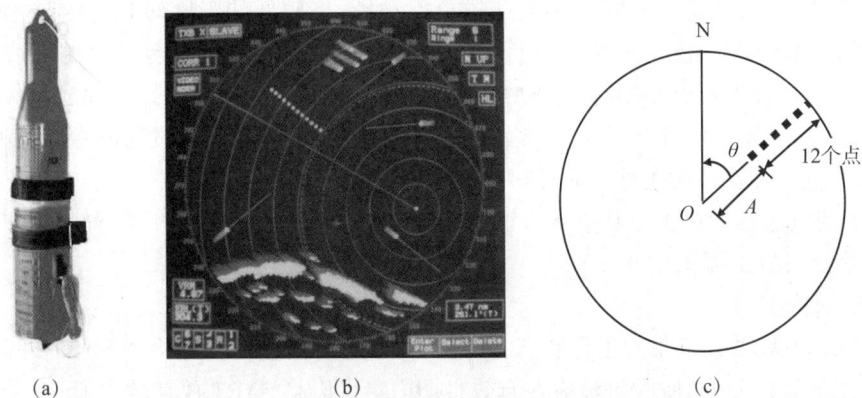

（a）　　　　　　　　（b）　　　　　　　　（c）

图 1-5-4-7　SART 实物、搜救雷达显示抓拍及示意图

SART 实物如图 1-5-4-7(a)所示。SART 可以安装在驾驶室内,也可以安装在船舷或救生艇上,并可以方便地由遇险幸存者携带。一旦险情发生,SART 必须人工启动才能工作,根据公约的要求,设备也可以具有自动启动的功能。

SART 启动后首先处于待命状态,即只收不发。但一旦收到 9 GHz 的雷达信号,SART 会立即进入应答状态。在应答状态中,SART 会在与所收雷达信号相同的波段上发射一串脉冲信号,该信号在雷达显示器上的标志是同一方位上的 12 个等距离光点(显示光点数量的多少与雷达量程、搜救船与 SART 的距离有关)。而搜救船舶或飞机上的操作员根据该标志的起始点来得出遇险幸存者的确切位置,及时进行营救。其标志信号在雷达显示器上的视觉效果,如图 1-5-4-7(b)

所示(雷达为偏心显示方式)。救助船与幸存者之间的相对方位和距离如图1-5-4-7(c)所示,ON 为船首线,A 为救助船与幸存者间的距离,θ 为救助船与幸存者间的方位夹角。

前者描述的是双方距离较远时的情形。随着双方距离渐近,雷达所收到的 SART 信号也渐强,因而在大光点附近会逐渐出现小光点。这主要是由 SART 响应雷达波的回扫信号造成的。当距离近至约 1 n mile 时,雷达天线的旁瓣与后瓣方向也能接收到 SART 的信号,此时由于余晖现象,导致雷达显示器上的标志信号由 12 个光点逐渐扩展为 12 条弧线。再近时则可形成 12 个同心圆。这时的标志信号只能用来测距,却无法用来测量方位。为避免出现上述情形,要求搜救雷达的操作员必须随距离的逐渐接近,适时降低雷达增益。始终保持雷达显示器上的 SART 标志信号成 12 个光点状态。

另外,除发射无线电信号外,在 SART 上还同时设有声、光指示装置,以便遇险幸存者判定设备的工作状态和搜救单位距离的远近。以 TRON 型 SART 为例,在其处于待命状态时,设备上的指示灯以亮 0.5 s、灭 1.5 s 的 2 s 周期闪动。当收到雷达信号后,其频率加快,改为以亮 0.5 s、灭 0.5 s 的 1 s 周期闪动。而声响装置在待命状态不发声,在收到雷达信号后,远距离时,能周期性地听到应答时发出的短促声,随距离渐近,周期渐短,直至变成连续的声响,此时表明搜救雷达已经近在咫尺了。若听到几种不同音调的声响时,则可断定有多个救援船舶或飞机到达。

2.SART 的操作使用与维护保养

SART 的形式有多种,外形也各不相同。SART 的外壳结构应是水密的。它由天线、接收机、发射机、漂浮容器及电池组成。

(1)SART 的操作

在紧急情况下,从支架上取下 SART,拔出启动销,将底部的卡圈转到"ON"位置,确认绿灯已亮,然后将 SART 固定(在遇险船上使用时,将 SART 固定在驾驶台外侧的舷墙或罗经甲板的栏杆上。在救生艇上使用时,把 SART 固定在艇顶板上的圆孔中,并全部放进去。在救生筏上使用时,用绳索绑牢在阀门上)。当它被 9 GHz 船载或机载雷达发射的探测脉冲触发时,会发出灯光、音响指示,使遇难人员得知很快能获救。

SART 的电池容量在预备状态下能工作 96 h,即底部卡圈转到"ON"位置时。在被连续触发发射状态下 SART 可工作 8 h。

(2)定期检查

为了保证 SART 处于正常工作状态,需对 SART 定期检查。应先检查 SART 外壳状况,外壳上有标注的操作简介,所配电池应在有效日期内。可以将 SART 放在救生艇上,开启导航雷达及应答器电源,观察雷达屏幕上是否有 SART 的应答信号,同时观察 SART 的音响与灯光是否有变化。试验只能在很短的时间内进行,以免造成误会。

3.典型雷达应答器简介

(1)JQX 30A 搜救应答器

JQX 30A 搜救应答器是日本 JRC 公司的产品,天线高度在 1 m 以上,外壳呈橘黄色,有利于海上搜寻。

固定操作如下:

①将 SART 从架子上取下。

②解开下部绑紧带,取下 SART 底座。

③将 SART 底座反向装回 SART 下部并收紧绑紧带。

④抽出支杆。

⑤将 SART 固定在遇险船舶合适位置并用绑绳绑好;若弃船,则应把 SART 带到救生筏或救生艇上,将其固定在救生筏或艇的 SART 安装孔或安装座上并用绑绳绑好。SART 安装示意图(船边、救生筏、救生艇)如图 1-5-4-8 所示。如果固定有困难,可人工手持 SART。

图 1-5-4-8　SART 安装示意图(船边、救生筏、救生艇)

(2)S4 RESCUE SART

S4 RESCUE SART 是英国 MCMURDO 生产的搜救雷达应答器(如图 1-5-4-9 所示),它

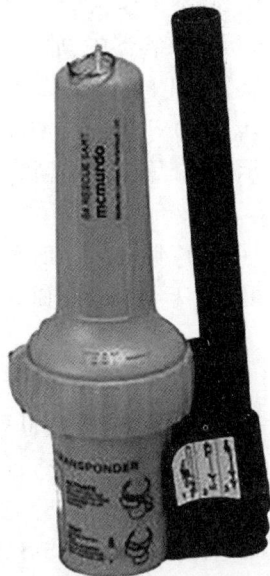

图 1-5-4-9　S4 RESCUE SART

的机体为醒目的橙色热塑性塑料,通过不锈钢装置与密封电池连成一体,O 形密封圈可以保持连接部位水密。旋转环形开关可以执行启动、关闭和测试功能。只有撕下安全标签,才能将环形开关转到启动位置。环形开关为弹性设计,可以从"测试"位置自动返回。

操作方法如下:

①松开夹片,从支架上取下搜救雷达应答器。

②撕下位于搜救雷达应答器中部的安全标签,旋转环形开关至启动位置,即标示为"1"的位置。

③伸展拉杆:抓住拉杆下面的橡胶盖,转动拉杆由拉杆座架上释放拉杆;向下拉并转动拉

杆,将搜救雷达应答器锁在拉杆座架上;移开拉杆下面的橡胶盖,旋转每个部分锁定。

(3)RESCUER 搜救雷达应答器

RESCUER 搜救雷达应答器是法国的 SERPE-I.E.S.M 公司的产品。该产品外壳呈橘黄色,重量为 940 g。它的外形和存放的容器如图 1-5-4-10 所示。

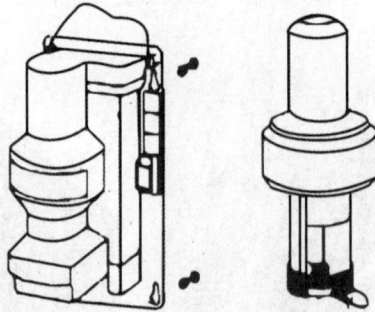

图 1-5-4-10　RESCURE 搜救雷达应答器的外形和存放的容器

该机电池容量:能在"STAND-BY"状态下工作 100 h 后,还能在发射状态下连续工作8 h,每 4 年更换一次电池。该机的底部有一个黑色圆环作为工作开关用。

平时,工作开关被锁定在"OFF"位置,不工作(标有"TEST"标志,开关在此处为测试;标有"ON"标志,开关在此处为工作),将该机盛在容器中,放置在驾驶台两侧的墙壁上。

在船舶遇险时,从墙壁上拿下盛有 SART 的容器,移开中间塑料托板,取出 SART。拔出工作开关的锁定插销,工作开关自动旋转至"ON"位置,SART 被启动。这时,该机的天线底部黑色圆环附近有一红色指示灯将亮,指示本机已处于预备状态,准备响应航海雷达信号。

(4)AIS-SART

2007 年 10 月 7 日国际海事组织(IMO)颁布了 AIS-SART 在搜救行动中的性能标准,即 MSC.246(83)决议案。2011 年 2 月国际电工委员会(IEC)颁布了 IEC 61097-14:AIS-SART 操作与性能及测试标准。

① AIS-SART 结构

AIS-SART 由通信控制器、GNSS 接收机、双信道 TDMA 发射机、简易显示器、启闭开关和电池构成,实物如图 1-5-4-11(a)所示。

②AIS-SART 信息

按照 IMO 的性能标准和 IEC 的测试标准要求,AIS-SART 应在遇险情况下发射设备的位置信息、静态信息和安全消息,发射功率为 1 W。AIS-SART 的标识码为 970xxyyyy,其中 xx 为 00~99,是生产厂家标识;yyyy 为 0000~9999,是序列号。标识码由生产商编排序列号,使用者无法改变。AIS-SART 在测试状态下播发"SART TEST"固定格式的安全短消息;显示绿色符号。在遇险启动后则播发"SART-ACTIVE",航行状态为"AIS-SART(active)",图标显示符号为红色,这些独特的信息便于观测者识别。AIS-SART 在电子海图上显示的符号如图1-5-4-11(b)所示。

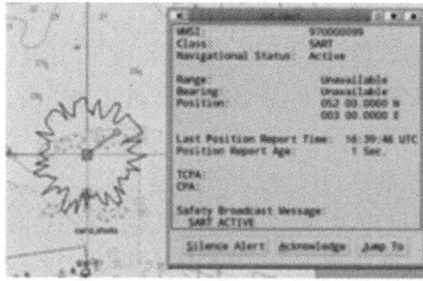

(a)   (b)

图 1-5-4-11　AIS-SART 与其在电子海图的显示

③AIS-SART 的操作特性

AIS-SART 表面有操作程序提示,使用者无需特别训练便可操作。AIS-SART 能够手动启动和关闭,也可以自动启动。对于正确的操作,设备会发出声或/和光的响应。为了防止意外启动,设备设计有保护装置。

④AIS-SART 的环境特性

AIS-SART 的工作特点决定了它能在恶劣的环境下保持良好的使用特性。根据性能标准,AIS-SART 外表平滑,呈橘黄色,长期暴露在阳光下而不褪色,能够抵抗海水和油液侵蚀;能够从 20 m 高度落入水中,不会损毁;沉浸在 10 m 水下至少 5 min,以及在 45 ℃ 水中保持水密性完好。如果 AIS-SART 不是救生艇筏的固定组成部分,则能够漂浮,并需配有用于系留的 5~8 m 长度的浮缆,浮缆受力强度不低于 25 kg。

⑤AIS-SART 的技术特性

AIS-SART 外表标识了天线位置,天线工作高度应至少高于水面 1 m。设备能够在 -20~55 ℃ 条件下至少连续工作 96 h。启动后,GNSS 接收机每分钟定位,为了延续工作时长,启动 1 h 后 AIS-SART 可进入每 5 min 定位一次的节能模式。启动后 1 min 之内,AIS-SART 在两个 AIS 信道上采用 PATDMA 协议交替发射位置报告,带宽 25 kHz,间隔不大于 1 min。即使 GNSS 位置和时间丢失,AIS-SART 仍能够继续发射最后已知位置,并指示电子定位系统(EPFS)失效。AIS-SART 水面探测距离至少为 5 n mile。

五、避免误遇险报警

紧急无线电示位标(EPIRB)是通过发射射频信号表示自己存在的状态及位置,作为遇险报警的手段。紧急无线电示位标的使用方法具有一定的特殊性,不熟悉的人很容易引发报警。

KANNAD 406 型 EPIRB,把它从固定盒中取出超过 30 s 就足以产生有效报警;或者把它取出后再放回去时,开关面放错了也足以引起有效报警。

TRON 30S 型 EPIRB,打开其信标顶部开关上的封条,拉出锁脚,开关就自动开到应急位置,EPIRB 就开始发射报警信号。那些不了解其性能的人员往往没看清楚结构,遇险报警信号就发射出去了。

另外,当信标以正向向上放入水中时,发射便立即开始,而与顶部的开关状态无关。

EPIRB 大都装有海水接触开关,船员冲洗船舶时未予注意,也可能会无意识地触发 EPIRB 报警系统,抑或有些船员违反设备使用管理规定,随意开启 EPIRB 导致误报警。

为了加强设备的管理,防止发生误报警,使 EPIRB 设备发挥应有的作用,我国规定:

(1)EPIRB 设备安装前,各船舶所属公司的通信导航管理部门应认真核对和试验所装设备与船舶相关的数据是否一致;做好电池失效期、释放器更换期等有关数据的记录工作;将有关数据资料报部委办备案,并抄报部安全监督局。

(2)EPIRB 设备的电池、静水压力释放器的更换,由船舶所属公司的通信导航管理部门负责监督、执行,更新日期应填入 EPIRB 设备管理记录登记表,一式两份,一份存通信导航管理部门,一份存船方。

(3)EPIRB 放置设备应安装在靠近驾驶室并易于操作的位置,并张贴明显标志。设备周围和上方应避免有碍设备取出和自浮释放的物体。

(4)EPIRB 设备安装后,船长应组织全体船员学习有关使用规定和注意事项。船长、驾驶员必须了解和熟练掌握该设备的性能结构、操作规程及试验方法。

(5)EPIRB 设备属救生无线电报警设备,当船舶处于危急状况,严重危及船舶和人命安全时,在船长指示下或机关操作人员主动请示船长批准后方可启动。严禁无关人员随意触动设备及其附属设施。任何违反操作规程造成的误报警发射,要及时上报有关部门,并按《海上交通监督管理处罚规定》处理。

(6)EPIRB 设备在应急状态下的操作使用及设备在船上的日常维护工作由二副负责。按照《海船安全开航技术要求》GB/T11412.1-2009,远洋船舶(往返航期为 3 个月左右),每次国内开航前由二副对设备进行一次试验;短航线船舶(往返期不足 2 个月),每季度第一次开航前由二副对设备进行一次试验。试验时,应按产品说明书自测试程序进行,防止由于操作不当造成的误报警发射,并将试验情况填入电台日志。该项试验方法应作为交接班的一项内容。

(7)当各地港监或验船师登轮检查时,二副应在场,并给予必要的协助。

六、偶然触发警报时应采取的行动

一旦误发报警信号,应立即切断报警(如关机等),迅速通知船长,并通过其他的 GMDSS 通信设备,如 INMARSAT-C、B 或 F 站告知本洋区 RCC,解除误报警。

项目六　系、离泊作业和拖带作业

【知识目标】

1. 了解船用各类缆绳的基本用途；
2. 掌握系泊主要设备功能和使用方法；
3. 掌握靠、离码头的操作程序、安全注意事项；
4. 掌握系、离浮筒的操作程序、安全注意事项；
5. 掌握船舶标准系泊、系浮筒口令；
6. 掌握拖带作业程序、注意事项。

【能力目标】

1. 能够使用正确的撇缆方法辅助靠、离泊及拖带作业；
2. 能够在高级船员指挥下完成系、离泊作业；
3. 能够在高级船员指挥下完成系、离浮筒作业。

【内容提要】

船舶的正常营运是需要进行靠、离码头进行装货、卸货作业的,船舶的靠、离码头的速度和安全性直接决定了船舶的经济效益和船上人命、货物安全。水手作为靠离码头作业的一线操作人员,更应该掌握船舶靠离码头所需的技能,从而保证船舶的正常运营,为公司创造经济效益。

任务 1　掌握船舶系泊设备

船舶停靠码头、系留浮筒、傍靠他船或顶推作业时用于带缆、绞缆的设备统称为系泊设备。系泊设备由系船缆、导缆装置、绞缆机械、卷缆车及属具组成。

一、系船缆

系船缆简称系缆(mooring line),靠泊时用于绑牢船身,拖带时用于传递拉力。理想的系缆应具有强度大、弹性适中、耐腐蚀、耐摩擦、密度小、质地柔软、使用方便等特点。常用的系缆有钢丝缆和化纤缆两种。

1.系缆名称

船舶系靠码头、船坞或他船时,根据各缆绳的位置、出缆方向和作用不同,有如下几种名称,如图1-6-1-1所示。

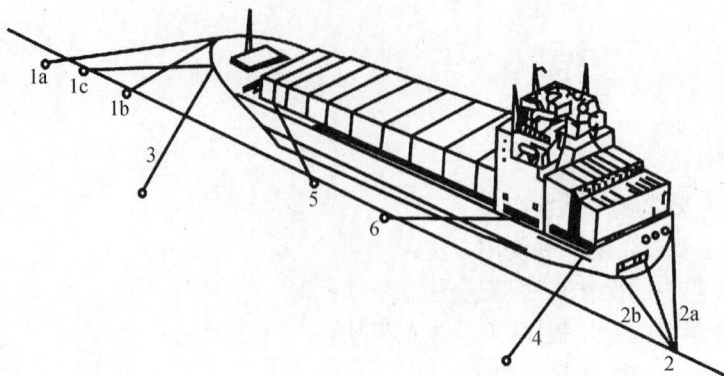

图 1-6-1-1　系缆名称

1a—外档头缆;1b—包头缆;1c—里档头缆;2a、2b—尾缆;3、4—前、后横缆;5—前倒缆;6—后倒缆

(1)头缆(head line):又称艏缆,其中从外舷出缆者也可称为外档头缆。如果它绕过船头而与码头岸线交角很大,则俗称包头缆。从里舷出缆者也可称为里档头缆,俗称拎水缆。头缆主要承受船首方向风流的外力作用,防止船身后退和船首外移。

(2)艉缆(stern line):也有里档艉缆和外档艉缆之分,主要承受船尾方向风流的外力作用,防止船身前冲和船尾外移。

(3)倒缆(spring line):主要防止船位前后移动。

(4)横缆(breast line):主要承受吹开风的作用力,防止船头(尾)外张。

系泊时,缆绳的具体使用要根据码头的情况、船舶长度、缆绳强度、停泊时间长短及天气、潮汐情况来决定。通常万吨级船舶靠码头时带头缆、艉缆各三根,前、后倒缆各一根。5万吨以上船舶除艏、艉缆及前后倒缆有所增加外,因船长较大,往往在船中附近还要增带几根缆,可以根据本船情况而定。

2.浮筒系缆名称

船舶在某些港口停泊时,需要带浮筒。带浮筒的方式主要有两种:一种是在船首带一个浮筒;另一种是首尾均带浮筒。若按所带缆绳的形式,浮筒系缆可分为单头缆和回头缆两种,如图1-6-1-2所示。

(1)单头缆(buoy line):从船头或船尾送出,其前端琵琶头(eye splice)与浮筒环(buoy ring)连接的系缆称为单头缆,俗称单头。单头缆首、尾至少各两根,用以承受系泊力。强风强流时,还应增加其数量。

单头缆与浮筒环的连接方法是:对钢丝缆绳,通常用一只大卸扣系接在浮筒环上,也可用一根两端均有琵琶头的短钢丝绳,在系缆琵琶头与浮筒环之间围绕几道再用小卸扣连接,只要有一点变形就难打开而影响解缆。后者操作费时而解缆操作可靠。对化纤缆绳,则均通过司令扣或卸扣连在浮筒环上。

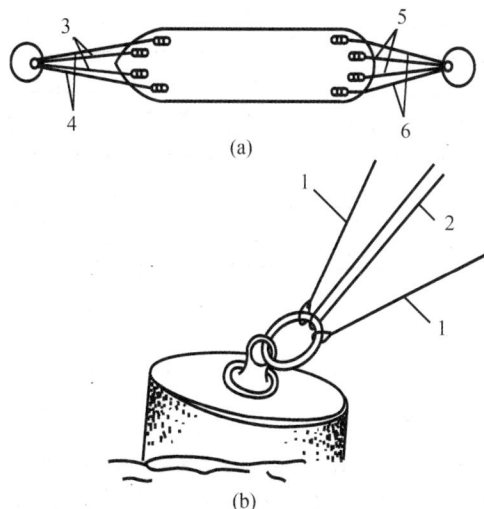

图 1-6-1-2　浮筒系缆名称

1—单头缆;2—回头缆;3、5—前后回头缆;4、6—前后单头缆

（2）回头缆(slip line)：在船头或船尾,由一舷送出,穿过浮筒环后再从另一舷拉回船上系牢。这种缆称为回头缆。回头缆首尾各 1 根,平时不承受系泊力（处于松弛状态）,只在离浮筒时使用,作为最后解出的系缆,由船员自行解脱。

3.系缆的配备

系缆的配备是根据船舶舾装数 N,在《钢质海船入级规范》的列表中,可查得应配置的系缆和拖缆的长度、规格、数量和破断力。

一般船舶至少应配备拖缆 1 根（兼作保险缆用）、系缆（艏、艉缆,倒缆及横缆等）6～12 根和备用缆 2 根。

钢丝缆一般采用 6×24+7 的软钢丝绳,直径大于 56 mm 时应采用 6×37+1 的钢丝绳。作带缆用的钢丝绳一般直径为 20～36 mm,直径在 36 mm 以上的钢丝绳用作拖缆与保险缆。

化纤缆直径一般 20～65 mm,直径大于 65 mm 的纤维缆允许作为保险缆,直径小于 20 mm 的纤维缆不允许作为系缆。缆绳破断力大于 736 kN 时,应采用专门设计的缆车来进行操作。万吨级船舶一般备有艏、艉缆各 3～4 根,前后倒缆左、右舷各 1 根,备用缆前后各 1～2 根,保险缆（兼作拖缆）前后各 1 根。

二、系缆装置

系缆装置包括导缆装置、缆桩、绞缆机、系缆卷车、系泊属具等,其布置如图 1-6-1-3 所示。

1.导缆装置

导缆装置(fairlead)是供船舶系泊时导引系船缆从舷内通向舷外,改变方向、限制其导出位置及减少缆绳磨损的装置。常见的导缆装置有：

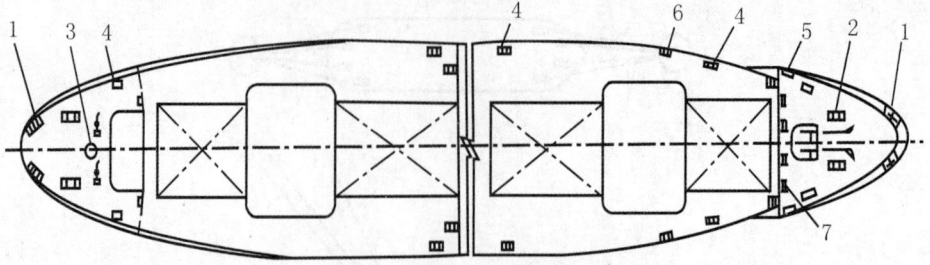

图 1-6-1-3　系缆装置的布置

1—滚轮导缆钳;2、4—缆桩;3—系缆绞盘;5—导缆钳;6—导缆孔;7—钢索卷车

（1）导缆孔

导缆孔（closed chock）又称巴拿马孔（Panama lead；Panama towingpipe），为圆形或椭圆形的铸钢件，如图 1-6-1-4 所示。导缆孔一般嵌在舷墙上（多见于船中），系缆经过它时，接触面呈圆弧形，避免了舷墙对系缆的切割作用，也便于系缆琵琶头顺利通过。但导缆孔对系缆的磨损比较严重。

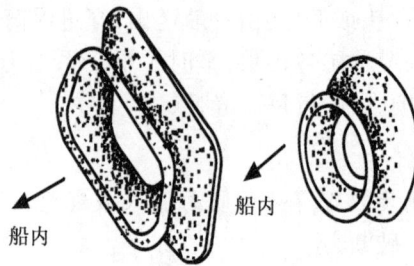

图 1-6-1-4　导缆孔

（2）导缆钳

导缆钳（open chock）是装在舷边的钳状导缆装置，如图 1-6-1-5 所示。其多见于船首、尾部。船舶一般采用滚轮式缆钳，以减轻对系缆的摩擦。

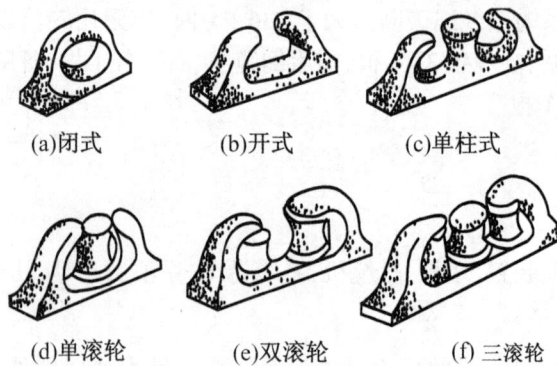

(a)闭式　　　(b)开式　　　(c)单柱式

(d)单滚轮　　　(e)双滚轮　　　(f)三滚轮

图 1-6-1-5　导缆钳

（3）滚轮导缆器

滚轮导缆器（roller fairlead）一般设于船舷，由数个滚轮并立组成，如图 1-6-1-6 所示。

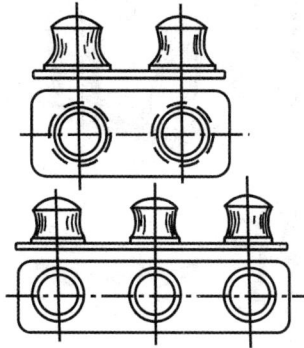

图 1-6-1-6　滚轮导缆器

（4）滚柱导缆器

滚柱导缆器（multi-angle fairlead）一般设在甲板端部，由数个柱形滚筒围成，如图 1-6-1-7 所示。

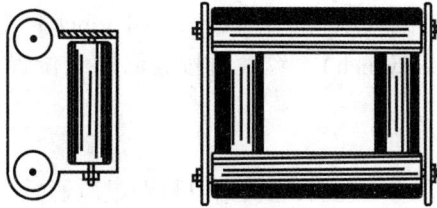

图 1-6-1-7　滚柱导缆器

（5）导向滚轮

导向滚轮（pedestal fairlead）装在甲板上的圆台形基座上，位于舷边导缆器与绞缆机之间，用来改变方向，以便引至卷筒，如图 1-6-1-8 所示。滚轮旁的羊角可以防止系缆松弛时滚落到甲板上。

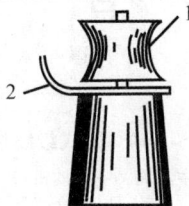

图 1-6-1-8　导缆滚轮
1—滚轮；2—羊角

2.缆桩

缆桩用于系牢缆绳，设在船首部、尾部和船中的左右舷甲板上。缆桩的类型很多，如图 1-6-1-9 所示。缆桩有铸造的，也有用钢板围焊而成的。因为其受力很大，所以要求基座十分牢固。大中型船多采用双柱缆桩。

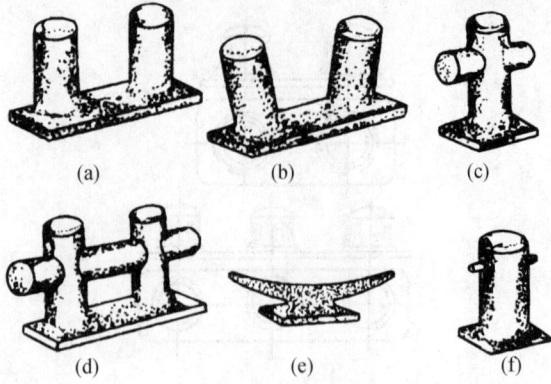

图 1-6-1-9　缆桩

3.绞缆机

绞缆机又称系泊绞车(warping winch；mooring winch)，用于绞收缆绳。船首的绞缆机由锚机兼，船尾部的单独设置，其他部位的由就近的起货机代替。

绞缆机按其动力分，有蒸汽绞缆机(steam-powered winch)、电动绞缆机(electric-powered winch)和液压绞缆机(hydraulic winch)。绞缆机按卷筒轴线位置分，有卧式绞缆机和立式绞缆机。

(1)卧式绞缆机

图 1-6-1-10 所示为普通卧式绞缆机，卷筒由电机经过减速后驱动运转。

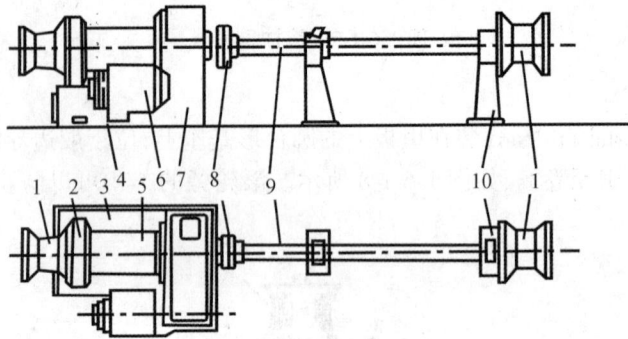

图 1-6-1-10　卧式绞缆机

1—滚筒；2—墙架；3—底座；4—圆盘刹车；5—主滚筒；6—电动机；7—减速箱；8—联轴器；9—主轴；10—轴承座

近年来，随着船舶的大型化和自动化，不少新造的船在船首、船尾配备了自动系缆绞车(auto-tensioning winch)。它能根据系缆的受力情况自动调整系缆的长度，减轻了船员的劳动强度，但它在使用时因频繁收放容易磨损系缆。

(2)立式绞缆机

立式绞缆机又称系缆绞盘(capstan)，如图 1-6-1-11 所示。还有一种叫无轴式系缆绞盘，其电动机装在卷筒里面。立式绞缆机占用甲板面积小。

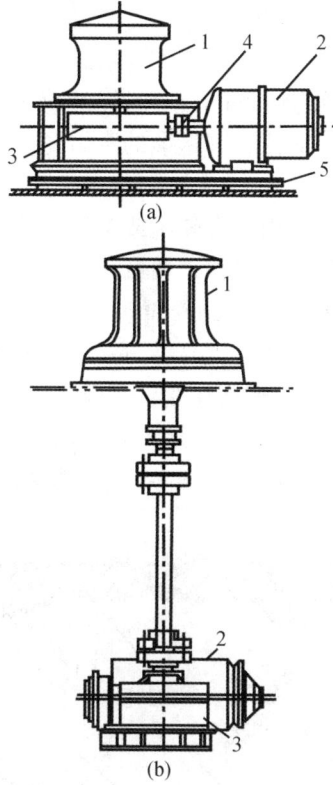

图 1-6-1-11 立式绞缆机

1—滚筒;2—电动机;3—减速箱;4—联轴器;5—底座

4.系缆卷车

系缆卷车(reel)是存放缆绳的装置(简称缆车),如图 1-6-1-12 所示。摇动手柄或转动扶手即可将缆绳送出或卷上,脚踏刹车则用于控制系缆卷车的转速。

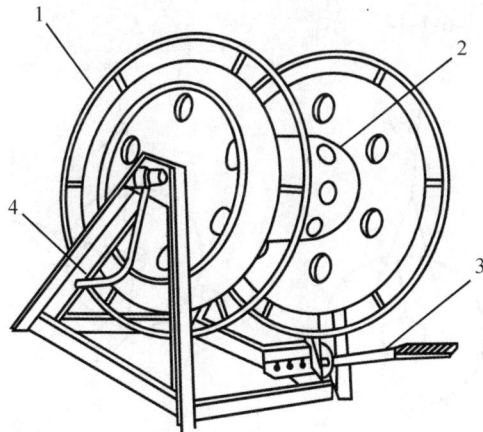

图 1-6-1-12 系缆卷车

1—扶手;2—卷筒;3—脚踏刹车;4—手摇柄

5.系泊属具

（1）撇缆绳（heaving line）

撇缆绳为 1 根长约 40 m、直径约 6 mm 的细绳，绳的前端是有一定重量的撇缆头。船靠码头时，从船上抛给码头带缆人员，作为往码头送缆的牵引绳。

（2）碰垫（fender）

碰垫俗称靠把，是用绳编织的，其内填有软木或棕丝等软性物质的球形物。船舶靠离码头时，用于缓冲船体与码头的撞击和摩擦，以保护船舷。

（3）制索绳（rope stopper）与制索链（chain stopper）

制索绳是船舶系泊时用于临时在系缆上打结，以承受缆绳拉力的专用索具。制索绳用于纤维缆，而制索链则用于钢丝缆。其一端连在缆桩基座靠近出缆方向一侧，或为一琵琶头，使用时，套在缆桩上。另一端用于在系缆上打制索结，以便将系缆在卷筒上取下挽在缆桩上，或将系缆从缆桩取下，挽在卷筒上继续绞收，如图 1-6-1-13 所示。

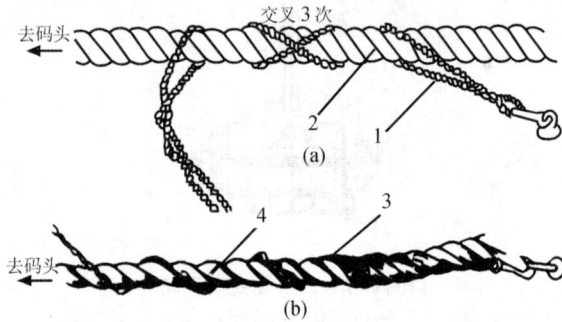

图 1-6-1-13　制索绳与制索链
1—制索绳；2—化纤绳；3—制索链；4—钢丝绳

（4）挡鼠板（rat guard）

挡鼠板一般由薄钢板或塑料板制成。船舶系靠码头时，为了防止鼠类沿着缆绳来往，系缆带好后要挂上挡鼠板，如图 1-6-1-14 所示。

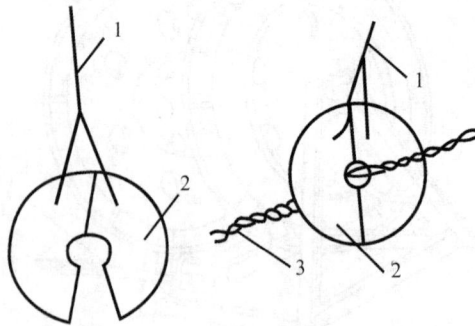

图 1-6-1-14　挡鼠板
1—细绳；2—挡鼠板；3—缆绳

三、系泊设备的维护保养

1.缆绳

（1）航行时卷缆车应罩好。

（2）带缆时应注意缆绳的走向与出缆孔位置，避免系缆被坚硬物切割。

（3）倒缆常常用于协助离泊，受力很大，应保证有足够的强度。

（4）系泊中，化纤缆在受力很大时，应检查挡鼠板，避免它被风吹得荡来荡去而切割系缆。如果船舶摇摆剧烈而使系缆在导缆孔处频繁摩擦，应将该处缆绳用帆布包好。

（5）在浅窄水域系泊时，若发现附近有其他船只快速通过，应及早调整好系缆，以免断缆。

（6）化纤缆应尽量避免在受力很大时快速通过导缆孔，以防其摩擦部位熔化。

（7）采用自动绞缆机时，其系缆应这样配备：前端20 m左右为化纤缆，以后均为钢丝缆。这样系缆与导缆器接触部位是钢丝缆，且系缆在卷筒上的圈数也可增加。

2.导缆装置与缆桩

导缆装置与缆桩所有滚轮、滚柱均应经常加油润滑，使其转动灵活。缆桩的基座应经常除锈并涂刷油漆。

3.绞缆机

（1）使用前加油并试车。

（2）蒸汽绞缆机使用前应将残水排出。

（3）液压绞缆机冬季使用前应对液压油加温。

（4）风浪航区或雨季应对电气设备所用防潮电阻加温，以提高电气绝缘值。

（5）如果使用自动绞缆机，应松开刹车，以免造成刹车损坏。

4.缆车与系泊属具

缆车的转动部位应定期检查和加油润滑。撇缆绳应盘排清楚，防止扭缠。

任务 2 掌握撇缆方法

一、撇缆

1.撇缆（heaving line）的用途与结构

船舶靠码头中，当船舶与码头有相当大的距离时，就要求能尽快地把大缆带到码头缆桩上，利用缆绳把船舶绞进靠拢码头。船用缆绳都较粗重，不能直接送上码头，所以当船舶接近码头时，应及时、准确地将撇缆投到码头上，码头工人用撇缆绳将缆绳牵引到码头上。若第一次抛投不成功，第二根撇缆应立即投出。撇缆成功后，应报告驾驶台。如果使用带缆艇或撇缆枪,则上述做法不必采用。

撒缆绳多采用直径为 6~8 mm 的编织化纤绳材料,长度为 40 m 左右。尾端打一单套结,前端连接在撒缆头上,撒缆头的重量为 0.35~0.4 kg,可用硬橡胶制成,也可用内有沙袋、外用油麻绳编织而成或用撒缆绳直接将沙袋编织在内而成。

2.撒缆的方法

(1)抛投式(船舶式)

把撒缆绳按顺时针方向由尾端开始盘在左手上,盘到一半后用大拇指和食指隔开,再盘后半盘,盘妥后,尾端单套结套在左手中指上或手腕上(视当时情况而定),左手持前半盘,右手握后半盘,撒缆头稍长于撒缆绳圈以防打结。

撒缆时,人左侧对着目标,左脚在前,右脚在后,距离稍宽于肩。右手在身体后方摆动,将撒缆头摆动起来,然后蹬伸右腿,躯干向左转并挺胸,使用全身力量将撒缆投向目标。右手撒缆抛出时,左手应乘势同时送出。在 25 m 距离内一般采用这种撒法,如图 1-6-2-1 所示。

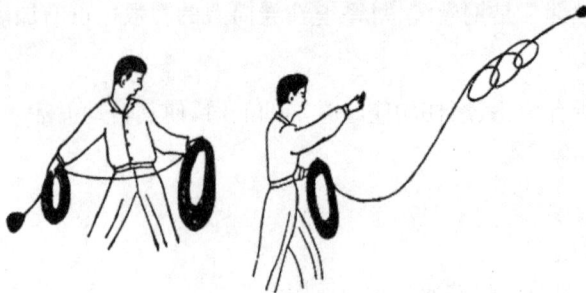

图 1-6-2-1　抛投式(船舶式)撒缆

(2)旋转式(旋转离心式)

这是在抛投式基础上,增加了身体的旋转动作,类似掷铁饼的动作,使撒缆头摆动速度加快,增加撒缆抛出速度,使撒缆能撒出更远的距离。

首先把撒缆绳以顺时针方向盘在左手上,然后在距离撒缆头约 1 m 处折一环状,用撒缆绳在环中部缠两周后,把环套在撒缆上,用食指和中指勾住,尾端套在右手腕上,如图 1-6-2-2 所示。

图 1-6-2-2　旋转式(旋转离心式)撒缆

撒缆时,操作人员左侧对着目标,左脚在前,右脚在后,两脚距离稍宽于肩。身体向右转动,右手在身体后方摆动,将撇缆头摆动起来,然后蹬伸右腿,以左脚前脚掌为轴,身体形成以左侧为轴的单腿支撑向左旋转,当躯干左侧转到对着目标时(转360°),右腿向前迈一步,继续向左旋转,当躯干左侧转到对着目标时,最后用力,以最大的速度发挥全身的力量集中在撇缆上,以30°角将撇缆投向目标。或右侧对着目标,两脚左右分开,距离稍宽于肩。摆动双臂使撇缆随着摆动,当撇缆摆动到身后时,开始右腿蹬伸,以左脚前脚掌为轴,身体形成以左侧为轴的单腿支撑向左旋转,当躯干左侧转到对着目标时(约转360°),最后用力,以最大的速度发挥全身的力量集中在撇缆上,以30°角将撇缆投向目标,如图1-6-2-2所示。

采用此法应在船舶允许的情况下使用。

(3)摆动式(码头式)

先将撇缆绳按顺时针方向盘在左手中,盘至一半长度后逐渐缩小盘圈,左手中指扣牢尾端琵琶头,右手持于距撇缆头约0.9 m处,人左侧对着目标,左脚在前,右脚在后,两脚距离稍大于肩宽。以逆时针方向摆动右臂数次,将撇缆头垂直转动并加速。当左臂扬至最高点向下摆动时,右脚向前踏一步身体向左转(约转160°),撇缆绳从身体前摆过至左侧,撇缆头摆到身体左侧后,摆动右臂向右,用全身的力量将撇缆抛向目标,左手顺势将撇缆绳送出,如图1-6-2-3所示。

这种撇法适宜在宽敞甲板处,人站的位置距离舷墙或栏杆要远些,以防撇缆头受阻。

图1-6-2-3　摆动式(码头式)撇缆

任务3　掌握靠、离码头的系、解缆作业

一、系缆作业

1.带缆前的准备工作

为使船舶能顺利、安全、迅速地进行靠泊,带缆前的各项准备工作应提前做好。

(1)缆绳(mooring line)的准备

清理带缆场地,揭开缆绳盖罩,根据泊位和天气情况清理系带所需缆绳,并将选定先带的各根缆绳倒出一部分排在甲板上,并把琵琶头移到各自的导缆孔前。如果系缆比较笨重,则可将系缆的琵琶头穿过导缆孔(fairlead)、导缆钩(mooring chock)或其他导缆装置后,折回挂置在舷墙上或放在甲板上,如图 1-6-3-1 所示。

图 1-6-3-1　带缆前缆绳的准备
1—缆绳;2—琵琶头;3—导缆钳;4—甲板

(2)绞缆机械的准备

锚机或绞缆机试转,轴承旋转部位加油润滑,使绞缆机械处于可靠使用状态。蒸汽锚机在试转前,应放净气缸内的冷凝水。

(3)撇缆绳的准备

在船首、尾部,各准备 2~3 根撇缆绳,将撇缆绳盘好暂放在甲板上,撇缆人员做好准备,听到指示立即抛出。

(4)制索绳(rope stopper)的准备

带缆从绞缆机卷筒上解下改挽到缆桩前,必须先用制索绳(链)将带缆暂时控制住,防止带缆松出,船位移动。带缆挽牢后,才可解脱制索绳,化纤缆绳应用化纤质料的制索绳,钢丝缆绳应用制索链。

化纤缆绳伸缩性大、弹性大,在使用单根制索绳时,有时因受力过大而绷断或因缆绳伸缩被绷紧而解脱不开,影响操作。目前船上多采用双根制索绳,优点是强度加大,摩擦阻力增加,避免绷断。

制索绳的直径为 25 mm,长度约 3 m。

制索绳尾部的心环用卸扣连接在缆桩附近甲板的地令上或套在缆桩上。

(5)其他准备工作

船舶靠离码头前应准备好挡鼠板,待带缆结束时安装;备妥通信设备等;夜间作业还应备妥照明灯。准备工作完毕,应向驾驶台报告。

2.出缆

撇缆抛出成功后,将撇缆绳尾端在带缆琵琶头上打撇缆活结或单套结接妥,如图 1-6-3-2 所示。当码头上带缆人员拉撇缆时,应及时将带缆送出舷外,松放缆绳速度要和码头上拉缆绳的速度配合好。松放慢了,码头上拉曳困难;松放快了,缆绳会沉入水中或是被水流冲向下流,使码头上拉缆绳增加了阻力和困难,延长带缆时间。松缆绳时,不可用脚踏缆绳来控制松放速度,更不可站在绳圈中,以防伤人。可用制索绳打一半结控制。

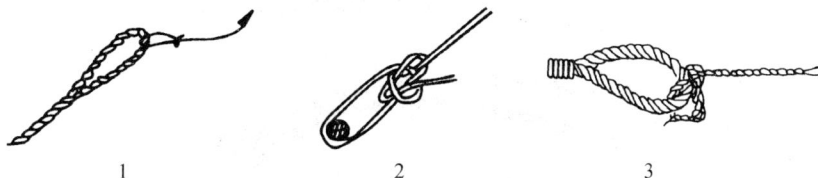

图1-6-3-2　撇缆绳与缆绳的连接

3.绞缆

系缆送到码头,将琵琶头套在码头缆桩后,待码头带缆人员通知(或用手势表示)可以绞缆且系缆在舷外无阻碍时,船上可开始绞缆。操作人员迅速将缆绳由上向下缠绕在锚机滚筒上或绞缆滚筒上。化纤缆绳应绕3~4周,钢丝缆绳应绕4~5周。根据指令或需要绞收缆绳使船渐渐靠拢码头。绞缆时,缆绳不可重叠,一人双手拉持缆绳,站在距绞缆滚筒后约1 m处,一人在后清理绞进的缆绳。遇有扭结时应及时解开,并将缆绳整理清楚。

绞缆过程中,应及时松外档锚链。如果绞缆机受力很大绞不动时,不能硬绞或突然增大功率,以免断缆,而应稍停片刻,待船身向码头移动、缆绳有所松缓时再绞。绞收速度应听从指挥人员的指示(或手势),如带缆受力大,在卷筒上已缠4周还滑动而绞不进时,应根据情况增加缠绕道数,以加大摩擦阻力,便于收绞。

在绞缆过程中有关人员应注意缆绳受力情况,不可站在缆绳、导缆钩、卷筒附近,以防断缆伤人。

4.上桩

当船舶靠拢码头后,应根据需要与指令将系缆从卷筒上取下,在缆桩上挽牢。在操作过程中,动作必须迅速、熟练、准确。

(1)打制索结

在缆绳从卷筒上取下之前,要用制索绳(链)于出缆方向在缆绳上打制索结,以承受缆绳在从卷筒取下至挽牢这短暂时间内的拉力。钢丝缆绳,用止索链在缆绳上打一个半结后,照原来方向继续再绕一圈,然后向后方缠绕。操作过程中应将链条全部绕完,尾端纤维只需绕上1~2圈,然后操作者双手握紧尾端,站立在系缆桩旁边。纤维绳用止索绳,操作时应注意安全,特别是尼龙绳易伸缩,弹力很大,在使用单根止索绳时常有绷断的现象,即使是新的止索绳,也会因缆绳骤然收缩而使止索绳断掉。双根止索绳,强度增大,可迅速解脱,绷断的现象较少,其制作的方法如图1-6-3-3所示。

(2)挽缆操作

制索结打好后,持缆绳活端的水手只要将缆绳往前一送,卷筒上的系缆就会因摩擦力骤减而滑动,使止索绳(链)受力。如果缆绳受力特别大,则应用极慢倒车松出一小段缆绳,让制索缆(链)渐渐受力。缆绳从卷筒取下后要在缆桩上挽牢。整个操作要求迅速、准确,以防船位移动或绷断制缆绳(链)。

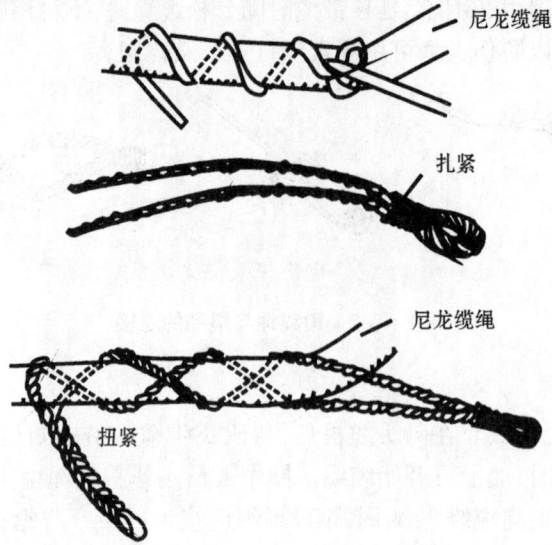

图 1-6-3-3　缆绳上打制索结

（3）挽桩方法

挽双柱缆柱时，缆绳应绕过前面一根缆绳，然后再"8"字形挽牢（也称之为大挽），如图 1-6-3-4 所示，使两根桩均衡受力。纤维绳因其柔软有时只在一根桩上挽牢（也称小挽）。尼龙缆在挽桩时，应在缆桩上绕"8"字形至少 4 道。不要和钢丝缆绳挽在同一只带缆桩上。制索绳要用性质相同的绳索。

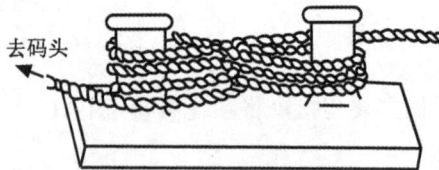

图 1-6-3-4　双柱缆桩的挽法

缆绳在带缆桩上围绕时不能压叠，应防止缆绳弹出击伤人员。大型船舶所用的带缆较粗大、笨重，上桩工作一般由两人协同操作。一人将缆绳在带缆桩上按搓向往返挽绕，另一人用手掌压住已挽好的缆绳，等绕完拉紧后才可松手。

目前，国际上有些船舶将传统式样的固定带缆桩改装成为可转动的缆桩。使用这种可转动的缆桩时，带缆过程和传统的方式不同，将缆绳一端系上码头后，先在可转动的带缆桩上绕两三道"8"字形，而后挽到绞车的卷筒上去。

（4）挽桩道数

挽双缆至少挽 5 道"8"字形，化纤维缆至少挽 6 道，天然纤维缆至少挽 3 道，小挽时一般要挽 6~7 道。

（5）在卷筒上挽缆

如果因某些因素需增加系缆数目而缆桩不够用时，可将系缆在卷筒上挽牢。

（6）琵琶头在缆桩上的套法

从他船引到本船的缆绳，在缆桩上的套法如图 1-6-3-5 所示，使两根柱均衡受力。

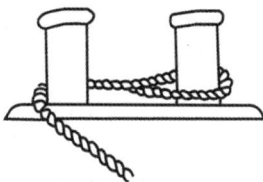

图 1-6-3-5　琵琶头在双柱缆桩上的套法

当一根缆桩上要套两根系缆的琵琶头时，应按图 1-6-3-6 所示的套法，这样不论哪根缆先解均互不影响。

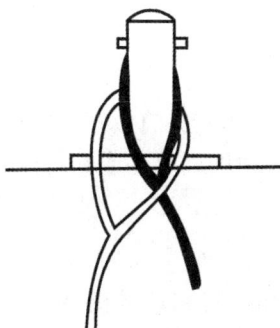

图 1-6-3-6　两根系缆在一根缆桩的套法

（7）打系缆活结

钢丝缆弹力大，挽牢后应在"8"字当腰处的最上面 3 道用小绳系好，以防其弹出松脱，如图 1-6-3-7 所示。

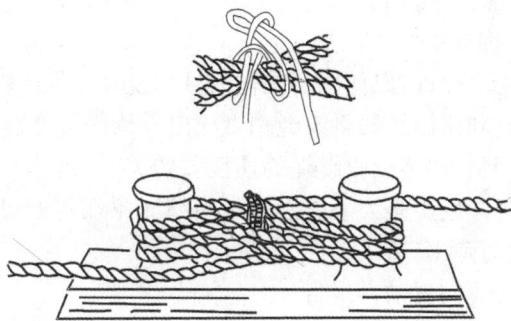

图 1-6-3-7　带缆绳上加系缆活结

5.结束工作

船舶靠好码头，泊位经调整完毕，带缆工作全部结束后，应在舷外的带缆上安置挡鼠板；并将多余的缆绳盘好，收妥各种属具，盖上有关设备的防护罩，并清扫现场。

6.带缆的照料工作

船舶受涨、落潮水或装卸货的影响,将会使带缆松弛或张紧,必须经常检查,及时调整以免发生断缆事故和船位偏荡。

缆绳需松出时,应松出处于下风、顺水不吃力的缆绳。松出绷紧的缆绳时,不宜将缆绳脱离缆桩,应将缆桩上的缆绳先上后下分数次缓缓松出。如果前缆和倒缆都张紧时,应先松下风、下流的缆绳。

吹开风使船偏荡时,可采用"压锚"法,自动调整带缆,使船体贴近码头。"压锚"法是把一根两端都有琵琶头的钢缆穿过锚卸扣,然后用卸扣将钢缆的琵琶头套上艏缆,在卸扣上另外连接一根短绳拉到船上,使它处于带缆的中部,用来控制压锚的位置。最后将艏锚松出舷外,使锚的重量压在带缆上面。

二、解缆操作

船舶离码头时,解缆的各项准备工作应提前做好。要求解缆动作熟练、准确、迅速,使船舶安全离开码头。尤其是在利用前后缆协助离码头或利用拖船离码头时,要求船尾部操作宜快,以便动车。解缆工作程序如下:

1.解缆前的准备工作

(1)解缆前做好各项准备工作,如锚机和绞缆机械应备车,并加润滑油,使绞缆机械处于可靠使用状态。准备好制索绳、圆球碰垫;取回挡鼠板、防水挡板等,收进伸出舷外的物品等。

(2)检查各带缆桩上的缆绳情况,排除缆绳互相压叠的现象,以免妨碍解缆。

(3)准备工作完毕,向驾驶台报告。

2.单绑和收绞缆操作

得到单绑命令后,将一些不影响操纵的缆绳解掉收回;而将操纵需要和易于解脱的缆绳留下。一般只留艏缆和前倒缆、艉缆和艉倒缆,船处于"单绑"状态。当单绑完毕并且船员各就各位后,向驾驶台报告"单绑完毕"。

解缆时,应先把缆绳松出少许,以便码头工作人员解脱套在带缆桩上的琵琶头。有时要用制缆器在大缆上打一半结,利用制缆器将缆绳稍微松出。待码头上解掉缆绳后,应立即将缆绳挽在绞缆卷筒上并快速绞回。船尾绞收缆绳的速度要快,因缆绳未全部绞回前,动车不便,如不慎将缆绳缠进螺旋桨,可能发生重大事故。但是当缆绳尾端将通过导缆孔或导缆钳时应放慢速度,以免受到阻碍,缆绳弹出,造成工伤。

最后一根系缆出水后,应向驾驶台报告。

3.结束工作

解缆工作完毕后,将缆绳整理盘好,盖上帆布罩,收好各种用具,清扫首尾甲板。

三、带、解缆操作的安全注意事项

带、解缆操作与船舶操纵有密切关系,应该全面考虑到船舶操纵上的需要。由于缆绳在操作过程中收放速度快、受力大,又要及时系解,容易发生事故。因此,要求驾驶台、船首、船尾三部分密切配合,操作安全、迅速和准确。要特别注意操作人员的安全,严格遵守操作规程,互相关照,及时提醒。此外还应注意下列事项:

(1)工作人员注意力要集中,执行命令迅速、准确。

(2)工作人员应穿工作服,戴安全帽、手套(用钢丝绳作带缆时应戴皮手套),以防擦伤。

(3)带、解缆前的各项工作必须提前做好。

(4)在撇缆前要先打招呼,使周围及对方人员留心,以免撇缆头击伤人,同时提示码头水手准备接收撇缆。撇缆时不可离船舷太近,以免用力过猛时碰伤,注意脚下防滑。带缆完毕应注意收回撇缆绳,并加以整理、清洗。

(5)出缆时应使带缆缓缓送出,以减轻拖缆拉力。当带缆确已挂牢,待岸上告知"绞"(英语用 heave away 或 take in,有时用手势做旋转状)以后,才能收缆。在上卷筒挽缆时,注意缆绳反跳,要顺应滚动的趋势绕缆,向下压住。

(6)绞缆中注意缆绳受力强度,以防缆绳突然受力而断裂。绞缆人员应与卷筒保持安全距离并注意避免缆绳受力冲击时被弹伤。

(7)收缆时,应得到码头解缆人员招呼后才可绞收。双手握紧缆绳的自由端,应距离绞缆机或带缆桩 1 m 以外,以免缆绳的突然断裂或松、紧时发生意外。船尾绞收缆绳的速度要快,以免影响动车。

(8)绞收缆绳时必须首尾兼顾,艏缆、艉缆交替绞进。各根带缆受力要均匀。

(9)在收、放缆绳中,以及带缆完毕后,凡有缆绳扭结时,一定要立刻解清,才能继续作业。

(10)缆绳要挽在缆桩上,不宜挽在绞缆机械上。

(11)艏缆、艉缆与首尾线所成的角度要适中。交角过大,横向分力大,纵向分力小,船向前后移动,交角过小,横向分力小,吹开风易使船离开码头。

(12)保护好缆绳,防止磨损,特别是纤维质缆绳,应在它和物体摩擦部位用麻袋皮或旧帆布包缠衬垫。

(13)值班人员必须注意气象和水位的变化情况,货物装卸后船体的浮、沉会引起缆绳松紧的变动,要及时加以调整。

任务4 掌握系、离浮筒的系、解缆作业

船舶在港口装卸货物或进行维修时,常见的另一种系泊方式是系浮筒。船舶系浮筒停泊如时间短、风流不大,可用缆绳系浮筒,否则须用锚链系浮筒。船舶系、离浮筒作业时,应有港口提供的带缆艇协助操作,否则需将本船的工作艇放下水使用。

一、缆绳系浮筒操作

一般情况下,船舶系带船首、船尾的浮筒需要单头缆 5~6 根,回头缆 2 根。

1.准备工作

一般在正常天气、风浪不大时,船首、船尾各准备 2~3 根缆绳作为单头缆,一根钢丝绳作

为回头缆,及一根引索用作牵引回头缆。

每根单头缆要配备一个系浮筒卸扣("U"形卸扣),如以尼龙缆系浮筒,每根缆绳还必须配备一根两端均有琵琶头,长5~6 m的钢丝绳套,以便和浮筒环连接。

其他船上的系泊设备均应同样按靠码头时的要求,预先做好准备工作。

2.缆绳系浮筒

船舶驶近浮筒,把尼龙绳用作单头缆,须用钢丝绳一端的琵琶头穿过浮筒环。首先将准备好的单头缆(buoy rope)、卸扣和钢丝扣通过导缆装置松到水面,带缆艇到船首接到缆绳,将缆绳在艇上盘一段后驶向浮筒,船上根据艇速适当松出缆绳,带缆艇到达浮筒将单头缆用卸扣、钢丝扣和浮筒环连接。缆绳挽上绞缆机卷筒,绞紧带缆。用上述方法系带另两根单头缆。泊位调好后,用制索绳将各缆控制住,从卷筒上松下挽到缆柱上。出缆孔应尽可能地靠近船首正中,也可集中从一舷的缆孔出缆,以改善横风时仅一舷单头缆受力的状况。

3.带回头缆

各根单头缆带妥后,将钢丝绳回头缆和另一舷准备的纤维绳牵引索,从左右舷穿过导缆装置松到水面,由带缆艇将钢丝绳回头缆和牵引索带到浮筒,将回头缆穿过浮筒环后,用牵引索端打单套结连接在琵琶头上,船上绞收牵引索,拉回头缆到船上,并将它挽到缆桩上系好。然后将另一舷回头缆根部上卷筒绞紧后改挽在缆桩上,并在钢丝回头缆上打系缆活结。如果港口条件较好,拖船的功率、数量充足,也可以不带回头缆。

船舶系靠浮筒,一般是先带船首单头各缆,次带船尾单头缆绳,再去船首带回头缆,最后带船尾回头缆。所有系缆带好、泊位调整就绪后,调整各根带缆使其受力均匀,回头缆应松长些,不可受力。

有些船上配有回头缆活钩装置,把回头缆琵琶头直接挂在活钩上。这种装置系带和解脱回头缆较方便迅速,如图1-6-4-1所示。

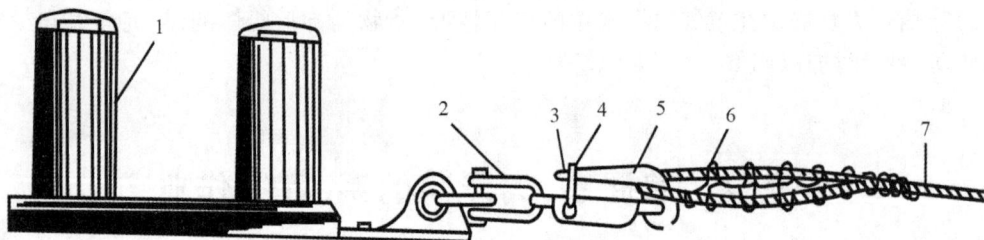

图1-6-4-1 回头缆活钩装置

1—系缆桩;2—卸扣;3—插销;4—扣环;5—活钩;6—扎索眼的细绳;7—回头缆琵琶头端

船尾系缆方法与船首相同。

4.收尾工作

系浮筒带缆完毕后,应做好清理收尾工作。

二、解缆离浮筒操作

1.准备工作

离浮筒各项准备工作与系浮筒相同,须将回头缆琵琶头用细绳扎拢缚牢,以防琵琶头钩挂他物而影响离浮筒或发生事故。

2.解缆操作

带缆艇到达浮筒后,听从驾驶台的指示,先解去各根单头缆绳。解缆时,船上先松出一些缆绳使其不受力,解缆人员解开卸扣,解开单头缆后便可收绞回船。船首、船尾各留一根回头缆,使船处于"单绑",便于船上解缆。在有的港口,一般是先解掉背流一端的单头缆,再解迎流一端的单头缆。如果流速较大,往往需要带拖缆,用拖船协助解缆。单头缆解完后,带缆艇还应在适当的距离外待命。

注意检查回头缆的琵琶头是否扎紧。当驾驶台的解缆口令下达后,立即解脱琵琶头一端,使缆绳迅速溜出,如用活钩装置,只需拔出插销,脱开活舌,缆绳即可溜出。然后迅速解去回头缆的根端部分,挽上绞缆卷筒,将回头缆快速绞收回船。

解缆收缆工作完毕,应做好清理收尾工作。

三、锚链系带浮筒

锚链系浮筒较缆绳系浮筒的操作复杂,但锚链的强度大,系泊更为安全可靠。在某些港口遇大风、停泊时间较长时,采用锚链系浮筒较安全可靠。在一些国外港口,要求系带浮筒时必须使用锚链。

1.锚链系带浮筒准备工作

(1)准备工具

备好1个系浮筒用的大型卸扣,以便连接锚链和浮筒环用;

锚链冲——拆卸扣或连接锚链卸;

手钩——拉锚链用;

手锤——敲击锚链冲用;

撬棍——撬动链条用。

(2)准备锚链

为便于使用锚链系浮筒,现代大型船舶在船首部上甲板中心线的舷墙底部开设有锚链孔。先将锚端的前段锚链在锚链筒附近用制链器制牢,不使其松动。用锚机绞出锚链,平铺放在甲板上,拆开第一节末端锚链连接卸扣,把第二节锚链头端引出锚链孔外,使锚链悬挂在水面上,准备使用。

在没有船首锚链孔的船上,用锚链系浮筒的准备工作较为复杂。首先要把不用的锚松出锚链筒外,悬挂在水面上。选用一根强度够大的钢缆,将其首端琵琶头套在带缆桩上,构成双股穿过船首附近的导缆孔。由一人用座板进行舷外作业,将引出的双股钢缆穿过锚环和锚链相连接的卸扣;船上将一根纤维绳放下,舷外操作者将它和穿过锚环的双股钢缆用单套结接牢,仍经导缆孔牵引回船,并将这双股钢缆再套在带缆桩上。然后绞收钢缆尾端,适当松出一些锚链,使锚可靠地悬挂在导缆孔下方。钢缆尾端挽在带缆桩上 5 道后,用细绳打活结扎住,如图 1-6-4-2 所示。

锚悬挂妥当后,将锚链在锚链筒附近用临时制链器连接好,保证锚链不能溜出,操纵锚机将锚链绞出,以手钩使锚链平铺在甲板上,直至第一节与第二节锚链的连接卸扣绞出,利用锚链冲、手锤等工具将连接卸扣拆开,然后引导第二节锚链经锚链筒松出至水面准备系浮筒。

图 1-6-4-2　引缆与锚链的连接

1—临时单头缆;2—引缆

用强度较大的钢丝绳和卸扣与临时制链器连接好后,将锚链控制住,保证锚链不能溜动。

(3)缆绳的准备

船首用锚链系浮筒,必须准备 2 根钢丝缆和 2 个卸扣放置在两舷导缆孔处,一根用作临时单头缆用以稳定船位,锚链系妥后再用作回头缆;另一根用作导链索。

船尾准备缆绳根数与带缆系浮筒相同。

2.锚链系浮筒操作

(1)船首驶近浮筒,将两根钢丝缆从导缆孔通过松至水面,带缆艇先将与锚链同舷的钢丝缆引到浮筒上系牢。绞紧这根单头缆,使船首接近浮筒并稳定船位,以便系锚链,如图 1-6-4-3 所示。

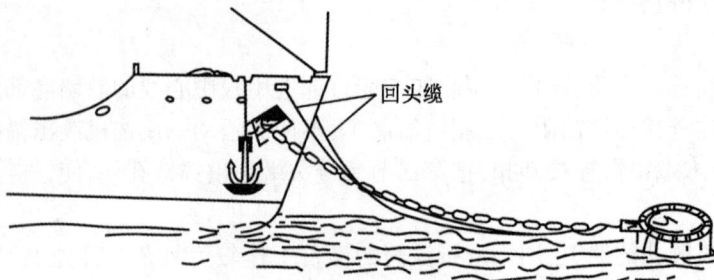

图 1-6-4-3　锚链系浮筒

(2)带缆艇将另一舷松出的钢丝缆用作导链索,引到浮筒,穿过浮筒环,扣在锚链的第二或第三个链环上。

（3）船上绞紧导链索，使锚链接触浮筒环。这时可适当放松锚链。

（4）带缆艇上人员，将锚链与浮筒环用卸扣连接牢固。

（5）绞紧锚链，使两根钢丝缆松弛。

（6）带缆艇人员将单头缆与浮筒环解开，备作回头缆。再将导链索与锚链脱开，链索与回头缆相连接（一般用吊套结）。至此带缆艇结束船首带缆工作。

（7）带缆艇离开浮筒后，松出锚链。绞收导链索将回头缆引进导缆孔。回头缆的另一端松出至适当长度（约为船舶与浮筒间距的 2 倍），挽上系缆桩。再把在另一舷绞进的回头缆也挽上带缆桩，须挽 5 道后留出一段琵琶头，用细绳扎拢琵琶头。这样，回头缆即带好。

（8）调整泊位，使锚链吃力，操纵锚链制链器制牢锚链，不使锚机受力。

（9）船尾系浮筒的操作过程和缆绳系浮筒时相同。

（10）带缆工作结束后收拾工具，清理锚链、缆绳和场地等。

3.解锚链离浮筒操作

离浮筒时解脱锚链如图 1-6-4-4 所示。

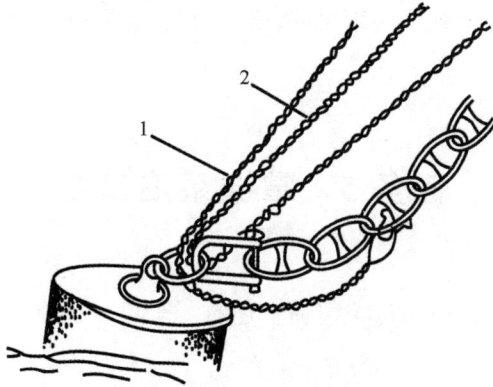

图 1-6-4-4　离浮筒时解脱锚链
1—引缆；2—回头缆

（1）准备工作

准备锚机、绞缆机械及安装锚链连接卸扣的工具。在船首准备一根钢缆，配置卸扣一只，由导缆孔松出至水面，用作导链索。

（2）解锚链操作

①解去锚链的命令下达后，绞收回头缆，使锚链松弛，并可同时松出少许锚链。

②带缆艇将导链索引至浮筒上，穿过浮筒环后和锚链的第二或第三链环相连接。

③绞紧导链索，使连接浮筒环和锚链的大卸扣不受力后，带缆艇人员解脱大卸扣。

④松出导链索，绞收锚链，使锚链悬挂在水面上，待带缆艇解去导链索后，船上即同时绞回导链索与锚链至船首甲板上。

⑤将第一节与第二节锚链连接复原后，再将第一节锚链全部由甲板上绞进锚链舱内。

⑥解开悬挂船首锚的钢缆，慢慢松放，使钢缆不受力，随即收回。此时锚恢复原状，悬挂在水面上，处于备用状态。锚如不再使用，即可绞收至锚链筒内放置妥当。

⑦船尾离浮筒和带缆离浮筒时的操作相同。

⑧最后船首、船尾各留一根回头缆,准备解脱。

4.系离浮筒操作安全注意事项

(1)应遵守靠离码头系解、缆操作安全注意事项。

(2)系离浮筒操作紧张复杂,必须听从驾驶台指挥,首尾配合,协调一致。必须服从现场指挥,互相照顾,精神集中,认真操作。

(3)开动锚机或绞缆机要平稳,要注意指挥员的命令和手势,并注意观察缆绳、锚链受力情况,如有意外,立即停车。

(4)松放缆绳时防止伤人,缆绳圈内绝对不能站人,缆绳附近不可站立。

(5)船尾收绞缆速度要快,以免影响动车,要防止缆绳绞缠螺旋桨。

(6)解回头缆前,必须将琵琶头用细绳扎拢缚牢,以防钩挂,影响操作,造成事故。操作要准确、迅速,在回头缆附近不得站人。

(7)拆装锚链卸扣要细心操作,如果卸扣变形、松散应更新,装妥后要认真仔细检查,保证连接牢固。

(8)应派技术熟练的水手到舷外穿悬挂艏锚的钢丝绳,要系带保险索。

(9)悬挂艏锚的钢丝绳的强度必须足够,松、绞钢丝绳时速度要缓慢,悬挂艏锚的4根钢丝绳受力要均匀。

任务5 掌握系泊口令

系泊口令除国际标准用语外,传统习惯上还有一套口令,两种系泊口令及其对比可参见表1-6-5-1。

表1-6-5-1 系泊口令

标准用语		习惯用语	
单绑	Single up	单绑	Single up
船尾缆全部解掉	All let go aft	准备解缆	Stand by fore and after
×缆解掉	Let go × line	解×缆	Let go ×
船尾全部清爽	All clear aft	船尾清爽	Clear astern
带×缆	Send out × line	放出×缆	Pau out × line
×缆上车	Put × line on winch (or capstan windlass)	撒缆	Throw the heaving line
×缆上桩	Put × line on bitts		
停绞	Stop heaving(or avast heaving)	停绞×缆	Hold on × line
×缆放松	Slack away × line	松出×缆	Slack away × line
准备绞×缆	Stand by heaving × line	收回×缆	Haul in × line
×缆收紧	Take in the slack on × line	收紧×缆	Take in × line
绞×缆	Heaving away × line	绞紧×缆	Heave in × line
挽牢	Make fast	挽住×缆	Make fast × line

放松一点	Slack a little	倒出×缆	Walk back × line
向前(后)×米	Shift(or move) ahead (or astern) × meter		
刹住(或拉住)	Hold on		
位置正好	In position		
×缆溜一溜	Check × line	溜出×缆	Check × line

任务6　了解拖带操作

大型钻井船(rig)、大型驳船(barge)等海上结构的远洋拖带,一般多用远洋拖船(ocean tug)来完成。这里所说的海上拖带,是指普通船舶在海上拖带遇难船舶的情况。

一、拖带计划

海上拖带计划,除了应全面考虑一般船舶的航行计划外,还必须对下述几个方面的问题做出正确估计和决策。

1.被拖船在拖航中的状态

(1)拖被拖船的哪一端

只要有可能,应尽量采用分波能力强、防甲板上浪性能好,保向性较优的拖被拖船船首的方式,即拖首方式。

如果首部在海损事故中遭受破损,不得已时,当然只能拖被拖船船尾。

(2)被拖船的纵倾

当被拖船吃水较深时,艉倾越大,则其艏摇角越小。航向稳定性较差、受纵倾影响较强的船舶,越是艏倾,其艏摇角越大,甚至会产生难以保向的情况。如果被拖船因船首严重破损,拖航中不得不存在较大艏倾时,即应采取拖船尾方式。

2.拖缆选择

大型船舶的远洋拖带多选用钢丝缆。它必须确保在长时间的航行过程中,甚至有时在遭受强大风浪的袭击下也能安全拖航。因此要求拖缆的强度必须足够,才能在风浪中发挥控制船体运动的作用。

经常进行远洋拖带的船舶,一般多使用根据实际经验已选好的拖缆,实用中仅适当调整其使用长度而已;而临时性完成海上拖带任务时则需要选择拖缆。

(1)拖缆的长度

有适当长度的拖缆,有利于缓解因拖船与被拖船运动不协调所产生的冲击张力,也有利于缓解被拖船的偏荡。

根据海上拖带的实际经验,所取拖缆长度以两船船长之和的 1.5~2 倍为好,视拖带的增高所取倍数应取大值。

（2）拖缆的悬垂量

船舶拖带中，其间的拖缆将因拖缆重量（每米拖缆重）和被拖带船在拖带中所受阻力的大小而呈现不同的悬链线形状。

如果以被拖船为准，则拖缆的悬垂量相当于单锚泊时的悬链深度。

如果以拖船为准，则拖缆的悬垂量与被拖船相比，将会由于出口角的不同而不同。相差的值将等于拖缆在拖船和被拖船上出口高度的差值。在以何船为准规定拖缆的悬垂量的问题上，编者认为应以拖船为准进行计量为好。

根据经验，当海面平静时拖缆的悬垂量应不少于 8 m，风浪较大时应不少于 13 m。为了抑制被拖船的偏荡而选用了较为粗重的拖缆时，悬垂量约取为拖缆长度的 6%。

（3）组合拖缆

海上拖带中，被拖船的锚链从两舷锚孔放出，并与拖船从船尾放出的钢缆相连接，显然具有操作方便、悬垂量较易保证、对缓解被拖船偏荡带给拖缆的冲击张力作用较强等优点。

有些情况下，还在钢缆与锚链之间再插进一段较粗的化纤缆，利用其在定负荷下的伸长以吸收冲击张力的特点将使整个拖缆的性能进一步得到改善。当然，这将使带缆作业变得较为复杂一些。

浅水域拖带时，应缩短拖缆以防止拖底。

3. 拖航速度的确定

拖航速度取决于拖船剩余推力的大小，并受到拖缆强度和被拖船阻力的限制。匀速拖带中，拖船剩余推力应与被拖船阻力相等，并且均应低于拖缆的安全强度。拖航中判断已有的拖航速度是否适当，是看所使用的拖缆出水程度。拖航中保持拖缆有符合要求的悬垂度，即说明拖缆所受张力仍处于合理状态之内。因此，不论是海面平稳还是风浪中拖航，只要保证拖缆有足够的悬垂度，则该拖速就是合理的拖速。一旦拖缆露出水面，即应减速以缓解拖缆所受的冲击。

大洋拖航中，除风浪因素另做考虑外，一般情况下，拖带运输船舶时，速度常控制在 6~8 kn；而拖带大型驳船、大型钻井平台之类的箱形浮体时，速度多控制在 3~4 kn。当拖航速度为 4 kn 以下，而且又是长距离拖航时，应充分估计风流浪涌的影响，并充分在拖航计划中针对航线上可能出现的气象或海洋现象采取相应的对策。

二、拖航作业

1. 拖缆的传送方法

拖缆传送可采用下列方法：

（1）使用抛绳枪

该枪可抛出撇缆的最远距离一般达 230 m。可使用抛绳枪向上风抛出撇缆；或者由被拖船使用抛绳枪抛出撇缆也可。

（2）救生艇送出

其方法是首先驶于被拖船上风侧，然后放出下风舷侧的救生艇，将与拖缆连接好的引缆留有足够长度并在救生艇上盘好,救生艇在一边松出引缆中一边向被拖船接近,待接近至适当距离时再抛出撇缆将引缆送上被拖船。

大风浪中使用救生艇送缆有困难时,也可从上风放出救生圈或救生浮将撇缆送出后,再进行拖缆系结。

2.拖缆的系结方法

拖缆的系结要求牢靠、应力分散及便于松绞,以便调整链环或钢丝缆与导缆孔的摩擦部位。

为了分散应力,拖缆应先围绕甲板室、舱口或桅柱等,再在另一舷缆桩上各绕一圈,再在第二副缆桩上绕"8"字。为了便于松出或绞进拖缆,应预先准备好制索器。

在拖缆通过的导缆孔或锚链筒的地方要用帆布、麻袋等包扎后涂以润滑油,拖航中还要定时加油。甲板室及舱口的转角处要用木板衬垫以减少急折。舱口的围板内要用坚固的木方加强。钢丝缆或锚链与甲板摩擦部分,要垫以木座板。

如果一条拖缆有足够强度的话,则可与被拖船的两根锚链连接成为龙须缆进行拖带。

三、拖航中的船舶操纵注意事项

1.起拖时的增速

起拖应在两船拖缆牢固系结后进行。浅水域中,应注意拖缆的送出不要拖底,不要造成过大的悬垂量。

起拖时应使用微进车,并尽可能反复使用停车、微进,在保持拖缆有一定悬垂量的过程中使被拖船逐步加速;起速达 2 kn 时,可分段逐步加速,每段增加速度量以 0.5 kn 为好,以便保持拖缆的悬垂量;直至达到预定拖航速度为止。

2.改向

大幅度改向必须分多次进行,应避免 20° 及其以上的改向。尤其是低速拖航中,因有潮流、浪涌的影响,每次改向量不宜超过 5°;无风流时,每次可按 5° ~ 15° 转过。拖船每次改向之前须待被拖船确实驶入拖船现在的航向之后,才可采取新的改向措施。在估计掉头区或旋回水域时,必须将拖船、被拖船的船长及拖缆长度一并考虑进去。

3.拖航中被拖船偏荡的抑制

拖航中,被拖船也有其偏荡问题,严重影响拖航稳定性。其危害是增大了拖缆张力,加剧拖缆的磨损和应力集中现象,造成偏离拖带航线。抑制措施有:

(1)需尽可能使被拖船艉倾,以增加其航向稳定性。实践经验表明,艉倾的被拖航船偏荡程度较低。船体受损船舶不宜用注水法达到使艉倾的目的,应尽可能使船正浮。

(2)降低拖航速度以减少偏荡。

(3)舵失灵的被拖船应加设应急舵,或在被拖船后加拖小型船艇或其他漂浮物。

(4)适当缩短拖缆,以提高拖航中的被拖船航向稳定性。

4.拖缆长度的调整

调整拖缆长度的目的有二:一是减小被拖船偏荡;二是在波浪中使船舶摇摆在两船之间较

为协调,以免在拖缆上出现较高的冲击张力。

狭水道中缩短拖缆长度以提高操纵能力,浅水域中缩短拖缆以防其擦底,也是需要根据情况加以采取的措施。

海上波浪多带有不规则性,不可能通过调整拖缆长度以适应所有波浪情况。这里所说的拖缆长度调整主要是针对涌浪而言的,对一般波浪也无须调整。

5.因大风浪而不能拖航时的处置

大风浪中拖航,应尽可能采取滞航方法航行,一般情况下,不论拖船、被拖船,在顶浪航行中易出现的拍底、空车、上浪现象均将有所缓解。但是,当拖航确实感到危及拖船和被拖船安全时,也可解掉拖缆停止拖航,双船进行漂滞,待风浪好转后再继续拖航。解拖时应在拖缆端头系上较大的漂浮物,以便于再次系缆拖航。

6.减速与解拖

欲减速应及早逐级进行,拖缆应逐渐收短,不宜有过大的拖缆悬垂量。为防止解拖后被拖船处于失控之中而导致碰撞他船、碰撞拖船等不利局面,应令被拖船做好抛锚准备。解拖时拖船应注意用车,避免缠住拖缆。

四、系离泊作业评估标准

参考海事局评估标准如下:

评估要素	评估标准
三项选一 1.靠、离码头的系、解缆操作及安全注意事项 2.系、离浮筒的系、解缆操作程序及安全注意事项 3.进行系、解拖缆的操作	1.操作及回答准确,熟练(20分)
	2.操作及回答准确,比较熟练(16分)
	3.操作及回答准确,熟练程度一般(12分)
	4.操作及回答较差(8分)
	5.回答差(4分)
	6.不能回答(0分)
说明	考核时间:30 min 单项考核总分:20分

项目七 锚作业

【知识目标】

1.了解锚设备的基本知识,包括组成、功能及保养;
2.了解抛锚、起锚作业的基本要领、安全注意事项;
3.掌握船舶标准锚泊口令(工作语言)。

【能力目标】

能够在高级船员的指挥下完成锚泊作业。

【内容摘要】

船舶在营运过程中不可避免地需要进行锚作业。作业时,一般情况下是由大副根据船长的命令指挥木匠或水手长操作锚机,进行抛锚、起锚作业;特殊情况下也可由船长、大副指定甲板部专人操作。这就需要甲板部船员能够熟练操作锚机,了解抛锚、起锚作业的基本要领和操作注意事项,保证抛锚、起锚操作正确、安全、迅速。

任务 1 了解锚设备的基本知识

锚设备是甲板的主要设备之一,主要作用是系泊、辅助操纵和应急用锚。

一、组成与功能

锚设备由锚、锚链、锚链筒、制链器、锚机、锚链舱、锚链管等组成。其布置如图 1-7-1-1所示。

1.锚

锚是锚设备中产生抓驻力的重要设备。海洋运输船舶目前配备使用的锚主要有如下几种:

(1)无杆锚

无杆锚又称山字锚或霍尔锚,如图 1-7-1-2 所示。其主要由锚干和锚头(又称锚爪)两部分组成。锚干和锚头是分别铸造的,由横销和销轴将锚干与锚头连接起来。横销的连接方式可以使锚爪向两侧各转约 45°。连接部位保护在锚头的凹槽内。锚头两侧突起部位称突角,

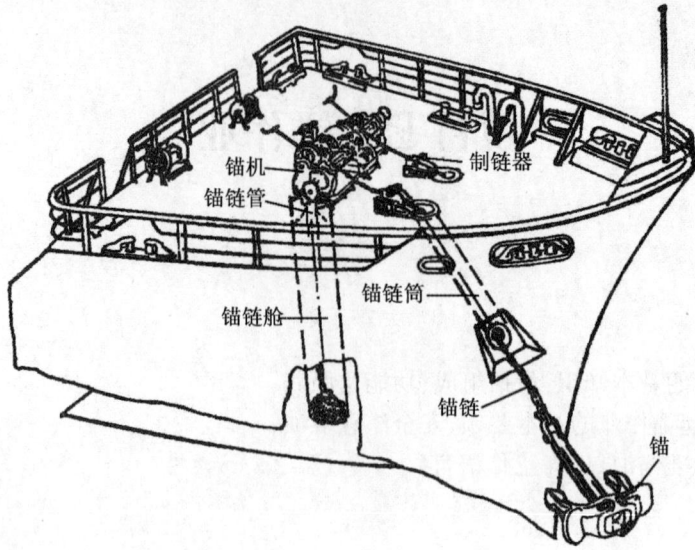

图 1-7-1-1　锚设备布置

抛锚时能促使锚爪入土、抓底。

图 1-7-1-2　无杆锚

（2）有杆锚

有杆锚又称海军锚，如图 1-7-1-3 所示。其锚干与锚头为整体铸造，锚头与锚干相垂直，在锚干上配有一个可活动的锚杆。抛锚时，锚杆与锚干处于垂直状态；收藏时，锚杆与锚干贴在一起。

图 1-7-1-3　有杆锚

（3）大抓力锚

大抓力锚常见的有丹福氏锚、史蒂文锚、波尔锚等。它们的特点是锚爪长、入土深、稳定性好,从而获得较大的抓力,有的甚至达到锚重的 12～14 倍。现在其已在船上配备使用且正在不断改进、完善之中。大抓力锚在工程船上使用较多,如图 1-7-1-4 所示。

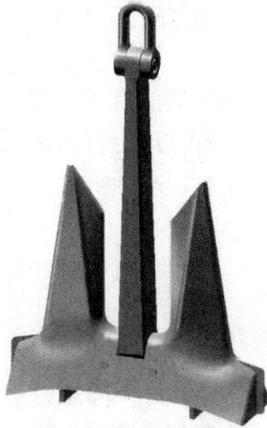

图 1-7-1-4　大抓力锚

2.锚链

锚链主要用来连接锚和船体,传递锚产生的抓驻力。锚泊时,在出链长度适当时,悬垂部分的锚链也能产生一定的系留力。

锚链的标记:

在抛锚、起锚时,为了能迅速识别锚链在水中的节数,通常要在连接链环及其附近的有档链环上做出标记。具体方法是:在第一节与第二节之间的连接链环(或卸扣)前后第一个有档链环撑挡上缠绕金属丝(或白钢环),并在两链环之间所有有档链环上涂白漆、连接链环上涂红漆,以此表示第一节,在第二节与第三节之间的连接链环前后第二个有档链环撑挡上绕金属丝(或白钢环),并在两链环之间所有有档链环上涂白漆、连接链环上涂红漆,以此表示第二节;其余各节类推。从第六节开始,重复第一节的做法进行标记。最后一至两节可涂醒目标记以作为危险警告。锚链的标记如图1-7-1-5所示。

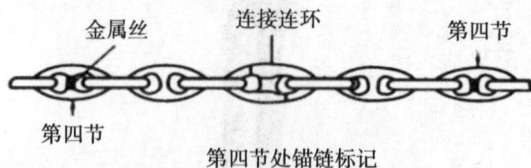

图 1-7-1-5　锚链的标记

3.锚链筒

锚链筒是锚链进出以及收藏锚干的孔道,由甲板链孔、舷边链孔和筒体三部分组成。筒体内设有冲水装置,用于在起锚时冲洗锚和锚链。在甲板链孔处设有防浪盖,防止海水从锚链筒涌上甲板,保证工作人员安全。

锚链筒应能满足收锚时使锚爪紧贴船壳,锚干连同转环一起留在锚链筒内;抛锚时使锚干易于脱出锚链筒。此外,锚链筒的下口应离满载水线有一定距离,以减少航行时船首波浪冲击锚体。锚链筒的位置距船舶中线有适当距离,以免起锚时锚爪卡在艏柱上。

4.制链器

制链器用于夹住锚链,在锚泊时,承受锚链张力以保护锚机。航行时承受锚的重力和惯性力,防止锚链滑出。制链器设置在锚机和锚链筒之间,三者保持在一条直线上,常用的有以下几种:

(1)螺旋式制链器

螺旋式制链器由两块夹板和一个带摇柄的有正倒螺纹的螺杆组成。当转动摇柄使两夹板夹紧时,可将锚链夹住;反之,松开夹板,锚链即可自由进出。其松紧动作较慢,但操作方便,工作可靠,广泛用于大中型船舶上,如图1-7-1-6(a)所示。

(2)闸刀式制链器

闸刀式制链器结构简单,操作迅速。但当其尺寸大时显得笨重,一般只在中小型船舶上使用,如图1-7-1-6(b)所示。

(3)链式制链器

链式制链器由一个链钩、一个伸缩螺丝和一段短链组成。它用卸扣固定在甲板上,使用时,将链钩钩在一水平的链环上,然后收紧伸缩螺丝,即可拉紧锚链。作为螺旋式制链器的辅助设备,它常与螺旋式制链器配套使用,如图1-7-1-6(c)所示。

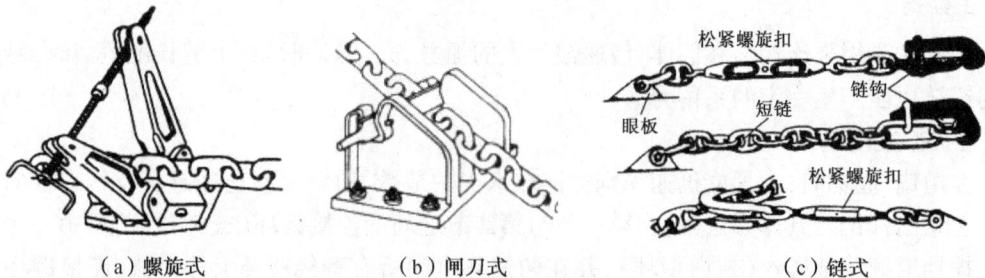

（a）螺旋式　　　　　（b）闸刀式　　　　　（c）链式

图 1-7-1-6　制链器

5.锚机

锚机是收绞锚和锚链的机械。锚机也用于收绞缆绳。它主要由动力源、传动机构、锚链轮和刹车等组成。一般锚机也设有绞缆卷筒。

锚机可按动力源分为蒸汽锚机、电动锚机和电动液压锚机,也可按链轮轴中心线的位置分为卧式锚机和立式锚机。

(1)蒸汽锚机

蒸汽锚机(steam windlass)以蒸汽机为动力,经过曲拐轴由齿轮带动滚筒轴运转,由滚筒轴经由离合器带动链轮运转,链轮上也设有刹车装置。其特点是动力大,结构简单。目前,海船上的锚机以电动锚机和电动液压锚机为主。一些早期建造的油船或现有大型油船基于防火防爆要求,仍采用蒸汽锚机。

(2)电动锚机

电动锚机(electric windlass)是目前船上应用最广的一种锚机,如图1-7-1-7所示。在这种锚机中,驱动电动机采用电磁制动器的全封闭、防水式电动机。电动机经过减速箱的变速小齿轮传动,小齿轮带动大齿轮使主轴转动。主轴上有链轮,大齿轮与小齿轮的啮合和脱开由离合器控制,在抛锚、起锚作业中,当离合器脱开时,主轴和带缆卷筒转动而链轮不转,可用于抛锚或绞缆。当离合器合上时,带缆卷筒与链轮同时转动,可用于起锚或深水抛锚时送锚。在链轮上设有带式刹车,用以刹住链轮,以控制松链速度。

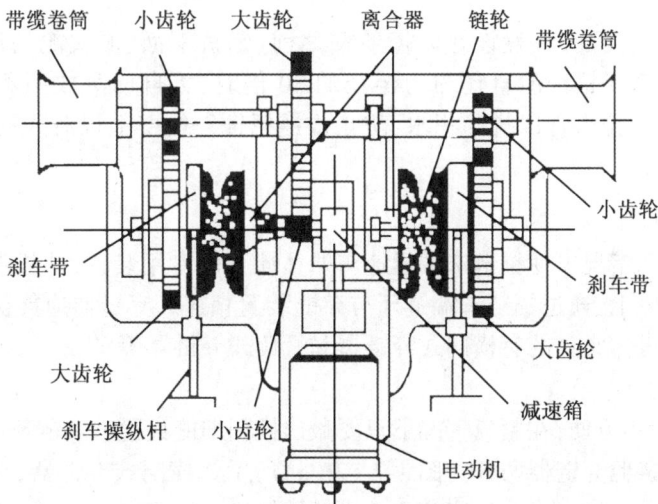

图1-7-1-7 电动锚机

(3)电动液压锚机

电动液压锚机(hydraulic windlass,也称液压锚机),由电动机带动液压泵,驱动油马达,然后经过减速器(或无需减速器)使锚机运转。它结构紧凑、体积小、操作平稳、变速性能好,但对制造技术和维护保养要求较高,如图1-7-1-8所示。

6.锚链管

锚链管是锚链进出锚链舱的通道,位于锚机链轮下方,正对锚链舱的中央,其直径为锚

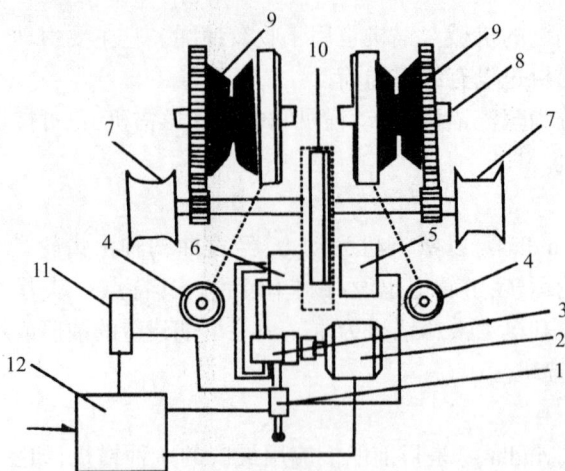

图 1-7-1-8　电动液压锚机

1—操纵手柄;2—电动机;3—油泵;4—刹车手轮;5—电磁刹车;6—油马达;7—绞缆筒;
8—锚链轮离合器;9—锚链轮;10—齿轮箱;11—控制按钮;12—电源箱

链环直径的 7～8 倍,其甲板管口设有防水盖,在开航后应关闭,以防海水由此进入锚链舱。

7.锚链舱

锚链舱用于存放锚链,一般设在防撞舱壁之前、锚机下面、艏尖舱的后面上部,其形状为圆形或方形。当圆形锚链舱直径约为链径的 30 倍时,可自动盘放而不必人工排链。锚链舱内设有污水井和排水管以排除积水,防止锚链锈蚀。舱壁上设有人孔和壁梯供人员进出锚链舱。

8.弃链器

弃链器是在紧急情况下使锚链末端迅速与船体脱开的专用装置,一般设在人员易于到达的地方或锚链舱舱壁上,通过锚链末端链环与弃链装置相连。弃链器应能保证在紧急情况下迅速可靠地脱开锚链。常见的有横闩式弃链器和螺旋式弃链器等。

(1)横闩式弃链器

其结构简单,使用方便,在紧急情况下只要敲出横闩即能松脱末端链环。横闩式弃链器分为甲板弃链器和锚链舱弃链器两种。图 1-7-1-9(a)所示为横闩式弃链器,在甲板上的弃链器通常外罩一个水密盖,既能水密,又能防止其不慎被触碰而松脱。

(2)螺旋式弃链器

其结构较复杂,利用螺杆的伸缩使脱钩松开或夹住,但使用安全可靠,即使在末端锚链绷紧时也易松脱,缺点是开启动作较缓慢。图 1-7-1-9(b)所示为装设于锚链舱舱壁上的螺旋式弃链器。

二、锚设备的检查和保养

锚设备的检查和保养大体有日常检查保养、定期检查保养等。

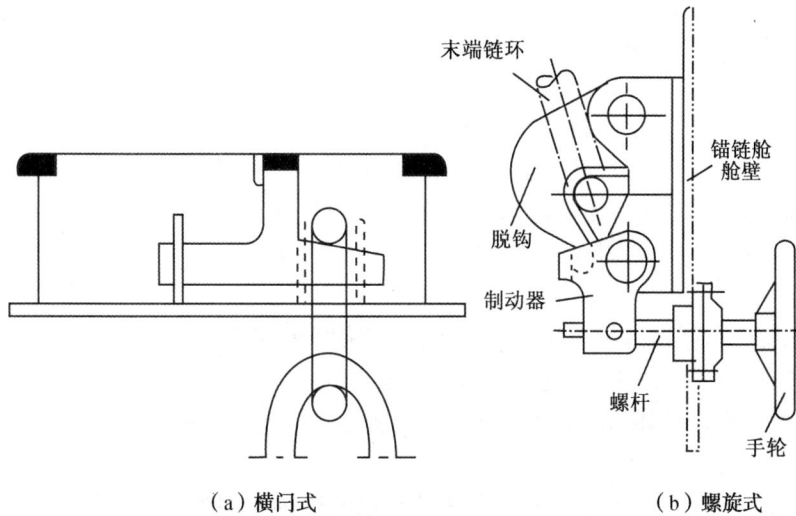

末端链环

锚链舱舱壁

脱钩

制动器

螺杆

手轮

（a）横闩式   （b）螺旋式

图 1-7-1-9　弃链器

1.日常检查保养

（1）锚

①检查锚卸扣的磨损与变形情况,并注意锚头横销是否松动。

②注意锚爪是否有弯曲和裂纹,转动是否灵活,角度是否正常。

③起锚时,锚出水后观察锚爪上是否挂有杂物,并放慢绞进速度,以利锚爪最后平稳贴近船舷。

（2）锚链

①平时轮流使用左、右锚。

②注意锚链标记是否清晰,如有脱落应及时补做。

③检查链环、卸扣是否有裂纹、变形和结构松动情况及磨损程度。

④检查转环是否灵活,并适时加油润滑。

（3）起锚机

①按操作程序进行操作。

②经常检查刹车是否良好。

③每次使用前加油、试车。在使用蒸汽机前应排出汽缸积水,直到放水孔喷出汽再试车。

④经常对离合器加油,保证其操作轻便、灵活。

⑤注意链轮的轮齿、蜗杆的螺纹等的磨损情况。

（4）制链器

①经常对摩擦表面涂油,其余部位应涂防锈漆。

②经常检查基座与甲板连接的紧固情况。

（5）弃链器

①检查保护罩的完好程度。

②经常对转动部位加油。

2.定期检查保养

应至少每半年对锚设备检查保养一次。

（1）锚

①按日常检查保养方法进行外观检查。

②检查锚爪转至最大角度的灵活性及与船舷的贴合紧密性。

③修船检查时，锚的失重不超过原锚重的20%。

④当发现锚损坏时，应送厂修理，换备用锚。

（2）锚链

①将全部锚链从锚链舱倒出排列在甲板上，清除污泥、铁锈和油漆。

②裂纹检查：用手锤敲击每个链环和卸扣，听其声音是否清脆。

③变形检查：测量链环和卸扣的长度。有档链环长度超过原长的7%，无档链环或卸扣超过原长的8%就不能使用。

④磨损检查：检查环与环的接触处和锚链与锚链筒的摩擦处，用卡尺量其同一截面的最大、最小直径，取平均值。Ⅰ类航区，若发现链环直径小于原规定直径的88%就应换新；Ⅱ、Ⅲ类航区链环小于原规定直径的85%就应换新。

⑤结构松动检查：检查横档是否松动，连接链环和卸扣的销子是否松动，铅封是否脱落。

⑥修船检查时，将全部的连接链环（卸扣）拆开，更换销钉和铅封。将锚端链节和末端链节对调，并做好记录。检修时锚链煨火以消除细小伤痕和内应力。

⑦锚链检修后，应涂沥青两度，并做好标记。

（3）锚机

①链轮、制链器、导链滚轮和锚链筒应成一直线。

②各传动齿轮轮齿的磨损应不超过原来厚度的10%。

③锚机底座钢板蚀耗超过原来厚度的25%时应及时修复。

（4）锚链舱

①利用锚链全部倒出的机会，对其进行清洁，并检查排水设备是否正常。

②更换损坏的衬垫；必要时，对舱底重抹水泥或重涂油漆。

③检查锚链管的磨损情况。

任务 2　了解抛锚作业的基本要领

一、锚泊方式和特点

1.单锚泊

船舶用一只锚进行锚泊的方法称为单锚泊。锚泊时间不长,或锚地宽敞而风浪不大时多采用单锚泊。其抛法有进抛法和退抛法两种。商船,尤其是大型商船多采用退抛法。其操纵要点是:

(1)船身与风向、流向的交角大小

为使锚得以稳定入土,锚泊时应顶风、流或风流合力方向。在空载、风强流弱时,船首应取迎风方向;在重载、流强时应以船首迎流抛锚。尤其是重载、流急时,船首尾线与流向的夹角越小越好,一般不大于 15°。

(2)落锚时的余速宜小

落锚时的余速不宜太快,太快易造成断链丢锚事故。理想的余速为 0.5 kn(0.26 m/s) 左右。余速可根据正横附近灵敏度较高的串视目标或抛锚船及其背景的相对运动来判断,也可根据倒车水花来判断。夜间,如对流向、流速情况不太了解,可先抛短链锚(出链 2 倍水深),待船首顶风、流,船身略有退势时,再继续松链。

(3)松链

一般在最初出链 2 倍水深时,即应刹住使链受力,当肯定锚已深抓海底后,方可继续松链。松链时要保持船有微弱的后退或前进速度。在锚链拉直时方可适当松出一段,不要一次松出太多。如船后退或前进速度太快,以致锚链绷得太紧,应通知驾驶台用车配合,以防断链。船停住不动时,则不宜松链,以防锚链堆积在一起形成堆链,甚至缠住锚杆或锚链绞缠。

大风或急流中抛锚,必要时须进车顶住,以防后退太快;当松至所需长度前也应稍进车,以防断链。

2.一字锚

在狭窄水域内,由于回旋余地较小,可在与涨、落流流向基本一致的方向上先后抛下两个成一直线的锚,使船首系留在双锚之间,这就叫一字锚,如图1-7-2-1所示。

一字锚的抛法一般有顶流前进抛法和顶流后退抛法两种。

一字锚的优点是旋回范围小,适应狭窄水道的锚泊;其缺点是抛锚、起锚操作复杂、费时,横风大时容易走锚,系留力并不比单锚泊大,不宜用作锚泊抗风。

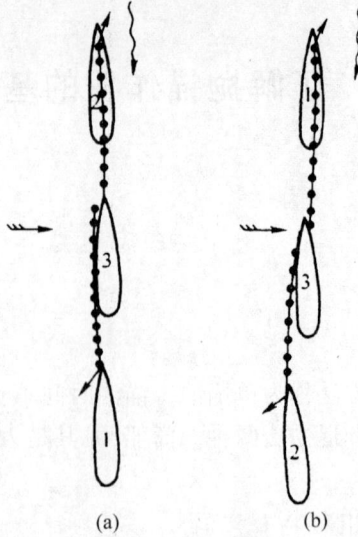

图 1-7-2-1　一字锚

3.八字锚

在风大、流急或底质较差时,为增大锚的系留力或减小偏荡,须抛双锚。将两舷锚链抛成倒"八"字形,并使两锚连线与风向垂直,这种双锚泊方法称为八字锚,如图 1-7-2-2 所示。

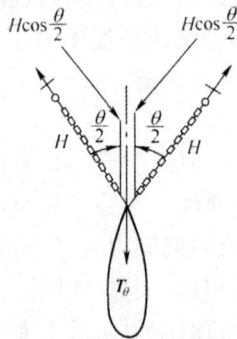

图 1-7-2-2　八字锚

设八字锚两锚链的夹角为 θ,若双锚出链长度相等,则两锚的合抓力为 2 倍单锚抓力在首尾向的分力。

八字锚的操作方法一般有顶风流后退抛法、单锚泊改抛八字锚法、横风流进抛法三种。

4.平行锚

八字锚的张角向 0° 变化即为平行锚,又称一点锚;其抛法类似单锚泊的退抛法,即船顶风流略有退势时,将两锚同时抛出,然后松链至两锚出链长度相等,如图 1-7-2-3 所示。

图 1-7-2-3　平行锚

平行锚的优点是:操作简便易行;锚抓力最大,其合抓力达单锚抓力的 2 倍;抛锚时机非常机动,可以及早松足锚链,只要风向、潮流变化不是十分剧烈,不需要在大风浪中再调整,双锚不易绞缠;比单锚泊偏荡小。因此,平行锚最适合用于抗台风。其缺点是:风力增大到相当强度时,船身偏荡增大,需用车舵配合加以抑制,如图 1-7-2-4 所示。

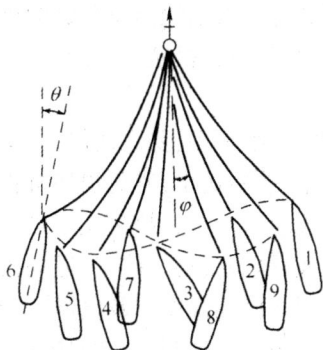

图 1-7-2-4　偏荡

二、锚机操作

锚机是用以收绞锚和锚链的机械。锚机也用于收绞缆绳。它主要由动力源、传动机构、锚链轮和刹车等组成。一般锚机也设有绞缆卷筒。

锚机因动力源不同而分为蒸汽锚机、电动锚机和电动液压锚机,也可根据链轮轴中心线的位置分为卧式锚机和立式锚机。

1.蒸汽锚机

操作步骤:

(1)通知机舱供汽。

(2)开机前先打开排水阀和排汽阀,排出管内和汽缸内的冷凝残水。

(3)轴承、曲柄连杆、十字头滑道等处加油润滑。

(4)查看离合器是否脱离开铰链轮,刹车是否刹牢,再打开制链器。

(5)供汽后,向逆时针方向旋开排汽阀少许,先暖缸排放冷凝残水,待残水排净后关闭排汽阀,稍开大汽门阀使活塞运转,试转倒正车,待运转正常后,关闭汽门阀,试车完毕。

(6)如向外松出锚和锚链时,将制动手轮向逆时针方向旋转,刹车带即松开,锚和锚链凭自重会自由松出。如果停止松出,只要将制动手轮向顺时针方向旋紧,刹车带便刹住锚链轮,锚链即停止松出。

(7)如要绞进或绞出锚链,应先调整离合器对正锚链轮闭合,然后松开刹车,此时锚链已由锚机控制。启动汽门阀,转动锚机,将倒正车手柄向前推即绞进锚链,向后拉即绞出锚链。

(8)锚机使用完毕,应使离合器与锚链轮脱开,气门控制阀关紧,打开排汽阀,制链器合上。如果是冬季,还需将供汽管道上的排水阀打开,排放残水,以防管道冻裂。

2.电动锚机

(1)操作步骤

①通知机舱供电。

②将各油杯、轴承等处加油润滑。

③检查离合器是否脱开,刹车是否刹牢,打开制链器,操纵杆(柄)置于停车位置。

④把控制箱上电源启动开关接通,将操纵杆推至微速绞进位置试车运转,过 1 min 后再将操纵杆拉至停车位置暂停后,再将其置于微速绞出位置试倒车运转 1 min 后停车。

⑤刹车和锚链轮离合器的使用与蒸汽锚机基本相同。

(2)注意事项

①在绞锚和绞缆时,如果发现锚机绞不动,要迅速停车,避免锚机负荷过重烧坏电机。

②由绞进改为绞出时,应先停车,然后送出,避免损伤机轴。

③在锚机负荷较重时,应看电压表指针是否超过规定电压,若超过应停车。

④注意电机温度,有烧焦油味或冒烟时,马上停车,通知机舱有关人员检查处理。

⑤在工作时要注意轴承温度,判断机油温度以及电压、电流是否超过规定。

⑥锚机使用完毕,把控制箱上电源开关断开,通知机舱停止供电。

3.电动液压锚机

操作步骤:

(1)通知机舱供电,开启高压油泵阀门。

(2)检查高压油泵的压力是否正常,按需要将其调节至适当压力。

(3)启动油泵开关,先按辅助油泵开关,过 1 min 后再按主油泵开关,注意压力表指针所指压力是否正常。

(4)在各油杯、轴承等处加油润滑。

(5)先做短时间运转试车,运转正常后,可扳动操纵柄开始使用。

(6)使用完毕应先关主油泵,后关辅助油泵,然后通知机舱停止供电。

三、抛锚操作

1.准备工作

(1)通知机舱供电(蒸汽锚机供汽)。

(2)解开锚机罩,查看有无异常情况。

(3)将刹车带刹牢,脱开离合器,加油润滑锚机并空车运转,逐级变速查看正反转是否正常。

(4)将锚送出,移开防浪盖,打开制链器,合上离合器,松开刹车带,开动锚机将锚送出链筒,垂挂在水面之上,刹紧刹车,再脱开离合器。此时锚只受刹车带控制,只要刹车带一松,锚即抛下。

(5)准备好锚球或锚灯。

(6)准备工作做好后,立即报告驾驶台。有关人员各就各位,并观察舷外锚的下方是否有小船接近。

2.抛锚

(1)抛锚:得到抛锚命令后,大副立即指示木匠松开刹车,让锚凭借本身重力自行下落,待锚到底后用刹车刹住锚链(锚未到底切勿刹车,以免断链)。锚到底后应立即显示锚球或锚灯,关闭航行灯,在各节锚链经过甲板时应敲钟报告节数。

(2)松链:抛锚时船舶最好应处于顶流逆风的位置,保持适当的前进或后退的速度,锚链才松得出去,同时松出后不会使锚链堆积在锚上,发生缠绞。速度太快,则锚链出去也太快,就会因刹不住而发生断链或丢锚危险。

正常操作时,当锚链松出 1.5~2 倍水深的链长时,应刹住锚链,利用船的拉力使锚爪抓底。但为防止将锚拉走而破坏抓底,必须在锚链尚未完全拉直时,及时再松一段锚链,如此掌握"松松停停"的方法,每次大约松出半节,稍停一刻,等锚链在水面伸起时再松,目的是使锚链成直线形平铺在海底以加强系留。当锚链垂直于水面时,必须停一下,让船的后退力量将锚链拉直,如果船没有后退力量,应向船长汇报使用车舵来配合。

锚链吃力时松链要十分注意,刹车带只能稍松开一点,一次松出几个链环刹住后,再松出几个链环。否则,一次松得太多,就不易刹住,从而可能发生丢锚事故。

(3)抛锚过程中,必须将锚链的方向、松紧状态通过口头和手势(夜间用手电筒)报告船长。

(4)判断锚是否抓牢的方法:在按要求已松出足够的锚链长度后,如果锚链向前拉紧,并平稳地在水面上下抬动,则说明锚已抓牢;如果锚链虽已拉紧,但不是在水面上下抬动而是抖动,则说明锚还在水底拖动,要立即报告船长锚未抓牢。

(5)港内抛锚应注意过江电缆及禁锚区。

3.深水抛锚

一般在水深超过 25 m 时抛锚,即作为深水抛锚处理。为了防止锚对海底冲击力过大而受到损坏,以及锚链松出太快刹不住,造成损伤或丢失,抛锚时须用锚机将锚一直绞放到底,然后再改用刹车慢慢松出锚链。深水抛锚,船速一定要缓慢,每次松链只能松出几米,防止一次松多而刹不住。

锚抓牢,锚链松到要求长度后应向船长报告锚已抓牢。抛锚结束后,应将锚链制链器关牢,使其承受锚链拉力。

四、偏荡及其防止方法

1.偏荡

单锚泊的船舶,由于作用于水面上的风力变化,会使船失去左右平衡。在新的状态下,风力、水动力和锚链拉力周期性地作用于船舶,使船首出现左右转头即艏摇的同时,船身还做前后纵荡和左右横荡运动。此时,船首按卧"8"字形轨迹以锚位为中心所做的周期性运动称为偏荡,如图 1-7-2-4 所示。

2.防止偏荡的方法

防止偏荡的有效方法是抛止荡锚(又称立锚),即当船偏荡至最大摆动弧的一半时,将另一只锚抛下,出链长为 1.5~2 倍水深。它增加了阻力,使船首经常保持更为接近风向的状态,以减轻偏荡;当风速急剧增大时,应不失时机地改抛八字锚,以增加锚抓力并抑制偏荡。

另外,可打入压舱水,使吃水增加至满载吃水的 2/3 以上,以减小风压力,增加水动力;或调整吃水差,使船首纵倾,也可缓和偏荡。

除上述措施外,当偏荡激烈时还应用车、舵、侧推器来减小锚链的张力。但应注意要有专人在船首观察报告锚链方向和受力状况,且车速宜缓。

五、走锚及防止

走锚(dragging of anchor)的主要原因是锚的抓力不足。这是由底质不佳、锚重不够、出链太短、锚链绞缠、风大流急以及偏荡等造成的。如果锚链拉直后,不在水面抬动而是抖动,且无松弛现象,说明锚在水底拖动,已走锚,应立即报告船长,采取措施。如不能及早发现走锚并采取有效措施,则会酿成碰撞他船、搁浅、触礁等严重事故。

值锚更中,如发现他船走锚时,应用 VHF 或声、光信号警告之;如危及本船时,应采取松链、紧急备车等防止碰撞或减少损失的应急措施。

发现走锚的方法有:

(1)利用各种定位方法勘测船位。

(2)观察偏荡情况,如较长时间保持较大风舷角,可判定走锚。

(3)放置测深锤,如测绳一直向前则可能走锚。

(4)观察锚链情况,锚链紧后突松,用视觉或手触锚链筒附近的锚链,可感到间歇性的急剧抖动,则可能走锚。

(5)根据本船与他船相对位置变化来判断是否走锚。

任务 3　了解起锚作业的基本要领

一、准备工作

(1)通知机舱送电,供锚链水。

(2)锚机加油润滑,空车试验(正反转),确认一切正常后再合上离合器,打开制链器和刹车带,让锚机受力。

(3)准备工作完毕,立即向驾驶台报告。

二、绞锚操作

(1)接到驾驶台起锚口令后,大副根据锚链受力情况指示木匠以适当速度绞锚。

(2)开启锚链水,冲洗锚链上的污泥。

(3)绞锚过程中,大副应随时将锚链的方向报告船长,以便驾驶台进行车、舵配合。木匠用钟声报告锚链在甲板以下的节数。

（4）绞锚时若风大流急,锚链绷得很紧,此时不能硬绞,而要报告驾驶台,进车配合,等船身向前移动,锚链松弛后再绞,以防损伤锚链和锚机。若锚链横越船首,应利用车、舵将船逐渐领直后再绞进。

三、锚离底的判断

首先,锚爪出土的瞬间锚机负荷最大,锚离底后锚机负荷突然下降,此时锚机转速由慢变快,声音由闷声变为轻快声。其次,锚离底的瞬间水面上的锚链将向船边荡来,并随时处于垂直状态。

四、锚离底

锚离底应敲乱钟报告,同时降下锚球或关闭锚灯。锚出水后,要观察锚爪上是否挂有杂物,若有应及时清理,然后根据需要将锚悬于舷外待用或收妥。

五、结束工作

（1）若锚不再使用需收进锚链筒时,应慢慢绞进直到锚爪与船舷紧贴为止。

（2）合上制链器,用锚机倒出一点锚链,使制链器受力,然后刹紧车,脱开离合器。

（3）关闭锚链水,盖上锚链筒防浪盖,罩好锚机,用链式制链器加固锚链,封好锚链管口,通知机舱关闭锚机电源。

六、清解锚链作业

（1）清解锚链:宜选择在平流或潮流缓慢时进行,绞进力链（受力的锚链）,使锚绞花全部出水面,必要时用25 mm软钢丝穿过绞花下方两根锚链的各一个链环,钢丝绳的两端通过导缆孔收紧时绕在带缆桩上,用以防止绞花滑下,待绞花解清后,一端松掉,另一端收进,使双链分开,如用绳索绑扎,在割断时双链弹开容易伤人。

（2）将清解挂缆系于惰链（松弛的锚链）的水上部位,绞紧,使惰链在这根缆绳上吃力,再将保险缆系在清解挂缆附近,收紧后系在带缆桩上。

（3）将引解索自惰链的锚链筒穿出,依惰链反方向绕过力链,再从惰链筒收回,系于要拆开卸扣的前面,另一端围绕在绞缆筒上。

（4）用制链器将惰链掣住,并用锚机将惰链松出若干,使制链器受力,解开卸扣,然后把送出绳连接在尾环上。

（5）松开制链器,绞进引解索,相应松放送出的绳（如绞动困难,可略绞紧力链,使相互的链环变位、松动）,这样就从锚链筒牵出惰链,退出绞花,链端仍自原链筒牵回甲板,与留在船内的惰链相连接。这种解法每次只能解开两个花,如绞花多,须按照上述方法多次清解,直至解清为止。

七、锚链连接链环(卸扣)的拆装

1.散合式锚链卸扣的拆装

将卸扣横档两头销孔的铅盖挖出,把锚链冲放入销孔的小头端,用锤子敲锚链冲将圆锥形销子冲出,拆下右夹档板与左夹档板即可。

装合前应将卸扣清洗干净,内表面涂上黄油,合插上左、右夹档板,从销孔的大头端插入圆锥形销子并冲紧。最后将销孔两头灌敲上铅盖。

2.双半式锚链卸扣的拆装

将卸扣横档两头销孔的铅盖挖出,把锚链冲放入销孔的小头端,用锤子敲锚链冲将圆锥形销子斜冲出,用锤子从正面将横挡敲下,再从侧面敲卸扣前半段(接缝短的一头)使其双半脱开。

装合前应将卸扣清洗干净,内表面涂上黄油,对插上双半,装上横挡,对准销孔,从销孔大头端插入圆锥形销子并冲紧。最后将销孔两头灌敲上铅盖。

3.连接卸扣的拆装

将卸扣横栓销孔的铅盖挖出,把锚链冲放入销孔的小头端,用锤子敲锚链冲将圆锥形销子冲出,卸下横栓。

装合前应将卸扣清洗干净,插入横栓,从销孔大头端插入圆锥形销子并冲紧。最后将销孔灌敲上铅盖。

任务4 掌握船舶标准锚泊令(工作语言)

抛起锚口令由驾驶台发出,大副听到后立即复诵一次并指挥木匠执行,执行完毕再报告驾驶台,以免出错。抛起锚口令见表1-7-4-1。

表 1-7-4-1 抛起锚口令

锚令 Anchor order	报告或回答 Report or reply
准备绞(起)锚 Stand by (to) heave away anchor	锚备好 All ready (to) heave away
绞(起)锚 Heave away anchor	绞(起)锚 Heave away
备左(右、双)锚 Stand by port (starboard or both) anchor(s)	左(右、双)锚备好 Port (starboard or both) anchor(s) is (are) ready
抛(左、右)锚 Let go (port or starboard) anchor	抛(左、右)锚 Let go (port or starboard) anchor
刹住 Hold on	刹住 Hold on

锚令 Anchor order	报告或回答 Report or reply
停止绞锚 Stop heaving（or avast heaving）	停止绞锚 Stop heaving（or avast heaving）
锚链方向 How is chain leading?	锚链垂直　　Up and down 锚链向前　　Leading ahead 锚链向后　　Leading aft 锚链正横　　Leading abeam 锚链过船头　Across bow
锚链放松 Slack away chain	锚链放松 Slack away
×节下水（甲板、锚链孔） × shackles in water（on deck or hawse pipe）	×节下水（甲板、锚链孔） × shackles in water（on deck or hawse pipe）
	锚离底　　　Anchor aweigh 锚清爽　　　Anchor clear 锚吃力　　　Chain tight 锚抓牢了　　Anchor brought up 锚缠住　　　Anchor fouling 锚链倒出　　Walk back anchor

第二部分

货物装卸职能

项目一　货物装卸设备与操作

【知识目标】

1.了解船舶装卸设备基本知识；
2.掌握开关舱操作程序和安全注意事项；
3.掌握船舶起货机的操作要领和注意事项；
4.掌握甲板起重机的操作要领和注意事项。

【能力目标】

1.能够熟练进行开关舱操作；
2.能够熟练操作各种类型的起货机；
3.能够熟练操作甲板起重机。

【内容摘要】

　　船舶装卸货物，一般由港口装卸工人操作。但作为一个货物运输船舶的甲板部船员，必须熟悉装卸货设备的性能，并能熟练地进行有关的操作及日常管理。船员自行装卸货物，如装卸一些供应品、船用器材物料时，以及清理货舱的物品时等都要使用装卸设备，因此对装卸设备的操作、各种索具的布置、吊杆角度的调整，以及安全注意事项等都必须加以掌握。

任务 1　了解船舶装卸设备

　　船舶装卸设备，亦称起货设备，是船舶在装卸货作业时所使用的装置和机械的总称。船舶装卸设备通常分为吊杆装置、甲板起重机等类型。吊杆装置，根据起重量的大小，可分为轻型和重型两种；按结构和使用形式不同，可分为轻型单吊杆、轻型双吊杆、一般重型吊杆和特殊"V"形重吊杆。实际使用中以前者来区分，即安全工作负荷等于或小于 10 t 的吊杆称为轻型吊杆，安全工作负荷大于 10 t 的吊杆称为重型吊杆。通常，在装卸货物时，吊杆允许吊起的最大货物重量往往小于其自身的安全工作负荷。

一、吊杆装置

1.轻型吊杆

轻型吊杆主要由起重柱、吊杆装置和起货机三大部分组成。起重柱(桅)是起重设备中的主要组件之一,其作用是在柱的下部设置吊杆承座,以支持吊杆旋转和承受吊杆在作业时的受力;在柱的上部设置千斤索眼板座,以承受吊杆作业时千斤索的拉力。轻型吊杆装置如图2-1-1-1所示。

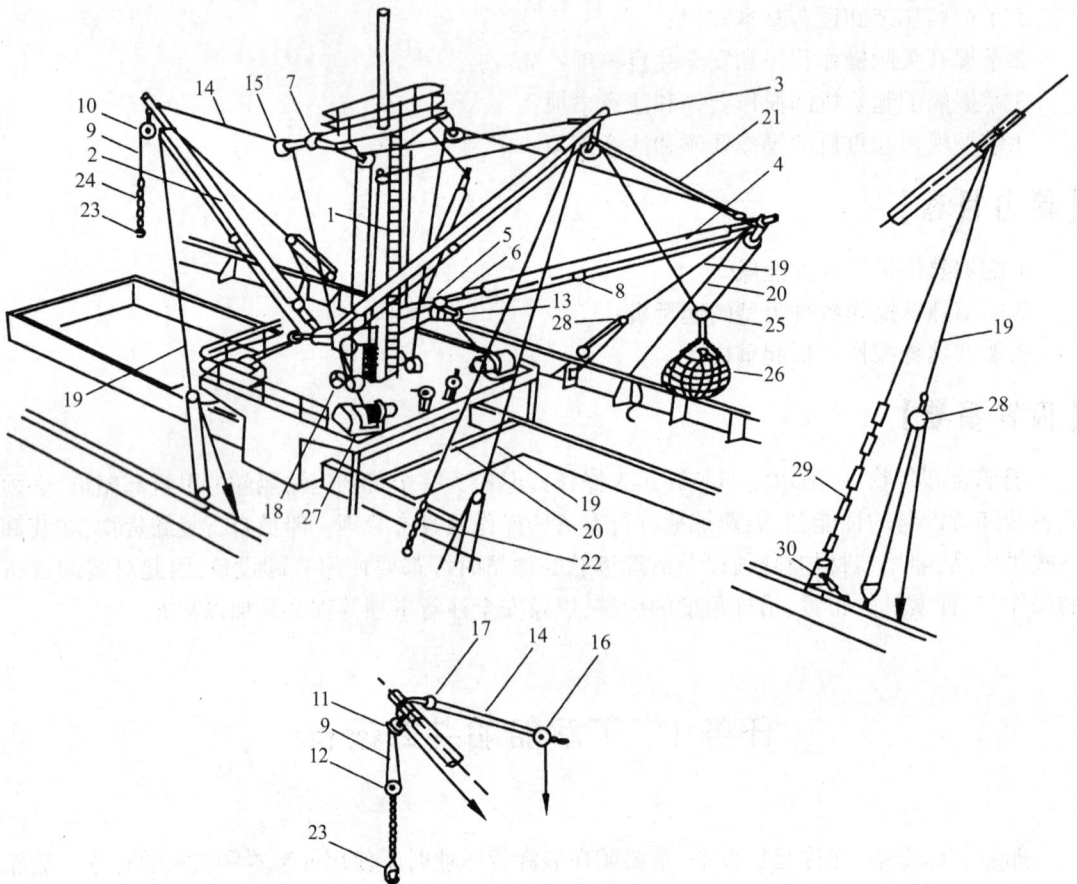

图 2-1-1-1　轻型吊杆装置

1—桅;2—吊杆;3—舱口吊杆;4—舷外吊杆;5—吊杆台;6—吊杆座;7—千斤座;8—护索环;9—吊货索;10—吊货滑车;11—上吊货滑车;12—下吊货滑车;13—吊杆座滑车;14—千斤索;15—千斤滑车;16—上千斤滑车;17—下千斤滑车;18—千斤索卷车;19—摆动稳索;20—保险稳索;21—吊杆间牵索;22—保险稳索链;23—吊货钩;24—吊货短链;25—三角眼板;26—吊货网兜;27—起货绞车;28—稳索滑车;29—有节定位索;30—有节定位索夹头

（1）轻型单吊杆的种类

船用轻型单吊杆种类较多，作用、操作也不尽相同，以下面两种轻型单吊杆为例讲解操作方法：

①普通型单吊杆（general derrick）：使用操作时，通常是调整好稳索、千斤索使吊杆置于某一合适的位置，吊货索也处于可用状态。卸货时，使吊杆处于舱口上方，吊杆仰角的大小由千斤索收放来控制，松放吊货索即入舱吊货。当绞收吊货索把货物吊至超过舱口上沿后，松出吊杆转向相反一侧的稳索，同时收入同向一侧的稳索。松放过程中，吊杆慢慢地转向卸货地点，到达合适的位置停下，松下吊货索将货物卸到指定的位置上；装货过程则相反。

②双千斤索单吊杆（twin span derrick）：该吊杆无牵索工具，而由左右分开的两套千斤索具来操纵。

这种吊杆装置主要有两种形式。一种是维列式，如图 2-1-1-2(a) 所示。维列式的两台千斤索绞车均为双卷筒式，其中一台控制变幅，即将两根千斤索的一端按相同方向绕进一对卷筒，绞车转动时，两根千斤索同时收进或放出，使吊杆变幅；另一台绞车控制吊杆回转，即将两根千斤索的另一端按相反方向绕在卷筒上，绞车转动时，两根千斤索一收一放，使吊杆回转。另一种是哈伦式，如图 2-1-1-2(b) 所示。它的两根千斤索分别卷入各自的千斤索绞车。当两台千斤索绞车同步旋转时，吊杆就变幅。当两台绞车反向放置或转速不同时，吊杆就回转或既变幅又回转。哈伦式对轻型吊杆和重型吊杆都适用。装卸 20~40 t 重的集装箱时，常用双千斤索单吊杆，这比使用翻转重吊更为方便。

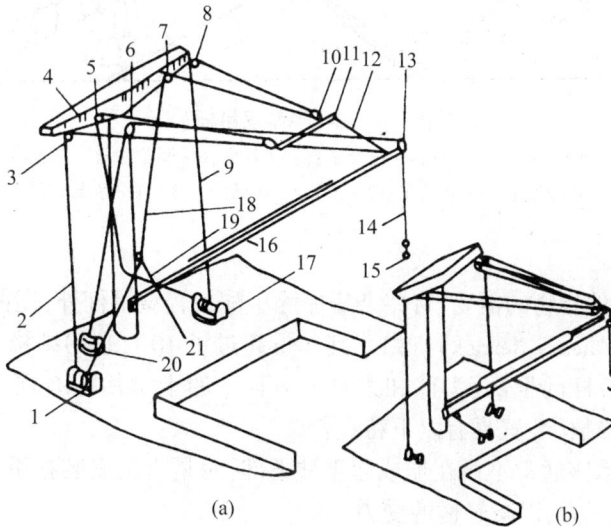

图 2-1-1-2　双千斤索吊杆装置

1、17—千斤索绞车；2、9、18、19—千斤索动端；3、5、7、8—千斤索上导向滑车；4—桅肩；
6—吊货索导向滑车；10—千斤索横担滑车；11—横担；12—横担牵索；13—嵌入式吊货滑车；
14—吊货索；15—吊货钩；16—吊杆；20—起货绞车；21—千斤索下导向滑车

（2）轻型双吊杆

目前，船上使用的轻型双吊杆主要是单千斤索轻型双吊杆。

单千斤索轻型双吊杆由两套单千斤索单吊杆通过一定的方式联合起来，形成了双杆联合操作系统。其布置如图 2-1-1-3 所示。每根吊杆头部均设有千斤索、吊货索、保险稳索、调整稳索及中稳索。两千斤索控制各自吊杆的俯仰角度;各吊杆吊货索的首端通过三角眼板连接,另一端通过吊货滑车、过桥滑车及吊货导向滑车后被引至各自的起货机;保险稳索起到减少吊杆受力的作用;吊杆左右位置的调整通过调整稳索来完成;中稳索连接两根吊杆头部内侧,调整两吊杆的张角。

采用双杆联合操作时,布置在舷外的一根吊杆称舷外吊杆(俗称"小关"),另一根布置在舱口上方的吊杆称舷内吊杆(俗称"大关")。利用千斤索、调整稳索及中稳索将两吊杆调整到各自合适的位置后,挽牢调整稳索、中稳索及保险稳索,完成吊杆的布置。

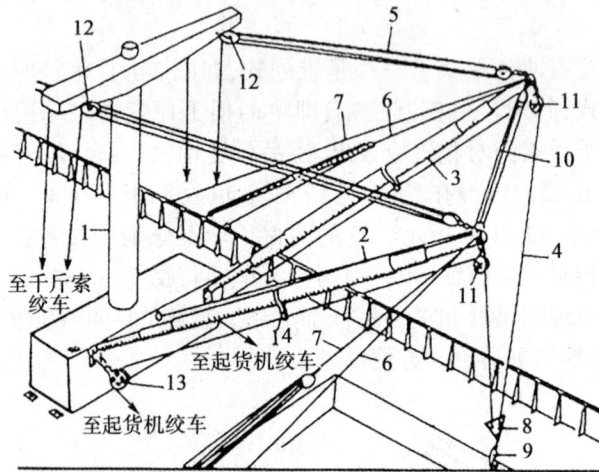

图 2-1-1-3　轻型双吊杆

1—起重柱;2—舷内吊杆;3—舷外吊杆;4—吊货索;5—千斤索;6—调整稳索;7—保险稳索;8—三角眼板;9—吊货钩;10—中稳索;11—吊货滑车;12—千斤索导向滑车;13—吊货索导向滑车;14—过桥滑车

2.重型吊杆

为了满足装运大件货物的需要,有些杂货船除了配备轻型吊杆外,还在中间货舱口或重点货舱口设置重型吊杆(heavy derrick)。由于其起重超过了 10 t,它的结构、装置与轻型吊杆有所不同,主要表现在吊杆的根部、头部和索具三方面。船上常用的有摆动式重型吊杆,如图2-1-1-4 所示。其主要结构装置具有以下特点:

(1)吊杆根部的承座通常不设在桅或起重柱下部,而是直接安装在甲板或专用平台上,来承受巨大的吊杆轴向压力,以减轻桅的受力。

(2)吊杆头部不用吊杆环眼箍,而采用如图 2-1-1-4 所示的装置来承受吊货绞辘的重大负荷。吊货索的力端从吊货滑车组动滑车引出,经过吊杆头部所设的嵌入滑轮和桅杆上的导向滑车,由相邻货舱口上的起货机来操纵。

(3)吊货索和千斤索均采用滑车组(绞辘),以减轻起货机的负荷。

3."V"形重吊

近年来,为了满足装卸重大件货物的需要,有些较大型货船上采用了翻转重吊,或称"V"形重吊。这类重吊不但改善了普通重吊杆的操纵使用性能,而且使其起重能力大大增加,有的可达 500 t 或以上,为船舶的运输带来很大的方便。目前,根据吊杆顶部对吊货滑车组的翻转

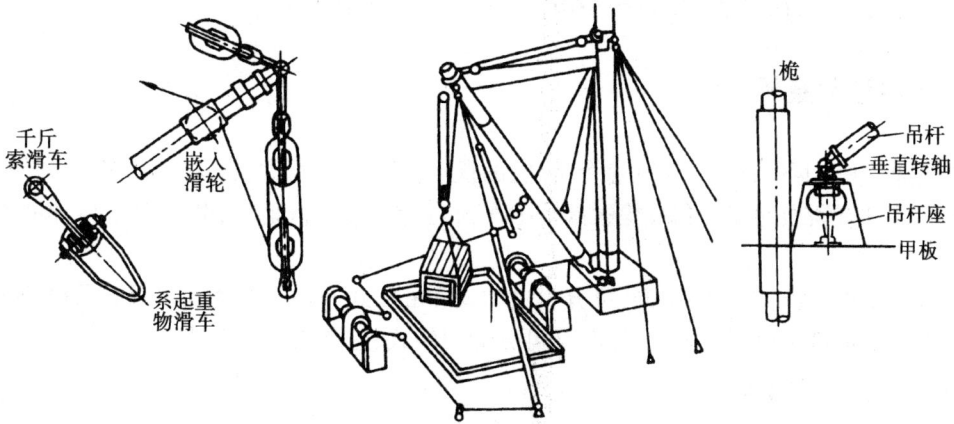

图 2-1-1-4　摆动式重型吊杆

方式不同,"V"形重吊可分为叉式、单摆式或双摆式三种类型,而船上多用的为双摆式。现仅就双摆式翻转型重吊结构、布置及特点介绍如下。

"V"形双摆式翻转型重吊主要由两根成"V"形布置的起重柱、一根重型吊杆、两台重吊起货绞车、两台重吊千斤索绞车、左右两套千斤索索具及使用于前后两舱的吊货索索具等部件组成,如图 2-1-1-5 所示。起重柱头部装有轴承管及顶索转环,顶索部分能灵活地旋转,在吊杆顶

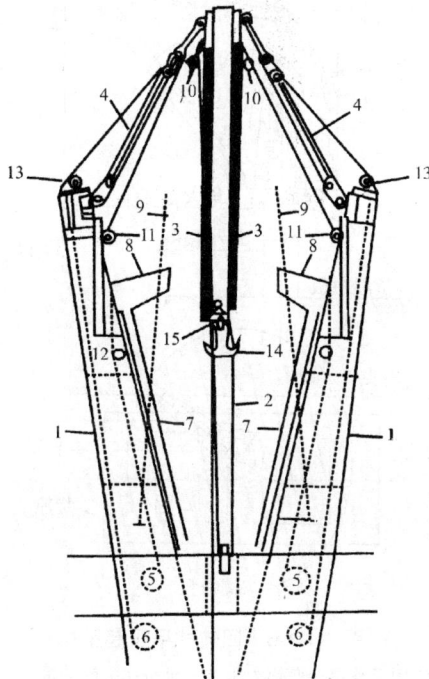

图 2-1-1-5　"V"形双摆式翻转型重吊

1—起重柱;2—重型吊杆;3—吊货滑车组;4—千斤索滑车组;5—重吊起货绞车;6—重吊千斤索绞车;7—梯;
8—控制台;9—轻型吊杆;10、11、12—吊货索导向滑车;13—千斤索导向滑车;14—"山"字吊货钩;15—连接横杆

部装有摆式滑轮。其维护简便,操作灵活,不需做任何准备工作,整套机构一人即能操作。由于不设桅支架、吊杆稳索和牵索,其操作更安全。吊杆可翻转兼顾前后舱的起货任务,当重吊

在一舱工作时,安装在起重柱上的轻型吊杆可同时在另一舱工作。

二、甲板起重机

甲板起重机(deck crane)俗称克令吊,它的优点是工作面积大,机动灵活,操作方便,在装卸作业前后没有烦琐的准备和收检索具等工作,并且重量轻,占地少,装卸效率高且可为两个舱口服务。

甲板起重机,按动力源的不同,可分为电动式和液压两种。电动式甲板起重机使用比较广泛。甲板起重机按使用方式的不同,又可分为回转式、悬臂式和组合式三种。

1.回转式甲板起重机

回转式甲板起重机由基座、回转塔架、吊臂、操纵装置等组成,如图2-1-1-6所示。基座固定在甲板上,并有旋转支承装置(即上座圈、下座圈、外围支承板)和旋转机构(即电动机、小齿轮、大齿轮)。回转塔架支承在基座上,包括上下两层,上层为操纵室,下层装有三部电机(供吊货索起升、吊臂变幅和塔架旋转)。吊臂根部固定在转塔架底部,可绕根部支点上下俯仰,其头部装有两套滑轮组供吊货索和千斤索用。

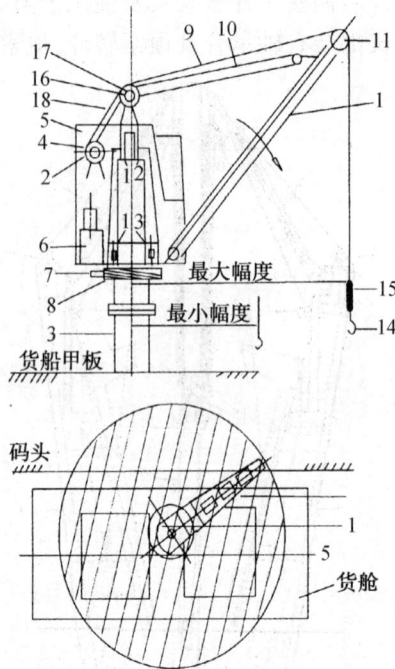

图 2-1-1-6　回转式甲板起重机

1—吊臂;2—起货绞车;3—固定柱;4—变幅绞车;5—机房;6—旋转机构;7—小齿轮;
8—大齿轮;9—吊货索;10—千斤索滑车组;11、16—吊货索导向滑车;12—上支承;
13—下支承;14—吊货钩;15—转环;17—千斤索导向滑车;18—千斤索

2.悬臂式甲板起重机

这是一种新型的甲板起重机,如图2-1-1-7所示。它是利用可伸出(转出)舷外的水平悬臂和在悬臂上行走的滑车组来起吊和移动货物的。其基本工作原理如下:

（1）起重机可沿甲板上的轨道前后移动，悬臂可向两舷伸出，如图 2-1-1-7(a) 所示。

（2）在起重柱上设水平悬臂代替吊杆，利用悬臂牵索把悬臂拉出舷外，而滑车组可沿着悬臂前后移动，如图 2-1-1-7(b) 所示。

（3）水平悬臂可从舷门伸出，如图 2-1-1-7(c) 所示。

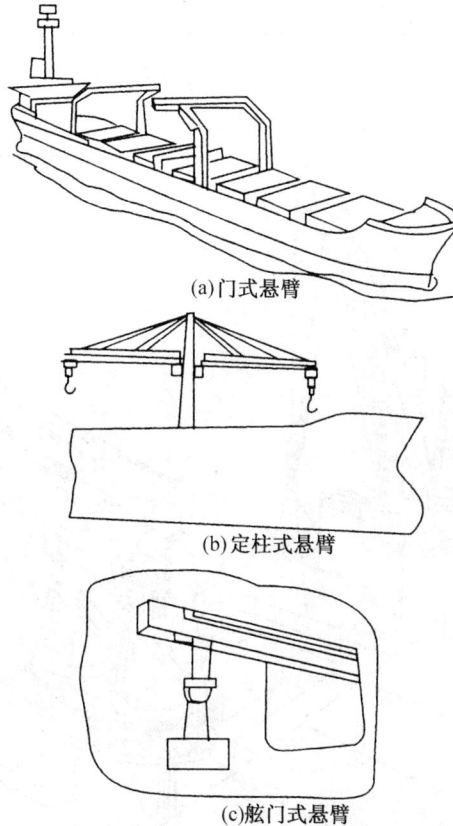

(a)门式悬臂

(b)定柱式悬臂

(c)舷门式悬臂

图 2-1-1-7　悬臂式甲板起重机

3.组合式甲板起重机

组合式甲板起重机俗称双联回转式起重机，如图 2-1-1-8 所示。它是近年来随着船舶运输货物的多样化、起货设备多用途、大吨位发展而出现的。组合式甲板起重机的结构特点是：两个单回转式起重机同装在一个转动平台上。它们可以像两台独立的起重机一样分别进行各自的作业，也能够并联在一起，用以起吊重量大的货物，例如组合体货、大件货等。

组合起吊大件货时，两台起重机的吊货钩与一吊货横梁相连接，并有主、副吊之分，主、副吊的吊货钢索分别连接于横梁的两端。将操纵室内的转换开关转到"双吊"位置，两台起重机就互相连锁，一起绕公用大转盘旋转，旋转角度正反 360°无限制；由主吊的操纵手柄进行主、副吊的合吊操作。为了保证吊运货物的平稳和安全，主、副吊上装有起升同步装置。当主吊起升高度大时，操作室内的偏角指示器偏转，指示出主、副吊卷筒的转角差，并通过电磁阀控制使主吊降速，以保持主、副吊的起升同步。同样，在主、副吊的两吊杆间产生角度偏差时，也有同步装置控制，以保持正变幅同步。如果一台起重机的起重能力为 25 t，则两台起重机并联工作时,就可以起吊 50 t。

将操纵室内的转换开关置于"单吊"位置,安装在公用大转盘上的两台起重机就互相脱开独立工作。两台起重机分别绕各自的小转盘旋转。但最大旋转角度要受到限制,一般为 220° 左右(各自在相反的方向上起算),同时,应该注意到两吊都能够回转进入干涉区。为此,设置了相应的安全装置,在 140° 范围内设置相应的极限开关。当一台吊进入干涉区时,极限开关起作用,使另一台不能超出 140° 的范围,从而避免两吊发生碰撞。

新型船舶已开始使用微型计算机来控制多用途双联(组合)起重机,使并机起吊实现三个自由度上的同步作业,整个操纵只需一人在控制室内进行,也可实现遥控操纵。

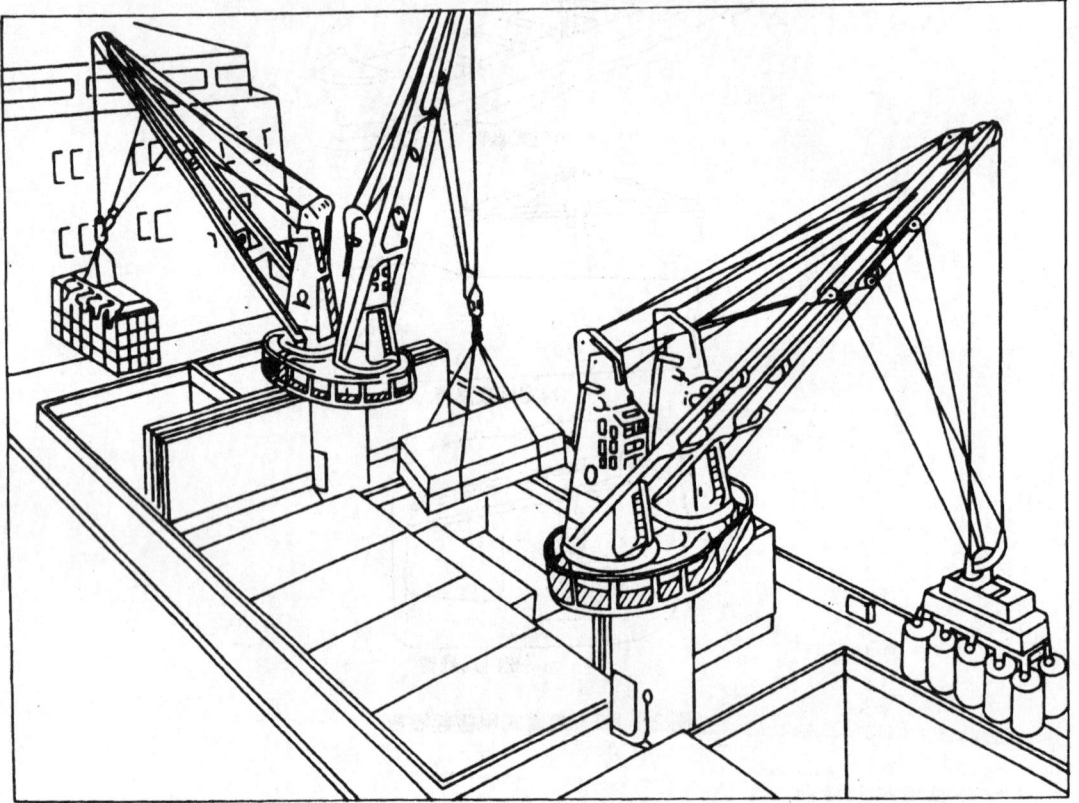

图 2-1-1-8　组合式甲板起重机

任务 2　掌握开关舱操作程序和安全注意事项

货舱盖是保证船舶货物安全、保证船体水密的一种封闭设备,同时还具有一定的抵抗大件货压力的能力。货舱盖的形式很多,按制造材料可分为木质、钢质、铝质及玻璃钢四种。

现代船舶一般采用钢质舱盖,并配备专用的电动或液压的驱动装置。钢质舱盖的优点是能保证舱盖水密性好,开关舱迅速平稳,操作简便安全,收藏占位较小,维修保养方便。某些船利用起货机代替专用驱动装置。

钢质舱盖的具体形式很多,大致可分为滚动式、折叠式、平移式和提升式舱盖等。

一、滚动式舱盖

滚动式舱盖又可分为滚翻式、滚移式和滚卷式三种。这里主要介绍常用的滚翻式舱盖,如图 2-1-2-1 所示。

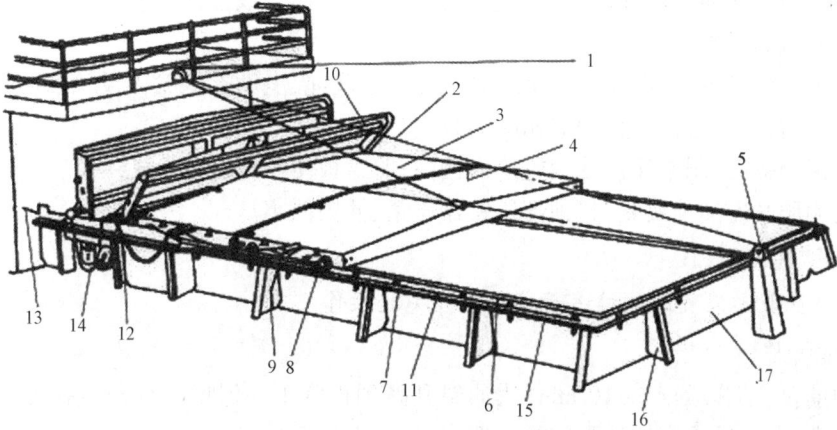

图 2-1-2-1　滚翻式舱盖

1—钢索(至绞车或吊钩);2—拖索;3—顶板;4—连接处压紧器;5—滑轮;6—承压条;

7—螺旋扣;8—偏心轮;9—平衡轮;10—橡皮填料;11—轮轨;12—下落轨(在舱口围板后面);

13—上升轨;14—板边链;15—舱口围板面板;16—舱口围板防挠材;17—舱口围板

1.各部分装置名称

滚动式舱盖由盖板、水密装置、滚轮装置、导向曳行装置和压紧装置五部分组成。各盖板之间用链条连接,每一块盖板上都有一对行走滚轮(偏心轮),可沿舱口围板两边的面板行走,还有一个平衡轮。当盖板进入舱口端的收藏坡道时,在重力作用下盖板便翻转成直立状态而存放,舱口较长时可将全部盖板分成两半,开启后,分别存放在舱口的两端。

关闭时,将钢索穿入舱口正前方的开口导向滑车内,再用卸扣与收藏处的首端舱盖板相连接。操纵起货绞车或克令吊,绞动钢索拖带前面的一块舱盖板,导轮沿导板滚动,后盖板之间相互由链条拉动。当盖板后部滚轮与导板接触后,盖板绕导轮轴转动,直至其衔接轮与前块盖板上的衔接轮座吻合,以后继续沿舱口围板水平材滚动,至首端舱盖板与制动器相碰。

2.滚动式机械舱盖开关操作

开关舱盖人员由水手长调配,指定一人操纵起货机,并按操作规程使起货机处于使用状态。

(1)开舱操作

①将压紧装置(舱盖上面压紧器和舱口周围压紧器)的插销或螺杆全部拆开,放在适当位置。

②操纵两侧液压千斤顶将盖板顶起,使滚轮顶板与轨道齐平,或用撬棍将滚轮中心转到上方。

③将曳舱盖钢丝绳穿过导向滑车后缠绕在起货机卷筒上或挂在起货机上。

④在水手长的指挥下,操纵起货机绞收曳舱盖钢丝绳,曳动首端舱盖板及拉动其他盖板向后移动,使盖板全部滚至导板上。最后将导板直立在舱口一端的舱盖收藏处。

⑤扣住舱盖制动索。

⑥整理索具。

（2）关舱操作

关舱操作步骤和开舱操作相反。

①将曳舱盖钢丝绳穿过导向滑车后缠绕在起货机卷筒上或挂在吊货钩上。

②解脱舱盖制动索。

③在水手长的指挥下,操纵起货机绞收曳舱盖钢丝绳,曳动首端舱盖板及拉动其他盖板沿着轨道滚动,至首端舱盖板与止动器相触为止。

④舱盖板合拢后,用千斤顶使滚轮落入槽内,舱盖板便压在舱口上了。

⑤将两侧压紧器挂上旋紧,将顶部压紧器压紧、插销插牢。

⑥整理好索具。

3.装有液压驱动装置的链接滚动式舱盖开关舱操作

（1）开舱操作

①启动油泵,空载运行5～10 min,使油温升高到正常工作温度。特别是在冬季,油温低、油的黏度较大,急于操作会使油泵的排出压力过高,发生事故。

②打开压紧器。

③打开导轨制动锁。

④拔出制动销,向右扳动控制箱内的换向控制阀,将导轨升起,将换向阀调回到中间位置。

⑤将制动销插到制动板孔中。

⑥按动控制箱中"开启"按钮,开动驱动机开启舱盖。

⑦开舱后将导轨落下,以防装卸货时碰损。

⑧开舱完毕关闭油泵停车后,应扳动手动旁通阀使管路释压。

⑨扣牢舱盖制动链。

（2）关舱操作

①启动油泵,空载运行5～10 min,使油温升高到正常工作温度。

②解脱舱盖制动链。

③将换向阀右移使导轨升起到位后,将换向控制阀移到中间位置。

④按动"开启"按钮,开动驱动机关闭舱盖。

⑤将导轨落下。

⑥将各压紧器压紧。

⑦当舱内装水压载以及往矿、油多用船舱内装油时,应使用螺旋压紧装置。

⑧关舱完毕,关闭油泵,扳动手动旁通阀释压。

4.开关舱操作注意事项

（1）操作者要听从指挥,集中精力。

（2）拆下舱口两侧压紧器后,必须将其放置在一定位置,以免阻碍滚轮通过,开关舱前必须仔细检查,轨道上不能有障碍物。

（3）开关舱前，必须检查盖板顶部压紧器，并使全部压紧器处于拆开位置，用铁销插牢，操作中插销不能自动脱出。在操作过程中，如发现有插销脱出，操作人员不得直接上去调整，应将舱盖板平置于舱口后再上去调整，并用铁销插牢。

（4）操纵起货机要缓、稳，要特别注意首端舱盖板，曳行速度要慢。如操作不当，首端舱盖板容易脱轨，影响开关舱的进行。

（5）连接盖板的铁链应保持两边对称，否则因两侧拉力不对称，会使舱盖板脱轨。

（6）船舶纵倾时，关舱要注意防止盖板向下倾方向自由滑动。

（7）如船舶横倾较大，要特别注意防止舱盖板脱轨。必要时，应用压载水纠正横倾后再进行开关舱操作。

（8）开舱后，必须用固定钩或链条将盖板固定，防止其滑脱。

（9）开关舱操作时如发生盖板脱轨，要服从指挥，利用吊杆或机械差动绞辘，将盖板吊起调整好位置，重放在舱门上，移正后便可继续操作。

（10）在开关舱时，所有操作人员要注意安全操作，防止发生事故。

二、折叠式舱盖

折叠式舱盖（或称铰链舱盖），按其驱动方式可分为液压驱动式（用液压）、直接拉动式（用船上起重机或吊杆）、钢索拖曳式（用绞车）。折叠式舱盖装置与滚动式舱盖装置类似，不同的是盖板间系用铰链连接。

折叠式舱盖省去了两板间的压紧器和收藏盖板的位置。但盖板折叠竖起后，重心上升量大，开启时较费力。

折叠式舱盖板是由两块或多块盖板用绞链连接而成的。开关舱盖板用专用绞车或起货机绞拉曳行索，使舱盖板成对叠折来开启。开启完毕且立于舱口一端后，需用制动器固定钩扣牢，使盖板保持直立状态。

1.各部分装置名称

折叠式舱盖由舱盖板、铰链、滚轮装置、水密装置、曳升机构、缓冲装置和紧固装置组成（如图2-1-2-2所示）。

2.开关舱操作

（1）开舱操作

①由水手长调配操作人员。

②试转专用绞车或起货机，使其处于使用状态。

③拆开压紧器。

④启动专用绞车（如用起货机，需先将曳索和吊货索连接），将舱盖板缓缓拉起。

⑤将保险钩扣在盖板上。

（2）关舱操作

关舱操作步骤与开舱相反。脱开固定钩后松放曳索，滚轮在有斜度的导轨上滑动，连接绞链起导向定位作用，使舱盖板在本身重力作用下自行关闭。

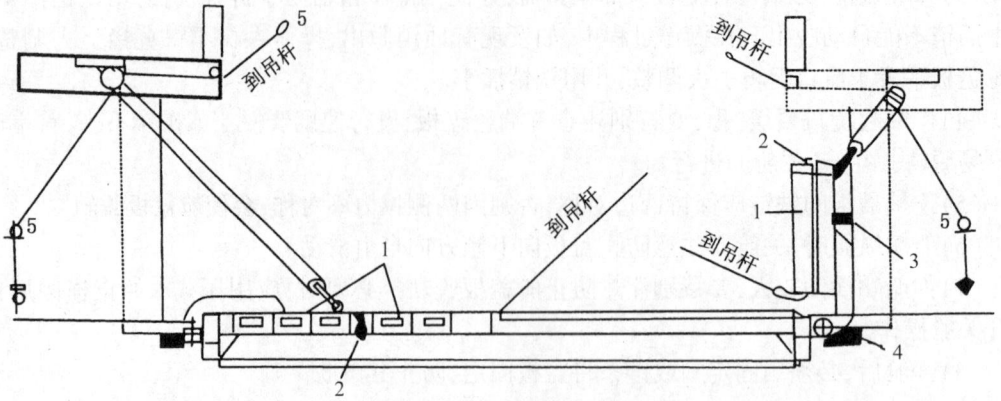

图 2-1-2-2　折叠式舱盖

1—舱盖板；2—铰链；3—保险钩；4—缓冲器；5—曳索

3.折叠式液压舱盖开关舱操作

折叠式液压舱盖的开关舱操作是通过手柄控制换向阀来进行的。手柄置于开启、停止或关闭位置时，舱盖板即处在开启、停止或关闭状态。手柄移动距离大小起到调速作用。

（1）操作步骤

①停止：当舱盖板处于开启或关闭状态时，将手柄置于停止位置，并用固定板将手柄固牢。

②开启：开启前，必须做好各项准备工作，拆开舱盖板的全部压紧器，用液压千斤顶将盖板顶起，使滚轮与轨道齐平并检查，清除轨道上的障碍物。

将手柄置于开启位置，舱盖板便缓缓开启。当滚轮接近斜轨道时，应减慢速度，防止盖板碰撞，以致把活塞杆压弯。舱盖板开启后用固定钩固牢，使舱盖板保持直立。将手柄调回至停止位置，用固定板将手柄固牢。

③关闭：关舱前必须检查轨道，确定无障碍物后才能开始操作。

将手柄置于开启位置，先使舱盖板稍微开启一点，以便打开固定钩。固定钩脱开后，再将手柄置于关闭位置，舱盖板便慢慢闭合。当舱盖板将要闭合时，应将速度放慢，关闭妥当后将手柄置于停止位置，用固定板固牢。操纵千斤顶把滚轮放入槽内，舱盖板便压紧在舱口上。将压紧器装妥以保证舱口的水密。液压折叠式舱盖如图 2-1-2-3 所示。

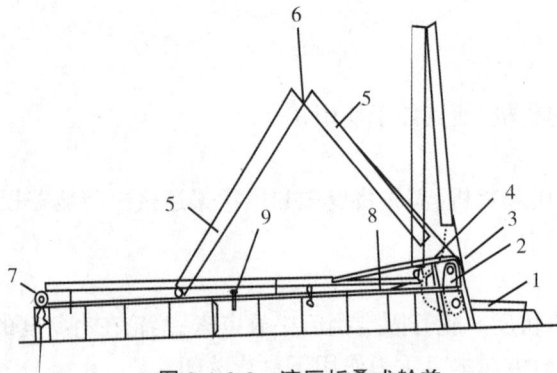

图 2-1-2-3　液压折叠式舱盖

1—油缸；2—杠杆臂；3—固定铰链；4—固定装置；5—舱盖板；6—铰链；7—滚轮；8—滑轨；9—压紧装置

（2）注意事项

油泵启动后应空载运行5～10 min做"无压循环"，以使油压适当提高，油的黏度相应下降。特别是在冬季时间更要长些，否则会因油温低、油的黏度较大，使油泵的压力过高，发生事故。

如油压系统发生故障不能利用它开关舱时，可暂时拆除油缸活塞杆上的铰链销，装置导向滑车和曳索，利用起货机开关舱。

三、平移式舱盖

平移式舱盖仅适用于大型散货船和油、矿船的露天甲板舱口。平移式舱盖板由一块到四块组成，在三块以上时，采用搭叠式平放在甲板上面。

平移式舱盖由盖板、水密装置、滚轮和盖板升降装置、压紧装置、导轨和驱动装置组成（如图2-1-2-4所示）。

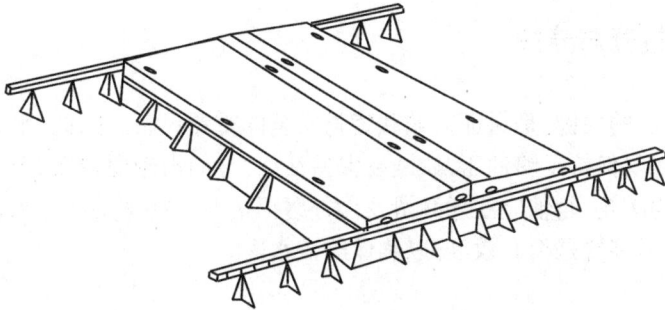

图 2-1-2-4　平移式舱盖

开关舱操作步骤与滚动式舱盖相同（参阅滚动式舱盖开关舱操作步骤），不同之处是将舱盖板平移到舱口左右侧，平放或叠放在甲板的轨道上。

无论是滚动式还是平移式舱盖，开舱前应先松脱压紧装置，并检查滚轮及导向曳行装置，当确认无阻碍时，按操作规程规定的顺序开启，开启后应用固定钩或链条固定于收藏处所，以防滑动。关舱时应检查导板周围，在确定无障碍后，脱开固定钩或链条按顺序关闭，并将压紧器及压紧楔压上，以保证舱盖水密。

四、提升式舱盖

提升式舱盖又称箱形舱盖。它通常用金属或玻璃钢将盖板拼制成箱形剖面，其盖板平面内设有若干埋置吊环，如图2-1-2-5所示。箱形舱盖本身不带专门的驱动机构，由船上或港口的起货机械来吊移。开舱时，可将舱盖板堆放在甲板上、码头边，还可存放在舷边的水中。箱形拼装舱口盖的结构简单，操作简便，而且可获得最大的甲板开口面积，因而适宜应用于集装箱船。箱形舱盖的尺寸一般都比较大，设计时应注意使箱形舱盖不超过起货设备的起重能力。

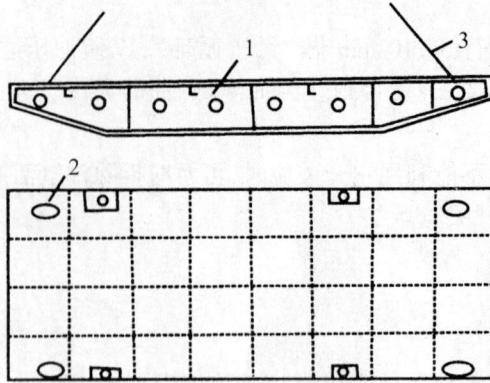

图 2-1-2-5　箱形舱盖

1—舱盖桁材；2—埋置吊环；3—钢索

五、舱盖的检查与养护

舱盖是船舶封舱的关键，是保证船舶和货物安全的重要设备。因此，平时要对舱盖认真检查和养护，液压装置要保持足够油压，铰链要保持活络，导向滑轮要转动，牵引索要系牢并防止锈蚀，所有舱盖上的滚轮、轮轴应注意润滑及检查磨损情况。特别要注意水密装置的橡皮是否老化、是否正常，压紧装置是否有效等，以确保舱盖水密。

任务 3 掌握起货机的操作及注意事项

一、蒸汽起货机的操作

蒸汽起货机(steam cargo winch)以蒸汽为动力,主要用在蒸汽机船和油船上。它以蒸汽通过进气管,进入汽缸来推动活塞,经过齿轮装置带动起货机的卷索筒转动。

为保证装卸货的安全,蒸汽起货机设有脚踏刹车装置,必要时脚踏刹车,即能控制吊货索卷筒转动。

1.蒸汽起货机的操作步骤

(1)通知机舱供汽。

(2)检查截止阀及进汽阀。

(3)打开放水孔和排汽阀。

(4)将进汽阀打开一点,来回扳动倒、正车操纵柄,使吊货索卷筒正、反转几次,待汽缸内残存冷凝水排净后,将管道上的放水孔和汽缸上的排汽阀关好。

(5)试车完毕后,将进汽阀开到适当的程度,即可利用操纵杆来操纵。如将操纵杆放在中间位置即停车,将操纵杆提高即绞进,将操纵杆压低即松出。操纵杆提得越高或压得越低,起货机绞进或松出的速度越快。

(6)如转速的快慢由汽门开、关来控制,应在改变转动方向时先关进汽阀,使起货机停止转动后,改变操纵杆的位置,再开进汽阀。

(7)使用完毕后,应通知机舱停止供汽。

2.注意事项

(1)试车前,必须打开排汽阀、放水阀,排尽冷凝残水,确认无其他异响时,再关紧排汽阀、放水阀。

(2)要对各转动摩擦部分经常加油润滑。

(3)在冬季做好防冻工作,特别是要放尽管内的残水。

(4)使用完毕后,通知机舱停止供汽。

二、电动起货机的操作

电动起货机(electric cargo winch)以电动机为动力,经减速机构驱动起货机卷筒,使之正转和倒转,以收、放吊货索,从而达到起落货的目的。电动起货机由电动机、减速器、吊货索卷筒、制动带(刹车)以及绞缆卷筒组成。电动机由主令控制器操纵,在吊起货物时做正向旋转,放下货物时做反向旋转,在空钩或轻载时做高速运行。为保证起落货的安全,制动器用于及时刹住吊货索松出。

1.操作步骤

(1)通知机舱供电。

(2)将主令操纵杆置于停车位置,待供电后接通操纵箱上的电源启动开关。

(3)将操纵杆分别置于慢速正转→停车→慢速反转→停车,试车查看运转情况,正常后即可使用。

2.注意事项

(1)从正转改为倒转或从倒转改为正转时,应将操纵杆先置于停车位置,否则会损坏机械。在增减速度时,必须逐步开动,如果突然开快,可能会烧坏电机。

(2)不超负荷运转。

(3)起货机运转中,如听到不正常声音,有异常气味或冒烟时,必须立即停车,通知机舱派人检修。

(4)注意吊货索在卷筒上的缠绕情况。如果缠绕不当、松弛过度,会损坏机械,打伤人员。

(5)电气设备及机械部分均由轮机部维修保养。

(6)起货机活动及摩擦部分和轴承等,应由甲板部加油润滑。

(7)起货机使用完毕后,应通知机舱停止供电。

(8)航行中应加罩,以防海水侵蚀,定期进行清洁、除锈、涂油漆。

三、电动液压起货机

电动液压起货机(electro hydraulic cargo winch)的优点是轻巧,使用简便可靠,转速均匀。电动液压起货机与电动起货机的主要区别是:由电动机带动特殊油泵(高压油泵)产生高压,用油管传导至起货机中的油马达转换为机械能,使起货机转动,代替了电动机来驱动吊货索卷筒。

电动液压起货机的操纵机构按传动方式不同分为机械式、液压式和电液式三种。

1.操作步骤

(1)通知机舱接通电动机电源,将高压油泵阀门开启。

(2)检查高压油泵压力是否正常,按需要调节至适当压力。

(3)启动操纵室内油泵开关,先按辅助油泵开关,过 1 min 后再按主油泵开关,注意压力表指针所指压力是否正常。

(4)做短时间运转试车,运转正常后便可起吊货。

(5)使用完毕应先关主油泵,后关辅助油泵,然后通知机舱停止供电,关闭油泵阀。

2.注意事项

(1)操纵时要缓慢加大油压,否则,会因压力突增会使油管接头破裂,造成漏油。

(2)使用中如升降速度不一致,应进行零位调整。调整方法如下:

①扳动手柄,使零位指示灯亮;

②开启手柄边小阀;

③扳动手柄并将其放在中间位置;

④将手柄边小阀关闭。

（3）电气及机械部分均由轮机部维修保养，起货机活动及摩擦部分和轴承等由甲板部加油润滑。

（4）航行中应加罩，防止海水侵蚀，定期进行清洁、除锈、涂油漆。

任务4 掌握甲板起重机的操作及注意事项

甲板起重机具有起升、变幅、旋转装置，可随意改变吊货钩落点的位置，并可任意回转，操纵使用方便。有些船舶用它来代替吊杆。甲板起重机一般采用电力操纵，也有用液压操纵的。这里主要介绍回转式甲板起重机，如任务1中图2-1-1-6所示。

每台甲板起重机都有自己的安全工作负荷(SWL)，它是指在安全条件下允许甲板起重机起吊的最大安全重量。起重机经初次试验与检验完毕后，或起重设备经改建或变更安全工作负荷并经试验与检查完毕，应在吊杆、臂架或相应的部件上离根部约50 cm处打上标记，标记中包括安全工作负荷值。

1.起重机的操作主令

在操纵室内，座椅两侧装有电机运转控制器。其中控制吊货索升降的为单主令，即手柄向前，吊钩降下；手柄向后，吊钩上升。

控制吊臂变幅和塔架旋转的为双主令，即：手柄向前，幅度增大；手柄向后，幅度减小；手柄向左，塔架左转；手柄向右，塔架右转。

旋转手柄在"0"挡为空挡，即刹车合上，定子断电，转子为自由状态；"0"挡左右有一空挡，即刹车松开，定子断电，转子为自由状态。

上述三个动作可单独，也可两两组合，甚至三个动作同时进行。

紧急按钮：在双主令上装有紧急按钮。按此按钮可使起重机的三个动作立即停止。

2.操作注意事项

（1）进入机房操作步骤

①打开水密门通风，天热须启动轴流风机。

②检查卷筒上的吊货钢丝绳排列是否正常。

③将吊臂升起，仰角大于27°。

④检查安全装置和刹车灵不灵。

（2）操作要点及注意事项

①绝对不允许横向斜拉货物。

②注意吊货钩的位置，在吊货钩着地后不得再松吊货索，也不能在地面拖吊货钩。

③在转动失灵时，可以将货物放到地上并将吊臂放下。操作方法是将电机的刹车小心地慢慢松开，使吊臂缓缓放下。如需左右旋转，则将刹车松开，拉吊臂头部。

④发生危险情况时，按紧急开关使各动作停止。

⑤切忌在舱口摩擦吊货索，平时应注意检查。

⑥在船舶倾角较大（接近5°）和刮大风时，避免在最大幅度时旋转。

⑦在吊着货物时,操纵者不能离开机房。

（3）吊臂放置

先将吊臂转到支架上方,再把旋转手柄放在空挡,然后脚踏转换开关,将吊臂落到支架上,再将旋转手柄回到零位;将变幅钢丝绳稍收紧,但不可很紧,以免钢丝绳在卷筒上松脱或乱绕;然后关闭各门窗。

3.起重机的安全装置

（1）吊货钩最高和最低位置的限制系由起升卷筒旁边的限位装置保证,同时防止钢丝绳松脱。吊货钩放到最低位置（舱底板）时,卷筒上卷绕的吊货钢丝绳不少于1.5圈,吊货钩升到最高位置时,卷筒上还须有空槽约1圈。

（2）吊臂角度限位:起重机工作幅度为3.5～16 m,相应吊臂的仰角为27°～79°,由装在塔架转台侧面受吊臂脚撞触的限位开关来控制。当吊臂仰角大于79°时,塔架上装有两个缓冲器来顶住吊臂的横挡。

（3）差动型限位装置是用来限制吊钩组合进入吊臂头部的。不管吊臂在什么位置,当吊钩组合离吊臂头部接近约剩2 m时,吊货索便自动停止起升的上升方向与变幅的下降方向,但吊钩能放下,吊臂能上仰。

（4）紧急按钮:在双主令上装有紧急按钮,按此按钮可使起重机的三个动作立即停止。

4.检查与保养

（1）航次检查

①每航次都要对起重设备进行一次全面的外观检查,重点是:检查吊货索具的安全可靠性,并进行使用前保养。

②对吊货滑车、导向滑车进行拆装、清洁和加油,并记录磨损情况。

③对吊货滑车、导向滑车、卸扣、转环及吊杆中部的护索环等进行检查,检查其是否能正常使用并加油。

④用小锤轻敲与吊杆顶箍相连的卸扣、环、滑车等,听听是否有裂纹的碎声。

⑤特别注意绑扎卸扣销子的细铁丝,如已折断应立即换新。

（2）半年检查

应对吊杆承座、千斤索顶攀、千斤索具进行全面检查与保养。

①将千斤索滑车拆下后检查和加油,记录滑车车轴、衬套及转环等受力部分的磨损程度。

②检查千斤索顶攀竖销。

③对千斤索进行除锈、清洁和加油。

④对鹅颈头轴进行拆装、加油,测量颈径和颈座内径及青铜垫片的磨损情况。

⑤检查吊杆承座横销的磨损情况。

⑥对稳索索具进行检查、清洁、保养。

（3）年度检查

①每12个月应至少对起重机及绞车进行一次全面检查。每隔4年对起重机进行年度全面检验,应按规定进行负荷试验。

②对活动零部件进行全面检查。

③对钢丝绳进行外部检查。

（4）不允许缺陷

①起重设备的金属结构件和固定零部件的最大耗蚀超过原尺寸的10%时,或有裂纹、显著变形者,不许继续使用。

②活动固定零部件的耳环、链环、环栓、拉板和吊钩等的最大耗蚀超过原尺寸的10%,销轴的最大耗蚀超过原尺寸的6%,或有裂纹、显著变形者,以及滑轮缘有裂纹或折断者,不许继续使用。

③钢丝绳有过度磨损、严重腐蚀或钢丝绳在10倍直径长度范围内有5%的钢丝折断者,必须换新。

④起重设备的制动器衬垫有显著磨损,在摩擦面上露出固定衬垫的锄钉时,必须换新。

⑤传动齿轮损坏或轮缘、轮辐和轮壳有裂纹时,不能继续使用。

项目二　货运基础知识

【知识目标】

1.了解船舶常运货物种类、包装和标志；
2.了解货物积载程序、堆装要求；
3.掌握绑扎方法和要求；
4.了解安排物料上船的基本常识。

【能力目标】

1.能够掌握船舶常运货物种类、包装和标志；
2.能够掌握船舶货物积载程序及堆装要求；
3.能够掌握船舶货物绑扎方法及要求；
4.能够掌握船舶货物运输、船舶物料基本常识。

【内容摘要】

海上货物运输是国际、国内货物运输的主要方式,国际贸易中约90%的货物运输是通过船舶实现的。本项目主要介绍船舶货物运输基础知识,包括货物种类、包装、标志,货物积载、堆装,货物的绑扎,船舶物料管理等。

任务1　了解船舶常运货物种类、包装和标志

一、货物分类

海上运输的货物品种繁多,从便利货物运输角度考虑,可采取以下几种分类方法:

1.按货物形态和装运方式分

(1)杂货

杂货(general cargo)是指具有一定形式的包装货物、同包装货物一起运输的散装货物、裸装货物和货物单元及需专门运输的特殊货物,一般以件、箱、捆等形式托运。散装货物包括非整船运输的固体散装货物,如矿石、煤炭、盐、生铁块等。裸装货物是指卷、捆、张等形式的无包装货物,如盘圆、钢棒、型钢等。货物单元是指由于其重量、尺寸或特殊性质需对其积载、系固

进行特别处理的货物,如车辆、成套设备、可移动罐柜、托盘、货物组件等。需专门运输的特殊货物是指由于其性质或运输要求的限制需专门运输或可以专门运输的某些货物,如木材、各种钢材、冷藏货物等。

（2）固体散装货物

固体散装货物(solid bulk cargo)是指无包装的块状、粒状、粉状的干散货物,如化肥、矿石、粮谷、煤炭、水泥等,一般用专用固体散货船运输。

（3）液体散装货物

液体散装货物(liquid bulk cargo)是指直接装船的大批量液体货物,如石油、成品油、液化气、液体散装化学品等,一般用专用液体散货船运输。

（4）集装化货物

集装化货物(unitised cargo)是指直接将若干包件或若干数量组成一个搬运单位且需专门船舶运输的货物,如集装箱、托盘货、载驳船上的方驳等。

2.按货物特性及运输要求分

（1）危险货物

危险货物(dangerous cargo)是指具有燃烧、爆炸、腐蚀、毒害、放射性等性质,在运输、装卸和保管过程中,如果处理不当,可能会引起人身伤亡、财产毁损或污染环境的物质或物品,如爆炸品、易燃液体、易燃固体等。

（2）特殊货物

特殊货物(special cargo)是指除危险货物外,性质特殊、在运输过程中易影响其他货物或易被其他货物及环境所影响的货物,如气味货、扬尘污染货、冷藏货、清洁货、易碎货、潮湿货、吸湿货等。

（3）一般货物

一般货物(normal cargo)是指其性质对运输保管条件无特殊要求的货物,如钢材、石料、普通日用百货等。

二、货物包装

货物包装(package)是根据货物的性质,为便于货物的运输、保管和装卸而给货物设置的容器、包皮或外壳的统称。货物运输中,应根据不同的货物运输要求和国际贸易合同中对货物包装的要求采取多种包装形式。

1.货物包装的作用

（1）防止货物内部或外部水湿、污染、损坏,确保货物质量完好。

（2）防止货物散漏、短缺、泄漏,确保货物数量完整。

（3）防止危险货物危害性的扩散,保护人命、财产和环境安全。

（4）便于货物装卸、堆码、运输、理货及加快船、货的周转。

2.包装的分类

（1）按包装的作用,货物包装可分为:

①外包装(outer package),又称运输包装,主要用来防止货物因碰撞、挤压或跌落而受损

以及防止货物的散落,同时坚固的外包装便于货物的装卸。外包装一般是硬包装。

②内包装(inner package),又称商品包装,主要用来防潮、防震、防异味污染、防气味散失等。内包装一般是软包装。

(2)按照包装的形式,货物包装可分为箱、袋、桶、捆(如图2-2-1-1至图2-2-1-4所示),以及特殊包装、裸装等。

①箱类包装:如木箱(case、box、chest)、纸板箱(carton)等。

②袋类包装:如麻袋(gunny bag)、布袋(cloth bag)、纸袋(paper bag)、编织袋(knitting bag)、集装袋(俗称"太空包",flexible freight container)等。

③桶类包装:如铁桶(drum)、罐(can)、听(tin)、大琵琶桶(barrel)等。

④捆类包装:如捆包(bale)、蒲包(mat)、布包(burlap)等。

⑤特殊包装:如瓶(bottle)、坛(jar)、篓(basket)、钢瓶(cylinder)等。

⑥裸装:如盘(coil)、卷(roll)、捆(bundle)、块(pig)、件(piece)等。

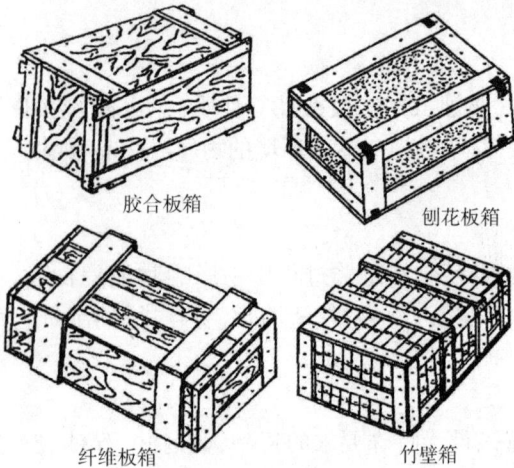

图 2-2-1-1　箱类包装

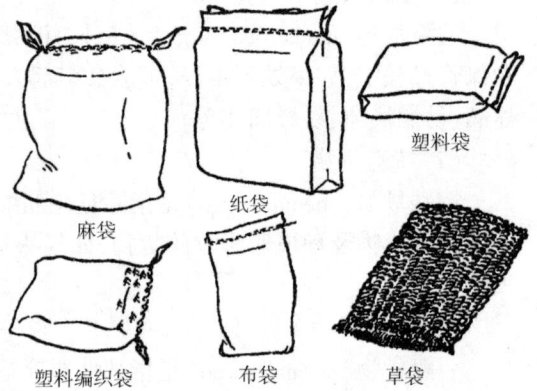

图 2-2-1-2　袋类包装

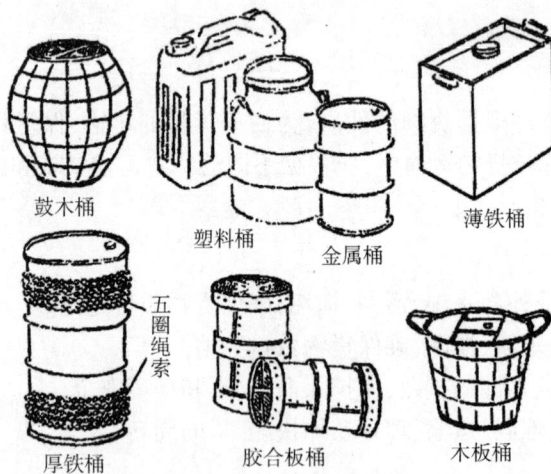

图 2-2-1-3　桶类包装

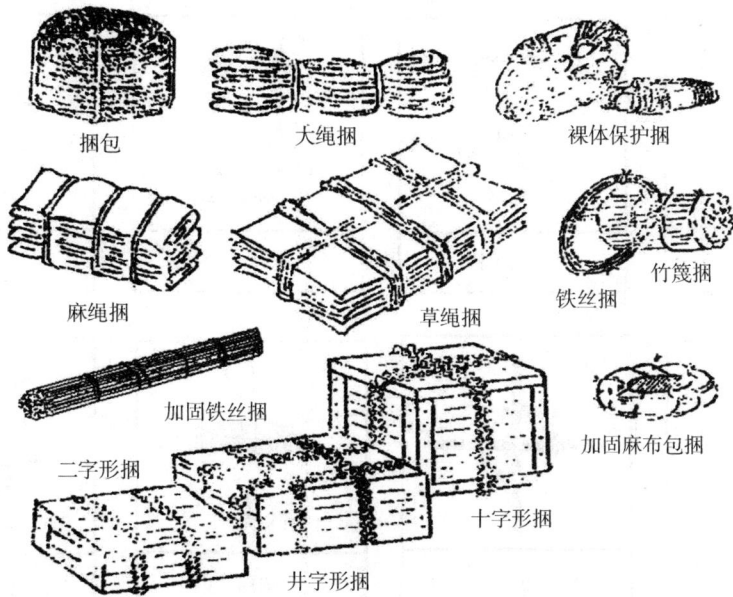

图 2-2-1-4　捆类包装

三、货物标志

由发货人在货物或其包装的表面涂刷或粘贴的文字、符号、图案称为货物标志。货物标志的作用主要是便于工作人员识别货物,有利于货物的运输、交接和保管,提示工作人员正确操作以保护货物的完整和人身及运输工具的安全。在远洋运输中使用的货物标志一般包括:

1.主标志

主标志是货主的代号,又称发货标志(shipping mark),俗称"唛头"。主标志通常用简单的图案配以文字来表示,其内容有收货人名称的代号或缩写、贸易合同编号、合约号、订单号或信用证编号等。

2.副标志

副标志是主标志的补充,用于表明货物的重量、尺码、目的地以及区分同一批货物中的几个小批或不同的品质、等级、规格等。副标志有件号标志、目的地标志、货件重量和尺码标志等。副标志通常用字形较小的文字来表示,其内容有目的港、货物品名、规格、编号(批、件号)、尺码、数量或重量等。

3.指示标志

指示标志用于指示货物在装卸作业、储存、运输、开启过程中应遵循的注意事项,通常用特殊记号、图形、文字表示。指示标志或保护标志有三类,即装卸作业指示标志、存放保管场所指示标志、开启包件指示标志。我国制定有《包装储运图示标志》(GB/T 191—2008),其图案如图 2-2-1-5 所示。

易碎物品	禁用手钩	向上	怕晒
怕辐射	重心	怕雨	禁止翻滚
此面禁用手推车	禁用叉车	由此夹起	此处不能卡夹
堆码质量极限	堆码层数极限	禁止堆码	由此吊起
温度极限			

图 2-2-1-5 包装储运图示标志

4.危险货物标志

危险货物标志是表示危险货物所属的类别及危险特性的标志。此标志图案形象、色彩醒目,以期引起人们的足够重视,如图 2-2-1-6 所示。

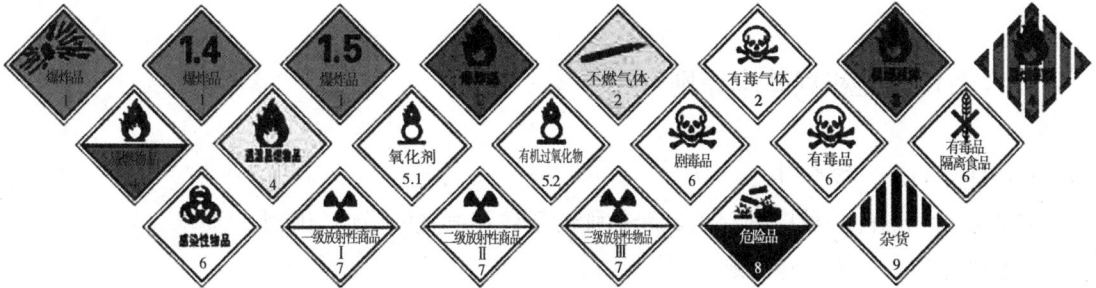

图 2-2-1-6　危险货物标志

值班船员在货物装载时,对货物标志应认真仔细核对,发现货物标志不详或有误应及时处理。

图 2-2-1-7 所示为某箱装货物标志。

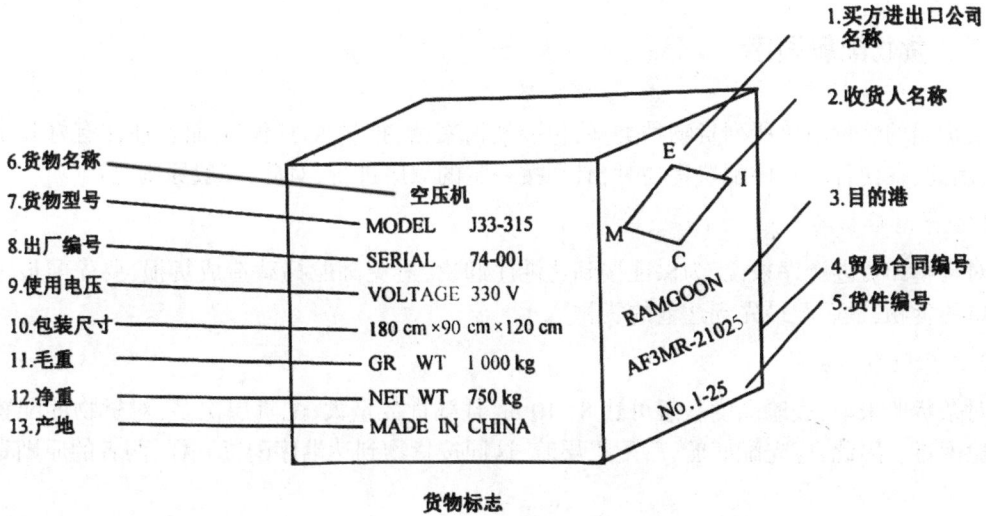

图 2-2-1-7　某箱装货物标志

任务2 了解货物积载程序、堆装要求

一、杂货船配积载基本原则

1.保证船舶安全的原则

货物在舱内的配积载应确保满足船舶强度条件和适宜的稳性与吃水差要求。

2.保证货物运输质量的原则

通过合理地配积载，为不同种类、不同包装形式的货物合理选择舱位与货位，并提出堆码、衬垫及隔票要求，对具有不同理化特性的相忌货物进行合理的隔离配置，从而保证货物运输质量。

3.提高船舶营运经济效益的原则

通过合理地配积载，以达到充分利用船舶的载货能力，方便货物装卸，缩短船舶在港停泊时间，保证中途港货物的顺利卸出，提高船舶营运效益之目的。

二、货物配舱顺序

杂货船的装货清单所列货物种类多，包装规格繁杂，批量大小不一，而且往往有好几个卸货港，因此，在向各舱具体配置货物时，必须按一定的顺序进行，对此，一般原则是：

1.先末港后初港

对货物卸货港顺序来说，为保证按到达港序卸货，避免翻舱捣载造成货损，要先配最末一个港口的货物，最后配最先到达港的货物。

2.先底舱后二层舱

对杂货船来说，底舱高度一般可达8~10 m，且载货数量大、配货层次多，对货物的配置比二层舱困难。因此，应先配底舱，后配二层舱，这同按货物到达港序配货一样，两者的原则是一致的。

3.先特殊后一般

对特殊货，如危险货、易碎货、气味货、污染货、散装货等，要首先按其特殊要求选定适宜的舱位，并尽可能合理地集中，然后再视具体情况合理安排一般的无特殊要求的货物，否则可能会出现许多矛盾，致使特殊货物找不到合适的舱位。

4.先大票后零担

杂货船的装货清单中，总有一些数量较大的货物，为便于理货和装卸，避免货物差错，应先将其按票相对集中地配在一个或两个舱内。否则，若先把一些批量较小的零担货物分散配于各舱，那么，最后整票的大批量货物会因找不到合适的集中的舱位而被拆成多票。

三、正确选择货物的舱位和货位

(1)根据货物的装载要求正确选定各类货物的舱位,如贵重货应置于贵重舱,危险货应远离机舱、驾驶台及船员住室,重大件货应置于重吊所及的大舱等。

(2)怕热货不能置于热源附近或温度较高的舱室。

(3)怕潮货不能置于易产生汗水的部位。

(4)重货不压在轻货的上面。

(5)怕冻的货物在冰冻季节不置于上甲板。

(6)后卸货物不堵先卸货物。

四、衬垫、隔票与堆装

1.衬垫

衬垫(dunnage)是保护货物完好,保证船舶、货物安全的重要措施之一。衬垫的作用是防止货物水湿、撒漏、污染、振动、撞击、受压损和移动及防止甲板的局部强度遭受破坏等。衬垫物是指用于保护货物的物品,其材料主要有木板、席子、粗帆布、木楔、网格、竹帘、草袋等。货物衬垫的种类主要有:

(1)便于通风,防止货物水湿及振动的衬垫

对粮食及其他怕湿的货物,一般用木板、竹席、油布等衬垫材料在货物的底部、两侧衬垫,以保证货物运输质量完好。舱底木板面部、前后舱壁、舷壁的木质部分,露天甲板下面的货堆表面,还需以席子、帆布或塑料纸衬垫,以防接触汗水。载重水线以上的舷壁和甲板下面、舱口附近、通风筒下面产生汗水较多,应多铺几层衬垫材料。当舷壁无护肋板时,席子与舷壁之间还应先铺一层木板,木板厚度一般为2.5 cm。

①袋装大米的通风和防水湿衬垫要求:先在底舱衬垫1~2层木板。远洋航线且舱底为铁质时,木板厚度为5~7.5 cm;舱底为木质时,木板厚度为5 cm。近海航线,不论舱底为铁质还是木质,木板厚度都为2.5~5 cm;双层叠铺时叠成十字形,底舱的底层,板与板的间距约为30 cm,底舱的上层,板与板的间距约为25 cm。铺设的方向,底舱先横后纵,甲板间舱先纵后横。底舱接近污水沟应留出空当,以便使污水能畅通地流入污水沟内。

②危险货物的防振衬垫要求:危险货物,特别是易爆炸的危险货物,为防止撞击产生火花,在铁质舱底上一定要衬垫锯末或木屑、碎泡沫塑料、草席、木板等防振动、防撞击材料。有时,每层之间也要求衬垫防振材料。

(2)防止散货撒漏和清洁货被污染的衬垫

对装运散装货物及其易被污染的清洁货物,一般用油布、帆布等衬垫材料在货物的底部、上部、两侧衬垫,以保证货物运输质量。

根据货物的不同需要,在散装货物和污染扬尘货物的底部、面部和清洁货物附近的前后舱壁和舱壁的不洁部位,衬垫1~2层油布、帆布等衬垫材料。

(3)防止危险货物振动、撞击的衬垫

对于易爆危险货物,为防止撞击产生火花,在货舱底部和不同货物层之间应该衬垫一定锯

末或木屑、碎泡沫塑料、草席、木板等防振动和防撞击材料。

（4）防止货物压损、移动及甲板局部强度受损的衬垫

底舱高度较大，当舱内装载包装不太牢固的货物时，每层或隔几层应衬垫木板，以防止压坏货物。当舱内载有大的箱装货物和裸装的重大件时，为防止货物移动影响船舶安全和损坏货物，常用撑木或木楔加固。在重大件的底部，衬垫一层钢板或厚木板、方木或木枕，增加底部受力面积，防止甲板局部强度受损。

2.隔票

隔票（separation）是指用隔票材料将同一货种不同收货人的货物或形状类似的不同收货人的货物进行有效的隔离，以提高理货工作效率，减少和防止货差事故，加快卸货速度。在装船时，应对不同卸货港、不同货主、不同提单号的货物做好隔票工作。

船舶经常用到的隔票材料包括：帆布（canvas）、草席（mat）、隔票网（net）、绳索（length of rope）、油漆（paint）、标志笔（mark pen）、粉笔（chalk）、塑料薄膜（sheets of plastic）等。

经常用到的隔票方法如下：

（1）自然隔票：用包装材料明显不同的货物隔票，如两票同种箱装货物间用桶装货堆装于中间进行隔票。

（2）用专用隔票材料隔票：将帆布、竹席、隔票绳网等专用隔票材料放置于需隔票的货物上，以区别不同卸货港、不同货主、不同提单号的货物。

（3）用专用隔票用具隔票：用油漆、标志笔等用具在需隔票的货物上进行标识，以区别不同卸货港、不同货主、不同提单号的货物。如钢材、木材等可用不同颜色的油漆涂写在各票货物上进行隔票。

3.堆装

堆装（stowage）是保证船舶、货物安全，充分利用舱容的重要措施之一。货物在船上的堆装方法，因货物性质、包装的不同各有不同的要求。总的来说，都必须遵循堆装整齐、稳固，防止挤压、倒塌，避免混票和便于通风等原则。对各种包装类型的普通货物的堆装方法介绍如下：

（1）袋装货物的堆装

袋装货物包括袋装谷物、大米、食糖以及袋装矿粉、矿砂、水泥、各种化肥等。它们多采用布袋、麻袋、纸袋、塑料袋、编织袋等包装。袋装货较为松软，为有效地利用舱容，一般多将其选配在形状不规则的艏、艉货舱，以便留出中部货舱供对舱室形状有特殊要求的货物装载。根据袋装货物的性质和对货堆稳固性的要求，其堆装方法一般可分为以下三种：

①垂直堆码：袋口朝一个方向直上直下的堆码。其特点是操作方便，利于通风，适合于长途运输和要求通风良好的货物或较重的货物（可以提高重心）。为保证垛堆的稳固，一般每垛6~7层后掉转一次袋口方向，如图2-2-2-1所示。

②压缝堆码：上层货件压在下层货件接缝处的堆码。其特点是垛形紧密、稳固、节省舱容，但不利于通风，适合于短途运输和通风要求不高的袋装货物，如图2-2-2-2所示。

③纵横压缝堆码：上层货件横向压在下层货件纵向接缝处的堆码。此种垛形最为稳固，但操作不便，通常用于堆码垛顶和垛端，以防货物倒塌，如图2-2-2-3所示。

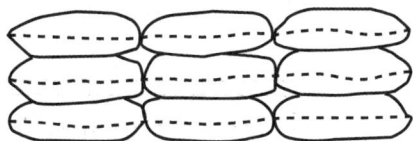

图 2-2-2-1　垂直堆码

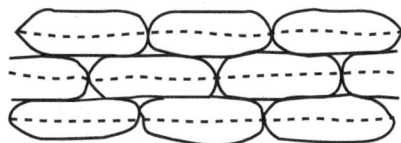

图 2-2-2-2　压缝堆码

图 2-2-2-3　纵横压缝堆码

此外,还有集装袋(重量为1 t及以上的圆筒袋)的堆码。由于其单件重量大,可在舱内直立或压缝码垛,货垛周围如无其他货靠紧时,要做简单绑扎固定,如图2-2-2-4所示。

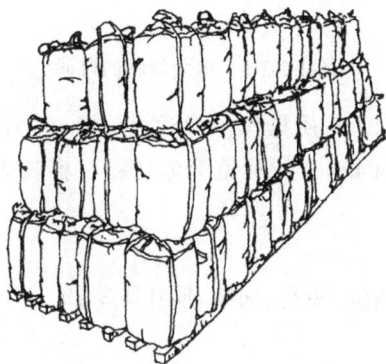

图 2-2-2-4　集装袋堆码

袋装货物扎位装载时须注意垛头稳固、整舱平铺。装载时不一定要求整齐规范,只要求充分利用舱容,紧密堆放、铺平。而对要求通风的袋装谷物则要做到堆码整齐,按规定留出通风道。袋装货物堆装时应注意防止货袋破损,严禁装卸工人使用手钩,应及时修复或更换破损的货袋。整舱装载袋装货时,舱底应铺垫木板和帆布,应先中部后四周压叠铺垫,并准备一定数量空袋,以便卸货后收集撒落在货舱内的地脚货。对怕潮的货物应注意衬垫,以防汗湿。

(2)箱装货物的堆码

箱装货物的堆码方法应根据货物性质,包件的大小、重量,包装的材料及强度等具体情况而定。一般箱装货物,尤其是大型箱装货物最好配于形状规整的中间货舱,底部要求平整稳固。重量大、包装坚固的木箱货件应配于下层,一般可采用垂直码垛,如其上需加载其他货物,应在上层货箱表面铺垫木板。包装脆弱、重量轻的箱装货,宜采用压缝码垛,以使垛形牢固,且应视具体情况,当堆码至一定高度时,铺垫一层木板,以使下层货箱受力均匀,避免压损。此外,为了充分利用舱容,还应注意大小货件的相互搭配。在货舱底部不规则部位(如污水沟处)堆码箱货要铺垫平整;在货舱顶部应用小箱货件搭配。箱装货物的堆码如图2-2-2-5所示。

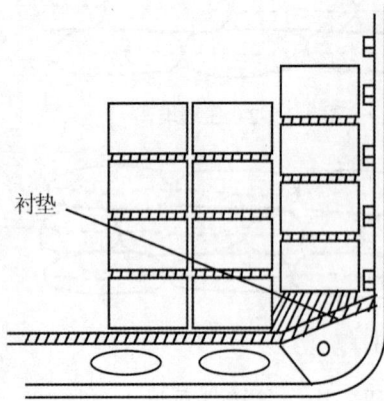

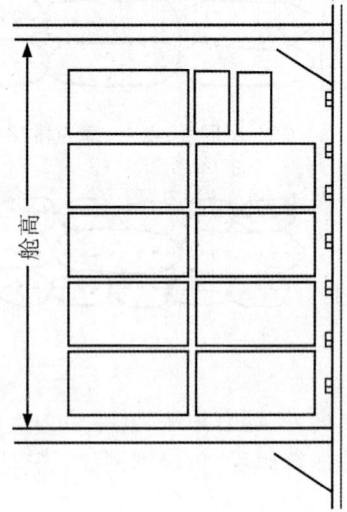

图 2-2-2-5　箱装货物的堆码

在装卸过程中,应按注意标志正确操作,如小心轻放、切勿倒置等。在包装脆弱的箱货上面进行作业时,应铺垫踏板(foot board),避免踏坏货箱。堆装大型木箱时应衬垫木方和撑木并进行必要的绑扎。

(3)捆装货物的堆码

捆装货物比较复杂,包括捆包、捆卷、捆筒、捆扎等货物。

①捆包货物的堆码

捆包货物有棉花及棉织品、生丝及丝织品、卷纸张等。此种包装类型的货物不怕挤压,可以在各舱室任意堆码,一般宜堆放在形状不规则的艏、艉舱室。捆包货物在堆码时,还应注意衬隔,以防汗湿和污染。

②捆卷、捆筒货物的堆码

捆卷货物有盘圆、钢丝、绳索、电缆等;捆筒货物有筒纸、油毡、席子等。金属类的捆卷、捆筒货除不耐压的硅钢卷外可用作打底货;非金属类捆卷、捆筒不耐压,不能用作打底货。捆卷、捆筒货物易滚动,为防止船舶横摇危及船舶安全,其应沿船舶首尾方向堆放,并前后固定塞紧。但当捆卷、捆筒货物数量较多时,也可横向铺满舱底直达两舷,铺平并在两舷衬垫木板后上压其他货物,仍属安全。舱内部分装载捆卷、捆筒货物也可采取立放堆垛。

总之,捆卷、捆筒货物要在确保船舶安全的前提下,根据舱内条件、舱内机械的使用、装卸方便等因素决定其堆码方法。捆卷、捆筒货一般宜配置于舱形规整的中部货舱。捆卷、捆筒货物的堆码如图2-2-2-6所示。

③捆扎货物的堆码

捆扎货物分为两类:一类是长度短、体积小的捆扎货物,如马口铁、耐火砖、瓷砖、金属铸锭等;另一类是长度长、体积大的捆扎货物,如金属线材、管材、木材等。金属类的捆扎货物耐压,可用作打底货,但要注意装载部位的局部强度。长件金属类的货物宜配置于舱口大、舱形规则的中部舱室,应沿船舶首尾方向堆放,以免横摇时撞坏船体。如长度适当,正好可堆放在货舱

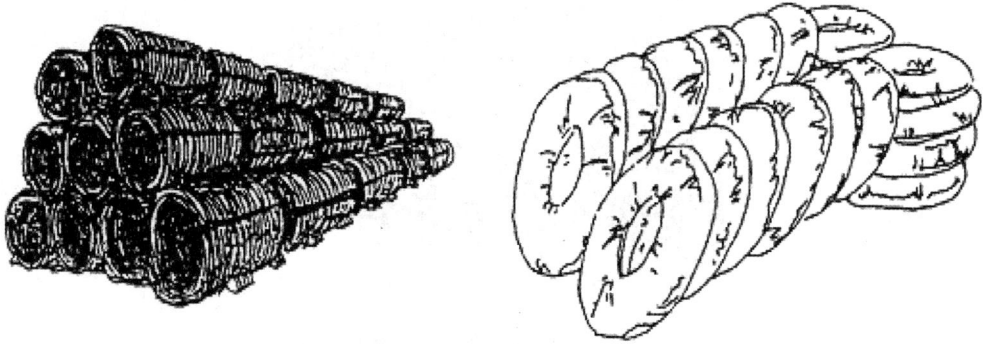

图 2-2-2-6 捆卷、捆筒货物的堆码

一端或两舷已顺装了部分捆扎货物的中间部位,同样也是安全的,但都要合理衬垫、塞紧,防止其移动。捆扎货物的堆码如图 2-2-2-7 所示。

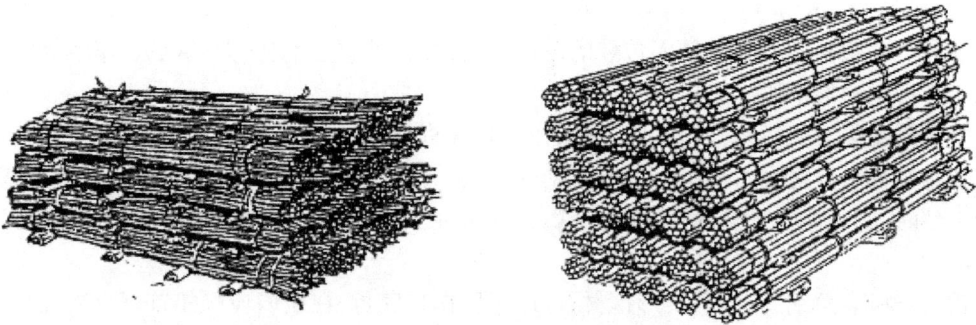

图 2-2-2-7 捆扎货物的堆码

当整舱装载捆扎货物及钢板时,一般使用铲车在舱内堆垛,应注意最初的堆垛高度,使货物全部装舱后正好能铺平、塞满。这要求在装货开始时,按应装货物的总体积估算货物的堆垛高度,避免全部货物下舱后,中间出现空当或铺平后尚余部分货物要装而造成绑扎、固定困难。此外,对带有突出铁箍的捆扎货物,如舱底板为钢质,应适当垫以木板,防止其滑动移位。

(4)桶装货物的堆码

桶装货物一般为流质或半流质货物,包括各种桶装植物油、矿物油、蜂蜜、肠衣、酒类、盐渍类货物以及各种化工产品等。其包装有大、小铁桶,木桶,塑料桶,鼓形桶。大型桶装货物适宜选配在中部货舱底舱底部作为打底货或配于二层舱底部舱口以外的处所。桶装货物的堆码,要求底面平稳、直立堆放、桶口向上、紧密交错、整齐排列,一般铁桶货每堆码一层都要铺垫一层木板,以求受力均匀,堆垛稳固。

对大型桶装货堆码高度的限制,视其单件量的大小而异,如单件重 200~300 kg 的桶装货,堆码不得超过 5 层;300~400 kg 者,不得超过 4 层;400~600 kg 者,不得超过 3 层;600 kg 以上者,不得超过 2 层。上面几层应绑扎牢固,以防倒塌,如图2-2-2-8所示。

(5)特殊包装货物的堆码

特殊包装货物包括箩、篓、筐装的水果、蔬菜及各种不耐压的杂品(如瓷砖、草篮)等;各种瓶装的酒、化学品等;各种气钢瓶装的气体等;各种坛、瓮装的酒,皮蛋,榨菜等。箩、篓、筐装货物,视所装的内容,可按冷藏货或易碎货的要求正确处理堆码问题。各种瓶装,钢瓶装,坛、瓮

图 2-2-2-8　桶装货物的堆码

装等包装货物,应视所装货物性质,有些可按危险货物的堆码要求,有些可按桶装货物的堆码要求,有些可按易碎货物的堆码要求来正确处理其堆码问题。坛、瓮装货物的堆高限度为3~4层,每层间须铺木板衬垫,既可防止压坏货物,又可使货堆更为稳固。

(6)裸装货物的堆码

裸装货物包括各种类型的无包装的成件货物,如各种散装钢材、大型机械、车辆等。

①各种钢材的堆码

金属铸锭等块状货物,一般配于底舱作为打底货,经平舱并适当铺垫后,再加载其他货物,并应注意其与舷壁之间不得留有可以滑动的空间。如果其他货载数量有限,不足以充塞其四周和上部时,则除注意平舱外,尚应在金属铸锭下面,用木板等进行铺垫,以增大摩擦力,防止货物滑动。

铁轨、槽钢、角钢、圆钢等长形钢材,也适于用作打底货,在舱内应顺船首尾方向堆放,要求堆码整齐、紧密、平铺,以利上面加载其他货物。如果为了提高重心而采用纵横交错堆码时,应在两舷用方木或木板衬垫,以防船舶横摇时钢材两端撞击船体。

钢管等管类货物的堆码应利于防止货物滚动和保护管头不受损伤。小口径的钢管一般成捆顺船首尾方向堆放,大口径的铸铁管等应注意管头一正一倒交替紧密排列,每层之间应用厚度适当的木条衬垫,以免管头受力集中而损坏,如图 2-2-2-9 所示。钢板多用于打底或用于底层钢材上面压载铺垫。

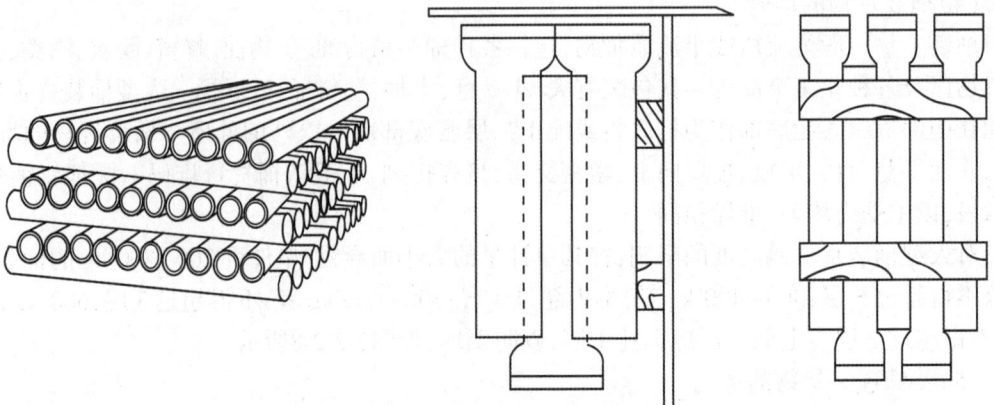

图 2-2-2-9　钢管等管类货物的堆码

②大型机械和车辆的堆码

大型机械和车辆(包括锅炉、发电机、成套设备、推土机、机车、车厢、汽车等)在舱内或甲板上堆装时,首先要注意货件的最大尺度(包括长、宽、高和突出部分)和总重量。为使货件在舱内或甲板上布置合理,应充分利用甲板面积或舱容,最好预先按尺寸比例剪成纸型在甲板平面草图上排列、调整,选出最优方案。此外,堆放处所要求平整稳固,车辆轮胎要用垫木塞紧;凡超过甲板允许负荷者,应在货件下面铺垫木方、木板或钢板。要注意保护货件的突出部分,防止其在装卸过程中被碰伤损坏;安置就绪后,应进行合理绑扎,以免其在航行中移动,如图2-2-2-10 所示。

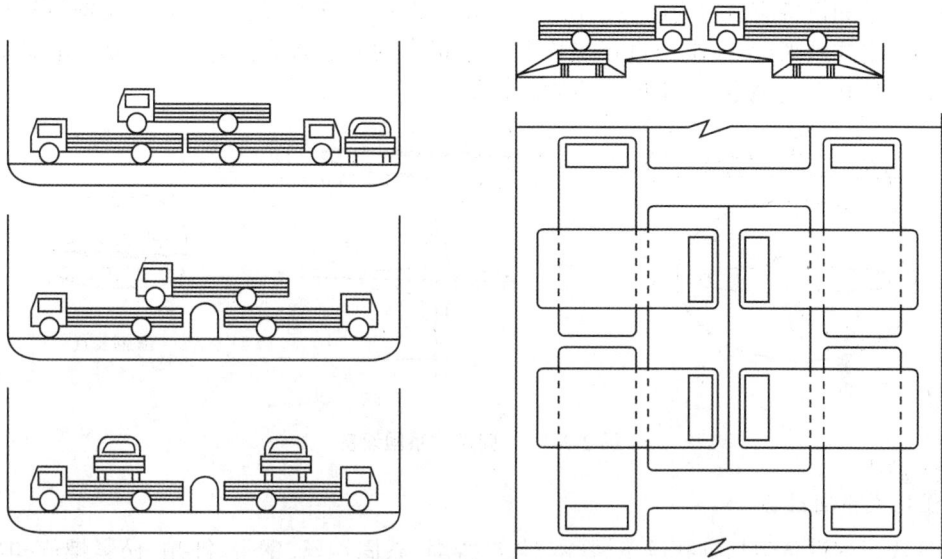

图 2-2-2-10 大型机械和车辆的堆码

任务3 掌握绑扎方法和要求

一、国际海事组织（IMO）对货物单元装载、堆装和系固（绑扎）要求

(1)应尽可能防止在航行过程中对船舶和人员造成损害或危险,并防止货物落水灭失。

(2)以货物单元装运的货物,其在装载器具中的包装和系固,应能防止在整个航程中对船舶和人员造成损害或危险。

(3)在重货或异常外形尺寸货物的装船和运输过程中,应采取适当预防措施,确保不发生船舶结构性损坏,并使船舶在整个航程中保持适当的稳性。

(4)在滚装船上货物单元的装载和运输过程中,应采取适当预防措施,特别是注意这种船上和装载器具上的系固装置,以及系固点和捆索的强度。

(5)集装箱的装载应不超过《国际集装箱安全公约》规定的安全核准牌上注明的最大总重量。

(6)在整个航程中,包括集装箱在内的货物单元,应按照主管机关认可的货物系固手册进行积载和系固。

二、系固(绑扎)设备

船舶系固设备可分为固定式系固设备和便携式系固设备。

1.固定式系固设备

固定式系固设备应被视为船体结构的一部分,如图 2-2-3-1 所示,具体有:舱壁、强肋骨、支性等上的周定式系固设备(眼板带环螺栓等),甲板上的固定式系固设备(甲板固定器象脚装置集装箱角件孔等),地令、天花板上的类似装置。

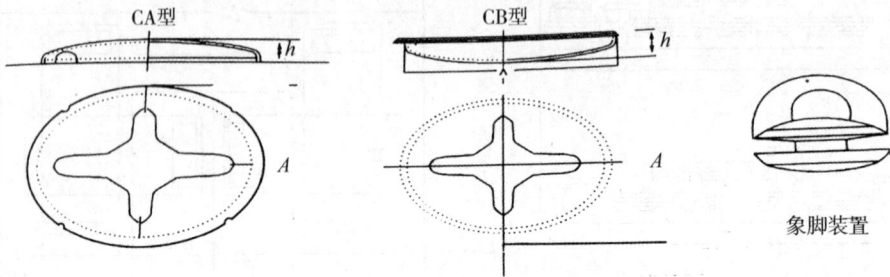

图 2-2-3-1　固定式系固设备

2.便携式系固设备

便携式系固设备包括绑扎链条、紧链器、纤维绳、系固钢丝、钢带、卸扣、松紧螺旋扣(又称"花篮螺丝")、紧锁夹、集装箱用扭锁、桥锁等,如图 2-2-3-2 所示。

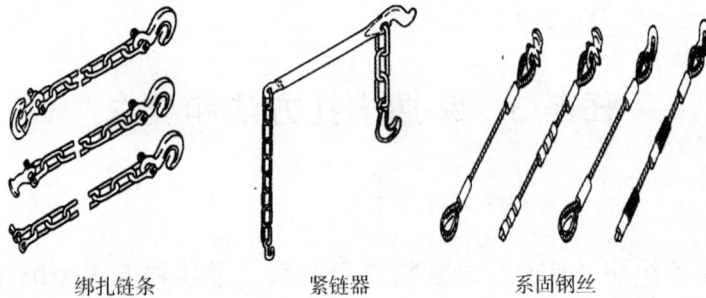

图 2-2-3-2　便携式系固设备

对于新船,所有便携式系固设备的证书都必须包含在货物系固手册中,并留船以备检查。对于危险货物,必须用具有符合要求的系固设备进行系固。对于更新的系固设备也应配有认可的证书。制造厂家应提供系固设备的标准破断强度(BS)数据。破断强度是指设备在拉伸试验中使其达到破断状态时的拉力(kN)。

三、系固(绑扎)用系索的选取

对货物单元的系固(绑扎),首先应正确选择系固的索具。船用系固索具有车辆绑扎链/

带/绳、纤维绳、钢丝绳、紧索夹、卸扣和松紧螺旋扣、链条、铁条、木板、圆材、眼环及角铁等,具体应视货件情况选取。

1.车辆绑扎链/带/绳

车辆绑扎链/带/绳是绑扎中小型车辆的常用器材。

2.纤维绳

纤维绳(fiber rope)由于易受到气候变化的影响产生伸缩,在长时间张紧后会变形伸长,因此其不可在甲板上使用,可在舱内使用,需经常检查。

3.钢丝绳

钢丝绳(wire rope)是很好的绑扎材料,强度大、使用方便,大小件货物均可使用。钢丝绳的使用方法有两种,如图2-2-3-3(a)和图2-2-3-3(b)所示。绑扎角度应尽量小,一般在25°以内,但考虑到实际困难,一般要求绑扎角度为30°~60°。

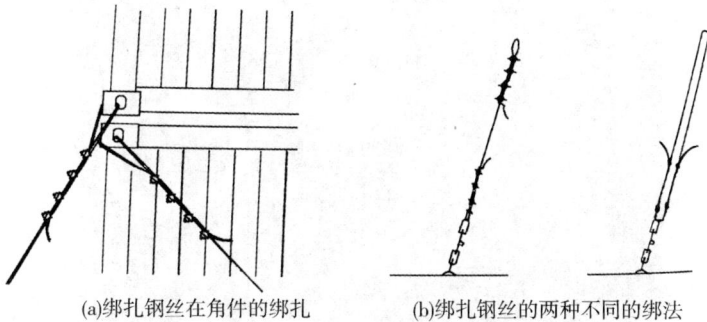

(a)绑扎钢丝在角件的绑扎　　　(b)绑扎钢丝的两种不同的绑法

图2-2-3-3　绑扎钢丝的使用

4.紧索夹

紧索夹(wire)用来连接钢丝绳或将钢丝绳制成眼环结,为绑扎工作提供方便。使用紧索夹做钢丝绳眼环结,应符合下列条件,以防止其强度大幅度降低。

(1)所用的紧索夹的数量和尺寸应与钢丝绳的直径成比例,数量不能少于4个,间距不小于15 cm。

(2)紧索夹的鞍座部分应装在动载段,"U"形螺栓应装在静载或缩短端段。

(3)紧索夹应先上紧至明显卡进钢丝绳中,待系索受力后再上紧,如图2-2-3-4所示。

5.卸扣和松紧螺旋扣

卸扣(shackle)和松紧螺旋扣(turnbuckle)用来连接绑索和甲板上的眼环,也可以使两根绑索连接起来;松紧螺旋扣能在绑索松弛时加以收紧,是绑扎中常用的器材,如图2-2-3-5所示。它们的强度应与绑索强度相等。

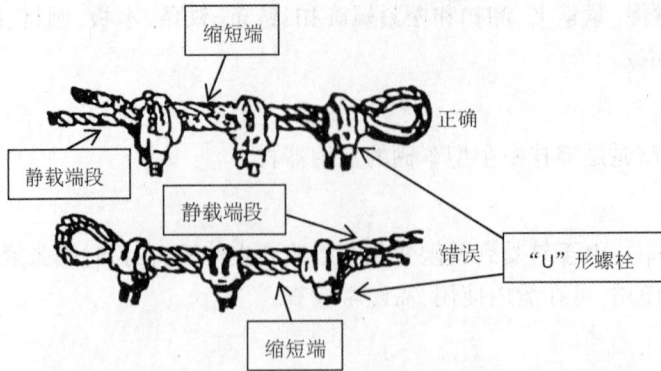

图 2-2-3-4 紧索夹使用图

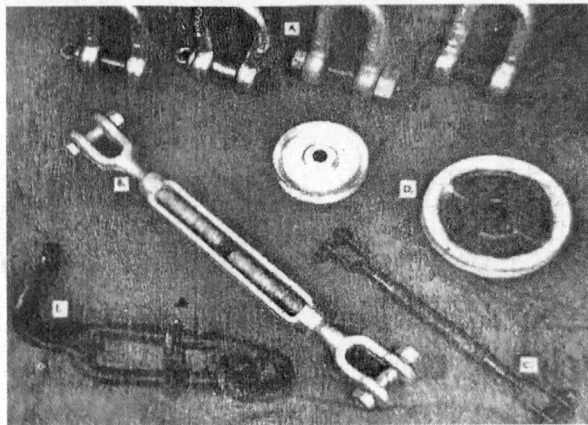

图 2-2-3-5 卸扣和松紧螺旋扣

四、系固（绑扎）方法

1.填塞（chocking）、支撑［上撑（shoring）、横支（bracing）等］

普通件杂货装舱后的系固，一般采用填塞、支撑等方法，不必使用专用的系固属具。其目的是防止货件在航行中倒塌或移位而造成货损或其他危险。如卷钢的系固就是用方木进行填塞、支撑，再用钢丝或钢带将上、下各卷钢连成一体，以防卷钢移位。

2.用专用的系固属具系固

对单件较大货件的系固必须采用专用的系固属具，因为这些货物如果在航行中发生移位后果很严重，如重型车辆的系固就是使用专用的绑扎链和三角垫木。

五、货物单元系固（绑扎）的一般要求

1.各系索松紧适宜且受力均匀

对货物单元上的系索，既要使其紧固而不松动，又要防止其过紧而折断，同时还要易于解

开,以便发生意外时能立即松开。货物单元一侧的系索应保持在同一松紧度上,这样才能保证各系索受力均匀,避免因松紧不一导致某些系索破断。

2.系索长度不宜过长

系索长度过长,不易收紧,且可能因弹性变形而松动。

3.系固角应适当

过小的系固角不利于防止货物倾倒,而过大的系固角不利于防止货物水平移动。因此,为提高系固效果,应选取适当的系固角,一般应取 30°～60°。

4.使用防滑材料增大摩擦力

使用防滑材料增大货物单元与甲板间的摩擦力,从而减小了货物单元的水平移动力,系索道数可相应减少。

5.注意系固设备的正确操作和使用

不同种类的货物单元在不同的堆装条件下,应使用适当的系固设备,如使用不同的系索、松紧装置等。应正确操作各种系固设备,防止其损坏或未达到预定的系固效果。系固钢丝绳不应大角度弯曲,以免破断。

6.系索与其他方式的联合固定

除采取系索固定外,根据需要可采用木材支撑、木楔塞紧等方式固定。

7.保证货件不受损伤

为避免系索直接接触货物表面而压损或磨损货件,应在规定的部位进行系固,必要时在系固部位先加衬垫。对怕水湿的货物,除合理选择舱位外,在系固前应先铺盖油布;对易腐蚀部位应涂上防护油脂。

8.系索尽量横向和纵向对称分布

系索布置对称,可使其左右或前后受力均衡,而不会出现一侧系索因受力过大而失效的不利情况,当货件上无系固点,需在一侧固定时,每道系索应先绕货件一周后再在两侧固定,不能一索系多道。每个生根的地令上不能超过三根系索,且方向不能相同。

任务 4 了解安排物料上船的基本常识

船舶物料管理是船舶管理的一个重要组成部分,是船舶安全营运的关键环节之一。船舶有效储备一定数量的物料,保证船舶各个设备的正常运转,是营运生产的需要,也是安全的重要保证。

一、船舶物料种类

船舶物料是指船舶生产、维修所需的燃润料、航海资料、淡水、生活和劳保用品及其他物品。船舶物料种类繁多,一般可分为:

（1）燃润料及水,包括各种燃油、润滑油、润滑脂和蒸馏水。

（2）黑白金属,包括各种型钢、钢板、无缝钢管、接缝钢管、镀锌钢管、优质碳素钢材、合金钢材。

（3）有色金属,包括有色金属原材及合金、紫铜材、黄铜材、青铜材和铅、铝、锌材等。

（4）金属制品,包括各种阀门、管接头、螺栓、螺母、垫圈、开口销、焊接材料和其他金属制品。

（5）化学品,包括各种化学原料、试剂、油漆、清洁剂等。

（6）电工材料。

（7）各种工具。

（8）仪器仪表。

（9）安全设备、劳保用品。

（10）垫料、橡胶及纤维品。

（11）各种杂品。

二、物料的申请

许多国家的船舶供应商和船公司都编制有船舶物料手册,手册中有各种物料的编号、规格、性能、材料等,以便指导对物料的选用和订购。

（1）船舶根据航次任务、年度单船计划费用指标和船舶实际需要等,按时向公司相关部门申报物料申请单,通常一年一次。

（2）船舶物料申请单应填清物料的名称、规格、型号和数量,经大副或轮机长审核、船长批准签章后报公司审批。

（3）紧急情况下,影响船舶安全生产的急需物料,经公司技术部门同意后可视情况购买,但事后应书面向技术部门申明理由,由技术部门检查核实。

（4）船用化学药品,每年集中申请 1~2 次。

（5）船舶在申请物料时,要认真考虑物料的品种和数量,严禁多次申请。

三、物料的验证和接收

（1）物料供船时,船上主管人员要认真验证,确认物料的型号、规格、数量、质量及合格资料无误,并向公司报告验收情况。

（2）对供货物料要配齐相应的产品证书、规格、名称和质量说明。

（3）要拒收质量差的、规格不对的、错供的物品。由于其他原因一时不能发现的,一旦发现要马上报告公司技术部,以便公司安排补供和索赔。

四、物料交付的保安措施

（1）与船舶物料交付有关的保安措施有:
①确保检查船舶物料和包装的完整性;

②防止船舶物料未经检查而被接收；

③防止破坏；

④防止接收未预订的船舶物料。

(2)在保安等级1，《船舶保安计划》规定了交付船舶物料期间应采取的保安措施，包括：

①在装船前进行检查，以确认其与预订内容相符；

②确保立即对物料的储存采取保安措施。

(3)在保安等级2，《船舶保安计划》应通过在接收物料上船之前进行核对并加强检查，规定在交付船舶物料期间将采取的附加保安措施。

(4)在保安等级3，船舶应服从对保安事件或其威胁进行反应的机构发出的指令。《船舶保安计划》应详细列出船舶在与反应机构和港口密切合作中可由船舶采取的保安措施，其中可包括：

①对船舶物料予以更详细的检查；

②准备限制或停止船舶物料操作；

③拒绝接收船舶物料上船。

五、物料的保管

(1)认真做好船舶物料的使用资料统计及供耗统计。

(2)船上要设专人保管物料并建立物料册，对所有物料进行清点登记，并按安全管理体系要求及时向船公司报送船舶物料报表。

(3)对重要的生产物料、消防救生物料要建立档案，严格掌握其有效日期并及时申请更换。

(4)要妥善存放船舶物料，做好必要的衬垫、绑扎工作，防止其翻倒、振动、碰撞。不同种类的物品不能混放。物料存放架(柜)要悬挂标志牌。

(5)建立进出库账册，若物料进出库要及时更改物料账册记录。

项目三　危险货物基本知识

【知识目标】

1.了解常见的《国际海运危险货物规则》(以下简称《国际危规》)标志;
2.了解常运危险货物的装卸注意事项。

【能力目标】

1.能够掌握常见的《国际危规》标志;
2.能够掌握常运危险货物的装卸注意事项。

【内容摘要】

危险货物是在运输、装卸和存储保管过程中容易造成人身伤亡、财产损毁或环境污染而需要特别防护的货物。本项目主要介绍常见的《国际危规》标志和常运危险货物的装卸注意事项。

任务1　了解常见的《国际危规》标志

危险货物是指具有爆炸、燃烧、毒害、放射及腐蚀性等特性,在装卸、运输和储存过程中,容易造成人身伤亡、财产毁损或环境污染而需要特别防护的货物。为方便并促进危险货物的国际运输,国际海事组织(IMO)制定了国际统一的危险货物海运规则——《国际海运危险货物规则》(International Maritime Dangerous Goods Code,IMDG Code)。

我国政府已于1982年宣布承认该规则,它已成为我国及世界许多国家在危险货物运输中必须遵守的一项基本法规。我国以《国际危规》为蓝本制定并颁布了《水路危险货物运输规则》第一部分《水路包装危险货物运输规则》(简称《水路危规》),该规则已从1996年12月1日起在我国境内的危险货物水路运输中实施。《国际危规》前两册和《水路危规》仅适用于包装类危险货物,即除通常所指的带包装的各类危险货物外,还包括无包装的固体或液体但载于集装箱、可移动罐柜、公路或铁路车辆等运输单元内的危险货物。

危险货物标志是指按《国际危规》或《水路危规》的规定,以特定的图案、文字和符号表示危险货物类别和性质的专门标志,其可使相关人员能对所涉及的货物迅速识别,引起警觉并采取相应的安全措施。危险货物标志由标记和图案标志组成。

一、标记(marking)

标记是标注在包装危险货物外表面的简短文字或符号。《国际危规》要求,除另有规定外,每个装有危险货物的包件都应标有危险货物的正确运输名称(proper shipping name)和冠以"UN"字母的相应联合国编号,示例标记如下:

腐蚀性液体,酸性的,有机的,未另做规定的,UN3265。

二、图案标志(label)

图案标志是指以规定的色彩、图案和符号绘成的菱形标志,用以醒目明了地标示出货物的危险特性。在包件上可视情况显示在搬运和储存时起警告作用的附加标记和符号,如表示须保持干燥的雨伞符号。除包件尺寸或形状受限外,图案标志的尺寸应不小于 100 mm× 100 mm。

包件中装有低危险性的危险货物可免除图案标志,但应标注其相应的类别号。对于可免除危险货物图案标志的 1.4 类配装类 S 货物,标记为"1.4 S"。具有副危险性的货物,除在包件上带有表明其主要危险性的图案标志外,还应同时带有表明副危险性的图案标志,但后者应不标出其类别号。当货物运输组件装运危险货物时,应将上述图案标志、标记放大后粘贴在适当位置上,以达到清晰可见的目的。

图案标志放大后亦称为标牌(placard),其尺寸应不小于 250 mm×250 mm。货物运输组件在此处包括公路货车、铁路货车、集装箱、公路罐车及可移动罐柜。

《国际危规》规定,危险货物标志须明显可见且易于识别,应满足在海水中浸泡至少 3 个月其标志内容仍清晰可辨的要求,须和包件外表面的背景形成鲜明的颜色对比。

《水路危规》第十七条规定:"按本规则规定属于危险货物,但国际运输时不属于危险货物,外贸出口时,在国内运输区段包装件上可不标贴危险货物标志,由托运人和作业委托人分别在水路货物运单和作业委托单特约事项栏内注明'外贸出口,免贴标志';外贸进口时,在国内运输区段,按危险货物办理。国际运输属于危险货物,但按本规则规定不属于危险货物,外贸出口时,国内运输区段,托运人和作业委托人应按外贸要求标贴危险货物标志,并应在水路货物运单和作业委托单特约事项栏内注明'外贸出口属于危险货物';外贸进口时,在国内运输区段,托运人和作业委托人应按进口原包装办理国内运输,并应在水路货物运单和作业委托单特约事项栏内注明'外贸进口属于危险货物'。如本规则对货物的分类与国际运输分类不一致,外贸出口时,在国内运输区段,其包装件上可粘贴外贸要求的危险货物标志;外贸进口时,国内运输区段按本规则的规定粘贴相应的危险货物标志。"

根据《国际危规》,常见的危险货物具体的图案标志如下:

第一类:爆炸品

爆炸品标志符号:黑色;底色;橙黄色。一类爆炸品共分六项,一类一项、一类二项、一类三项,如图 2-3-1-1 所示;1.4、1.5、1.6 分别代表一类四项、一类五项和一类六项爆炸品,如图2-3-1-2 所示。

一类一项　　　　一类二项　　　　一类三项

图 2-3-1-1　一类一项、一二类项、一类三项爆炸品

一类四项　　　　一类五项　　　　一类六项

图 2-3-1-2　一类四项、一类五项、一类六项爆炸品

第二类:气体

气体危险货物共分三项,如图 2-3-1-3 所示,分别为易燃气体、不燃气体、有毒气体。

二类一项:易燃气体　　二类二项:不燃气体　　二类三项:有毒气体

图 2-3-1-3　气体危险货物

二类一项符号:黑色或白色;底色:红色;二类二项符号:黑色或白色;底色:绿色;二类三项符号:黑色;底色:白色。

第三类:易燃液体

易燃液体如图 2-3-1-4 所示。符号:黑色或白色;底色:红色。

图 2-3-1-4　易燃液体

第四类:固体

固体危险货物共分三项,如图 2-3-1-5 所示,分别为易燃固体、自燃物品、遇湿易燃物品。四类一项符号:黑色;底色:白色,加上七条竖直红色条带;四类二项符号:黑色;底色:上白下红;四类三项符号:黑色或白色;底色:蓝色。

四类一项:易燃固体　　四类二项:自燃物品　四类三项:遇湿易燃物品

图 2-3-1-5　固体危险货物

第五类:氧化物和有机过氧化物

氧化物和有机过氧化物如图 2-3-1-6 所示。五类一项符号:黑色;底色:黄色;五类二项符号:黑色或白色;底色:上半部为红色,下半部为黄色。

五类一项:氧化物　　　　　　五类二项:有机过氧化物

图 2-3-1-6　氧化物和有机过氧化物

第六类:毒性物质和感染性物质

六类一项为毒性物质,六类二项为感染性物质,如图 2-3-1-7 所示。

六类一项:毒性物质　　　　　　六类二项:感染性物质

图 2-3-1-7　毒性物质和感染性物质

第七类:放射性物质和裂变性物质

放射性物质如图 2-3-1-8 所示。一级放射性物品:三叶形符号,黑色;底色:白色;二级放射性物品:三叶形符号,黑色;底色:上半部黄色加白边,下半部白色;三级放射性物品:三叶形符号,黑色;底色:上半部黄色加白边,下半部白色。

图 2-3-1-8　放射性物质

裂变性物质如图 2-3-1-9 所示。裂变性物质符号:底色:白色;文字(强制性要求):在标志的上半部用黑体标出 FISSILE(裂变性)字样。

图 2-3-1-9　裂变性物质

第八类:腐蚀性物质

腐蚀性物质如图 2-3-1-10 所示。腐蚀性物质符号:黑色;底色:上白下黑。

图 2-3-1-10　腐蚀性物质

第九类:杂类危险物质

杂类危险物质如图2-3-1-11所示。杂类危险物质符号:黑色;底色:白色。

图2-3-1-11 杂类危险物质

任务2 了解常运危险货物的装卸注意事项

常运危险货物即通常所指的带包装的各类危险货物。危险货物的海上运输需要经历多个环节,只有谨慎处理运输过程中的每一个环节,严格遵守《国际危规》和《水路危规》及其他有关规定,才能保证危险货物的运输安全。对各环节具体要求有:

一、包装危险货物受载前准备

船舶在受载前应做好如下准备工作:

(1)熟悉有关危险品运输的国内外法规和规章,如《国际危规》和《水路危规》等。

(2)向托运人收取有关装运危险货物的单证,如"危险货物技术说明书"等。

(3)装船前3天,直接或通过代理向监管部门(我国为海事局)申报,并填报"船舶载运危险货物申报单",报告预装危险货物的品名、UN编号、类别或性质、数量、包装形式、规格或装运形式等,经批准后方可装船。

(4)检查船舶的技术条件,对船舶的要求有:

①装运危险货物的舱室应为钢质结构,电气设备、通风设备、消防设备等符合要求。

②船舶电气与通信设备应符合要求,并始终处于常备工作状态;设备应安全、完好,应备有应急电气与通信设备。

③舱室通风设备应符合要求,检查各舱室的通风设备有无损坏,能否正常工作,是否符合装运危险货物的通风要求。

④船舶消防和救生设备应符合要求,装运危险货物尤其应注意船舶消防和救生设备的配备,包括位置摆放是否正确、紧急时设备能否处于立即可用状态,定期做好消防和救生设备的养护工作和应变部署。

⑤船舶装卸设备应符合要求,应经常检查船舶装卸设备的使用情况,定期做好维护和保养。旧船或旧的装卸设备及新船装运特殊危险货物时,应降低其额定负荷的25%,以确保安全。

(5)危险货物装载作业前3天向监管部门(我国为海事局)提出书面监装申请,并附送配载图经监管部门核准。

(6)在船员主要集合地(驾驶台、机舱及餐厅)张贴所装危险品的种类、性质及采取的安全措施,必要的话应召开船员大会。

(7)做好货舱准备工作,检查装卸货设备并备妥衬垫材料和系固用具。

二、包装危险货物的装卸注意事项

1.装货过程

(1)按港口规定悬挂或显示规定的信号:白天一面"B"旗,晚上一盏红灯,甲板上设立醒目的"严禁烟火"警告牌。

(2)严禁与作业无关的船舶并靠,作业期间原则上不安排油水、伙食和物料补给;装卸爆炸品(除第1、4类外)时,不得检修和使用雷达、无线电电报发射机,船舶烟囱应设置防火网罩。

(3)装卸爆炸品、有机过氧化物、一级毒害品和放射性物品时,应按额定负荷降低25%后的负荷使用装卸机具。

(4)根据所装危险货物的应急措施表和医疗急救指南,备妥合适的消防器材和相应的急救物品。夜间作业应配备足够的照明设备。

(5)严格按积载图上标准的货位及其备注上的隔离、衬垫、隔票、系固等要求进行装货操作,如需改动,若已申请监装的,必须经监装部门认可;若未申请监装的,必须经船长或大副同意,其他人员不得随意更改。

(6)遇有雷鸣、闪电、雨雪天气或附近发生火情时,应立即停止作业,因故停工后,应及时关闭有关船舱的人孔盖和舱盖。雨、雪天气禁止装卸遇湿易燃物品。

(7)遇危险货物撒漏、落水或其他事故时,应迅速上报,按船舶应变部署表要求采取应急措施。

(8)装货结束后,做好系固及全面检查工作,备齐危险货物运输单证。

2.卸货过程

(1)卸货前,船方应向装卸、理货等有关方详细介绍危险货物的货位、状态、特性、卸货注意事项等,对存在危险气体的货舱进行彻底通风。

(2)按装货过程中(1)~(4)、(6)~(7)的要求进行。

(3)督促装卸工人严格按有关操作规程作业,严禁撞击、滑跌、坠落、翻滚、挖井等不安全作业。

(4)卸货完毕后,应及时整理货舱,危险货物的残留物或含有这类残留物的洗舱水必须按国家和港口的规定处理,不得随意排放或倾倒。

三、包装危险货物途中管理

(1)载有危险货物的船舶,不论航行、锚泊或待卸期间,均要对危险货物进行有效的监管。检查货物是否有移位、自热、泄漏及其他危险变化,定时测定货舱温度、湿度,合理进行通风,防止汗湿、舱温过高及舱内危险气体积聚。

(2)如需进入可能引发中毒或窒息事故的货舱,甲板上必须有专人看守,除非经过培训并戴有完备的自给式呼吸设备等,否则在进入货舱前应对其进行彻底的通风并检测,以确认安全。

(3)载有易燃易爆危险货物的船舶,航行中应避开雷区,以免遭雷击;船舶的烟囱口应设置防火网罩;进入货舱的人员不得携带火种、穿带有铁钉的鞋或化纤工作服;舱内所使用的照明、通风和机械设备必须具有防爆特性;在船上所有存放易燃易爆气体的区域不得进行任何可能产生火花的检修或船体保养工作。

四、发生危险货物运输事故的主要原因

从大量事故分析中发现,人为因素是造成危险货物运输事故的重要原因。据统计,运输爆炸品的事故率要远远低于经常运输棉花、麻、木炭等危险品的事故率。产生危险货物运输事故的主要原因包括:

(1)缺乏危险货物运输的有关知识,特别是未掌握所运危险货物的特性。

案例1:某船大副为降低货舱内汽油浓度,竟取出自己房内的非防爆电扇,接长电线移至舱内用来通风,结果引起舱内爆炸。

(2)船舶技术条件不满足危险货物的运输要求。

案例2:某船公司选派货舱水密性较差的船舶承运碳化钙,结果在装载该货物时遇到下雨天,因舱盖无法迅速关闭,造成货舱进水,出现险情。

(3)危险货物本身的原因。

案例3:某船从南美装运经抗氧处理的袋装鱼粉回国,在航行途中,该船几个舱内鱼粉相继发生自燃,造成重大损失。对事故调查发现:该船承运的鱼粉中抗氧剂分布严重不均(高浓度处为 3 500 ppm,低浓度处为 28 ppm)。按《国际危规》要求,鱼粉在装运时其抗氧剂剩余浓度应不小于 100 ppm。这是引发事故的主要原因。

(4)危险货物的标志不符合要求或包装破损。

案例4:某船承运过氧乙酸 50 t,在装货港因操作不当,包装破损,致使货物洒漏,结果在卸货港造成装卸工人皮肤被灼伤。

(5)危险货物积载和隔离不当。

案例5:某船将易自燃物质硫酸钠与氧化剂铬酸酐装于同室(按《国际危规》应"隔离"),结果两种货物包装破损,少量残留物混在一起,卸货时因轻微摩擦引发自燃,酿成火灾。

(6)危险货物运输途中监管不当。

案例6:某船在低温港口装运葵花籽饼,当船舶经热带高温海域时,因货舱未能始终保持良好通风,引发舱内货物发热自燃。

(7)其他偶然事故。

案例7:某船因与他船碰撞,其装有碳化钙的货舱破损进水,使该舱附近弥漫着高浓度的乙炔气体,极易发生燃烧或爆炸,最终船员被迫弃船。

第三部分

船舶作业管理和人员管理职能

项目一　甲板缆绳索具

【知识目标】

1.掌握纤维绳和钢丝绳的基本常识；
2.熟悉滑车、绞辘和甲板索具。

【能力目标】

1.能够正确使用与保管纤维绳和钢丝绳并进行强度计算；
2.能够正确使用滑车、绞辘和甲板索具。

【内容摘要】

缆绳、索具和滑车是船上工作中的必用设备，正确地使用和妥善保养是航海技术人员必须掌握的专业知识之一，对安全生产和提高效益具有重大意义。本章着重介绍船舶常用纤维绳、索具和滑车的使用、保养等知识。

为了工作上的便利，船上通常将粗大的绳索称为缆，如艏缆、艉缆、拖缆等；把较小的绳索称为绳，如撇缆绳、旗绳、架板绳、测深绳等；把规定长度的专用绳索称为索，如吊货索、吊艇索等。

按照制作材料不同，船舶缆绳可分为纤维绳、钢丝绳和复合缆。船舶缆绳的规格可用缆绳的直径或周长来表示，测量缆绳直径时应量取最大直径，根据缆绳直径可以估算缆绳强度。正确使用与合理保管船舶缆绳，能减少事故的发生，保障人员及船舶安全。

船上常用的滑车有铁滑车和木滑车两种，主要用于构成绞辘，用来改变力的方向或省力。配合绳索使用的配件统称为索具，船上常用的索具有卸扣、眼板、钩、眼环等。

任务 1　掌握纤维绳的基本常识

船上工作中要用到纤维绳，纤维绳分为植物纤维绳、化学纤维绳，工作中要根据实际工作需要进行选择。

一、纤维绳的种类

纤维绳是以植物纤维或化学纤维搓制而成的绳索。以植物纤维搓制的缆绳叫植物纤维绳

（natural fiber rope）；以化学纤维搓制的缆绳叫化学纤维绳（synthetic fiber rope）。

1.植物纤维绳

（1）白棕绳

白棕绳是以野芭蕉或龙舌兰（剑麻）的纤维制成的，呈浅黄色，质软而轻，有一定的浮力和弹性，受潮后纤维膨胀 20%~30%，发硬。质地最佳的白棕绳产自菲律宾马尼拉，故又称马尼拉绳。

（2）白麻绳

白麻绳用白麻纤维制成，强度大；但易吸水而腐烂，高温下变脆，船上少用。

（3）油麻绳

油麻绳用焦油浸过的麻纤维制成，吸水性降低；但纤维发脆，使弹性和强度减弱，目前只用作绑扎细索。

（4）椰棕绳

椰棕绳用椰子壳的纤维制成，质轻，浮力和弹性好，常用作拖缆；但强度弱，已被合成纤维所代替。

（5）棉线绳

棉线绳用棉纤维制成，质轻、柔软；但易吸水而腐烂，船上常用作旗绳和计程仪绳。

2.化学纤维绳

化学纤维绳简称化纤绳，是由石油制品或其他矿物经过化学处理产生蛛丝状、棉丝状、片状等化学合成纤维，再由机器扭绞搓制成的绳子。其特点是：柔软、耐用、不受潮湿影响，且质轻、搬运方便，比同直径的白棕绳轻 1/4，抗拉力却比白棕绳大 3 倍以上；但化纤绳不耐高温、暴晒，严寒环境下使用时柔软度会下降。

（1）尼龙绳（nylon rope）：也称锦纶绳，是最早的一种化纤绳，品种最多，用途最广。尼龙绳是化纤绳中强度最大的一种。其特点是：耐磨，对酸碱和油类等有一定的抵抗能力，但伸长率较大，弹性大，有一定吸水性，耐气候能力较差，曝晒过久则强度会下降。

（2）涤纶绳（terylene rope）：又称特丽纶绳。其强度仅次于尼龙绳，特点是：耐高温、耐气候性，是化学纤维绳中最强的一种；耐酸性好，怕碱，耐腐蚀；适于高负荷连续摩擦；伸长率很小，吸水率仅为 0.4%，但价格昂贵。

（3）乙纶绳（polyethylene rope）：由聚乙烯纤维制成。耐化学药品性能好，但不耐热，也不适合在高温场所使用；干湿对其强度影响不大，低温时仍具有足够强度，并且柔软、便于操作；能浮于水面，吸水率特小，在水中仍能保持良好的性能，适于水上使用。

（4）丙纶绳（polypropylene rope）：由聚丙烯纤维制成。其强度比维尼龙绳大，其破断力为尼龙绳破断力的 51%~66%，质轻、柔软，吸水率特小。它不怕油类及化学药品的侵蚀，不易吸灰尘，耐脏，能浮于水面，是目前最轻的缆绳。丙纶绳是目前船上配备较多的一种缆绳，但耐热性较差，不适合在高温场所使用。

（5）维尼龙绳（vinylon rope）：强度在化纤绳中最小，外表很像棉纱绳，弹性差，吸水性最大，耐油类和盐类物质，价格比较便宜。

二、纤维绳的分类

1.拧绞绳

拧绞绳的搓制方法是先由纤维丝搓成绳条,再由绳条搓成绳股,几根绳股再搓合成绳。由三股搓成的叫三股绳,由四股搓成的叫四股绳,也有的由三条三股绳再搓成巨缆。绳子的搓法是每次向相反方向搓合,例如,条是向右搓的,股就向左搓,制成的绳就向右搓,这样搓成的绳叫右搓绳(Z 捻);反之为左搓绳(S 捻),如图 3-1-1-1 所示。船上常用的白棕绳一般是右搓三股绳。绳子搓得紧的,股距短,称为硬搓绳;搓得松的,股距长,称为软搓绳。硬搓绳的弹性大,但拉力、柔软度和吸水性小,软搓绳则与之相反。

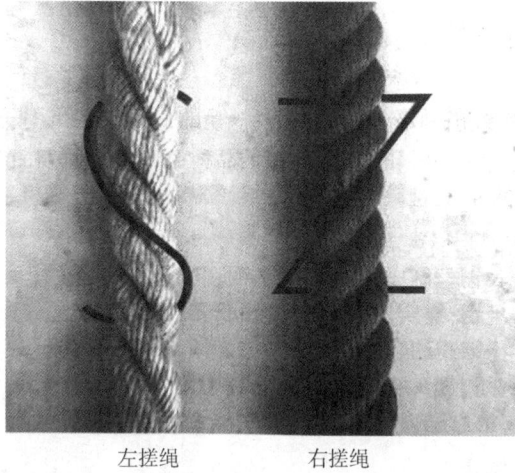

左搓绳　　　　　右搓绳

图 3-1-1-1　拧绞绳

2.编绞绳

编绞绳是由拧绞的八股分成四组,每组两股平行,其中两组为左搓,另两组为右搓,交叉旋绕,绞编而成。编绞绳各股间受力平衡,不会出现扭结,摩擦系数大又便于操作,船上系缆多用编绞绳,如图 3-1-1-2 所示。

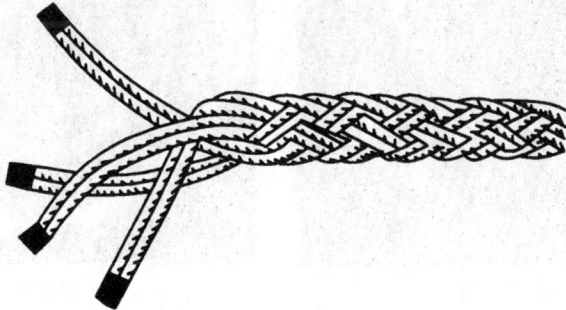

图 3-1-1-2　编绞绳

3.编织绳

绳子中间一股为拧绞的芯,外面包一层或两层由 8 股、12 股、24 股不等的小股编织而成的绳,柔软性特别好,不扭结,但强度较弱,如图 3-1-1-3 所示。

图 3-1-1-3 编织绳

三、纤维绳的规格与长度

根据船上的习惯,纤维绳的规格,一般都量它们的圆周长,并用英寸(25.4 mm)作计算单位,因为估算强度时比较方便。但也有量它们的直径,用毫米作单位的。量取时,必须注意,要量它们的最大尺寸。

(1)公制:1 捆=200 m,或 210 m;

(2)英制:1 捆=120 拓(约 720 英尺,即 218 m)。

四、纤维绳使用与保管

1.植物纤维绳使用与保管

(1)使用前应仔细检查,新白棕绳应内外呈奶黄色,鲜艳发光,外表光滑平整。

(2)开启新绳时,为防止扭结,打开新绳捆时,小规格的绳捆应自捆内的绳头拉出;大捆绳应使用转环或转钩将其吊起后边转边拉,如图 3-1-1-4 所示。

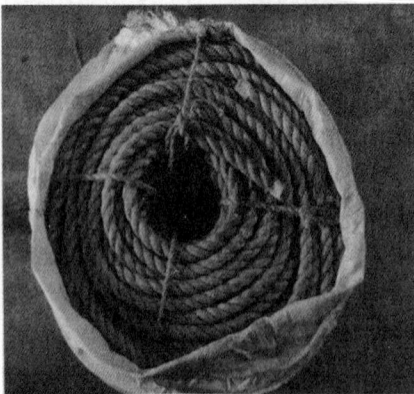

(a)打开小捆绳   (b)打开大捆绳

图 3-1-1-4 开启新绳

(3)使用中应防止过度摩擦,要用帆布或麻袋包扎经常摩擦的部分。

（4）右搓绳应顺时针方向盘卷。

（5）受潮后易发硬、腐烂、缩短，强度和弹性降低，受潮的绳索应晒干后收存。平时应卷存于绳车或格子板上，用帆布罩盖好，防止雨露或曝晒。

（6）库存时应保持适当的温度（10~21 ℃）和湿度（40%~60%），并注意良好通风。

（7）防止与酸、碱、盐等化学品接触以免腐烂。

2.合成纤维绳使用保管注意事项

（1）合成纤维绳怕火、怕高温，应远离火源，防止曝晒。上滚筒收绞时圈数不要太多，也不要在缆桩上溜缆，以防止其摩擦产生高温而熔化，它们的熔点和比重如表 3-1-1-1 所示。

表 3-1-1-1 合成纤维绳熔点和比重表

名称	熔点/℃	比重
尼龙	250	1.14
涤纶	260	1.38
维尼龙	135	0.95
丙纶	165	0.91

（2）纤维丝怕割裂，经常摩擦处，如琵琶头、处于导缆钩的部位，要用帆布或皮子包扎。

（3）伸长率大，有利于吸收冲击负荷，但万一断裂，往回抽打，容易伤人，操作时不要站在拉力线方向上。

（4）在负荷情况下，从缆桩或滚筒上放出时，要特别小心，由于它摩擦力小，不注意会伤人。

（5）在缆桩上绕"8"字花之前，最好先绕 2~3 个单圈，便于控制。

（6）绳索受潮后对强度有少许影响，受潮的绳索受力后会溢出水分。

五、纤维绳的强度

在工作中，为避免缆绳因超负荷破断而发生危险，应在安全强度范围内使用，不同种类和规格的缆绳如无相关资料，可用经验公式计算求其近似值。纤维绳的强度分为破断强度、安全强度和试验强度。

1.纤维绳的破断强度

破断强度（breaking strength）是指缆绳逐渐受力，直至将其拉断时所需的最大负荷，一般用 B 表示。

新绳出厂时，一般均附有经过试验的强度说明。纤维绳的强度是根据其所用材料优劣以及制法好坏来决定的。平时在使用时，化纤缆绳可按以下经验公式估算其破断力：

$$T = 98\,kD^2$$

式中：T——化纤缆绳的破断力，N；

D——缆绳的直径，mm；

k——系数，一般丙纶绳为 0.74~0.85，尼龙绳为 1.19~1.33，改良的丙纶绳为 1.10~1.21，复合缆为 2.0。

2.纤维绳的安全强度

安全强度(safe working load)也称使用强度,是指缆绳在安全范围内所能承受的拉力,是缆绳经常使用的强度,船用缆绳的产品证书上均有明确规定。根据缆绳的破断强度和工况等取一个安全系数,得到安全工作负荷,即

$$安全强度=破断强度/安全系数$$

在使用中,一般安全系数取6。带缆的安全系数为6~8,拖缆为8~10;具体使用时,还须根据不同的工作需要、缆绳的新旧程度、接插方法等情况来选定不同的安全系数。如受潮后白棕绳强度下降45%,化纤绳强度下降5%~10%。

3.纤维绳的试验强度

绳索的试验强度,亦即验证负荷,是绳索制造厂对其产品进行拉力试验时所采用的强度标准,一般是破断强度的3/4。

六、纤维绳的重量

纤维绳的重量是以每捆(200 m)多少千克来计算的。表3-1-1-2所示为纤维绳重量的计算公式。

表 3-1-1-2　纤维绳重量的计算公式

绳的种类	重量/kg	绳的种类	重量/kg
白棕绳	$0.141D^2$	涤纶绳	$0.147D^2$
油麻绳	$0.121D^2$	维尼龙绳	$0.120D^2$
尼龙绳	$0.121D^2$	丙纶绳	$0.097D^2$

注:D——绳的直径,mm。

任务 2　掌握钢丝绳的基本常识

钢丝绳由细钢丝捻制而成,它的优点是强度大、重量轻、经久耐用,在船上广泛用作系船缆、拖缆、吊货缆、吊艇索以及各种支索等;但若保养不当容易生锈,绳质僵硬,受外力扭曲变形后容易发生绞缠。

一、钢丝绳的结构

钢丝绳(wire rope)是将几根或者是几十根细钢丝绞制成股,再将多股绞制成绳。钢丝绳一般都是右搓绳。

钢丝绳常用的有6股钢丝绳和7股钢丝绳两种,一般为周围6股缠绕中间一根芯而制成。6股钢丝绳中间芯为一股油麻芯,油麻芯含有柏油,不易吸收水分,起到减小钢丝绳内部摩擦、

润滑钢丝绳内部、延长钢丝绳使用寿命的作用。7 股钢丝绳中间芯也为钢丝。

二、钢丝绳的种类

船上习惯根据钢丝绳的柔软度,将钢丝绳分为硬钢丝绳、半硬钢丝绳和软钢丝绳三种,如图 3-1-2-1 所示。

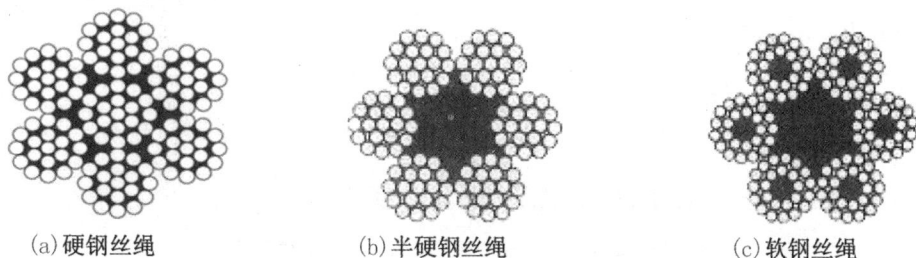

(a) 硬钢丝绳　　　　　　(b) 半硬钢丝绳　　　　　　(c) 软钢丝绳

图 3-1-2-1　钢丝绳的种类

1. 硬钢丝绳

整根硬钢丝绳(stiff wire rope)全部由钢丝组成,其特点是:丝数少,钢丝绳内无油麻芯,在钢丝绳中最坚硬,强度也最大;但使用不方便。船上多将其用作静索,如桅杆、烟囱的支索,还用于与绞车配合的拖索和系船索。

2. 半硬钢丝绳

半硬钢丝绳(semiflexible wire rope)由 6 股钢丝中间夹 1 根油麻芯制成,例如:规格为 6×26+1 的钢丝绳。油麻芯含有焦油可以防锈,使用受力时能起到缓冲和减少内摩擦的作用,有利于缆绳的保养,使用也比较方便,船上将其用作静索和动索。这种钢丝绳的强度较大,比硬钢丝柔软,操作使用比较方便,船上一般将其用作拖缆、保险缆和系船缆,也可用作吊货索。

3. 软钢丝绳

软钢丝绳(flexible wire rope)由 6 股钢丝绳中间夹 1 根油麻芯制成,每股钢丝中间也夹有油麻芯,如图 3-1-2-2 所示。其特点是柔软、质轻,在同直径的钢丝绳中强度最小,使用方便。船上常将其用作动索,如拖缆、系船缆、滑车绳、吊货索、吊艇索、辘绳、牵引绳等。常用的有 6×24+7、6×30+7 等几种。

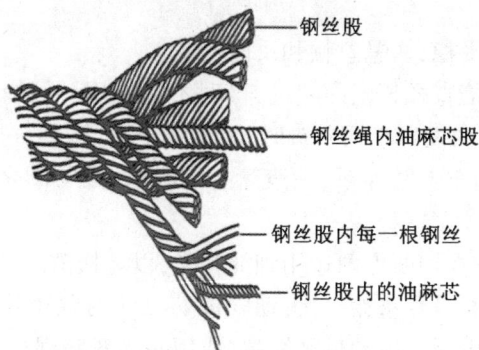

钢丝股

钢丝绳内油麻芯股

钢丝股内每一根钢丝

钢丝股内的油麻芯

图 3-1-2-2　软钢丝绳结构

三、钢丝绳的规格与长度

钢丝绳的规格除用股数和丝数表达外,按国家标准,钢丝绳的大小是由其最大直径确定的。可用卡尺测量,一般以直径 D(公制 mm)和周长 C(英制 in)来衡量。钢丝绳正确的量法如图3-1-2-3所示。

其换算关系近似为:

$$C/D \approx 1/8$$

式中:C——周长,in;

　　　D——直径,mm。

钢丝绳每捆的长度一般为 220 m,也有 500 m 一捆的。

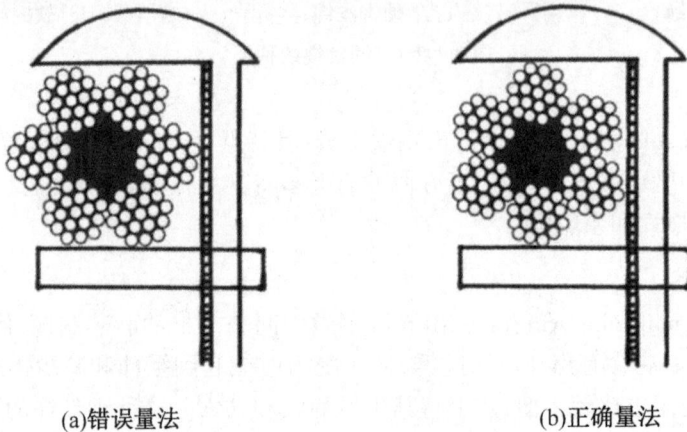

(a)错误量法　　　　　　　　　　　(b)正确量法

图 3-1-2-3　钢丝绳的量法

四、钢丝绳的使用与保管

(1)使用时不可有扭结或急折,否则会折断钢丝,并易产生股隙吸收潮气而生锈,降低强度。

(2)吊重物时,操作要平稳,切忌急顿和反向弯曲。

(3)绳索的断丝在 10 倍直径长度内超过 5%时不能再用。例如直径为 20 mm 的 6×19 的钢丝绳,如果在 20 cm 长度内发现 6 根断头时,就不能使用了。

(4)钢丝绳应卷存于绳车上并加罩,在滚筒上绞收时,圈与圈之间应排列整齐防止压叠,并应顺时针方向盘卷(指右搓绳)。

(5)切断钢丝绳时应先在切断点两边用细绳扎紧,以免松散。

(6)静索应涂油漆,每 6 个月重涂一次;动索每 1~2 个月除锈并涂钢丝油以防锈蚀。

(7)开启新绳时,可在甲板上滚动拆开绳卷;或用一转盘将绳吊起,拉出外面的绳头,边转边拉。切不可从里面抽出绳头造成扭结。

(8)通过滑车或滚筒时,滚轮的直径至少是绳索直径的 20 倍。

五、钢丝绳的强度

在工作中,为避免钢丝绳因超负荷破断而发生危险,不同种类和规格的钢丝绳应在安全强度的范围内使用。如无相关资料,可用经验公式计算求其近似值。钢丝绳的强度分为破断强度、安全强度和试验强度。

1.钢丝绳的破断强度

钢丝绳的破断强度可以使用表3-1-2-1所列公式进行估算。

新绳出厂时,一般均附有经过试验的强度说明。钢丝绳的强度是根据其所用材料优劣以及制法好坏来决定的。平时在使用时,可按以下经验公式估算其破断力:

$$T = 0.04D^2(\text{t}) \quad \text{或} \quad T = 420D^2(\text{N})$$

式中:T——钢丝绳(6×24)的破断力,N;

D——钢丝绳的直径,mm。

表 3-1-2-1 钢丝绳的破断强度

规格	公制/mm(D 为直径)	英制/in(C 为周长)
	破断强度/N	破断强度/kN
6×7	$9.8 \times 47D^2$	$9.8 \times 3.1C^2$
6×12	$9.8 \times 31D^2$	$9.8 \times 2.0C^2$
6×19	$9.8 \times 45D^2$	$9.8 \times 2.9C^2$
6×24	$9.8 \times 42D^2$	$9.8 \times 2.7C^2$
6×30	$9.8 \times 35D^2$	$9.8 \times 2.3C^2$
6×37	$9.8 \times 45D^2$	$9.8 \times 2.5C^2$

注:D——绳的直径,mm。

2.钢丝绳的安全强度

安全强度在船用缆绳的产品证书上均有明确规定。根据缆绳的破断强度和工况等取一个安全系数,得到安全工作负荷,即

$$\text{安全强度} = \text{破断强度/安全系数}$$

在使用中,应根据不同的工作需要、缆绳的新旧程度、接插方法等情况来选定不同的安全系数。如钢丝绳插接后强度降低10%,已生锈的降低30%,过度拉伸受伤的降低50%。

3.钢丝绳的试验强度

钢丝绳的试验强度,亦即验证负荷,是钢丝绳制造厂对其产品进行拉力试验时所采用的强度标准,一般是破断强度的3/4。

六、钢丝绳的重量

钢丝绳的重量 W 可用下列公式进行估算:

$$W = kD^2$$

式中:W——每百米钢丝绳的重量,kg;

D——钢丝绳直径,mm;

k——系数,硬钢丝绳取 0.45,半硬钢丝绳取 0.35,软钢丝绳取 0.30。

任务 3 熟悉滑车与绞辘

滑车(block)与绞辘(tackle)是起重工作中必备的工具,它既可以改变用力的方向,又可以达到省力的目的。船舶的起货设备和水手的高空、舷外作业等都要用到滑车。为了保证工作顺利进行,必须掌握它们的构造、性能、使用和保养,以延长设备的使用年限,防止事故的发生。

一、滑车

船上常用的滑车有铁质和木质两种,滑车按其滑轮数目的不同,可分为单轮滑车、双轮滑车和多轮滑车;按车壳结构分为普通滑车和开口滑车,开口滑车为单饼的铁滑车或木滑车,在滑车壳上装有搭扣可以把绳索的中段放入滑车索槽,关上搭扣滑车即可工作。开口滑车用来引导绳索改变拉力方向,而无须用绳头穿引。不同种类的滑车结构基本上是相同的。滑车的结构及组成如图 3-1-3-1 所示。

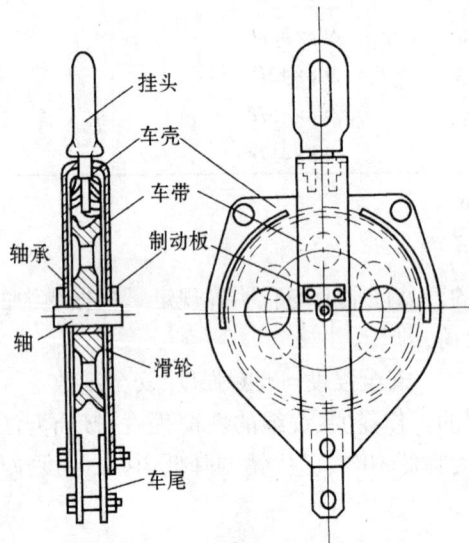

图 3-1-3-1 滑车的结构及组成

1.挂头

滑车的挂头形式很多,有钩子、眼环、旋转环和卸扣等,可根据工作需要来选用。它的强度代表滑车的强度。

2.车壳

车壳用铁板或木头制成,用以保护滑轮和防止绳索滑脱。多轮滑车的滑轮之间用隔板隔开。

3.车带

车带直接连在车壳上,滑轮轴上的力由车带来承受,然后传递到挂头上。

4.轴

轴用钢制成,它穿过滑轮后固定在车带上。其固定的方法有单头螺丝、双头螺丝和压板三种,受力大的滑车的轴都应采用压板固定法。

5.滑轮和轴承

铁滑车的滑轮是用钢铁制成的,木滑车的滑轮可为铁、铜或硬木的。滑轮的中心为一轴承,由铜、合金钢或滚珠制成。轴穿过轴承,滑轮在轴上能自由转动。

二、绞辘

滑车与绳索配合在一起使用称为绞辘,其各部位名称如图 3-1-3-2 所示。

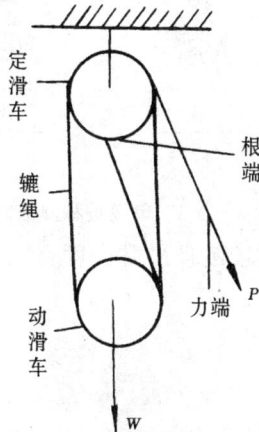

图 3-1-3-2　绞辘各部位名称

1.绞辘各部位名称

辘绳:贯穿在滑车上的绳索。

力端:辘绳用力拉的一端。

根端:辘绳固定在滑车上的一端。

定滑车:固定在某处不动的滑车。

动滑车:吊重受力时移动的滑车。

2.绞辘的种类

(1)单绞辘:由一个单滑车和一条辘绳组合而成,如图 3-1-3-3(a)所示。

(2)复绞辘:由一个定滑轮和一个动滑轮与辘绳组合而成,又称滑车组。它的命名是根据定滑轮和动滑轮数来定的。如图 3-1-3-3(b)所示,由定滑轮和动滑轮组成的绞辘依次为 1-1 绞辘、2-1 绞辘、2-2 绞辘、3-2 绞辘。

(3)机械差动式绞辘:又称差动滑车、机械滑车、神仙葫芦,如图 3-1-3-4 所示。它是利用齿轮传动比来达到省力目的的。它具有结构坚固、省力大、占地小、使用方便等特点,适于在狭

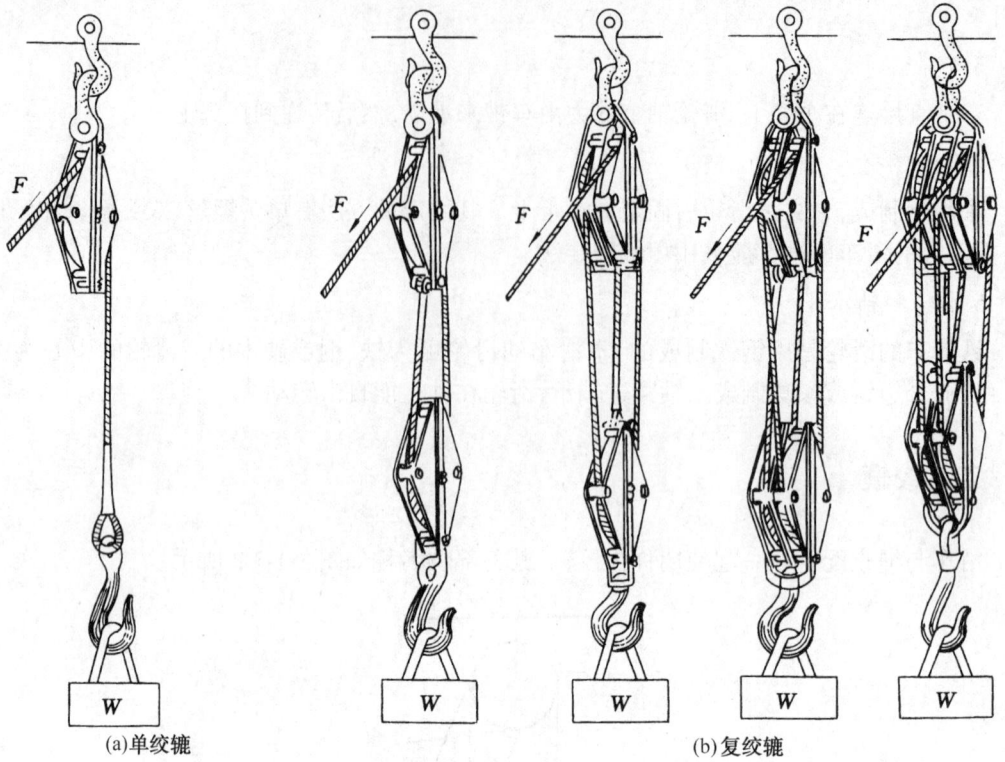

(a)单绞辘　　　　　　　　　　　　　　　(b)复绞辘

图 3-1-3-3　单绞辘和复绞辘

小的地方进行起重作业,但工作速度较慢且吊升高度有限。其起重能力有 1/2 t、1 t、3 t 或更多,分别烙印在滑车上。

图 3-1-3-4　机械差动式绞辘

三、滑车的规格及辘绳的配置

滑车的大小规格是以滑轮的直径来表示的,单位为毫米。木滑车以车壳的长度来表示,单位为英寸。

滑车的大小与所配置的辘绳有一定的比例关系,根据规范的要求,滑轮直径与绳索直径之比应不小于表 3-1-3-1 的规定值。

表 3-1-3-1　滑轮直径与绳索直径之比

滑轮用途		滑轮直径/绳索直径	
		动索	静索
钢索	吊杆装置(包括吊杆式起重机)	12.8	8
	起重机、潜水器吊放	19	8
纤维绳		6	

表中滑轮的直径应量至滑轮索槽底部处。滑车的构造应使滑轮与外壳隔板之间保持较小的间隙,以免卡住绳索。在起重设备系统中不允许使用开口滑车,因工作需要不同,该系统所使用的钢丝索采用的安全系数也不相同,以保证绳索的安全。一般情况下,吊货索的安全系数取 6,千斤索、稳索取 5。

四、绞辘的省力计算

绞辘省力的近似计算公式为:

$$P = W(1+fn)/m \times 9.8$$

式中:P——绞辘力端的拉力,N;

W——吊起的货重,kg;

n——绞辘穿过的滑轮数;

m——动滑轮上的绳索根数;

f——每一滑轮的摩擦系数,滑动轴承取 5%,滚动轴承取 2%。

五、辘绳的穿法

1.穿辘绳的原则

(1)两个滑车应车尾相对,平放在甲板上。

(2)用辘绳的根端穿。

(3)任何绞辘的穿绳都应先从定滑车起穿。

2.确定辘绳根端的原则

绞辘的滑轮数是偶数的,如 2、4、6,则力端、根端都在同一滑车上;滑轮数是奇数的,则根端与力端就不在同一滑车上。

3.穿辘绳前的准备工作

将两个滑车平放在甲板上,尾部相对;整理辘绳,辘绳穿的方向应和绳索的搓向相配合,如右搓绳应将辘绳从左向右穿;确定定滑车、动滑车和辘绳的穿法,如图3-1-3-5所示。

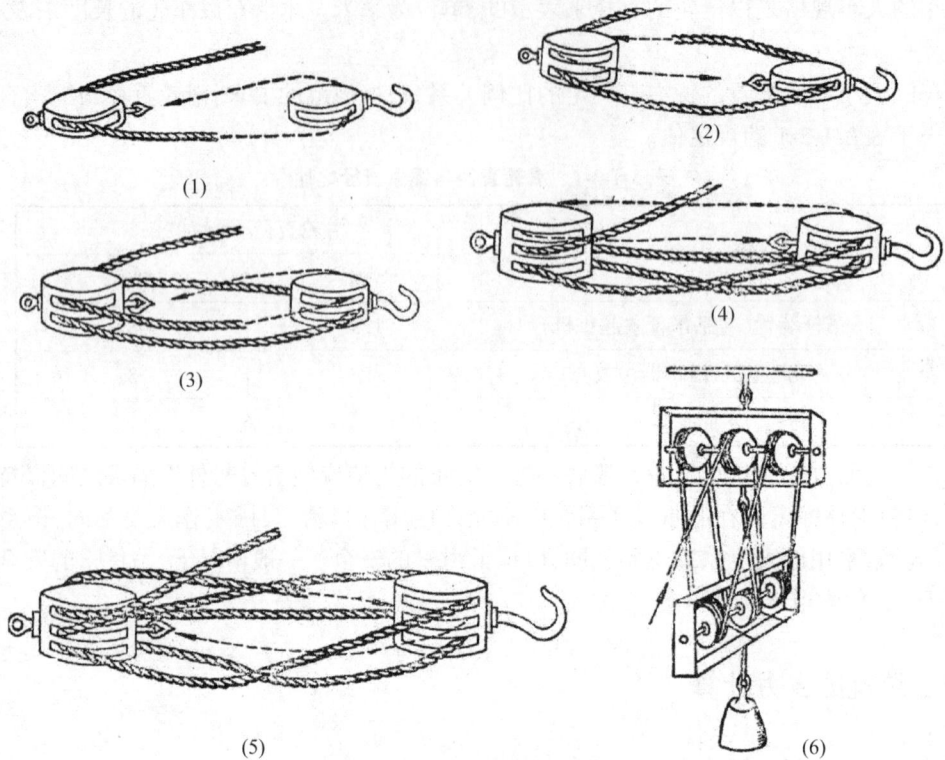

图 3-1-3-5　滑车组穿绳法

(1)2、3、4轮绞辘以及10轮以上绞辘配绳

为了使绞辘在使用过程中保持平衡,防止辘绳间的摩擦,2、3、4轮绞辘以及10轮以上的绞辘都用顺穿法,即:将辘绳的根端(绳头)从定滑车的绳孔左边穿进,右边穿出,拉向动滑车;在动滑车绳孔的右边穿进,左边穿出,再回到定滑车;这样依次循环进行,直到两个滑车的滑轮穿完为止。最后将辘绳的根端固定在滑车尾部固定点眼环上。

(2)5轮至10轮绞辘配绳

为能保持5轮至10轮绞辘在拉动辘绳时滑车受力平衡,并且辘绳之间不致摩擦,其配绳方法有所改变,在配绳时,应掌握以下口诀:从定滑车到动滑车,穿时变轮不变向;从动滑车到定滑车,穿时变向不变轮。

现以6轮绞辘配绳为例,具体操作如下:

①由左向右从定滑车中间的滑轮穿出(顺时针方向穿);

②由右向左穿过动滑轮下边或上边的滑轮(顺时针方向穿,变轮不变向);

③由右向左穿过定滑轮下边或上边的滑轮(逆时针方向穿,变向不变轮);

④由左向右穿过动滑轮上边或下边的滑轮(逆时针方向穿,变轮不变向);

⑤由左向右穿过定滑轮上边或下边的滑轮(顺时针方向穿,变向不变轮);

⑥由右向左穿过动滑轮中间的滑轮(顺时针方向穿,变轮不变向);

⑦将辘绳固定在定滑轮车尾的眼环上。

7 轮至 10 轮绞辘配绳,以此类推即可。

任务 4　熟悉甲板索具

配合绳索使用的配件统称为索具,其在使用中极易受到破坏,如果作业时发生破损,往往会造成重大工伤事故。因此,应掌握常用索具使用的场合,并按产品强度标准选用合适的索具,在作业时确保安全。

目前船上常用的索具有:卸扣(shackle)、钩(hook)、眼板(eye plate)、眼环(ring plate)、松紧螺旋扣(rigging screw)、紧索夹(clamp)、心环(thimble)、索头环(rope socket)等。

一、卸扣

卸扣是甲板作业中广泛使用的连接索具,可用于绳索与绳索、索具与索具、绳索与索具之间的连接,具有连接可靠等特点。常见的卸扣有直形卸扣和圆形卸扣两种,如图 3-1-4-1 所示。

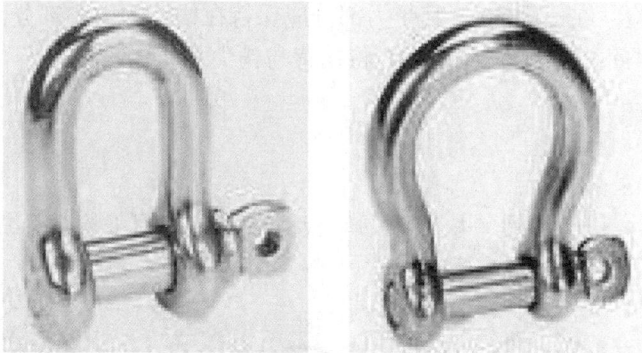

图 3-1-4-1　卸扣

卸扣的许用负荷:

直形卸扣许用负荷 $= 44.1\ D^2(\text{N})$

圆形卸扣许用负荷 $= 36.26\ D^2(\text{N})$

式中: D ——卸扣本体直径,mm。

使用注意事项:

卸扣在使用中应注意其强度与负荷状况,若负荷大于强度,会因受力过大而变形,以致销子卡死。带螺纹的销子,应保护其螺纹不受损伤。应经常对卸扣的销眼和销子加油使其润滑不易生锈,发现生锈应立即刮除。

二、钩

钩(如图 3-1-4-2 所示)用于钩挂物体,强度一般比卸扣小,长期挂重时可用绳子扎在钩尖和钩背之间。吊挂的重量大时,使用卸扣比钩安全。钩斜钩在甲板、舷墙等处的活动眼环上时,应使钩尖朝上才不易滑脱。

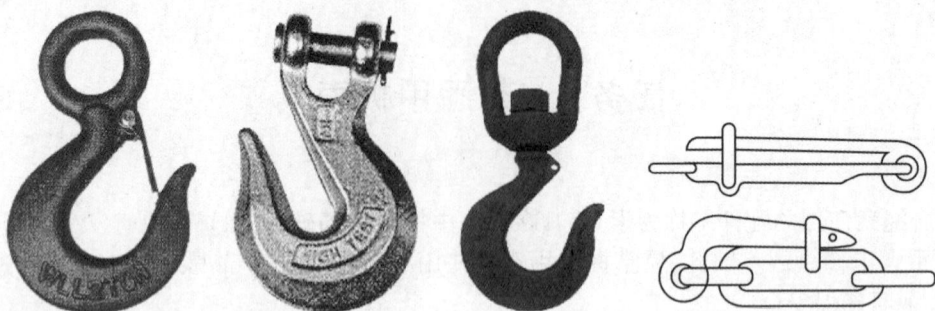

图 3-1-4-2　钩

钩的许用负荷:

$$许用负荷 = 9.8D^2(N)$$

式中:D——圆背钩钩背直径,mm。

使用注意事项:

(1)钩在甲板上使用时,如有斜度,必须使钩尖朝上,如果钩尖朝下,因钩受力而移动,使钩尖滑出而发生危险。在使用钩时,其受力部分应保持在钩背的中心部分,否则易将钩折断。

(2)钩上如长时间挂有物体,应用小绳将钩背与钩尖之间扎紧。

三、眼板

眼板(如图 3-1-4-3 所示)是一块带眼的钢板。三角眼板用于拴系吊货索及钩子;甲板眼板焊在舷墙顶板或甲板上,拴系支索或稳索。

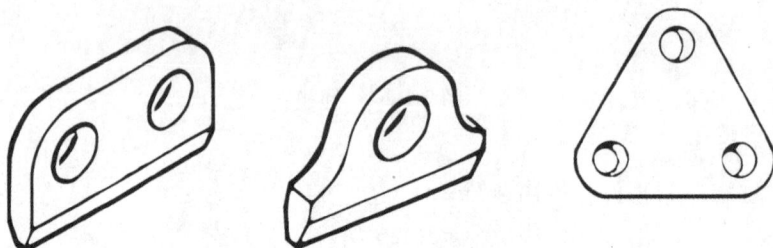

图 3-1-4-3　眼板

眼板的许用负荷:

$$许用负荷 = 75.46D^2(N)$$

式中:D——眼板厚度,mm。

四　眼环

眼环(如图 3-1-4-4 所示)由一个固定眼环和一个活动眼环组成,主要用以钩挂各种动索。

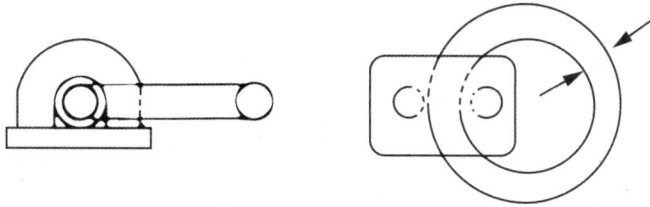

图 3-1-4-4　眼环

眼环的许用负荷：

$$许用负荷 = 29.4D^2(\text{N})$$

式中：D——活动眼环直径，mm。

五、松紧螺旋扣

松紧螺旋扣(如图 3-1-4-5 所示)也叫花篮螺丝，由两段螺纹套筒及两根螺纹方向相反的螺纹杆组成，螺杆外端做成钩、环或卸扣，便于连接，用于收紧钢丝绳和链索，是甲板常用的索具。使用时，转动螺纹套筒，两端的螺杆能同时伸出或缩进，可调节钢索、链条或拉杆的松紧度。强度以其螺杆上的钩、卸扣或环的强度为依据，螺旋扣的大小以整个螺旋扣最大与最小长度和螺杆的直径来表示。

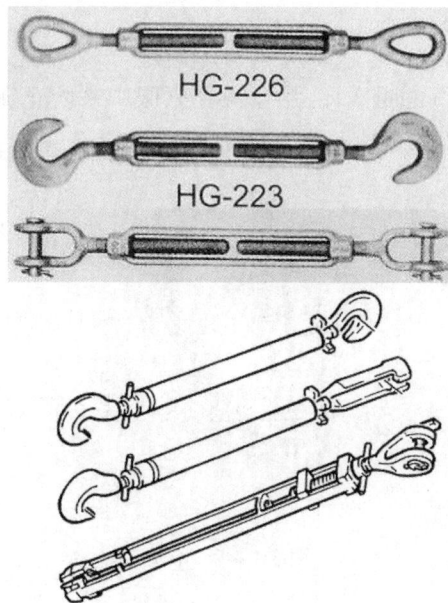

图 3-1-4-5　松紧螺旋扣

使用注意事项：
(1)用于露天静索的螺旋扣要采用闭式的。
(2)松紧螺旋扣应经常加油，以防因腐蚀而咬死无法转动。

六、紧索夹

紧索夹(如图3-1-4-6所示)也叫钢丝夹头或绳头卸扣,用于扎紧钢丝绳的绳端和绳干,形成一个绳环,以便拴系在眼板、眼环或其他物体上;也可将两根钢丝绳接在一起,拆装迅速,使用方便,常用于绑扎货物和支索端部,作为临时连接。使用时,必须将钢丝绳的主干部分(长端)放在夹座一面,钢丝绳的短端压在"U"形圆头的下面以使绳端部分压紧防止滑脱。

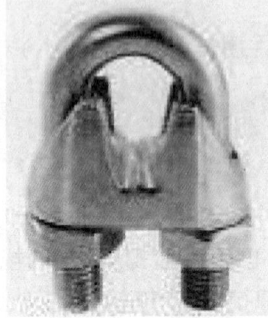

图3-1-4-6　紧索夹

七、心环

心环(如图3-1-4-7所示)也叫嵌环,用于嵌在索眼中来防止绳索过度弯曲和磨损。选用心环时,应使心环的槽宽比绳索的直径大0.5~2 mm。

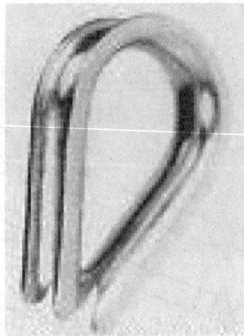

图3-1-4-7　心环

八、索头环

索头环(如图3-1-4-8所示)有叉头索头环和环头索头环两种类型。环的下面是一个上大下小的锥形孔,将钢丝绳头由小孔穿入,绳头散开,然后注以铅锌金属液,使绳头与环连成一体。这样既牢固又美观,其常用于桅支索等强度要求大的静索上。索头环的强度是以环部或横销的强度来衡量的。

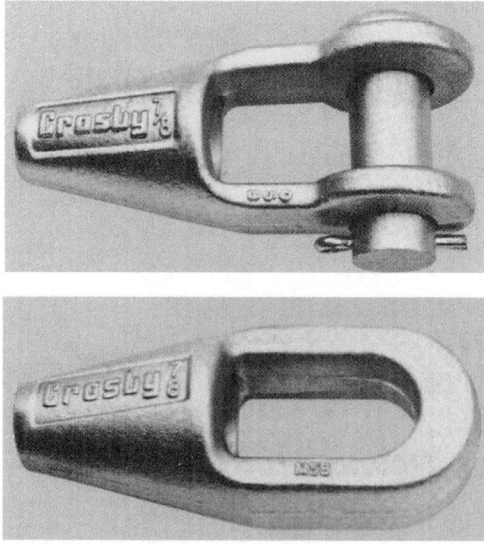

图 3-1-4-8　索头环

国产索头环的型号有 A6CSC-59 与 B2.1CSC-59 等,其中 A 与 B 分别表示叉头索头环和环头索头环,6 与 2.1 表示安全工作负荷为 $6\times9.8\times10^3$ N 和 $2.1\times9.8\times10^3$ N,CSC-59 为产品的分类代号。

项目二　帆缆作业

【知识目标】

1.熟练使用航海常用绳结；
2.掌握三股纤维绳的常用编结与插接方法；
3.掌握八股缆绳的常用插接；
4.掌握钢丝绳的切割和常用插接方法(二、四起头双花插接)。

【能力目标】

1.能够根据工作需要熟练打出至少20个船舶常用绳结；
2.能够熟练完成三股纤维绳的编结和插接；
3.能够熟练完成八股缆绳顺插琵琶头；
4.能够熟练独立完成二、四起头双花插接钢丝绳眼环。

【内容摘要】

帆缆作业是船上各种绳索的系结、插接，帆布的缝制等作业的统称。帆缆作业技能关乎甲板作业安全，要求船舶水手必须熟练掌握。本项目详细介绍了船舶常用绳结的用途和打法，三股纤维绳、八股缆绳和六股钢丝绳的插接方法和注意事项。

任务 1　熟练使用航海常用绳结

航海常用绳结是船上各种绳索的系结，有的要在作业现场临时系打才能符合使用要求，对于这类绳结，要求其结构简单、牢固可靠、外观平整美观、系解方便、不得妨碍操作。绳结的质量关乎甲板作业安全，要求船舶水手必须熟练掌握。

一、绳结基础知识

绳结的基本名称：
(1)绳端：绳索用来打结、穿绕的一端，也叫绳头。绳结打妥后必须留有一定长度(10 cm左右)的绳头，以免滑脱。
(2)绳根：与绳头相对，在打结中不动的部分，也叫绳干。

（3）绳环:绳子弯成180°,绳头与绳根不相交。

（4）绳圈:绳子弯成绳环后,绳头与绳根相交形成的环圈。

（5）半结:绳头绕过绳干后从绳圈中穿出,在打结时将两个绳头简单地互相缠绕一圈。

（6）活结:半结的绳头不穿过绳圈,而是将绳头留长,折返成双,用这双绳穿过绳圈,收紧并留下活头。拽拉活头,绳结即可解脱。

打结的基本操作:右手拿绳头,左手握绳根(绳索短的一端为绳头,长的一端为绳根),然后根据实际用途进行打结。

二、船上常用的绳结

1.丁香结(clove hitch)

用途:小绳接大缆或固定在圆柱上。

特点:能在圆柱上生根;在高空作业或特殊情况下,需能单手迅速打好。

系结方法:将绳头从里向外绕物体一周,并压住绳根,再将绳头绕物体一周并穿进第二次形成的绳圈内,收紧即可。在使用中,一般应将绳头在绳根上再加一个半结,以保证牢固。丁香结打法如图3-2-1-1所示。

图 3-2-1-1　丁香结打法

2.鲁班结(Luban's hitch)

用途:升吊或者拖拉圆柱形的物体。拆装千斤索滑车时,用绳索固定千斤索可用此结。

特点:比丁香结要牢固,系结点摩擦阻力较大,绳结不易滑动,所以,在实际使用中绳根受力方向可成锐角,甚至水平方向拉也不易滑脱。

系结方法:将绳端绕物体两周后压在绳干上,再将绳端绕物体一周从绳干的另一侧穿过第三次构成的绳圈,收紧即成。该结比丁香结多绕物体一圈。

系结要求:绳圈要平整、结实,绳头不能留得太短。鲁班结打法如图3-2-1-2所示。

图 3-2-1-2　鲁班结打法

3."8"字结(flemish knot;figure of eight knot)(又称"8"形结、绞花结)

　　用途:绳索穿过圆形孔洞,防止绳索滑脱。

　　特点:打法简单,使用牢固,松解方便。

　　系结方法:将绳头压住绳根构成绳圈,并绕绳根一周折回后穿过绳圈,收紧即成。

　　系结要求:打结时应注意,绳头留得要稍微长一点,防止绳索受力后松散。"8"字结打法如图3-2-1-3所示。

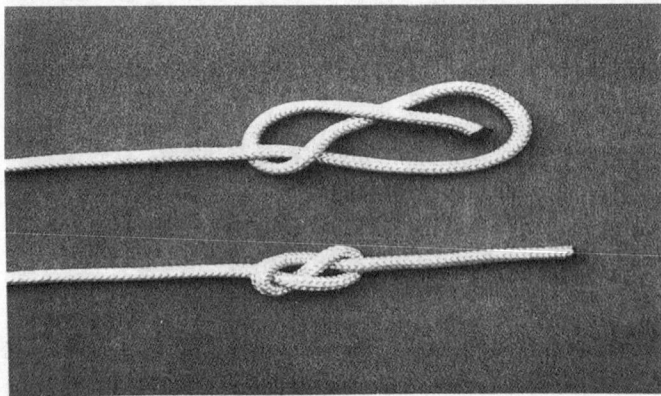

图 3-2-1-3　"8"字结打法

4.平结(reef knot)

　　用途:两根粗细相近的小绳相接,一般用在不常解开的地方。

　　特点:当绳子受力后结扣会越来越紧,不容易解开。

　　系结方法:两手各握绳头,先打好一个半结,然后将两绳头并拢再打一个半结,收紧即成。

　　系结要求:在打第二个半结时需要注意,两绳头应该相碰,且绳头不应留得太短。平结打法如图3-2-1-4所示。

图 3-2-1-4　平结打法

5.缩帆结（reef knot）

用途:与平结相反,两根粗细相近的小绳相接,需要经常解开时多用缩帆结,如临时捆扎物品。

特点:容易松解,便于使用,但相比平结而言牢固性较差。

系结方法:先将两绳端互绕一周,使一端较长些,再将两绳端折回头,使绳端与各自的绳干在另一绳端的同侧后打一个半结,收紧即成。

系结要求:在打第二个半结时需注意,两绳头应相碰,并且要留一活头,活头的绳头还要留得稍微长一些。缩帆结打法如图 3-2-1-5 所示。

图 3-2-1-5　缩帆结打法

6.单编结（sheetbend）（又称单索花、旗绳结）

用途:两根不同粗细或相同粗细的绳索相连,绳索连接眼环。

特点:无论绳索粗细相同与否,都能将绳索临时接在一起,便于松解,牢固性较差。

系结方法:将绳头穿过眼环并绕眼环一周,再将绳头穿过绳干,收紧即成。

系结要求:注意留出的绳头要稍微长一些,防止绳头、结扣滑脱。单编结打法如图 3-2-1-6 所示。

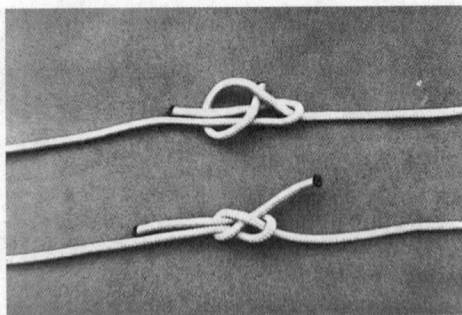

图 3-2-1-6　单编结打法

7.双索花(double sheetbend)（又称双编结）

用途:与上述单编结相同,双索花也是用于临时把绳与绳、绳与眼环相接。双索花更加牢固结实,常用于绳索受力比较大的地方,如上高绳与坐板绳的连接。

系结方法:在打好单编结的基础上,再将绳头绕眼环一周后从绳环和自身绳干中穿过,收紧即成。

系结要求:绳头两次穿绕的方向要一致,都应被绳干压住,绳圈排列要整齐,绳头留得要稍微长一些。双索花打法如图 3-2-1-7 所示。

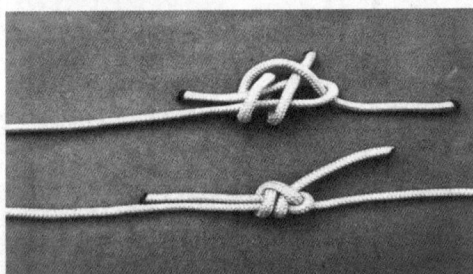

图 3-2-1-7　双索花打法

8.圆材结(timber hitch)

用途:绳索与圆形物体连接,临时拖曳、吊升圆形细长物体。

系结方法:将绳端绕物体一周,然后绕过绳干折回,再在自身绳干上绕 2~3 圈,收紧即成。

系结要求:绳头不能留得太短,绳结要收紧,以免受力后绳结移动、松脱。圆材结打法如图 3-2-1-8 所示。

图 3-2-1-8　圆材结打法

9.拖木结(timber hitch and half hitch)

用途:吊、拖较长的圆柱形物体,如木材等。

特点:可紧可松,便于松解,而且比较牢固,加半结后会更加结实牢固。

系结方法:打好圆材结后,再做一半结从物体(如原木)一端套进,收紧即成。

系结要求:圆材结、半结均应收紧,以免受力后绳结移动、松脱;当物体两端粗细不均匀时,半结系在较粗的一端。拖木结打法如图3-2-1-9所示。

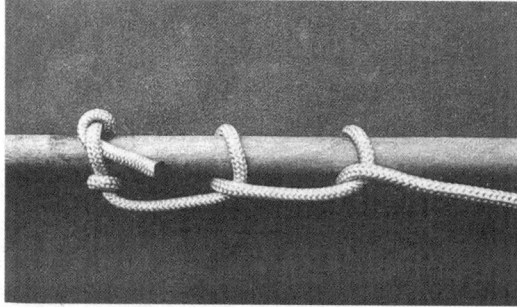

图 3-2-1-9　拖木结打法

10.单套结(bowline)

用途:上高或舷内、外作业时作为临时安全带,或用于绳与绳、绳与眼环临时连接。

特点:打法比较简单,单手即可迅速打好;在绳索受力后,固定好的绳圈大小不会改变;牢固可靠,便于松解。

系结方法:用绳端在绳根上先打一半结,拉直绳端使绳根构成一环,将绳端绕绳根后折回穿入绳圈内,收紧绳根即成。

系结要求:打结时应该根据需要来固定绳圈的大小,绳头不能留得太短,并且应放在绳环内侧。单套结打法如图3-2-1-10所示。

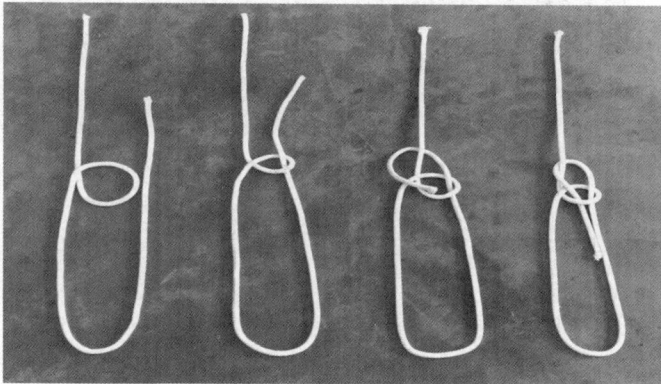

图 3-2-1-10　单套结打法

11.双套结(bowline on the bight)

用途:上高或舷内、外作业时临时代替坐板。

特点:绳索受力后,固定好的绳圈大小不会改变,使用牢固,但代替坐板时人员较艰苦。

系结方法:将绳端折成双股,然后在双股处圈成一绳圈,再将双股绳头穿过绳圈后向下张开,套过双股绳根构成的绳圈,收紧即成。

系结要求:应该根据需要来固定绳圈的大小;当此结用作临时坐板时,需要将两个绳圈套在操作者的两大腿上,打好的绳结要位于操作者的胸前。为安全起见,还需要一根保险绳。双套结打法如图 3-2-1-11 所示。

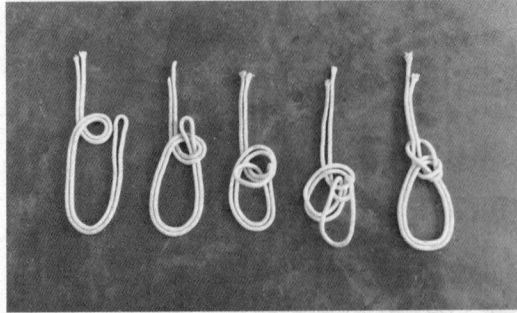

图 3-2-1-11　双套结打法

12.立桶结(sling a cask on end;barrel sling)

用途:起吊麻包、无耳圆桶或罐等物体。

特点:打法比较简单,松解比较方便,而且比较牢固。

系结方法:将桶形物体的底部压在绳索的中段,用两绳端打一半结,收紧即成。

系结要求:该结必须打在物体的上 1/3 处,而且两个绳头要均匀受力。立桶结打法如图 3-2-1-12所示。

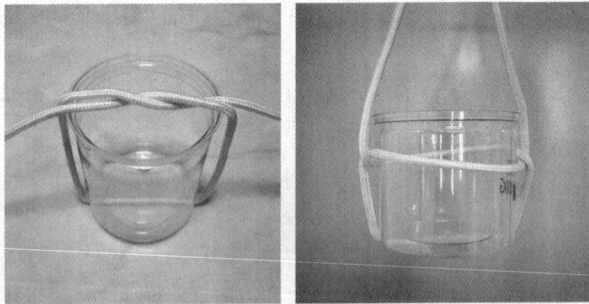

图 3-2-1-12　立桶结打法

13.扛棒结(carrying pole hitch)

用途:扛起、吊起各种货物。

特点:打法比较简单,便于松解,而且绳索的长度不受限制。

系结方法:将绳索的一端绳头做一眼环端,用另一端绳头适当距离处的绳索在眼环上绕一周后做成另一眼环,从两绳间穿过,形成两个绳圈,收紧即成。

系结要求:绳索的两端要均匀受力,绳头留得稍微长一些,绳头、绳环要压牢。扛棒结打法如图 3-2-1-13 所示。

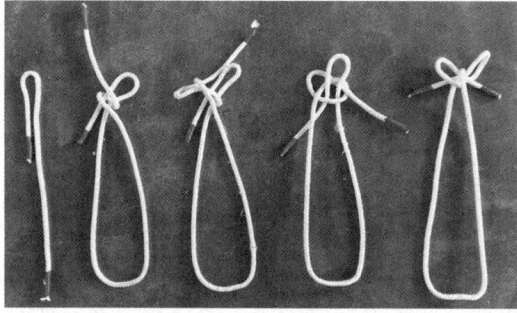

图 3-2-1-13　扛棒结打法

14.架板结(plank stage hitches)

用途:舷内、外作业时搭架板用。

特点:打法比较简单,架板两侧受力均匀,使用牢固安全。

系结方法:把架板绳中部绳根平放在架板上支撑木的内侧,将架板两侧的绳索在支撑木下交叉后由下向上绕到架板上,并处于支撑木外侧;再将绳索中部的绳根拉松后压住架板上的两绳并套在架板上,收紧两绳端;然后各打一半结套在架板两侧支撑木上,收紧即成。

系结要求:绳结要收紧,两绳端要均匀受力,而且两半结的方向要一致。架板结打法如图3-2-1-14 所示。

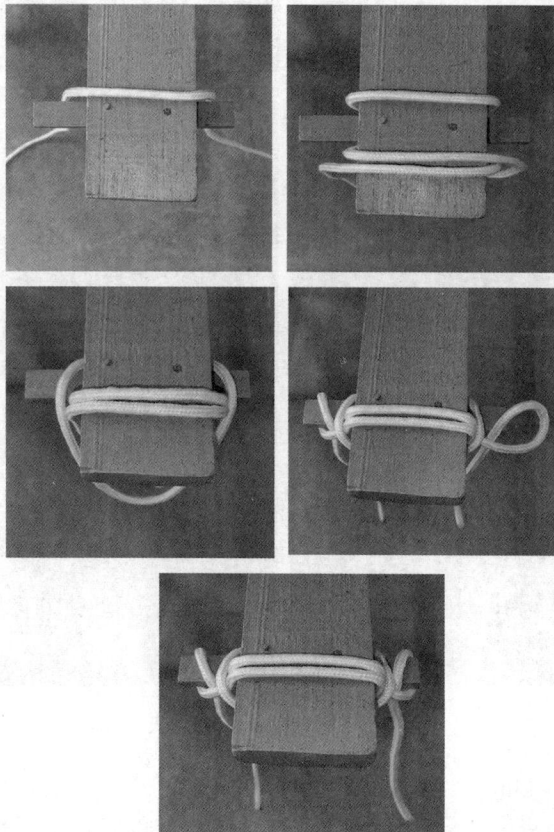

图 3-2-1-14　架板结打法

15.架板活结(stage sling slip knot;splip bend for stage roge)

用途:舷外作业时将架板绳固定在栏杆上。

特点:使用比较牢固,便于松解,但只有在栏杆上系结时才可用此结,没有栏杆的地方不能用。

系结方法:把架板放在舷外后,调整好架板绳,使架板的高度、水平方向符合需要;将架板绳两绳根由外向内自上而下在两道栏杆上绕一周后,在两道栏杆间分开为左和右,并分别做成绳环;将左绳环从架板绳左侧伸出栏杆外,将右绳环从架板绳右侧也伸出栏杆外;后用右绳环套入左绳环收紧右绳,在栏杆外侧再将右绳做成一绳环穿入左绳环收紧左绳;最后将右绳环顺绳根拉长到一定长度,使之能缠住两栏杆间所有绳索并打一半结,收紧即成。

系结要求:绳索要绕过多道栏杆(至少两道),最后要用活头将所有绳索包起打一半结。系结时要注意保持架板面呈水平略微内倾状态,以保证作业人员操作安全。架板活结打法如图 3-2-1-15 所示。

图 3-2-1-15 架板活结打法

16.系缆活结(slip racking)

用途:固定双系柱缆桩上的钢丝绳,防止钢丝弹击伤人。

特点:此结系法简单,使用比较牢固,便于松解。

系结方法:将细绳折叠成双股构成一环圈,自上向下数,将环圈在第三道钢丝缆下面由内向外穿出;先将任一绳端做成活头穿过眼环,收紧另一端;再将剩余端的绳头做成活头穿过新形成的绳环,收紧前一个绳环的绳端即可。

系结要求:打此结时应动作迅速,至少绑牢三根钢丝绳,并保持活头状态。此结只适用于钢丝缆。系缆活结打法如图3-2-1-16所示。

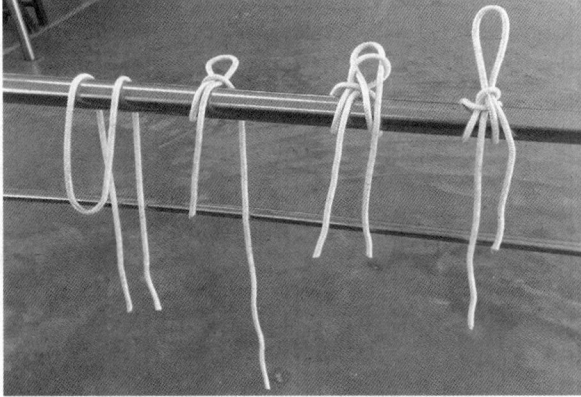

图 3-2-1-16　系缆活结打法

17.撇缆活结(heaving line slip knot)

用途:撇缆绳和大缆琵琶头临时相接用,以便将船舶缆绳拉上码头。

特点:此结可迅速系好,便于松解,使用比较牢固。

系结方法:将撇缆绳尾端穿过缆绳眼环后,在撇缆绳尾部做一眼环,再将撇缆绳绳端绕眼环一圈,做一活头塞进眼环,收紧绳根即可。

系结要求:必须要收紧,为防止松脱,留出的活头应稍微长一些。撇缆活结打法如图3-2-1-17所示。

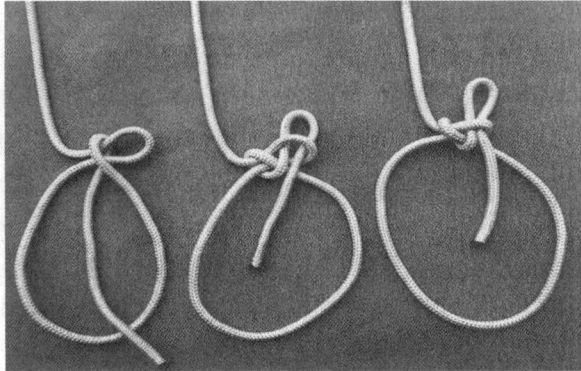

图 3-2-1-17　撇缆活结打法

18.水手结

用途:在高空作业时代替单人坐板。

特点:此结的打法比较简单,使用牢固,受力平衡。

系结方法:利用绳索做成相互交压的左右两个绳圈,两绳圈的绳端朝向一致;将绳圈交压的上部分向下翻,形成左右两个小绳圈;将原先的两个绳圈分别自下而上穿入同侧新形成的两个小绳圈,收紧即成。

系结要求:打结前要严格检查绳索是否结实牢固,有磨损、变质霉烂的绳索不应再次使用;打结时应根据需要来确定绳圈的大小。水手结打法如图 3-2-1-18 所示。

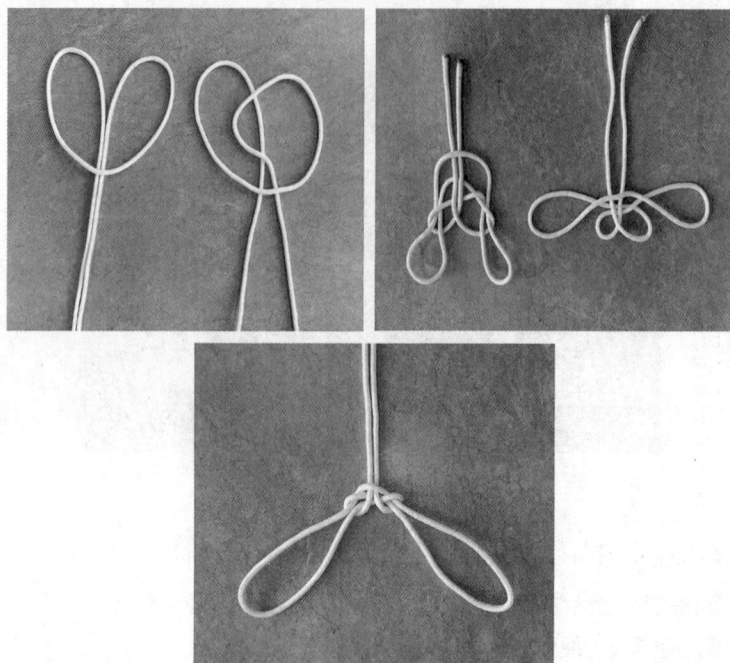

图 3-2-1-18　水手结打法

19.缩短结(sheepshank)

用途:由于绳索太长,临时要缩短绳索到所需长度,又不用切断绳索,这时可采用缩短结。

特点:长度自由把握,易于松解。

打法:主要有"Z"形缩短结、链形缩短结、双耳缩短结三种。

(1)"Z"形缩短结:根据需要缩短的长度,将绳索折回形成数个"Z"形;在距"Z"形两端适当距离处用绳根圈成半结套在"Z"形端部绳环上,收紧即成(为防松脱,可用细绳将两端扎牢)。

系结要求:注意绳索的两端半结不需要套得过外或过里。"Z"形缩短结打法如图 3-2-1-19(a)所示。

(2)链形缩短结:在绳子上预先做一个眼环,将绳根穿过眼环再拉出一个眼环;如此往复将绳索缩短至所需要的长度,再将绳头穿过最后一个眼环,收紧即成。链形缩短结打法如图 3-2-1-19(b)所示。

(3)双耳缩短结:先在绳子中间打个丁香结,将两绳圈相互交叉穿入并收紧形成两个耳环;而后各端打一半结套住耳环并收紧。双耳缩短结打法如图 3-2-1-19(c)所示。

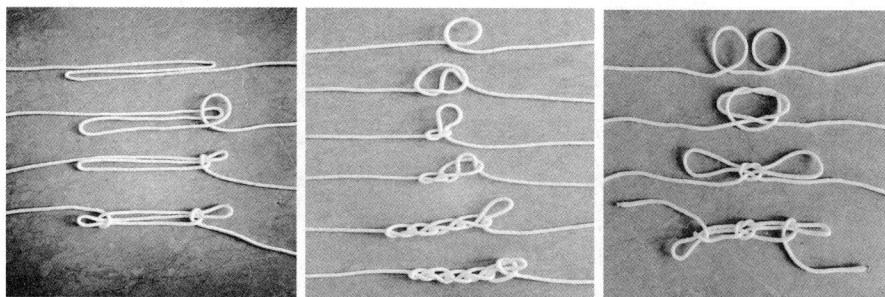

(a) "Z"形缩短结　　　　(b)链形缩短结　　　　(c)双耳缩短结

图 3-2-1-19　缩短结打法

20.扎绳头（whipping）

用途：使绳头更加牢固，防止绳头松散。

特点：此结比较牢固，不易散开。

系结方法：将缠扎用的帆线或小绳折双，小绳头留成一长一短；小绳环朝被扎的绳端一侧，平放在被扎的绳头上；按住短绳头，将长绳头顺着被扎绳头的绳股搓向，平整地缠绕在绳头上；缠绕一圈后把两个小绳头压紧，接着往绳端方向，边缠绕、边收紧，紧密缠扎 6～10 圈（小直径的绳索缠扎的圈数少一些）后，将剩下的绳端从小绳环中穿过；最后收紧绳圈，剪平余尾即成。扎绳头打法如图 3-2-1-20 所示。

系结要求：打结时需要收紧绳头，缠绕整齐、紧凑，打结完成后要割掉多余的绳头。

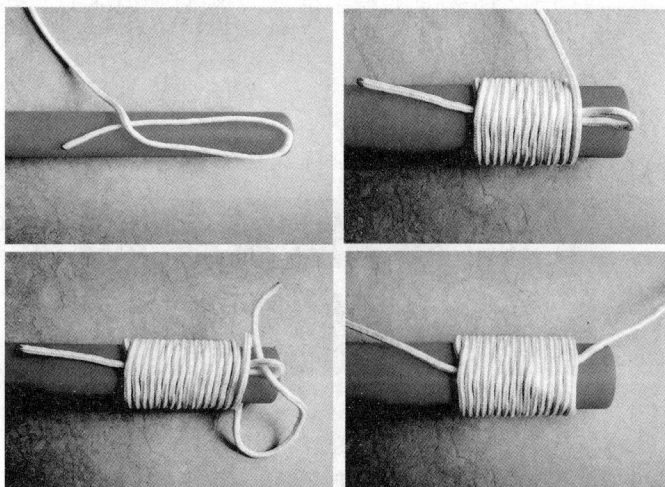

图 3-2-1-20　扎绳头打法

21.扎绳结

用途：绑扎两根平行并列的绳索时常用扎绳结，如绑扎引航员软梯。

特点：此结绑扎后比较牢固，不会松散。

系结方法：将绑扎用的细绳一端放在被绑扎的绳索上，缠绕 10～12 圈后，在被绑扎的绳索之间再绕两周，最后在绳索两面的两圈绳圈上各打一平结，收紧即成。

系结要求：平结打好后要收紧，绳头留得应稍微短一些。扎绳结打法如图 3-2-1-21

所示。

图 3-2-1-21　扎绳结打法

22.止索结(stopper knot)

用途:当船舶靠泊系缆时,在缆绳绞紧后,使用止索结来临时制住缆绳,防止缆绳松回,然后才将缆绳挽在缆桩上。

特点:此结的受力比较强,止滑作用比较大。

系结方法:

(1)合成纤维绳止索结打法

先将止索绳的根端固定在甲板眼环上,将合成纤维止索绳(双根)拉直靠在缆绳上,然后向固定止索绳的根部方向,将止索绳分左右交叉紧紧地缠绕在缆绳上下,留一小段止索绳端握在手中拉紧即成。这是双股打法。

单股打止索结时,需要先逆绳搓方向打一半结,然后在化纤缆绳上上下缠绕5道以上,将止索绳尾部多余的拼拢收紧,抓牢即可。

(2)钢丝绳止索结打法

将止索链先顺着钢丝股纹打两个半结,然后与半结反方向逆着钢丝股纹缠绕,最后用链条端的小索再缠绕数周,握住小索即可。止索结打法如图3-2-1-22所示。

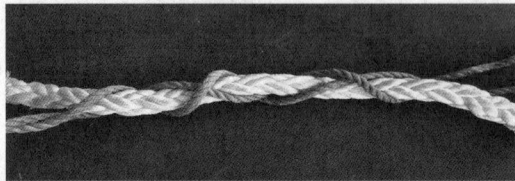

(a)合成纤维绳止索结

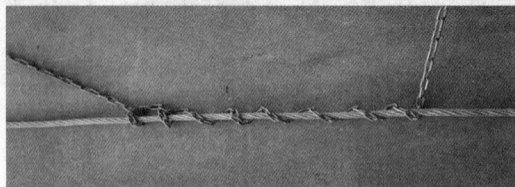

(b)钢丝绳止索结

图 3-2-1-22　止索结打法

23.挽桩结(tie pile knot)

(1)双桩挽绕法

缆绳绕在双桩上,一般采用"8"字形挽绕法,也可先在第一个桩上绕一圈后,再绕到第二个桩上,继而按"8"字形走向,围绕两个缆桩盘绕4~5道纤维绳,则最后一道反扣。双桩挽绕法如图3-2-1-23所示。若是钢丝绳最后一道不要反扣,免得收紧后无法解脱,应用小绳将最上边几道钢丝绳捆扎在一起,以防松脱。拖带缆时,由于拖缆负荷大,因此在双桩上挽绕时,应挽"8"道以上才能避免拖缆滑脱。

图 3-2-1-23 双桩挽绕法

（2）羊角挽法

将纤维绳按顺时针方向,绕羊角 1~2 圈收紧,再按"8"字形走向围绕羊角盘绕 3~4 道,最后一道反扣,收紧即成。羊角挽法如图 3-2-1-24 所示。

图 3-2-1-24 羊角挽法

三、常用绳结评估标准

参照海事局评估标准如下:

评估要素	评估标准	
1.常用绳结的打法和用途（从所学的绳结中抽取 10 个绳结） 2.绳结打法正确、迅速、适用、美观、易解	1.绳结打法正确、迅速、熟练和用途回答正确（20 分）	
	2.绳结打法正确、迅速、比较熟练和用途回答基本正确（16 分）	
	3.绳结打法正确、迅速、熟练程度一般和用途回答较正确（12 分）	
	4.绳结打法较差、超出规定时间、打错 2 个绳结和用途回答较差（8 分）	
	5.绳结的打法差（4 分）	
	6.不能完成绳结（0 分）	
说明	考核时间:2 min	单项考核总分:20 分

任务2　掌握三股纤维绳的常用编结方法

编结是利用绳索编出满足船上工作需要的结。编结要求平整、美观、牢固、紧凑。

一、编结工具

木笔(fid,用来穿通索股,扩大间隙,便于穿插)、直径为 12 mm 且长为 2 m 的三股纤维绳(每人一根)、木槌(mallet,用来敲整插接处,使插接平整、美观、牢固)、胶带或帆线(cotton twine,用来扎紧绳头,防止松散,便于穿插)、剪刀或水手刀(sailor knife,用于割断绳索或帆线),如图 3-2-2-1 所示。

图 3-2-2-1　编结工具

二、编结、插接的方法

1.救生索编中结(double diamond knot)

当船员上下救生艇时,手攀脚蹬时会用到救生索编中结。

(1)准备工作

首先,在救生索上做记号,记号之间应该相隔 50 cm;在做好的记号处,准备两根用帆线绑好索股两端的编结索,其直径为 8 mm、长为 60~80 cm。其次,用木笔挑开标记处的一股绳股,穿过一根编结索,再用相同的方法穿过另一根编结索,调整好四个绳头,使它们的长短保持一致。

(2)编法

首先,逆时针方向按其排列顺序分为 1~4 股;其次,将第一股放在第二股的下方,再拿起第二股反兜住第一股放在第三股下方,而第三股则需要反兜住第二股放在第四股的下方;最后,第四股从下向上穿过从第一股形成的绳圈,依次收紧各股即可。

再次按上述方法,逆时针方向依次分为 1~4 股,拿起第一股将第二股压住,第二股再压住第三股,以此类推,第三股压住第四股。然后,把第四股从上向下穿过从第一股形成的绳圈,再依次将各股收紧。

各股需要再沿着和它平行的绳股进行穿插,穿插两次后收紧使绳头朝下的各股,并割平多余的绳头,如图3-2-2-2所示。

图3-2-2-2　救生索编中结

2.扶索结(manrope knot)

在绳索穿过圆形孔洞需要防止绳索打滑脱落时,扶索结常用作舷梯扶手索绳头。

(1)准备工作

首先把绳股松开6花,再用帆线扎好各个绳头。

(2)编法

首先,用左手拿起准备好的编结绳,使各个绳头统一向上;其次,将各绳股按排列顺序,从右向左依次分为1~3股;再次,拿起第一股放在第二股下方,再将第二股拿起来兜住第一股放到第三股下方,拿起第三股兜住第二股后,从下向上穿过从第一股形成的绳圈,最后略收紧各股。

各股需要再沿着和它平行的绳股进行穿插,穿插两次后收紧使绳头朝下的各股,并割平多余的绳头。扶索结打法如图3-2-2-3所示。

3.三股花箍

三股花箍常用来箍紧橡胶管、木碰垫等,或者装饰在栏杆等地方。

(1)准备工作

准备一根编结绳,要求绳的直径要小于被编结物直径的1/10,绳的长度是被编结物周长的10倍左右。

(2)编法

把准备好的编结绳放置在圆柱上,将外端绳留得长一点,内端绳留得短一点;拿起较长的

图 3-2-2-3　扶索结打法

外端绳由上往下绕一圈后向左压住较短的内端绳,然后再绕一圈;接着由下往上从内端绳的下面穿出;把上一步中穿出来的绳头稍微向内拉一下,然后把绕在圆柱左边的绳圈由左到右压在右边的绳圈上,右边的绳圈从右到左移到左边;再从左向右把外端绳的绳头穿过左边的绳圈;再把绕在圆柱右边的绳圈从右向左压在左边绳圈上,并将左边绳圈移到右边;再次从右向左用外端绳头穿过上一步移过来的绳圈。然后用绳头(内端或外端都可),平行跟着左右相邻的绳索穿插,一直到各箍的绳索都穿过三股并平行,将多余的绳索都收紧后割平,再塞进花箍内。

此种编结既可以在被编箍物上直接编;也可以放在手中编结,花箍编结完成后再将其放到被箍物上,两种方式都可。本书以在圆柱上直接编结为例,编法如图 3-2-2-4 所示。

4.四股花箍

与三股花箍相比,四股花箍常装饰在圆柱形等物体上,但也用来箍紧木碰垫、橡胶管等。

(1)准备工作

准备一根编结绳,其长度是被编结物周长的 10~14 倍,直径则要小于被编结物直径的 1/10。

(2)编法

与三股花箍相似,此种编结既可以在被箍物上直接编结;也可以放在手中编结,完成后再将其放到被箍物上。本书以在圆柱上直接编结为例。首先把编结绳放在圆柱上,由外向内用外端的编结绳在圆柱上缠绕一圈,按照从左到右的方向打一个半结;然后,再用绳头压住左边的第一股绳股,接着在圆柱上缠绕一圈,从下向上把绳头从绳根的左侧取出后穿过两绳交叉

图 3-2-2-4　三股花箍

处,再用绳头在圆柱上缠绕一圈后从绳根的左侧取出,使绳索自左向右穿过绳根;接着将绳头从右向左穿过第二股,将两端的绳头相对平行并列后按照上述步骤依次进行穿插,一直编结至所需要的圈数为止;最后将绳头依次收紧,割平留出的绳头后塞进花箍内即可完成,如图3-2-2-5所示。

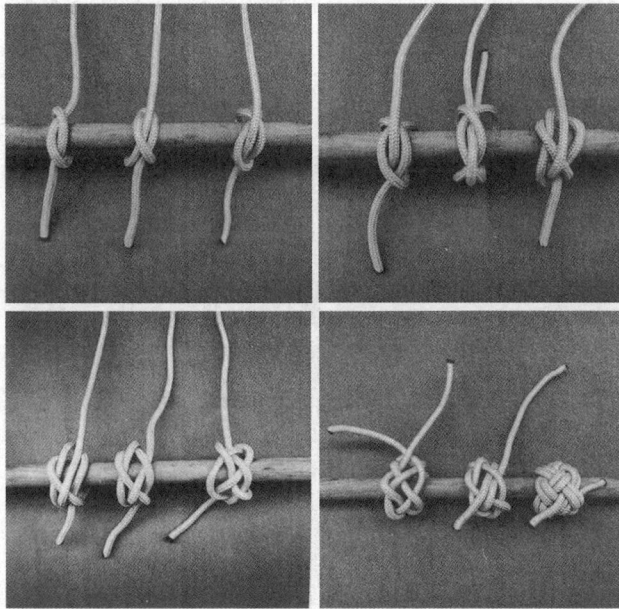

图 3-2-2-5　四股花箍

5.撇缆头（monkey's fist）

此种编结主要用于包缠撇缆头铅球。

（1）材料、工具

一根直径 8 mm、长约 4 m 的编织绳，用细帆布缝制一只可装填约 200 g 黄沙的袋子，装入沙子后将其扎成球状；一把尖嘴钳。

（2）编法

首先，左手手心向里，呈横掌姿势，右手将编织绳拿起后搭在左手上，长的一端在左手背一侧；短的一端则在左手心一侧。然后，右手握住长端的绳索在左手上从左向右绕四圈；将左手从绳圈中脱出，把上一步绕好的绳圈转变为横向放置，外侧是编织绳长的一端，内侧是向下的绳头；在第一次绕好的绳圈上，逆时针方向再次缠绕四圈；接着再拿起绳头，由内而外从绳圈右边的空隙中穿出来，逆时针方向由外而内从绳圈左边的空隙中穿进去；再按照逆时针方向由里到外从右边的空隙中穿出来。以此类推，将编织绳穿插缠绕四圈后，从上往下排列绳索；把准备好的铅球放入编好的绳圈中，把每一道绳子依次收紧并将这些绳子排列整齐。最后，将绳头插接在长的一端上，或者打结后扎牢。撇缆头编法如图 3-2-2-6 所示。

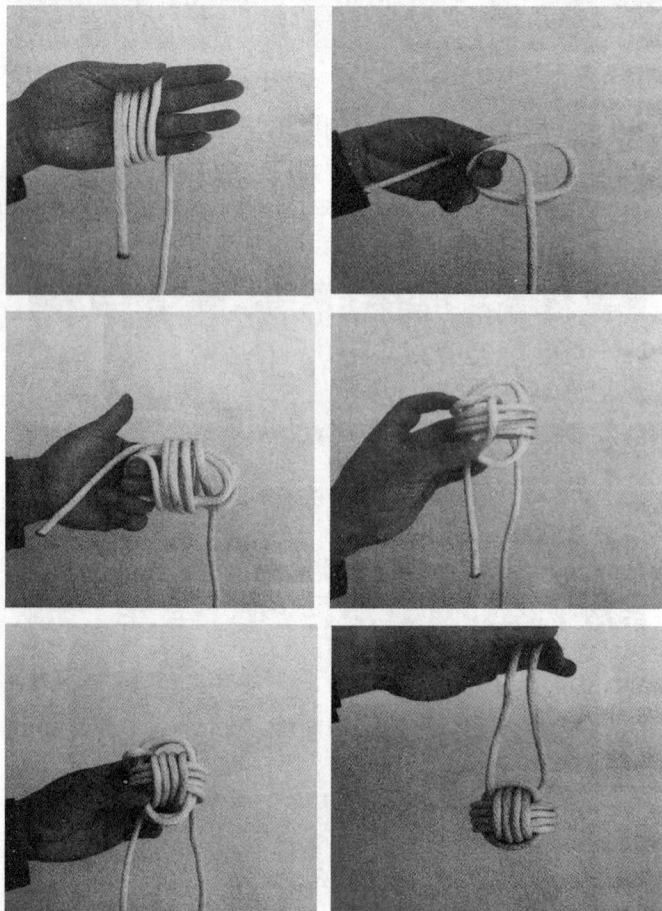

图 3-2-2-6　撇缆头编法

三、常用编结方法和用途评估标准

参照海事局评估标准如下：

评估要素	评估标准
1.正确迅速 2.牢固紧密 3.平整美观 4.绳尾所留长度适宜 5.用途清楚	1.编结的打法正确迅速、牢固紧密、平整美观、绳尾适宜、熟练和用途回答正确(20分)
	2.编结的打法正确迅速、牢固紧密、平整美观、绳尾适宜、比较熟练和用途回答基本正确(16分)
	3.编结的打法正确、各股不太牢固紧密、熟练程度一般和用途回答较正确(12分)
	4.编结的打法较差、各股松散严重、绳尾过长、用途回答基本不明(8分)
	5.编结的打法差(4分)
	6.不能完成编结(0分)
说明	考核时间：5 min　　　　　单项考核总分：20分

任务 3　掌握三股纤维绳的常用插接方法

三股纤维绳插接，是利用绳索进行插接，以满足船上工作需要。在船上，其多用于绳头反插接、插眼环(琵琶头)、插嵌心环等。插接要求平整、美观、牢固、紧凑。

一、绳头反插接

反插接用来加强绳头的牢固性，防止绳头散开。

(1)准备工作

各绳股绳头用帆线(或者胶带)扎牢，扎牢后把绳头松开四花。

(2)起头

左手握住绳头后使松开的那一端绳头朝上，各绳股自然弯曲垂下，再按逆时针方向分为1~3股；右手拿第一股压在第二股上方，再用第二股同时压住第一股和第三股；然后用第三股压住第二股，同时将第三股自上向下从第一股形成的绳圈内穿出，在依次收紧各个索股后起头结束。

(3)插法

任意取其中一个索股作为第一股，按照逆绳搓方向向前压住被插绳索的一索股；然后用木笔挑起其前方被插绳索的一索股，从后向前将第一股插入上一步被挑起的索股，第二、三股再次按照上述方法插入后并收紧；三股每一股都要穿插一次；然后各股再插入两花，一共有三花；三花插完后用木槌敲平各个索股，绳头一般留约 1 cm，将多余的绳股割掉即可完成，如图3-2-3-1所示。

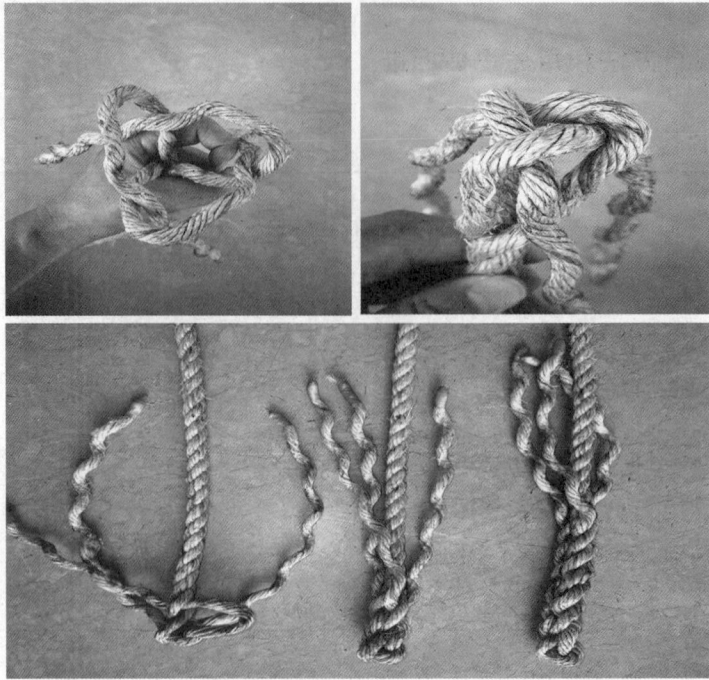

图 3-2-3-1　绳头反插接

二、插眼环（又称琵琶头）

插接成的眼环,用于带缆、套缆桩、连接等。

(1)准备工作

把各绳股的绳头用帆线(或者胶带)扎牢,并将绳头松开四花;按照所需大小在绳根上做好记号。

(2)起头

根据琵琶头所需要的大小,按逆时针方向将松开的绳头放在绳根上标注的记号处;松开绳股后按照从左向右的顺序依次分为 1~3 股;先确定好下笔的位置,然后用木笔挑起被插绳股的其中一股,再从右向左将松开绳股的中间一股,穿过上一步挑起后的绳股,收紧各个绳股。

从第二股绳头压住的左边,挑开被插绳索的一股绳股,从右向左将第一股插入该绳股,收紧各个绳股;翻转该琵琶头 180°后挑开被第一股绳头压住的绳股,从右向左将第三股穿过挑起后的被插绳股,收紧各个绳股,如图 3-2-3-2(a)所示。再次收紧各个绳股,起头结束。

(3)插法

首先任意取一个绳股作为第一次操作股;然后以逆绳搓方向,按照上述向前压一股插一股的插接方法各穿插三次;最后敲平插接处,留下 2~3 cm 的绳头后,将多余的绳股割掉即可完成,如图 3-2-3-2(b)所示。

（a）

（b）

图 3-2-3-2　插眼环（琵琶头）

三、插嵌心环

插嵌心环多用来加强琵琶头的强度，以防琵琶头磨损，使琵琶头更牢固。

（1）准备工作

选择心环，要求心环要与琵琶头相匹配，并且绳槽的宽度要比纤维绳的直径大 0.5~2 mm；用帆线扎好各股绳头后，再把绳头松开四花。

（2）起头

按逆时针方向把绳头依次分为 1~3 股；把第一股插接绳股的根部紧紧靠在心环的开口处，并从左向右围绕心环旋转一圈，横向把第一股插入被插绳股并收紧；接着挑开上一步中的被插绳股，从右向左将第二股插入并收紧绳股；然后按照逆绳搓方向将第一股绳股向前压一股插一股并收紧绳股；翻转眼环 180°后，挑开被插绳股，从右向左将第三股穿过被挑起的被插绳股后收紧绳股，起头结束。

（3）插法

首先，任取一个绳股作为第一次操作股；然后按照逆绳搓方向，将绳股向前压一股后插一股；各个绳股穿插三次；最后敲平插接处，留下 2~3 cm 的绳头后，将多余的绳股割掉即可完成，如图 3-2-3-3 所示。

图 3-2-3-3　插嵌心环

四、三股绳插接评估标准

参照海事局的评估标准如下：

评估要素	评估标准
1.插接起头方法正确 2.插接股纹平整紧凑 3.眼环大小符合要求 4.统尾留存适宜	1.三股绳插接的起头插法正确,符合评估要素的要求,操作熟练和用途回答正确(20分)
	2.三股绳插接的起头插法正确,插接的股纹不够平顺、紧密,用途回答基本正确(16分)
	3.三股绳插接的起头插法正确,结合部不紧凑,插接的股纹不够平顺、紧密,用途回答基本正确(12分)
	4.三股绳插接的起头插法错误、插法较差和用途回答较差(8分)
	5.三股绳插接的插法差(4分)
	6.不能完成三股绳的插接(0分)
说明	考核时间:5 min　　　　单项考核总分:20分

任务4　掌握八股缆绳的常用插接方法

八股缆绳是广泛应用于现代船舶的系泊缆绳。水手必须掌握八股缆绳的插接技能,插接前要弄懂八股缆的结构,还要认清八股缆的绳股搓向和编向,这对正确插接非常重要。

八股缆是由分为四组的八股绳股构成的,每组两股平行,其中两组为右搓绳,另两组为左搓绳,在两组右搓绳和左搓绳中各有一组是向右编的,另一组是向左编的。在八股缆插接中,刚开始(起头)时都是一组一组地插,即插双股(又称插双花或组插组);起头后可以继续插双股,也可以一股一股地插,即插单股(又称插单花或股插股)。

一、插接要求及所需工具

插接要求:各股受力均匀、眼环平顺、松紧适当、平整美观。

插接工具:木笔、木槌、帆线或胶带、油麻绳、水手刀或剪刀、皮尺或钢卷尺、电烙铁(300 W以上)、电源接线板等。

二、八股缆的插接

用途:做带缆琵琶头套在带缆桩上。插接完成后的琵琶头周长通常要求为4~5 m。

1.顺插起头,顺插琵琶头或索眼

(1)准备工作

将四组绳股用帆线或胶带扎牢,或者用烙铁烙成圆锥形,以便于穿插,松开五花;从散开绳股的根部向缆绳根部量出4~5 m(带缆琵琶头周长一般为4~5 m)并做一记号。

(2)起头

将绳头从右向左按逆时针方向向缆绳做记号处平顺地做一眼环;四组散开,绳股向左搓的1、2组放在一边(左侧),向右搓的3、4组放在另一边(右侧)。

把向左搓的1、2组分别插入被插绳股向右搓的绳股;再把向右搓的3、4组分别插入被插绳股向左搓的绳股;收紧各组绳股,起头结束。

(3)插法

把琵琶头向右翻转180°,将第一组插接绳沿着其下面的被插接绳股搓制方向,向前插一股;再将琵琶头向左翻转180°,将第三组插接绳沿着其下面的被插接绳股搓制方向,向前插一股;第2、4组按上述方法同样穿插一次;收紧各组,一花插完。

按照上述方法四组插接绳再插二花、三花,结束;用木槌将插接处敲打平整,用胶带将每组两根绳头缠紧、剪齐,用烙铁熨平即可,如图3-2-4-1所示。

2.顺插起头,单股绞插琵琶头或索眼

(1)准备工作

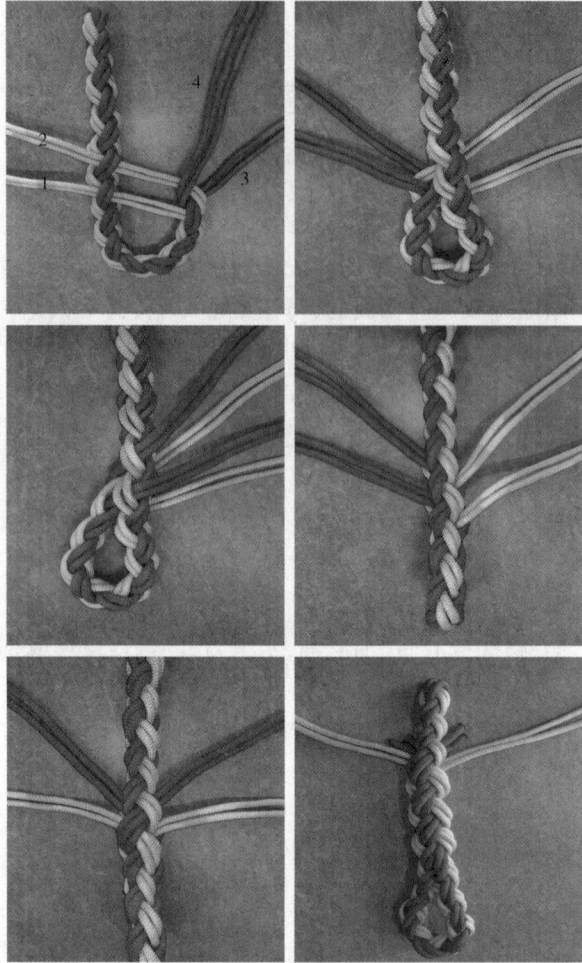

图 3-2-4-1　顺插起头，顺插琵琶头或索眼

　　将四组绳股用帆线或胶带扎牢，或者用烙铁烙成圆锥形，以便于穿插，松开五花；从散开绳股的根部向缆绳根部量出 4~5 m（带缆琵琶头周长一般为 4~5 m）并做一记号。

　　（2）起头

　　将绳头从右向左按逆时针方向向缆绳做记号处平顺地做一眼环；四组散开，绳股向左搓的 1、2 组放在一边（左侧），向右搓的 3、4 组放在另一边（右侧）。

　　（3）插法

　　调整第一组，拿起第一组插接绳股，以反方向穿插至被第一组绳头压住的被插绳股中；然后分别用单股穿插与之平行的每单股（被插绳股），共穿插三次；第二组不需调整，用单股分别以反方向穿插压住第二组的被插绳股中；第三组调整方法同第一组，第四组不需调整，3、4 组的插法与 1、2 组相同。共穿插三次。

　　当三花插完后，四组插接的长短参差不齐，外观美感较差，应以最长的那一组为基准，将其他三组补齐。其作用是：既增强了琵琶头强度，又使其外观更加整齐美观。

　　最后用木槌将插接处敲打平整，用胶带将每组两根绳头缠紧、剪齐，用烙铁熨平即可，如图 3-2-4-2 所示。

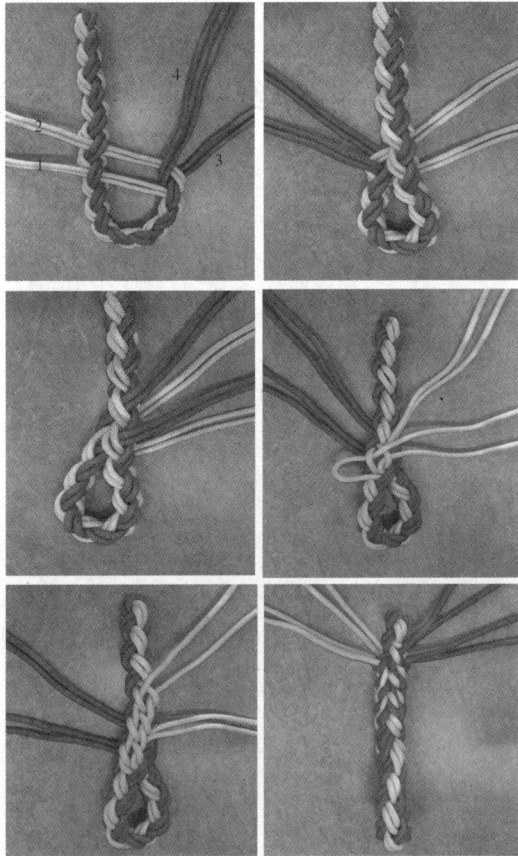

图 3-2-4-2　顺插起头,单股绞插琵琶头或索眼

三、八股缆插接评估标准

参照船员技能竞赛评分标准如下:

评分要点	评分标准
①插接起头	起头有错误或接口缝隙大于单股股纹长度的1/2,或八股受力不均匀而使琵琶头不可使用扣10分;接口处缝隙大于单股股纹长度的1/3而小于等于单股股纹长度的1/2,或八股受力不均匀但可使用扣5分
②插接过程错股	操作过程中每错一组扣4分
③插接股纹	插接时收股不紧,股纹松散,每处扣2分
④插接数量	插接数量不够,每少一组扣4分;数量超出不加分
⑤尾股余留长度	插接完成后,尾股余留长度小于单股一花的长度或多于单股三花的长度,每处扣2分
⑥安全规范	操作过程中,没有正确使用防护用品,如不戴安全帽,或橡胶锤、木笔、美工刀等使用有危险性扣10分
⑦操作计时	时间到停止操作,提前完成不予加分
说明	考核时间:20 min　　　　单项考核总分:100分

任务5 掌握钢丝绳的常用插接方法

钢丝绳插接(wire rope splice)是船上甲板作业中经常进行的一种操作。钢丝绳插接作业技术要求较高,操作工艺比较复杂,是船员应掌握的最基本操作技能之一。要求船员动作熟练,插接牢固紧密、平整美观。

一、插接所用工具、物料及防护用品

(1)铁笔(pricker)两支:主要用来进行插接作业。

(2)奶子榔头一把:用于平整插接绳股。

(3)液压钢丝切割器(oil press cutter)一台或斩斧(wire cutter)和大锤各一把。

(4)钢丝剪一把:用于剪断多余的钢丝绳股。

(5)卷尺(tape line)或木尺一把:丈量钢丝绳插接处或截取所插眼环的尺寸、规格。

(6)夹缆器一台:将钢丝绳插接处与被插接处夹紧,以方便操作。

(7)剪刀一把。

(8)专用工作凳一条。

(9)油麻绳:切断钢丝绳前,用油麻绳将断口两端扎牢防止钢丝绳松散。

(10)帆线:扎牢钢丝绳各股头端,以免其松散,妨碍插接进行。

(11)棉纱或破布:用于擦净钢丝绳表面的油污。

(12)平光防护眼镜:插接时一定要戴,防止钢丝绳股弹伤眼睛。

(13)皮手套一副:插接作业时的劳保手套。

二、切割钢丝绳及安全注意事项

1.切割钢丝绳

(1)液压钢丝剪切割钢丝绳

切割前须戴防护眼镜、皮手套,并检查各部件结构是否正常;将需切断的钢丝绳放入定刀座内,将位臂套住型拉臂前端的矩形凸台;顺时针方向拧紧回油阀杆,然后将撅手上下撅动,动刀随活塞向外伸出切割钢丝绳;切断钢丝绳后,将回油阀杆逆时针方向旋松,动刀自行渐渐返回,如图3-2-5-1(a)所示。

(2)砂轮切割机切割钢丝绳

切割前须戴防护眼镜、皮手套,检查各部件结构是否正常,电路连接是否正常,然后打开开关空转一下检查机器是否正常工作;将需要切割的钢丝绳放在切割机的夹子上并顺时针旋转把手拧紧夹子夹紧钢丝绳;人的站位要避开砂轮旋转面,以避免砂轮断片飞起伤人,按下切割机开启键,按下把手进行切割,切断钢丝绳后断开电源,取出钢丝绳即可,如图3-2-5-1(b)所示。

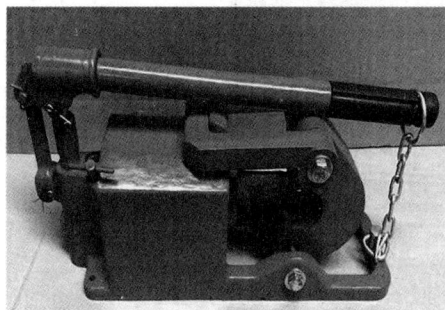 

(a)液压钢丝剪   (b)砂轮切割机

图 3-2-5-1　切割钢丝绳的工具

2.切割钢丝绳的注意事项

（1）根据需要切断钢丝绳,在切断前用油麻绳在切断处两端留出 10 cm 左右的长度,各用油麻绳扎紧,防止切断后钢丝绳松散。

（2）切割钢丝绳时,必须戴防护眼镜、皮手套,以防止钢丝绳弹出击伤眼睛、刺伤手部。

（3）切割长钢丝绳前,须在切断处两端 10~15 cm 处用油麻绳扎紧,防止钢丝绳切断松开。

（4）当使用大锤、斩斧切断钢丝绳时,持斩斧者与抡大锤者不可相对站立操作,应站成"T"形。斩斧应拿稳,锤要敲准,同时应注意周围的安全。

（5）尾股切断时,应用液压钢丝剪在尾股约 2 cm 处切断。一次切不断,须再次切断时,要防止碎钢丝弹起伤人。最好是一手捂住剪刀头,另一手握住钢丝尾股。

（6）使用无齿锯切断钢丝绳时,一定要先将钢丝绳按要求固定好,启动电源,砂轮旋转时慢慢接触钢丝绳,触到后慢慢压紧进行切割,不要再抬起,避免砂轮或钢丝绳伤人。

三、起头、插接和收尾方法

1.常用的起头方法

顺插起头(即传统起头法,包括一、五起头,二、四起头,三、三起头)、逆插起头、锁插起头、绕制法起头等。

2.常用的插接方法

（1）按绳搓方向可分为顺绳搓方向穿插的顺插法、逆绳搓方向穿插的逆插法。

（2）按插压的方法可分为单花插(压一股、插一股)、暗双花(压一股、插二股)、明双花(压二股、插二股),如图 3-2-5-2 所示。

3.常用的收尾方法

（1）单花收尾:常用在单花跑插中。一般是将 1、3、5 尾股连续跑插四花,将 2、4、6 尾股连续跑插五花;或将 1、4 尾股连续跑插四花,2、5 尾股连续跑插五花,3、6 尾股连续跑插六花;使六股尾股的绳头分别在不同的地方插出,使插接处末端成宝塔形,美观整齐。

（2）暗花收尾(又称丢股收尾):一般用在明暗双花混插中。采取的收尾方法是丢 1、3、5 尾股,插 2、4、6 尾股。

单花插

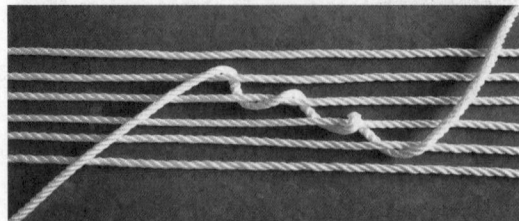

暗双花

明双花

图 3-2-5-2　插压的方法

(3)剥皮去芯插皮收尾:将每股尾股剥开钢丝外层,去掉里芯,用外层(钢丝皮)插二花单花及一花暗双花即成;然后把里芯和钢丝皮扭断,保持插接处不刺手。此种收尾方法牢固、美观,但比较费工,一般在带缆琵琶头插接收尾中使用。

提醒:在钢丝绳插接中,起头方法和插接方法是两个概念,起头是如何将各股分开,便于下面的插接;而插接是如何进行操作,使插件牢固。这就和盖房子时打地基的方法和砌墙的方法不同一样,是两个截然不同的概念。可以任选一种方法起头和任选一种方法插接或几种方法混合进行插接。

四、插接注意事项

为保证质量,插接钢丝绳眼环时的注意事项如下:

(1)钢丝绳切断后,用尺子量取被插接绳股的长度,用油麻绳在截取处扎牢。

(2)插接钢丝绳前,应用帆线将各股绳头扎牢,以便穿插,松开索股用棉纱或破布将油脂擦净。

(3)将钢丝绳与工作凳以垂直方向放好(成"T"形)。

(4)工作人员站在工作凳的右下角。将钢丝绳被插的绳端顺时针弯转至插接处,选好插接点,选好 1~6 股的排列顺序。

(5)插入铁笔时,将笔尖以 30°左右的角度插入两绳缝之间,全身用力。

(6)将铁笔插入钢丝绳时要防止铁笔滑脱、刺伤身体,姿势要正确,用力应得当,同时要避免刺破油麻芯和绳股。

（7）在铁笔插入、拔出，拉紧每股钢丝的过程中，要注意钢丝的弹性，以免索股弹出击伤眼睛和手臂。

（8）起头后必须敲紧，使各股受力均匀，以免影响强度。

（9）在插接过程中，每一索股必须回笔到位，以免纹路过长使各股受力不均影响牢固。

（10）在采用单花插接钢丝绳时，必须将油麻芯绞入绳股中间，保持各索股间隙匀称，避免油麻芯外露，以免其吸潮腐蚀钢丝绳和影响美观。

五、钢丝绳插接操作

1."二、四"起头双花插钢丝绳琵琶头

用途：做吊货琵琶头、带缆琵琶头等。

（1）准备工作

在用来插接的钢丝绳的一端，距钢丝绳绳头 8~10 倍周长处用油麻绳扎紧，将六股钢丝绳的尾股用棉帆线扎牢。根据实际需要，用卷尺丈量出琵琶头的大小，并做一记号，如图 3-2-5-3 所示。

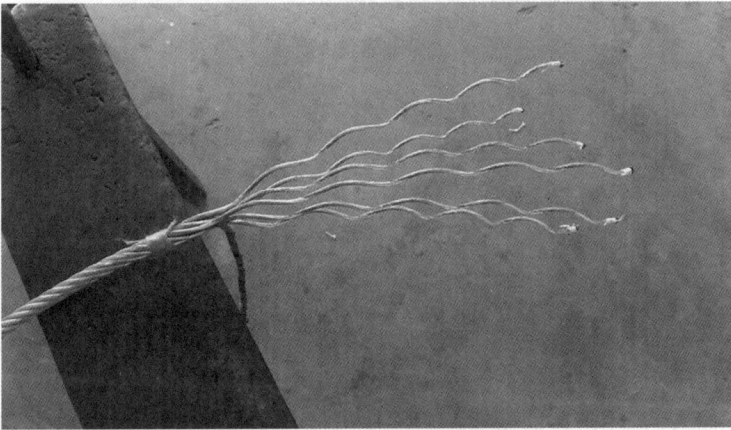

图 3-2-5-3　插接准备

（2）起头

把六股钢丝绳松开的一端放在凳子上，将被插钢丝绳（绳干）顺势放妥；操作人员面向操作凳站立在钢丝绳左侧；左脚放在凳子上并踩住钢丝绳，两脚间距离与肩同宽；在被插钢丝绳做记号处，右手握铁笔，左手托住被插钢丝绳，四指在下，拇指在上，压住铁笔头部，铁笔和被插钢丝绳一股约成 45°夹角，用力将铁笔插入被插钢丝绳二股中，使被插钢丝绳绳股四股在上，二股在下（四上、二下），油麻芯在上；将钢丝绳绳端顺时针方向做成一绳环，将已松开的钢丝绳尾股最上面最外面的一股作为第 1 股，将其从铁笔剖开处，从外向内插入（顺绳搓方向），然后依次将第 1 股下边的 2、3、4 股尾股从第 1 股同孔插入、异孔穿出（同孔进、异孔出），用铁笔敲紧，如图 3-2-5-4 所示。

图 3-2-5-4　"二、四"起头

　　将铁笔从第 4 股尾股穿出孔向下插入二股根股,将第 5 股尾股在铁笔剖开处插入,使第 5 股和第 4 股成异孔进、同孔出。

　　铁笔在第 4 股和第 5 股穿出处,顺根股方向隔一股插入二股;将第 6 股尾股在铁笔剖开处插入,与第 5 股异孔进、异孔出;用铁笔敲紧,起头结束,如图 3-2-5-5 所示。

图 3-2-5-5　起头结束

　　(3)插法

　　按以上铁笔插入的方法,在前一股钢丝绳尾股穿出处,顺根股方向隔一股插入二股,依次将第 1、2、3 股穿出(暗双花),继而再插明双花(暗双花自动变为明双花)。在整个插接过程中,铁笔都是在前一股钢丝绳尾股穿出绳孔,向下被插绳绳孔插入二股,将插接钢丝绳尾股穿出(隔一股、插二股)。连同起头共插 24 笔,如图 3-2-5-6 所示。

图 3-2-5-6　插接结束

　　(4)收尾

　　双花插钢丝绳,收尾一般采用暗双花收尾,即丢股收尾。丢 1、3、5 股,插 2、4、6 股。即铁笔在前一钢丝绳尾股穿出绳缝,隔一股、插二股,把第 2 股插入。铁笔再隔二股、插二股,把第 4 股插入;插第 6 股和插第 4 股相同。收尾结束,如图 3-2-5-7 所示。

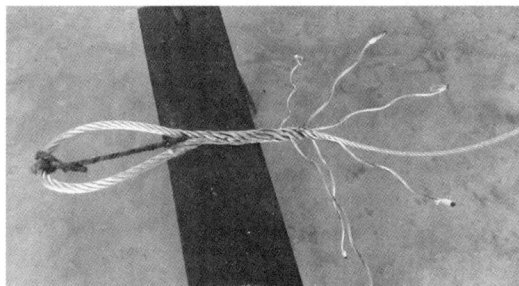

图 3-2-5-7　收尾

(5)整理

用奶子榔头先将接口处敲紧,再从插接钢丝绳第 5 股开始,边转边敲被插钢丝绳尾股,使插接紧密、牢固、平整,最后用钢丝剪刀切断尾股即成。注意只敲插接股,不要敲被插绳股。

2.“三、三”起头单花跑插钢丝绳琵琶头

用途:做固定支索眼环或带缆琵琶头等。

(1)准备工作

同“二、四”起头双花插钢丝绳琵琶头。

(2)起头

用铁笔在被插钢丝绳做记号处插入三股,使被插钢丝绳绳股三股在上、三股在下,油麻芯在下;将钢丝绳绳段顺时针方向做一绳环;把已松开的钢丝绳尾股最上面、最外面的一股作为第 1 股,将其从铁笔剖开处,以外向内插入(顺绳搓方向),然后依次将第 1 股下边的 2、3 股尾股,从第 1 股孔缝中插入,异孔穿出(同孔进、异孔出)用铁笔敲紧,如图 3-2-5-8 所示。

图 3-2-5-8　“三、三”起头

(3)插法

单花跑插从第 3 股开始。首先用左手拉紧第 3 股尾股,铁笔从第 3 股尾股穿出孔插入,铁笔顺着钢丝搓制方向向下转动一圈,插接的第 3 股钢丝绳尾股,同样绕钢丝绳旋转一圈,将第 3 股钢丝绳尾股插入;左手握住第 3 股尾股,右手握住铁笔,然后回笔(将铁笔倒回),拉紧;回笔时,左手握住的钢丝绳尾股和右手握住的铁笔应同时向前倒回;铁笔不要拔出来,仍顺着绳搓的方向转动,铁笔每转动一圈,插接股从铁笔剖开处插入一次;每将插接股插入一次,铁笔倒回(回笔)拉紧一次(这种连续插接的方法,称为跑插),直至所需插入次数为止;最后把铁笔拔出来。用同样方法插入第1、2股。

插第4股时,铁笔从被插绳股第3股右边相邻一股绳股中插入,将插接钢丝绳的油麻芯压在铁笔下,然后铁笔顺着钢丝绳搓制方向,向后转动将油麻芯压入被插钢丝绳内,然后回笔,再将第4股钢丝绳跑插至相应的笔数;或者将插接钢丝绳的油麻芯压在铁笔下,顺着第4股一起跑插入钢丝绳内。

插完第4股后,再依次把第5、6股用以上的方法跑插至所需的笔数。

(4)收尾与整理

通常按前述单花跑插方法完成收尾。全部插接完毕后,用奶子榔头或者铁笔敲打插接处,使插接处紧凑、平整。最后用钢丝剪刀切断尾股即成。

3.国际式插琵琶头(又称澳大利亚法)(顺插起头、逆插钢丝绳)

国际式起头和传统的"二、四"起头插琵琶头方法有些相似,不同之处是:

(1)铁笔插入被插钢丝绳二股,使被插钢丝绳四股在上、二股在下,油麻芯在上;插接钢丝绳尾股1~4股同孔进、异孔出,敲紧,如图3-2-5-9所示。

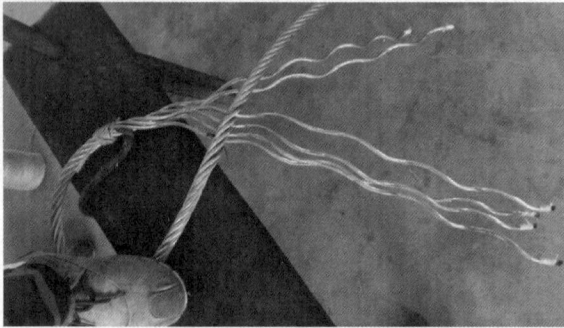

图3-2-5-9 国际式起头

(2)插接钢丝绳5、6股按正常插接顺序穿过被插钢丝一股,异孔进、异孔出,收紧,起头结束,如图3-2-5-10所示。

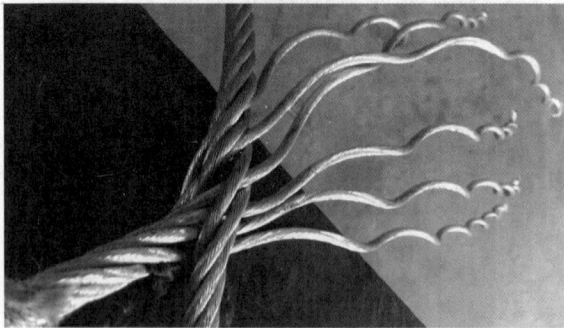

图3-2-5-10 起头结束

(3)插接顺序为6、5、4、3、2、1股,以第6股为例,将第6股逆绳搓方向压一股插二股(暗双花),接着5~1股以相同方法插暗双花,每插一股以反方向收紧,使每股钢丝绳平形;第一花插接结束,如图3-2-5-11所示。

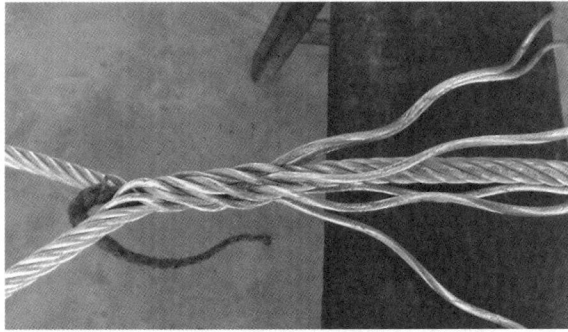

图 3-2-5-11 插法

（4）插第二、第三花时，可以任意一股开始，逆绳搓方向插暗双花，三花插接完毕。可收尾也可不收尾，用奶子榔头进行整理，最后用钢丝剪刀剪断尾股即可，如图 3-2-5-12 所示。

图 3-2-5-12 插接结束

六、船用钢丝绳的切断和眼环插接方法评估标准

参考海事局评估标准如下：

评估要素	评估标准
1.船用钢丝绳切断操作 2.眼环插接的方法（"二、四"起头方法） 3.插接正确 4.平整美观，结合部紧凑 5.绳尾所留长度适宜	1.操作中个人安全保护正确、钢丝绳切断操作正确和眼环插接熟练、插接质量好（20 分）
	2.操作中个人安全保护正确、钢丝绳切断操作正确和眼环插接比较熟练、插接质量比较好（16 分）
	3.操作中个人安全保护正确、钢丝绳切断操作正确和眼环插接熟练程度一般、插接质量一般（12 分）
	4.操作中个人安全保护正确、钢丝绳切断操作正确和眼环插接较差（8 分）
	5.钢丝绳切断和眼环插接差（4 分）
	6.不能完成钢丝绳切断和眼环插接（0 分）
说明	考核时间：20 min 单项考核总分：20 分

项目三　甲板保养

【知识目标】

1. 了解船体清洁的方法和使用的工具；
2. 掌握甲板保养和甲板上所用工具使用的基本常识；
3. 掌握高空作业所需属具、操作步骤及安全注意事项；
4. 掌握舷外作业所需属具、操作步骤及安全注意事项；
5. 掌握封闭舱室作业基本知识及安全注意事项。

【能力目标】

1. 能够熟练进行船体清洁工作；
2. 能够熟练使用甲板上常用工具；
3. 能够熟练完成高空作业；
4. 能够熟练完成舷外作业；
5. 能够安全地进行封闭舱室作业。

【内容摘要】

船体保养工作包括船舶清洁、除锈、油漆及甲板设备的活络润滑工作等。船体保养是船舶甲板部门的一项重要的、经常性的工作任务。船体保养的目的是保持船体及船舶设备处于良好的技术状态，降低修理费用，延长船舶的使用年限。保持船舶设备的良好状态，是保证船舶安全生产的一项重要工作。特别是在各国 PSC（港口国监督）严格检查的情况下，良好的船体清洁和保养工作可以使各种设备处于良好的状态，避免因 PSC 检查不合格而滞留船舶，同时改善船上的生活环境，保持清洁卫生，使船舶有较好的船容船貌，以确保船员的生命安全和货物的正常运输。

任务 1　了解船舶的清洁工作及安全注意事项

船舶的清洁工作是船员对船体及设备进行的一项经常性的保养工作，它是船员日常工作的一部分，其目的是保持船体、舱面、建筑、各种设备、器材的清洁卫生以及承运的货物不受损坏，使船员有一个良好的工作和生活环境，以保证船员及其他在船人员的身心健康以及船舶的安全营运。

一、清洁工作的分工

船舶清洁工作是船员对船舶进行的一项经常性保养工作。按照船上分工负责的原则,由各部门具体执行。驾驶部门的工作是在水手长的领导下,定期地打扫和洗擦通道栏杆,冲洗甲板,清洁浴室、卫生间等处。

值班水手负责驾驶台及驾驶台两翼甲板、海图室的门窗、玻璃、桌椅、栏杆、扶手、地板、铜器及其他设备的清洁工作,使驾驶台保持整洁卫生。

机舱、厨房、餐厅和其他公用舱室的清洁工作,由轮机人员、炊事人员及服务人员负责。

在进行船舶清洁工作时,应掌握先上后下、由舷内到舷外,先难后易、由上风到下风的原则依序进行。

在对船舶进行清洁时,应严格遵守《MARPOL 73/78 公约》以及《中华人民共和国海洋环境保护法》的有关规定。

二、船舶日常清洁工作

船舶清洁工作虽然是一项极其平凡的工作,但稍不注意也会出现问题。因此在进行清洁工作前,必须了解清洁对象的性质和要求,否则就会弄巧成拙、造成事故。

1.甲板的清洁

(1)钢甲板的清洁

钢甲板的清洁,一般是用水进行冲洗。在冲洗钢甲板前,必须先检查舱盖是否封闭水密,甲板上的电源插座是否盖严,住舱的窗户、舷门是否关紧,甲板货是否封闭盖好,甲板上的垃圾是否清除,排水孔是否畅通等,然后才能进行冲洗。

甲板上油迹较重的地方,可预先用洗涤剂洗涤,或撒上木屑,然后用竹扫帚清扫,最后再用水冲洗。

冲洗甲板时,一般由两个人拿皮龙,其中一人持皮龙在前冲洗,另一人在后协助移动皮龙带,其他人员用竹扫帚扫除甲板垃圾及污水。

(2)木甲板清洁

冲洗木甲板时,应先用水浸湿木甲板,然后将筛过的细沙撒在甲板上,用长柄刷或椰子壳顺木纹抹擦,擦洗时应保持甲板有水,然后用竹扫帚清扫、用水龙冲洗,最后用拖把抹干。如木甲板上有油污,应先用肥皂水洗刷一遍,再用淡水冲净、抹干。

无论钢甲板或木甲板,冲刷以后,都必须将积水全部扫除。在平时,雨后也要将积水扫除,保持甲板干燥。

(3)冲洗甲板时应注意:

①冲洗甲板时要配备足够的人员,分工要明确,配合要默契。

②参加冲洗工作的人员应穿着劳保衣物,如戴安全帽,穿雨衣、雨靴等,防止工伤事故发生。

③冲洗前应关闭水密门窗、舱盖、电源插头盖、甲板货封盖及通风筒等,应将不能关闭的通风筒扭转到背水一方。清除甲板上的垃圾,保持排水孔畅通。

④冲洗时一般按由上向下、由上风到下风,由高到低、由舷内到舷外的顺序进行。

⑤上层建筑用海水冲洗后,最好再用淡水冲洗一遍,这样可以减少锈蚀,冲洗后要把积水清扫干净。

2.油漆面的清洁

为保持船舶清洁和保养船体,必须对各部位的油漆涂面加以清洗。可按下述方法进行清洗:

(1)舱室油漆面的清洁

舱室油漆面的清洁工作主要是清洗油漆面的污垢。清洗时可先用白棕绳的纤维丝,蘸温热肥皂水抹擦油漆面,然后用干净的抹布蘸清水擦洗两次。如果油漆面有油垢,可先用煤油或松香水抹擦,但不能用碱水,以免油漆面失去光泽,最后用清水擦洗。

在清洗时,应自上向下,由一边至另一边。在油漆面上不能残留肥皂水,因为肥皂水干后会损坏油漆。

当两块钢板交接处有铁锈黄水残留在漆面上时,可用麻絮蘸上去污粉或细纱轻轻擦抹,然后用肥皂水洗刷,再用清水洗净。

(2)桅杆和吊杆的清洁

清洁桅杆和吊杆这类设备时,可采用柔软的刷子或白棕绳的纤维丝蘸温热的肥皂水抹擦,然后用淡水洗干净。污垢较厚的地方,可用铲刀清除后,再洗刷干净。

(3)船壳的清洁

船壳的清洁一般在靠码头或系浮筒时进行。清洁船壳时,可以搭架板或放下小艇进行。如船舷油漆是浅色的,可用肥皂水洗刷,有油漆的地方需用棉纱蘸煤油擦干净,再用肥皂水洗刷,最后用清水冲洗。如船舷油漆是深色的,只需用长柄刷蘸清水洗刷。在出水口周围,应先用刮刀将污垢刮去后,再洗刷干净。

3.铜器的清洁

磁罗经盖和车钟等仪器以及门把手等铜制品,为了保持铜器的光泽,需要经常抹擦。在对铜器清洁前,应准备好擦铜水、纱布、棉纱头及去污粉等。

擦铜器时,先用纱布蘸上擦铜油,在铜器表面上抹擦溶解铜绿;稍等片刻再用力抹擦,使铜器上的污渍、铜绿去除,然后用棉纱将浮污揩去;再用干净的棉纱蘸上干燥的去污粉进行抹擦;最后用干净的棉纱揩掉去污粉,即可使铜器洁净光亮。

4.玻璃的清洁

玻璃面清洁时最好先涂上去污粉,再用淡水过清后,用干布擦亮。当玻璃窗上被海水浇过后积存盐花时,先用温淡水冲洗,再抹擦玻璃。冬季擦洗玻璃时,不要用太热的水去擦洗,以免破裂。

对有机玻璃擦洗时,不要用硬抹布擦抹,以免留有痕迹,应用棉花蘸上酒精将浮污擦去。

5.帆布的清洁

各种帆布制品可用毛刷蘸肥皂水刷洗,再用淡水过清。刷洗时,不应过分洗刷接缝处,以免损坏帆线,洗干净后,应放在通风、干净的地方晒干。注意不要挂在生锈的铁器上面,以防帆布受损。

任务 2　掌握甲板常用的润滑工具

一、脂枪润滑

脂枪实际是一种储脂筒。它能将脂通过润滑点上的脂嘴挤到摩擦副上,其注油嘴要与每个润滑点上脂嘴相匹配。手动脂枪不需要外在能源。如果脂枪需要外加压力,可以利用压缩空气;如需在很多润滑点上有规律地加脂时,脂枪的缸筒则需不断补充润滑脂。

手动操纵的压力脂枪有压杆式、手推式和螺旋式数种。图 3-3-2-1 为常用的压杆式脂枪简图和与之相匹配的注油嘴。图 3-3-2-2 为手推式脂枪简图。螺旋式脂枪如图 3-3-2-3 所示,是利用枪筒壁和手柄活塞螺纹的转动使活塞落下而供脂;这种脂枪以一定的周期补充消耗的润滑脂,其作用较手填充更为有效。

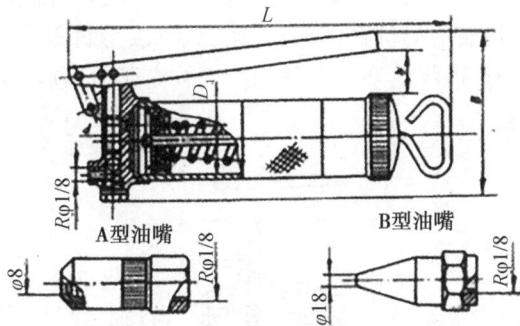

图 3-3-2-1　压杆式脂枪及注油嘴

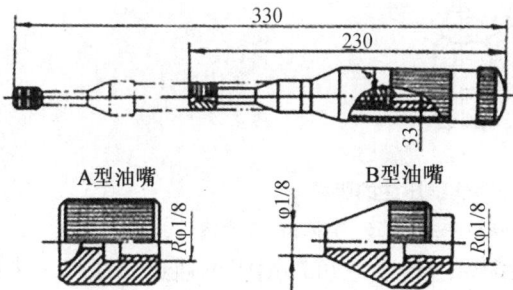

图 3-3-2-2　手推式脂枪

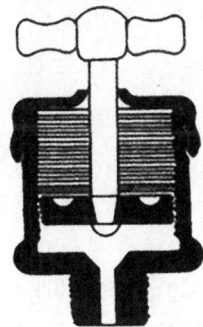

图 3-3-2-3　螺旋式脂枪

二、脂杯润滑

脂杯润滑是一种简便易行、效果良好的干油润滑方法,可以根据润滑点的不同结构、不同部位、不同工作特点,采用适应的脂杯固定在设备润滑点上,达到提供润滑的目的。

图 3-3-2-4 为带阀的润滑脂杯,用于压力不高而分散间歇供脂的地方。这种脂杯的结构不能达到均匀可靠地供脂,仅在旋转杯盖时,才能间歇地送脂。当机械正常运转时,每隔 1/4 h 将脂杯盖回转 1/4 转即可。这种脂杯应用在滚动轴承上时,其速度不应超过 4 m/s。

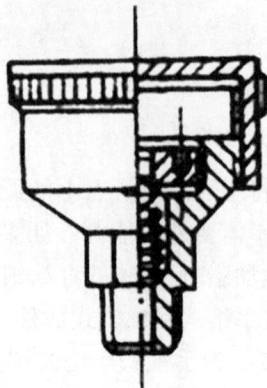

图 3-3-2-4　带阀的润滑脂杯

图 3-3-2-5 为连续压注的脂杯,将弹簧 4 压在装有油封或塑料碗 6 的活塞上挤出润滑脂供给摩擦部位。如活塞已落到最下的位置,就表明脂已用完,等待补充。如果停止供脂,可利用手柄 1 拉出活塞并略加回转,可将活塞锁在顶部。当补充脂时,须从脂杯座上旋下套筒 5。这种脂杯的缺点是加脂麻烦。

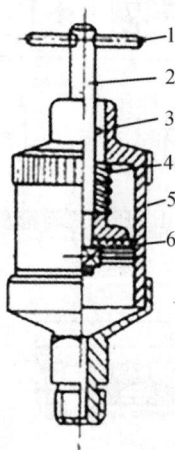

图 3-3-2-5　连续压注的脂杯

1—手柄;2—推杆;3—锁扣;4—弹簧;5—套筒;6—塑料碗

图 3-3-2-6 所示的脂杯则消除了上述脂杯的缺点,它可以用脂枪通过压注杯 3 来补充脂,用螺钉 1 固定活塞,可以切断脂的供应。开缝式油门 4 可以调节供脂量,所以当活塞处于下部位置时,弹簧力虽为最小,也能保证充分供脂。

图 3-3-2-7 为安装在旋转部件上(例如带轮)的脂杯,当部件放置时,活塞受离心力作用而上升,润滑脂即通过空心杆挤出送到润滑点。当部件停止转动时,亦停止供应润滑脂。

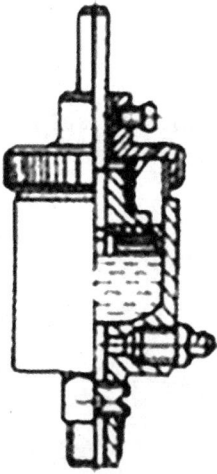

图 3-3-2-6　带脂枪的润滑脂杯

1—螺钉;2—弹簧;3—压注杯;4—开缝式油门

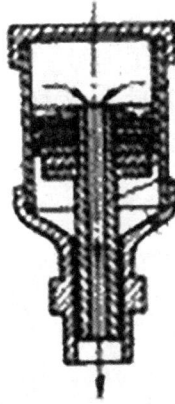

图 3-3-2-7　旋转部件上的脂杯

1—脂环;2—活塞;3—重力块;4—空心杆;5—脂杯座

任务3　掌握高空作业方法及安全注意事项

高空作业是指高于基准面 2 m 以上的悬空作业,包括上高作业和舷内搭跳作业。

上高作业主要是指上大桅和将军柱以及上支索作业等。上大桅和将军柱主要是利用坐板在桅上或将军柱上进行安装属具、除锈、油漆、清洁、保养工作;上支索主要是清除支索铁锈、涂刷油漆、保养支索。

舷内搭跳作业主要是指上层建筑、货舱内壁、烟囱等船体各部位除锈、油漆、清洁、保养等,需要搭架板进行操作的作业,包括驾驶台搭跳、烟囱搭跳等。

一、上高、舷内搭跳作业应遵守的规定

(1)若船舶摇摆剧烈,航行中不宜进行高空作业。

(2)除特殊情况外,天气状况不良时,不宜进行高空作业。

(3)高空作业必须由大副或水手长亲临现场检查、指导,以防发生事故。

(4)工作开始前应对操作人员进行安全操作规程教育,传授工作方法;严格按安全操作规程操作。

(5)明确领导人员,未经领导人员同意,不得随意改变设备和防护装置。

(6)如发现有威胁安全的情况,应立即停止工作,及时请示汇报,采取安全措施。

(7)上高操作人员应系好安全带和保险绳。

(8)上高操作人员不准穿硬底鞋、过宽大的衣服,以免妨碍工作;不准穿高筒胶鞋,以防发生事故。

(9)必须派专人照应,戴好安全帽,协助传递工具、物料,确保安全。

二、桅上作业的工作步骤

船舶桅上作业是指利用坐板在桅上进行安装属具、敲铲铁锈、涂刷油漆等工作。桅上作业要大胆心细,要有熟练的技巧,要能灵活应用、上下配合,才能完成任务。

1.桅上作业使用工具(见图3-3-3-1)

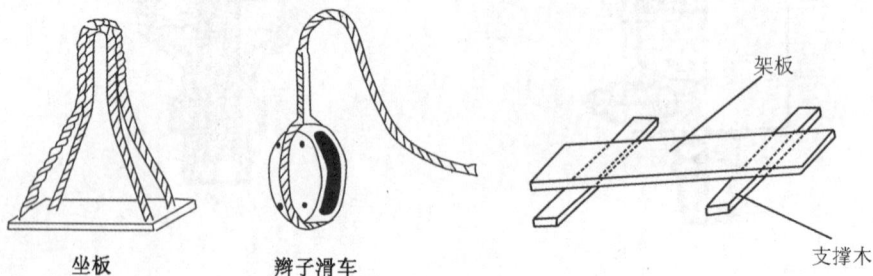

图 3-3-3-1   桅上作业使用工具

坐板　　　　　　　辫子滑车

架板

支撑木

(1)坐板绳一根,周长为 51~64 mm 的纤维绳,长度为桅高的一倍以上。

(2)坐板一块。

(3)安全带一副和保险绳一根(保险绳采用周长 38~51 mm 的白棕绳或尼龙绳)。

(4)辫子木滑车两具。

(5)工作绳一根(直径 10 mm 左右)。

(6)帆布工具袋一个。

(7)视工作情况准备其他需要的工具,放入帆布工具袋内。

2.工作步骤

(1)索具检查:将桅上作业所需要的工具、索具等全部搬到桅下基准面上,认真检查坐板绳、保险绳、滑车和坐板是否牢固,有无断裂、磨损等现象,必须保证索具绝对安全。索具检查如图3-3-3-2所示。

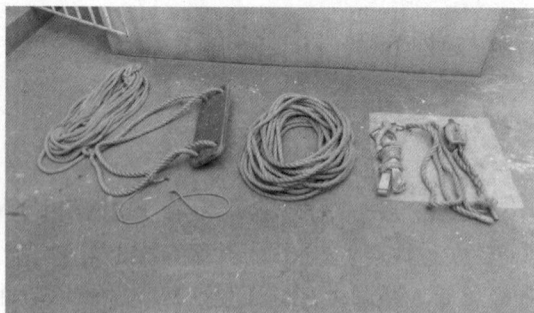

图 3-3-3-2   索具检查

(2)上桅装辫子滑车的工作人员,系好安全带,将上高用的辫子滑车和保险用的辫子滑车的绳头,穿过各自滑车车头的铁环,各打一个"8"字结(或不穿过滑车车头的铁环,直接打一个单套结),使其形成一个环形,便于背带上桅。将上高绳的一端穿过辫子木滑车绳孔,在绳头打个"8"字结,防止上高绳从滑车中滑出来。用同样的方法将保险绳绳头,穿过保险用的辫子滑车车头的铁环,打一个"8"字结,防止上高绳从滑车中滑出来,如图3-3-3-3所示。

图 3-3-3-3　辫子滑车与坐板绳的穿结

(3)上桅装辫子滑车的工作人员,背上上高、保险用的辫子滑车和上高绳及保险绳,顺着桅梯爬到桅顶上。爬桅梯时两手抓紧梯边栏柱,两眼向上,一步一步地向上爬去。爬到桅顶上后,如要将滑车固定在左手侧,右脚跨高两级梯档,并插入梯档内,左脚站在梯档上,这样就可腾出两手进行工作(如要将滑车固定在右手侧,左脚跨高两级梯档,并插入梯档内,右脚站在梯档上)。

上桅的工作人员将保险滑车固定在桅肩的栏杆上或桅顶上,将保险绳绳头"8"字结解开后利用绳头打一个单套结,形成一个眼环,连接好安全带,并将保险绳绳根拉出一定长度后固定在安全带的腰带上(此处为作业人员自己控制保险的方法)。然后在牢固的地方将上高滑车的辫子绳用丁香结加半结系牢在桅顶上。如木滑车辫子绳系在桅肩的栏杆上时,则必须绕过两档栏杆后再用丁香结加半结系牢,如图3-3-3-4所示。

图 3-3-3-4　保险滑车的固定

(4)桅上工作人员将辫子木滑车上的上高绳松拉到下甲板上,下面的协助人员将上高绳在坐板绳上打一双索花结把坐板连接好,双索花结的绳头必须留出1 m左右,以便在坐板上打松降结用,然后把上高绳双股用双手抓住,两脚踩在坐板上,把全身的重量吃力在上高绳上,用力蹬几下,试一试上高绳的安全强度是否可靠,无问题后把坐板拉到桅顶上,如图 3-3-3-5 所示。

图 3-3-3-5　强度试验

(5)桅上的工作人员将坐板绳的力端和根端用左手抓紧,用右手在坐板中间将上高绳的力端的绳子提起来,和左手抓紧的两根绳子并在一起,这样左手抓住的绳子成为三根,利用双索花结余下的 1 m 左右的绳头将左手抓住的三根绳子一起用立向的丁香结捆绑牢,收紧丁香结(此处的丁香结又称松降结),如图 3-3-3-6 所示。

图 3-3-3-6　松降结的打法

(6)桅上工作人员坐上坐板,系牢坐板拦腰绳,用绳子吊上所需工具,就可进行工作。当工作告一段落需要往下松移时,先解开安全带腰带上的保险绳,松开一定长度后再固定在安全带腰带上。然后左手握住双股坐板吊绳,右手松活端的坐板绳,由于人的重量,坐板自然向下松移,当松移到所需工作位置时,把松降结收紧,工作人员坐在坐板上就不会下降了,可重新开始工作。每一工作告一段落,再要往下松移时可照上述方法进行,直至松降到甲板上为止,如图3-3-3-7所示。

图 3-3-3-7 松降与停止

(7)上桅工作完毕后,解开松降结,解开双索花,拉下上高绳,把上高绳盘好。解开保险绳并拉下保险绳。然后工作人员再从桅梯爬到桅顶上,解开辫子木滑车,利用辫子绳打一单套结或打一个"8"字结,把辫子木滑车背在身上,从桅梯上下来,最后脱掉安全带,把索具、工具等全部搬回原处存放好,以便以后工作时使用。

3.工作注意事项

(1)上桅工作前各种索具必须经过仔细检查,看是否合格。尤其是检查上高绳、保险绳有无磨损和腐蚀,木滑车各构件、辫子绳是否牢固。

(2)桅上作业一定要系好安全带、系牢保险绳,不能因怕麻烦不使用,以防工作中失手,造成不堪设想的事故。

(3)桅上作业所需工具,必须装入桶内或工具袋内,并将桶或工具袋系在坐板下面,便于工作时使用。不准把工具插在腰间或装在口袋内,以防不慎失落击伤下面人员或损坏甲板设备。

(4)桅上工作人员不准穿硬底皮鞋和过于宽松肥大的衣服,以免妨碍工作。不准戴皮手套,不准穿高筒胶鞋,以免发生工伤事故。

(5)桅下协助工作人员,必须戴安全帽,以防上面工具失落击伤头部,并不准随便离开工作岗位,集中注意力上下配合工作。

三、船舶烟囱外壳作业

烟囱外壳作业,是在烟囱外壳进行除锈、涂刷油漆、做烟囱标记和清洁等工作。由于烟囱外壳多是椭圆形或圆形的,活动面少,缺少固定点。因此,烟囱外壳作业需要搭架板,这样工作人员才能在烟囱外壳工作。如一般涂刷油漆工作可以用坐板进行。

1.使用工具

(1)视烟囱的实际情况,如烟囱上面有固定环,则准备卸扣 4 只;没有固定环的,则准备"S"形钩子。

(2)视工作情况需要,用架板或坐板。

(3)木滑车、架板绳(架板绳的周长和长度同舷外作业架板绳一样)。

(4)安全带和保险绳。

(5)视工作需要,如除锈,则准备敲铲工具;如涂刷油漆,则准备油漆刷、油漆桶、油漆等。

(6)准备一根周长 25 mm 左右的白棕绳或尼龙绳,绳长约为一倍烟囱的高度以备吊工具、索具等用。

2.工作步骤

(1)将所需工具、索具、架板等用具全部搬到烟囱附近,两名上烟囱顶上工作的人员系好安全带,连接好保险绳,随身带上吊索具的小绳一根,从烟囱的梯子爬到顶上。

(2)将身体伏在烟囱边上,送下身边携带的工作绳,把下面的 4 只小滑车、两根架板绳、4 只卸扣或"S"形钩子,吊到烟囱顶上。按照工作位置,用卸扣或"S"形钩子安装好木滑车,有固定环的用卸扣连接木滑车;没有固定环的用"S"形钩子挂在烟囱边上,木滑车挂在"S"形钩子上,将架板绳分别穿过木滑车,送到下面。

(3)烟囱顶上的两名工作人员各自安装木滑车两只,将保险绳穿过其中一只木滑车,松放适当长度,系牢在身上的安全带上。然后将架板绳穿过另一只木滑车,下面的协助人员把上面松下的架板绳留出 3 m,分别在架板两端各打一架板结,把架板吊绳拉成三角形打一单套结,使架板平衡吊起。下面的协助人员用力拉另一端的架板绳把架板拉到烟囱顶上,如图3-3-3-8 所示。

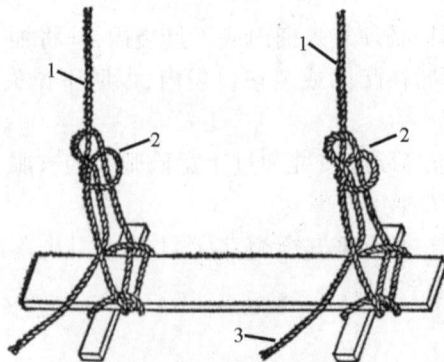

图 3-3-3-8　烟囱搭架板

1—架板绳;2—单套结;3—打松降结绳头

（4）上面的工作人员将身体伏在烟囱边上，在架板两端分别打好松降结，如图 3-3-3-9 所示。

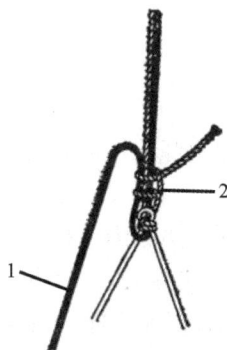

图 3-3-3-9　烟囱搭架板的松降结
1—上高绳；2—丁香结（松降结）

（5）烟囱顶上的工作人员，进入架板后，先用力蹬一蹬，试一试架板是否牢固，并使架板上的绳结吃力，然后再开始工作。

（6）工作告一段落需要往下移动时，工作人员互相招呼，一起利用松降结放落，直至松到所需工作位置为止，然后收紧丁香结，重新工作。架板往下移动时，首先要放松保险绳至一定长度，并将其固定在安全带上。

（7）按照上述方法，由上而下直至到烟囱下边为止。架板松到下面后，解开松降结，松掉保险绳。如需移动架板，工作人员则从烟囱梯子爬到顶上，移动滑车或"S"形钩子至架板所需位置，重新把架板拉到烟囱顶上两端重新打一松降结，两名工作人员分别坐在架板两端进行工作。这样循环几次，直至把全部工作完成为止。

（8）工作结束，解开松降结、架板结，拉下架板绳，盘好架板绳，松掉保险绳，脱掉安全带，工作人员从烟囱梯子爬到顶上把滑车、卸扣或"S"形钩子一起拆下来。打扫场地，把工具、索具、架板、滑车等全部搬回原处放好。

3.工作注意事项

（1）认真检查索具、用具等（和舷外作业一样）。

（2）上烟囱作业，一定要系好安全带、保险绳。

（3）在甲板上协助人员要戴安全帽。

（4）工作前应和机舱联系，烟囱的温度不能过高，不能拉汽笛，不能放蒸汽。

四、船舶驾驶台外搭架板操作

船舶驾驶台外面必须经常保持清洁、美观，因此要经常清洗油漆、敲铲铁锈、涂刷油漆工作，它的工作方法和操作步骤和烟囱外壳作业相同，不再另行介绍。

五、上支索作业

支索作业是桅上作业工作之一，现代新型船舶上已很少有支索，但老式的船舶上仍装有支索。支索有桅上支索、烟囱支索等。支索作业，就是在支索上进行保养工作、清刷、涂油漆等，它的操作方法和桅上工作基本一样。

1.使用工具

（1）辫子木滑车一具。

（2）坐板一块。

（3）安全带一副和保险绳一根（保险绳采用周长 38~51 mm 的白棕绳或尼龙绳）。

（4）卸扣一只（去掉销子）。

（5）坐板绳一根（绳周和长度同桅上坐板绳一样）。

（6）其他工具可视工作情况而定。如清刷，则备钢丝刷，刮刀；如涂油漆，则备油漆桶、油漆刷、抹布；如风很大时，还需备一只桶，把油漆桶放在桶内，以防油漆向外飞溅，落在其他建筑面上。

2.工作步骤

（1）同上桅操作相似，先将辫子木滑车装在桅肩上面的适当地方，然后松下坐板绳，下面协助人员连接好坐板（方法与上桅相同），但坐板绳连接坐板时，利用双索花结，在绕穿第一道绳时就穿过一只没有销子的卸扣，以便钩在支索上用，将坐板拉到桅肩上。如坐板绳由甲板上的协助人员松放，可把坐板绳挽牢在羊角上；或在桅脚下绕在起货机滚筒上，如图3-3-3-10所示。

（2）支索上工作人员系好安全带、保险绳，顺着桅梯爬上桅肩，将坐板上的卸扣钩住支索，坐进坐板，系好坐板腰绳，左手握住支索，右手握住工具，进行工作，如图 3-3-3-11 所示。

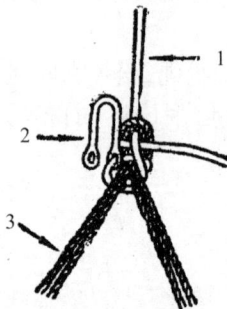

图 3-3-3-10　坐板绳与卸扣的连接

1—坐板绳；2—卸扣；3—坐板

图 3-3-3-11　上支索操作示意图

1—支索；2—坐板绳

（3）工作完成告一段落，往下松移的方法有两种：一种是由自己松移，方法与桅上作业相同，利用坐板上面的松降结进行松移；另一种是由下面甲板上的协助人员，利用起货机上的滚筒或桅屋上的羊角，按照支索上工作人员的意图，缓慢地松降至所需工作位置时挽牢；直至工作完毕松移到甲板上。工作人员松下卸扣，解开拦腰绳离开坐板。

（4）解开坐板绳连接坐板上的双索花结，拉下桅上的坐板绳，把坐板绳盘好，工作人员仍顺着桅梯爬至桅肩上，系牢保险绳，将辫子木滑车解下，利用辫子绳打一单套结或打一个"8"字结背在背上，从桅梯上下来。下桅梯时两手抓住左右两边梯柱，身体向后，眼睛向下看，一步一步地往下爬，直至到甲板上。整理工具、索具、脱掉安全带，把工具、索具全部搬回原处放好。

船舶上的坐板和坐板绳是专用索具,使用完毕后要妥善保存好。

3.工作注意事项

(1)使用索具的强度一定要安全可靠。

(2)支索上工作时,两手切勿放在卸扣下面,以免松移时压上手指。

(3)涂油漆时,油漆不能蘸得太多,并应先在漆桶边上刮一下后取出,以免油漆飞溅在其他建筑面上。

(4)保险绳可以绕过支索扣牢在安全带上,以防卸扣钩子滑脱伤害工作人员。

六、高空作业评估标准

参考海事局评估标准如下:

评估要素	评估标准
1.高空作业前的安全检查(绳索、滑车、安全带、用具、安全保护用品等)和准备 2.各类特殊操作(大桅滑车的系结、单人坐板升降结的系结、安全带的使用等)的技能操作 3.上高作业的攀登 4.各类防范措施	1.高空作业前的安全检查严格正确,各类特殊操作正确、牢固、熟练,上高攀登正确、稳当,各类安全防范措施得当(20分)
	2.高空作业前的安全检查严格正确,各类特殊操作正确、牢固、比较熟练,上高攀登正确、稳当,各类安全防范措施得当(16分)
	3.高空作业前的安全检查严格正确,各类特殊操作正确、牢固、操作工艺一般,上高攀登正确、不十分稳当,各类安全防范措施得当(12分)
	4.没有进行正确的安全检查,各类特殊操作有误,安全防范措施不当(8分)
	5.操作差(4分)
	6.不能完成操作(0分)
说明	考核时间:20 min　　　单项考核总分:20分

任务4　掌握船体舷外作业方法及安全注意事项

船体舷外作业是指船体之外、空载水线以上船体进行除锈、油漆、描水线或水尺等作业时需进行的搭跳作业,包括船体中部和船首尾搭跳。

一、船体中部的舷外作业

船体两舷中部的船壳,一般比较平直,便于搭架板进行舷外保养工作。环境条件许可时,最好是在锚泊或系泊浮筒时进行船壳的油漆保养,以免灰尘、煤烟等附着在油漆表面上。在涂刷水线时,如风浪平静,可用小艇进行。

1.作业用的工具、索具

(1)架板(俗称"跳板"):木质、长 2.5～3.5 m,宽约 40 cm,厚 2.5 cm 以上。

（2）架板绳：用周长 51~64 mm 的纤维绳配备，按船舶大小、船舷的高低决定架板绳的长短，一般用两根 30 m 左右长度的绳索拴在架板的两端。

（3）安全带连保险绳：保险绳采用周长 38~51 mm 的白棕绳或尼龙绳。

（4）绳梯、救生衣、救生圈等。

2.操作步骤

（1）将搭架板及所需工具抬到工作地点，首先检查架板及其支撑是否牢固，架板绳是否有霉点或磨损过大、断股等现象，如有以上现象必须换新，要确保索具安全可靠。

（2）用架板绳中间部分在架板两端各打上架板结。架板有支撑的一面是反面，没有支撑的一面是正面，架板两端打好架板结后，把架板抬到船舷外，支撑长的一端朝里、短的一端朝外，把外档的架板绳拉起，让它吃力，里档的绳子放松，使架板正面朝里、反面朝外。把架板松放到所需要的工作位置上，拉起里档的绳子，使架板的正面在上、反面在下，并将架板放平，然后将双根架板绳在舷边栏杆上打一架板活结。如舷边没有栏杆只有舷墙，则可在舷墙上面的铁环上打一丁香结加半结系牢，或挽在羊角上系牢，如图 3-3-4-1 所示。

图 3-3-4-1　在舷边栏杆上打一架板活结

（3）架板搭好后，操作人员系好安全带，系牢保险绳。保险绳的长度要适当，以架板至舷边栏杆间的高度为准。将保险绳的一端用单套结或丁香结系在栏杆上（或固定在舷墙上坚固牢靠的眼环、羊角等处）。

如果架板放下的位置距离甲板位置稍低，工作人员可跨出栏杆或舷墙，两手握住架板绳，两脚的前掌抵在船壳板上，两腿稍微弯曲，臀部与足跟齐平，手脚交叉一步一步地向下挪动，或两脚夹住绳索滑下。下到架板后，先用力蹬一蹬，试一试架板是否牢固，并使架板上的绳结吃力，然后再开始工作。如果架板放得太低，可先放下软梯，由软梯下至架板，如图 3-3-4-2、

图 3-3-4-3所示。

图 3-3-4-2　工作人员下架板

（4）当工作人员在架板上站好后，甲板上的协助人员把工具放在工具袋或铅桶中，用小绳吊至离甲板适当高度绑好，以便架板上的工作人员取用。

（5）工作完毕后，甲板上协助人员先把工具吊上来。如架板放得不是过低，可用两手抓住架板绳，顺绳爬上至甲板，姿势与下架板相同。如果架板位置很低，可用软梯爬上，上下软梯时，双手握住软梯的一边绳索，一脚在里档，一脚在外档，以免软梯摇摆不定，如图 3-3-4-3所示。

图 3-3-4-3　上下软梯姿势

（6）工作人员上来后先脱掉安全带，解开保险绳，由两人同时用双手拉起外档架板绳，将架板拉上甲板，解清绳结，整理绳索，把全部工具和索具放回原处。

二、船首、船尾舷外作业

船首、船尾部分的舷外作业比船中部分困难,因船型关系,船首、尾部的两舷是向内凹进的。现在船上常采用的方法有两种:一种是使用搭架板的方法进行工作;另一种是用船上的吊杆,工作人员在特制的工作架内开动起货机,用吊货索将工作架伸出船首或船尾的舷外以进行操作。

1.船首、尾搭架板步骤

(1)当架板搭好,工作人员下至架板,工具也送下之后,用一根周长为 51~64 mm 的纤维绳作为制动拦架板绳,在首或尾一舷甲板上固定后,再绕到另一舷甲板上,用力或使用锚机逐渐收紧拦架板绳,直到能工作后再将其系牢在甲板上,然后用小绳(周长 25 mm、长约 3 m 的纤维绳),把拦架板绳和架板绳扎紧,以免移动。如船壳上焊有小铁环,工作人员下至架板后,即用小绳将架板和小铁环连接起来,绑在架板绳上,使架板靠近船壳便于工作。船首搭架板如图 3-3-4-4 所示。

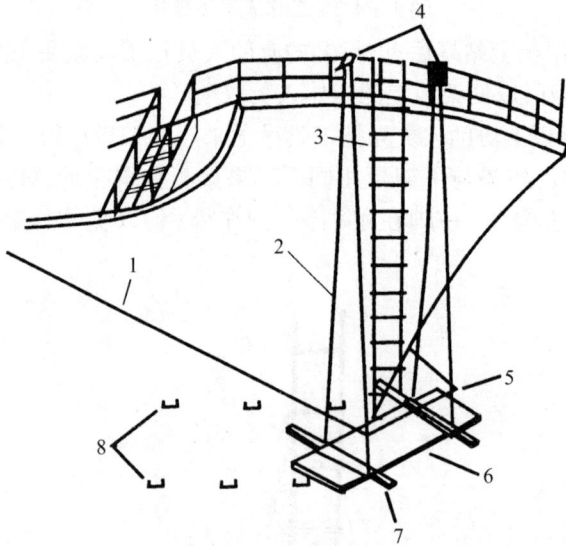

图 3-3-4-4　船首搭架板

1—拦架板绳;2—架板绳;3—工作软梯;4—架板活结;5—小绳;6—架板;7—撑档;8—小铁环

(2)船舶首、尾搭架板时,工作人员上下,可根据情况从架板绳溜下、爬上或用绳梯上下。

2.用吊货杆和工作架舷外油漆作业

(1)先准备好工作架、长柄漆刷和油漆桶,升起单吊货杆。

(2)将吊货钢丝绳上的吊货钩换下,用卸扣和工作架连接妥当。工作人员带着油漆桶进入架内。

(3)开动起货机吊起工作架,缓慢地伸出船外,这时甲板上的协助人员将长柄漆刷递给工作架内的人员,再放落工作架至适当位置后,即可进行工作。

这种方法比搭架板方便,但只适宜舷外油漆作业,对敲铲除锈仍须用搭架板的方法。用吊货杆和工作架舷外油漆作业如图 3-3-4-5 所示。

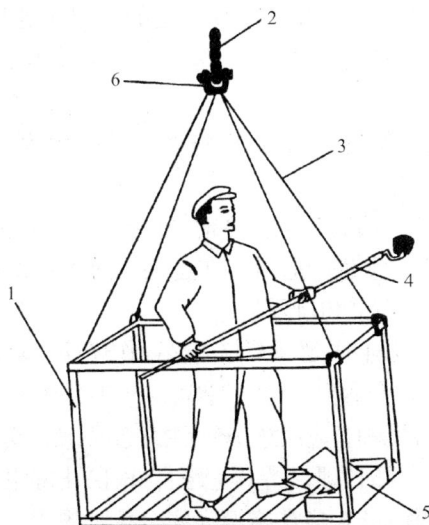

图 3-3-4-5 用吊货杆和工作架舷外油漆作业
1—特制油漆架;2—吊货索;3—钢丝绳;5—长柄漆刷;6—卸扣

三、舷外搭架板工作注意事项

(1)舷外搭架板时,在甲板上应有专人负责安全工作及传送工具等,不得随意离开。

(2)舷外作业时,应事先通知有关部门,关闭舷边出水孔,禁止使用与这些出水孔相连接的浴池、厕所等;并通知机舱,确保螺旋桨不转动,锚必须制牢。

(3)在架板上的工作人员,一定要用安全带系牢保险绳。上下架板时应与同伴相互沟通,协调动作。

(4)如架板过长或过重,应在架板中间加一根架板绳,以增加架板强度。

(5)所有工具必须用工具袋或小桶递送,以免工具落入水中或击伤人员。

(6)必须严格检查架板、架板绳和工作架的强度,检查其是否霉烂、断裂、磨损等。用后将其放在固定的位置上,专门保管。

(7)使用工作架开动起货机必须十分稳妥,听从指挥员的指挥。工作人员在工作架内两脚要站稳,保持身体平衡,需移动工作位置时,应向指挥员报告。

(8)航行中不得进行舷外搭跳作业。在船首部位进行舷外作业时,必须保证锚已制牢,以免发生意外。

四、船体保养工作中的安全守则

船体保养工作中,因忽视安全检查和违反安全操作规程,经常会发生工伤事故。船员必须重视安全生产,应该遵守以下规则:

(1)当船员进行保养工作时,有关领导应当采取安全措施,创造安全操作条件,采取防止工伤事故发生的有效办法,并经常对船员进行安全教育。

(2)负责船体保养工作的人员应检查工作场地的周围环境及使用的工具是否安全可靠。

(3)工作人员如发现有威胁安全的情况,应立即停止工作,请示领导。未经领导同意,不能随便改变设备和防护装置。

(4)在工作进行时或在工作完成以后,应将所有洞孔和舱口用牢固的格子板或舱盖严密盖上,防止人员跌入,发生工伤事故。

(5)在进入双层底压水舱、油舱等工作之前,领导人员应预先检查这些舱室内有无含毒气体,油舱有无爆炸气体,必要时须进行通风。在这些舱间清除铁锈时,必须安装排风机,以便清除空气中的灰尘,并须戴防护眼镜和口罩。

(6)在使用易燃涂料进行作业时,必须严格遵循操作规程和防火规程。如汽油、苯等挥发气体触火即燃,这些气体如与空气混合达到一定比例时,即产生爆炸性混合气体,应提高警惕。在使用含有毒性的涂料如红丹、沥青漆等时,应注意安全,注意通风,使用劳动保护工具防止中毒。

(7)当使用电气工具、灯具时,须保持其绝缘良好,防止漏电。

(8)当进行舷外和高空作业时,应严格遵守安全技术规程。

(9)当进行清除铁锈和旧漆面时,必须不怕麻烦,戴上防护眼镜和口罩。

(10)油漆干燥过程中吸收氧气并放出二氧化碳,在面积较大的舱间内,当油漆未完全干燥以前,应禁止人员入内住宿。

(11)停泊时利用浮动的小艇或工作筏进行船壳的油漆工作,必须使其稳固,准备好救生圈,必要时穿着救生衣。当在船尾部分工作时,必须通知机舱,绝不允许转动螺旋桨。

五、 舷外作业评估标准

参考海事局评估标准如下:

评估要素	评估标准
1.舷外作业前的安全检查(绳索、架板、滑车、其他用具、安全保护用品等)和准备 2.各类特殊操作(固定滑车、架板结、架板升降结、安全带的使用等)的技能操作 3.舷外作业利用软梯或绳索下低进入架板的技能 4.各类防范措施	1.舷外作业前的安全检查正确,注意到了绳索、架板、滑车及其他安全保护用品的检查,各类特殊操作(固定滑车、架板结、架板升降结、安全带的使用等)的技能操作正确,下低进入架板的技能正确,各类防范措施得当(20分)
	2.舷外作业前的安全检查正确,注意到了绳索、架板、滑车及其他安全保护用品的检查,但不够认真;各类特殊操作(固定滑车、架板结、架板升降结、安全带的使用等)的技能操作正确、熟练,下低进入架板的技能正确、熟练,各类防范措施得当(16分)
	3.舷外作业前的安全检查有疏漏,经指正后能立即纠正,各类特殊操作(固定滑车、架板结、架板升降结、安全带的使用等)的技能操作一般,进入架板的技能比较一般,各类防范措施得当(12分)
	4.没有很好地进行安全检查,安全防范措施不当,操作技艺不正确(8分)
	5.操作差(4分)
	6.不能完成操作(0分)
说明	考核时间:20 min　　　　单项考核总分:20分

任务5　掌握封闭舱室作业方法及安全注意事项

封闭场所是指常规下与外界空气隔绝,或空气流通不畅的空间等缺氧场所。诸如:油柜、压载舱柜、污水舱柜、干隔舱、锅炉内部、货泵间、冷库等。对人员进入封闭场所时的有关要求做出相关规定,旨在保障进入封闭场所人员的生命安全。

一、　了解封闭舱室种类与作业要求

人员贸然进入封闭舱室,常会发生人员窒息或中毒死亡事故,因此受到国际、国内的重视,我国交通部于1986年发布文件,对此做了规定。对于实施《ISM规则》的船舶,应将人员进入封闭舱室的安全防范作为特殊性操作对待。所有船舶的船员都应掌握下述的注意事项和安全措施:

1.确定是否为封闭舱室

凡是缺氧或可能存在有毒气体的舱室均应看作是封闭舱室,通常包括空舱、水舱、锚链舱、边舱、双层底、油舱、干隔舱、二氧化碳间、长航程结束后装满货物的货舱、泵房、污水柜、电缆通道、惰气储存间等,以及下列舱室:被关闭一段时间后,未经充分通风的舱室;载运蔬菜和耗氧制品的舱室;最近失过火的舱室;用惰气喷射灭火后的舱室;空气中含有蒸汽的舱室等。

2.拟定封闭舱室行动计划

在进入封闭舱室前,由一名高级船员负责并拟订行动计划,报船长批准。行动计划应包括:

(1)拟进入舱室的名称。

(2)所有拟进入人员的名单。

(3)通信系统详情(安排和技术状况)。

(4)预计完成操作的时间。

(5)安置在入口处的守护人员名单和隔绝式呼吸器、绳索等安全设备清单。

(6)运行中的通风系统详情。

(7)备用的进口和出口。

(8)备用的应急救人计划。

3.进入舱室条件的确认

在允许进入舱室前,必须进行充分的自然或人工通风;通过仪器测试,如有害气体检测仪(见图3-3-5-1)、便携式可燃气体检测仪(见图3-3-5-2)、便携式氧气检测仪(见图3-3-5-3),确认不存在有害气体或缺氧气团。进入封闭舱室采样监测的人员必须戴隔绝式呼吸器(见图3-3-5-4),不戴呼吸器进入封闭舱室的必须满足下列条件:

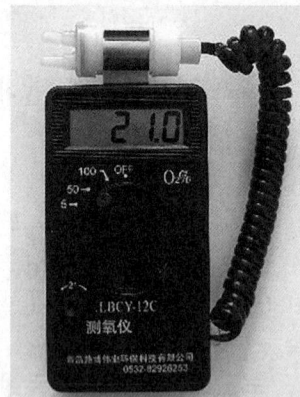

图 3-3-5-1　有害气体检测仪　　图 3-3-5-2　便携式可燃气体检测仪　　图 3-3-5-3　便携式氧气检测仪

（1）有害气体含量等于 0%，二氧化碳含量小于 2%，氧气含量大于 19.5%（依据国家标准）。

（2）把救援设备放置在封闭场所的入口处。这些救援设备应包括一套隔绝式呼吸器连同备用气瓶、救生索及救援带，以及可以在易燃、易爆空气中使用的手电筒或灯。如有必要，需要准备好将体力不支人员吊离场地的器材和设备。

（3）所有能提供紧急撤离的通道出入口处均已开启。

（4）只要切实可行，打开一切孔口，以提供通风和光线。

（5）进入者备有便携式对讲器，并约定特殊联系信号（如敲击船体钢板等），紧靠作业舱室处有专人守候联系（若联系中断，应立即发出全面警报）。

（6）只要切实可行，所有进入封闭舱室的人员应系上安全带。

（7）只有在该舱室被证实为可以"安全进入"时才允许进入。

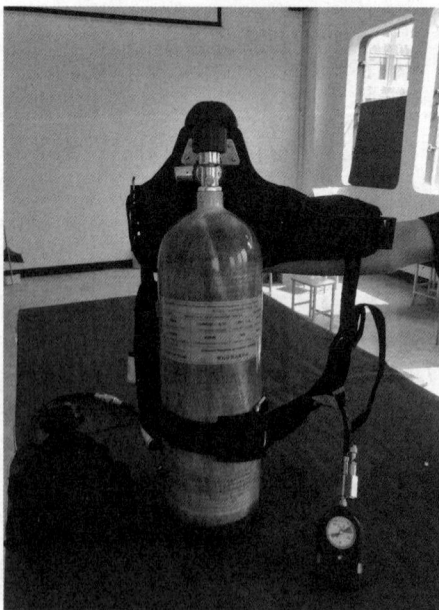

图 3-3-5-4　呼吸器

4.安全注意事项

(1)未经船长或指定负责人的许可,任何人不得进入封闭场所。进入封闭场所的船员,只限于真正需要在该场所内作业的人。当有人员在封闭场所内作业时,应至少有一名船员在入口处守护。

(2)当有人员在封闭场所内作业时,应通知有关部门封妥有关设备和控制阀,并贴上告示,防止因误操作而危及舱室内作业人员的人身安全。

(3)当有人员在封闭场所内作业时,场所内必须保持不间断地通风,同时必须定时测试场所内的空气情况。当空气中的氧气含量低于标准,或有毒、有害气体的含量高于标准,或空气情况正在变差,或通风系统发生故障而不能正常进行通风时,必须通知场地内的所有船员全部撤离。

(4)除非为处理紧急事故或在封闭场所内的行动会严重受阻,否则进入封闭场所内的船员应能够获得两种及两种以上供气方式。如果只需在封闭场所内做短暂停留,可采用单一供气方式,但在这种情况下,戴上呼吸器进入封闭场所的人员必须身处适当的位置,以便发生意外时可以马上将其拉出。

(5)由于自给式呼吸器供气时间有限(一般不超过 1 h),因此,当需要在封闭场所内长时间作业时,应使用供气式呼吸器,由场外为场内的作业人员连续提供新鲜的空气。但使用供气式呼吸器时,必须采取安全措施,以免场外的空气供应中断,若空气是由机房供应,更需特别留意。

(6)若封闭场所内的空气可疑,则只有为测试其成分,或为了救助人命,或为了保证船舶的安全,在经过船长或负责的高级船员批准后方可进入。

(7)若封闭场所内的空气可疑,则进入封闭场所内的船员必须戴隔绝式呼吸器,禁止使用过滤式防毒面具。进入场地的人数,应以仅够执行任务为限。

(8)若有事前未能预见到的危险或险情发生,在封闭场所内的作业必须立即停止,作业船员应立即离开封闭场所,直至重新对作业场所的环境做出评估后,再决定是否继续作业。

(9)任何船员在封闭场所内感到不适或认为有危险时,应向封闭场所外的值守人员发出预定的信号并立即撤离。

(10)如在封闭场所内发生紧急事故,值守人员应按事先拟订的行动计划,迅速通知船长和负责的高级船员,或立即向全船报警,以便救援队伍可以及时赶到救援。封闭场所外的值守人员无论如何都不得盲目进入封闭场所内,待场内的状况经过评估,确定进入是安全的才可进入。

5.封闭舱室应急救人

当进入封闭舱室的人员发生危险无法自救时,守护人员应立即报警,并实施应急计划,包括:加强通风;派人戴隔绝式呼吸器后进入封闭舱室救人,其他救护人员在室外协助拖曳;电机员负责提供应急照明;医护人员做好医疗急救准备;必要时应立即拆除门孔和连接管,甚至切割船体开孔救人等。

若需要,进入封闭场所内救援的人员应戴救生索及救援带。救援带上的救生索,长度应满足需要,而且牢固地绑在救援带上。救生索应由封闭场所外的值守人员负责照看,该值守人员应受过专门的训练,懂得如何将不省人事的人员从危险的封闭场所内拉出来。

如救援人员需要戴呼吸器方能进入封闭场所内救人,但由于封闭场所内的特殊情况,使用呼吸器、救生索、救援带等会妨碍救援行动,或令救出体力不支的遇险人员的行动出现困难,则在进入封闭场所前应详加考虑,并采取适当的措施,以将风险降至最低,绝不能贸然采取行动。

救援人员一旦走到封闭场所内的遇险人员身边,首先应检查遇险人员的呼吸装置,确认其是否正在正常工作。除非遇险人员已严重受伤,例如脊椎折断等,否则应尽快将其移离现场。

6.进入封闭场所许可证检查清单

进入封闭场所许可证检查清单

ENTRY INTO ENCLOSED OR CONFINED SPACE WORKING PERMIT CHECK LIST

注:	授权人员在选取的项目左边方格内打"√"号并将不适用的项目删去。 选取"其他工作"或"附加预防措施"项目时,应将适用的详细资料填写入内。
Note:	The authorizing officer should indicate the sections applicable by ticks with √ in the left-hand boxes next to headings, deleting any sub-heading not applicable. He should insert the appropriate details when the sections for other work or additional precautions are used.
注:	获权人员完成相应检查后在右方格内打"√"号。
Note:	The authorized person should tick each applicable right-hand box as he makes his check.
注:	本表完成后存入船长 10(D)档案,不须寄公司。
Note:	Completed form to be kept into Master's No.10(D) file, unnecessary to send to office.

须进行的工作（工作说明）

Work to be done (description) _____

地点（舱位、机械等称号）

Location (designation of space, machinery, etc.) _____

负责的获权人员

Authorized person in charge _____

担任工作的船员（姓名）

Crew detailed (names) _____

工作许可证的有效期（不应超过 24 h）

Period of validity of permit (Should not exceed 24 hours)

由 至

(From): _____ hrs. Date   (To): _____ hrs. Date

授权人员（签署）   日期   时间

Authorizing Officer (signed)   date   time

_____   _____

检查证明

Certificate of checks

本人证明在工作开始前和工作期间已采取并保持所有安全预防措施。

I am satisfied that all precautions have been taken and that safety arrangements will be maintained for the duration of the work.

负责的获权人员(签 署)

Authorized person in charge(Signed) _____

竣工证明

Certificate of completion

工作完竣,所有属下人员,使用的材料及装备已全部撤离。

The work has been completed and all persons under my supervision, materials and equipment have been withdrawn.

负责的获权人员(签署)　　　　　　　日期　时间

Authorized person in charge(Signed)　　date　time

_____　　_____

进入密封场所检查

Check for Entry into enclosed or confined spaces

1	处所是否已彻底通风?	☐
	Has the space been thoroughly ventilated?	
2	处所是否被隔离、切断或关闭所有相关的管路、阀、电源、电力设备?	☐
	Has the space been segregated by blanking off/isolating all connecting pipelines or valves/electrical power/equipment?	
3	是否已根据需要对处所内进行了清洁?	☐
	Has the space been cleaned where necessary?	
4	是否已对处所进行检测并认为安全?	☐
	Has the space been tested and found safe for entry?	
	进入前空气检测的资料:	
	Pre-entry atmosphere test readings:	
	—氧气　　　　　　　　　容积 (正常值21%) Oxygen _____% 　　 vol (normal 21%)	
	—碳氢化合物　　　　　LFL (小于1%)　　检测人 Hydrocarbon _____% 　(less than 1%)　test by:_____	
	—毒性气体　　　　　　　　(特种气体及 PEL) Toxic gases _____ ppm 　(specific gas and PEL)	
5	信道和照明是否适当?	☐
	Are access and illumination adequate?	
6	救助及急救设备是否放置于处所入口并可实时使用?	☐
	Is rescue and first aid equipment available for immediate use by the entrance to the space?	
7	是否已指定人员守候在处所入口?	☐
	Has a responsible person been designated to be in constant attendance at the entrance to the space?	
8	是否已将进入计划通知值班船员 (驾驶台、机舱、货物控制室)?	☐
	Has the officer of the watch (bridge, engine room, cargo control room) been advised of the planned entry?	
9	所有各方之间通信系统是否已进行检测并统一应急信号?	☐
	Has a system of communication between all parties been tested and emergency signals agreed?	
10	是否已建立应急和撤离程序并使所有与进入封闭处所有关人员了解该程序?	☐

	Are emergency and evacuation procedures established and understood by all personnel involved with the enclosed space entry?	
11	全部设备是否处于良好的工作状态并在进入前进行过检查？	☐
	Is all equipment used in good working condition and inspected prior to entry?	
12	有关人员是否正确着装并戴好设备？	☐
	Are personnel properly clothed and equipped?	
13	有关人员是否知道当通风系统故障或显示处所已不符合作业条件时如何立即撤离？	☐
	Are personnel aware that the space must be vacated immediately in the event of ventilation failure or in atmosphere tests show a change from agreed safe criteria and know how to go?	
14	进入处所人员熟悉呼吸装置的使用并对以下内容进行检测（如需要时）：	☐
	Those entering the space are familiar with the breathing apparatus to be used, and has been tested as follows:	
	空气瓶的压力表和容量	
	gauge and capacity of air supply	
	低压声音报警测试（应知道报警后开始撤离及可用时间）	
	low pressure audible alarm	
	面具——正压且无泄漏	
	face mask—under positive pressure and not leaking	
15	所有进入处所人员都配备救助用具和救生索并由专人看管（如可行）	☐
	All personnel entering the space have been provided with rescue harnesses and, where practicable, life-lines.	
16	当处所内部有人以及在工作间歇期间,是否已安排连续的空气检测？	☐
	Have arrangements been made for frequent atmosphere checks while the space is occupied and during work breaks?	
17	在处所内有人的全部时间内以及工作间歇期间,是否已安排对处所连续通风？	☐
	Have arrangements been made for the space to be continuously ventilated throughout the period of occupation and during work breaks?	
18	进入处所人员	
	Personnel entry	☐
	姓名 进入时间 出来时间 Name Time in Time out	

二、掌握封闭舱室作业方法

以下按照船舶作业中广泛使用的"四阶段安全作业法"介绍封闭舱室作业步骤及应采取的安全措施。

1.作业之前

（1）取得作业许可

在进入封闭舱室前，由一名高级船员负责拟订行动计划，报船长批准。未经船长或指定负责人的许可，任何人不得进入封闭场所。

（2）认真填写检查表

对照公司体系文件中封闭舱室作业检查表逐项检查填写，对发现的问题应予以尽快落实解决。

（3）作业人员身体状况良好

确保作业人员身体状况良好，没有伤病、严重晕船、过度疲劳等现象。

（4）作业人员安全防护用品装备齐全

确保作业人员安全防护用品装备齐全，主要包括工作服、安全帽、手套、工作鞋、呼吸保障用品、安全绳、通信、照明等。

2.作业准备

（1）人员分工

按照所有拟进入人员的名单进行具体分工，指明现场负责人，明确进舱作业、入口守护、现场通风、内外通信、应急救援等职责。

（2）器材、工具准备

根据作业现场要求，全面清点检查作业机械、器具及工具、材料等，满足作业需要，特别确保气体检测仪、呼吸器、通信等安全装置安全正常。

（3）作业场所环境

①通风：在允许进入舱室前，必须进行充分的自然或人工机械通风，并保持足够时间；自然通风一般在 24 h 以上，机械通风一般在 4 h 以上，并且整个作业过程中通风应不间断进行。

②气体检测：通过仪器测试，确认不存在有害气体或缺氧气团；而且此测试需在作业过程中定时进行。若可能存在可燃气体集聚处所还需测爆。

③安全警示：认真清理、整顿作业现场，通知有关部门封妥有关设备和控制阀，并贴上告示，防止因误操作而危及舱室内作业人员的人身安全。

④照明：若自然光线不足，应采用拉接货灯或携带手提安全灯等措施保证作业场所内始终具有有效照明。

（4）充分领会作业内容和步骤

公司体系文件中对封闭舱室作业有明确的作业流程和安全要求，应组织作业人员对工作内容充分领会和理解，对工作步骤必须全面掌握，对有关规则及注意事项必须充分了解。

3.作业之中

（1）入口值守

封闭场所外的值守人员无论如何都不得离开现场或盲目进入封闭场所内，并充分掌握周围的情况。

（2）通信畅通

必须始终保持作业场所内外的通信畅通，可以采用对讲机通话或内外约定的敲击船体、安全绳抖动等方式保持联系。

（3）保持通风

当有人员在封闭场所内作业时，场所内必须保持通风不间断，同时必须定时测试场所内的空气情况。若封闭场所内的空气可疑，则进入封闭场所内的船员必须戴隔绝式呼吸器，禁止使用过滤式防毒面具；必要时暂时中断工作或所有船员全部撤离。

（4）安全作业

现场负责人和舱室内作业人员应始终注意作业方法和步骤符合规定要求，作业工具使用正确，作业人员相互配合得当。如发现任何异常情况，均应迅速停止作业并予以有效排除。

（5）应急救人

如在封闭场所内发生紧急事故，值守人员应按事先拟订的行动计划，迅速通知船长和负责的高级船员，或立即向全船报警，以便救援队伍可以及时赶到救援。在应急救人过程中，注意入口处应始终保持人员值守。

4.作业之后

（1）器材归位

用完的工具、器具检查保养后存放回规定位置；若机械器具出现异常、工具不良或损坏应立即向上级报告或予以标识以便维修或更换。

（2）现场清理

对现场进行全面清理和整顿，撤除通风、照明、作业警示等，恢复正常工作状态。

（3）归纳总结

作业完成后，作业负责人组织全体作业人员对整个作业过程进行归纳总结，对出现的问题提出改进意见，为以后的工作开展积累经验。

八、封闭舱室作业评估标准

参照中远海运集团水手技师评估标准，封闭舱室作业评估标准如下：

评估要素	配分	评估标准
1.作业之前：作业许可申请、安全防护用品装备	10分	要求取得作业许可、做好安全防护用品的装备，每处漏项扣2分
2.作业准备：器材准备、任务分工、现场清理、作业内容和步骤	20分	器材准备、任务分工、现场清理、作业内容和步骤，每处漏项扣5分
3.作业之中：入口值守、内外联络、通风控制、安全保护、应急救人	40分	入口值守、内外联络、通风控制、安全保护、应急救人中每处不当扣5分
4.作业之后：场地检查、器材整理、总结讲评	10分	未做场地安全检查或器材整理不到位或总结讲评不完全均扣10分
5.安全注意事项的归纳	20分	要求按照作业之前、作业准备、作业之中、作业之后将安全注意事项归纳全面，否则每出现一处漏项或不当扣5分

项目四　引航员软梯和舷梯

【知识目标】

1.掌握引航员软梯的安全收放与维护保养要求；
2.掌握舷梯的安全收放与维护保养要求；
3.掌握工作软梯的扎制方法。

【能力目标】

1.能够正确安装引航员软梯；
2.能够按照要求制作引航员软梯；
3.能够正确收放舷梯；
4.能够按照要求制作工作软梯。

【内容摘要】

《1974 年国际海上人命安全公约》第Ⅴ章第 23 条规定,引航员登离船装置应能有效地供引航员从任一舷安全地登船和离船。引航员登离船装置包括引航员软梯(简称引航梯,pilot ladder)、舷墙梯、舷梯以及其他相关设备。舷梯是供船员及其他人员上下船的梯子。它通常用于船舶靠泊在码头或锚泊时或人员登离码头、上下小艇时使用。用圆形梯棒制成的工作(软)梯轻巧方便,非常适合船员进行舷外作业时使用,如观看吃水、临时性修理、临时上下交通艇等。

任务 1　掌握引航员软梯的使用与制作方法

船舶应设有能使引航员从船舶的任一舷安全登船和离船的装置,该装置主要有引航员软梯、机械升降器、舷梯,正确操作这些装置是确保引航员上下船的重要保证。

一、引航员登离船装置的相关要求

船舶应设置下列任一装置,以供引航员安全方便地登船或离船:

(1)引航员软梯,其位置和系固应避开船上任何可能的排水孔,每级踏板要稳固地紧靠于船旁,并应尽可能避开船型尖瘦的部位,同时使引航员在攀登不少于 1.5 m 而不多于 9 m 之后,即能安全和顺利地到达船上。使用单根软梯应能从登船口处直达水面;在备置此项软梯时,应考虑船舶的装载和纵倾以及15°的不利横倾的所有情况。

(2)当从水面至登船处的距离超过9 m时,则用引航员软梯登船的方法应改为用舷梯或引航员机械升降器或其他同样安全方便的装置与引航员软梯一起供引航员登船或离船,如图3-4-1-1所示;且应在每舷均装有这种设备,除非该设备能够转移以供任一舷使用。舷梯应导向船尾设置。在使用时,舷梯的下端和机械升降器均应稳固地紧靠船舷,其位置应在平行船体长度范围内,并应尽可能在船中一半船长范围内,且避开所有排水孔。

图 3-4-1-1　与引航员软梯相连的舷梯

(3)在引航员软梯或任何舷梯或其他装置的顶端,应有供登上或进入船舶,或者离开船舶的安全和便利的通道设施。如这种通道是利用栏杆上或舷墙上的门,则应装有适当的扶手;如这种通道是利用舷墙梯子,则这种梯子应牢固地连接在舷墙盖板上或平台上,并在进出船舶口处装两根扶手支柱,两支柱相距不少于0.7 m,也不大于0.8 m。每根支柱在其根部或接近其根部以及另一较高之点应系固在船体结构上,支柱的直径应不小于40 mm,并应伸出舷墙顶以上不少于1.2 m。

(4)夜间应备有灯光,灯光亮度必须超过甲板灯,使舷外边的引航员软梯及引航员登船的地点,均能充分照亮;应有一个带有自亮浮灯的救生圈置于手边,以备使用;还应有一根抛缆绳置于手边,以备需要时使用。

(5)引航员登离船装置的安装和引航员的登船,应由一名负责驾驶员进行监督,该驾驶员应有与驾驶室进行联系的通信设备,还应护送引航员经由安全通道前往和离开驾驶室。应对安装和操作任何机械设备的人员就所采用的安全程序进行指导,且设备在使用前应进行试验。引航员软梯安装指南如图3-4-1-2所示。

二、引航员软梯的使用

引航员软梯应按《SOLAS 公约》的有关规定使用,以确保引航员及其他人员登、离船的安全。

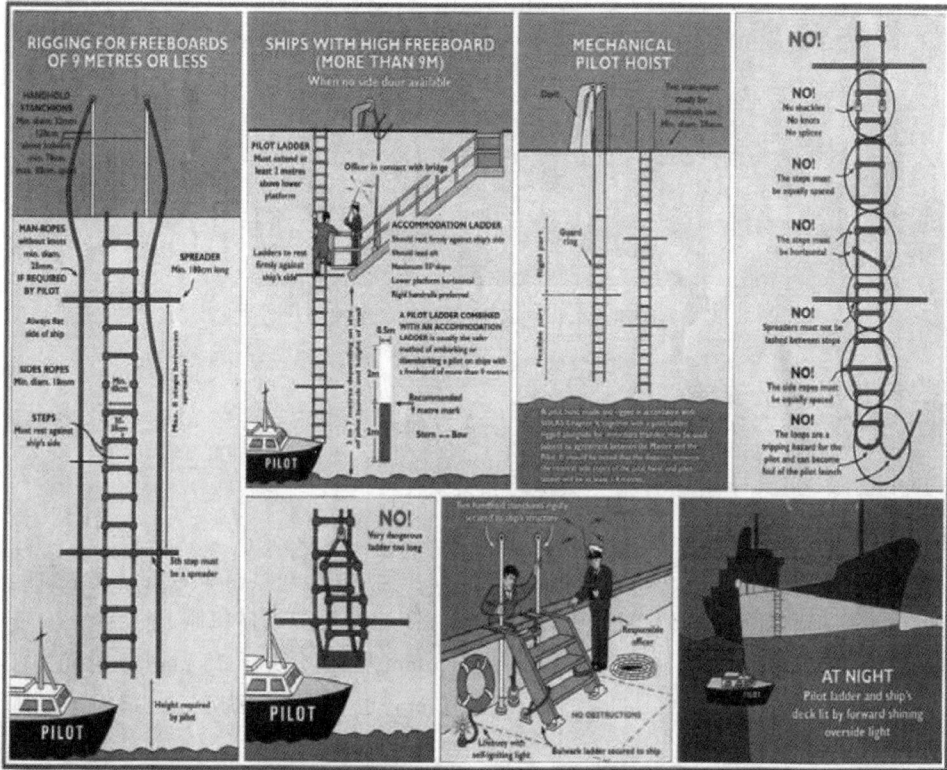

REQUIRED BOARDING ARRANGEMENTS FOR PILOT

In accordance with I.M.O. requirements and I.M.P.A. recommendations

图 3-4-1-2　引航员软梯安装指南

1.准备工作

将引航员软梯及附属物从收藏处取出,检查是否齐全,有无影响安全的损坏,检查梯绳有无霉烂变质,梯板有无腐烂、裂缝,夜间专用照明灯具是否完好,救生圈是否符合有关要求及所有用品是否清洁、无油污。

2.正确安装

(1)根据引航员的要求或船长的命令确定安放位置(左舷或右舷)。

(2)引航员登船位置舷墙入口处支柱及扶手栏杆的安装应正确、牢固。

(3)将梯子放出舷外至水面以上一定高度,然后把引航员软梯上端的绳索系固在入口处舷墙下方的地令或羊角上。

(4)若为卷边船舷,则应装上铺平踏板。

(5)将下舷墙的舷墙梯与入口扶手栏杆对接并捆扎牢固。

(6)在引航员登船位置附近应配备直径不小于 28 mm 的安全绳、吊物绳 2 根、带自亮灯和安全绳的救生圈 1 只。

(7)夜间还应准备好足够的照明设备,并将其安放在合适的位置并调整好。

(8)引航员软梯安放完毕后,应再仔细检查、试验一次,确保符合规范要求。

引航员软梯的安装如图 3-4-1-3 所示。

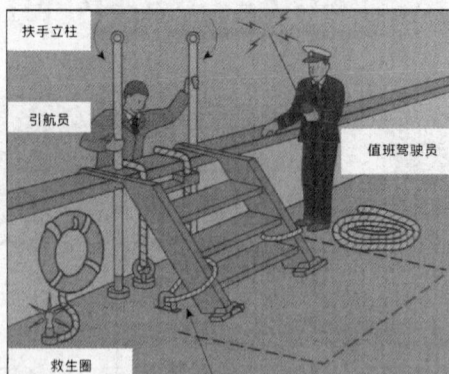

图 3-4-1-3　引航梯软梯的安装

三、制作引航员软梯

1.《SOLAS 公约》关于制作引航员软梯的相关规定

（1）引航员软梯的踏板应：

①采用硬木或其他等效性质的材料整块制成而没有节疤，并具有有效的防滑表面；最低的四级踏板可采用足够强度和硬度的橡皮或用等效特性的其他适当材料制成。

②踏板的长度不少于 480 mm，宽度不少于 115 mm，厚度不少于 25 mm（不计防滑装置）。

③各级踏板之间应为等距，其间距不小于 300 mm，也不超过 380 mm。踏板的系固，要使其保持水平的状态。

（2）引航员软梯上不应有两块以上系固方法不同于该梯原结构所用方法的换配踏板；这种换配踏板，应尽早用按该梯原结构所用系固方法系固的踏板来替换。当任何换配踏板以在边上开槽口的办法来系固于软梯的边绳时，则这种槽口应开在踏板的长边上。

（3）软梯每边的边绳应由两根裸露的白棕绳组成，其周长不小于 60 mm。在顶端踏板之下的每根边绳应为整根且无接头。应备有两根适当系牢于船上的扶手绳，其周长不小于 65 mm。此外还要有一根安全绳置于手边，以备需要时使用。

（4）应备有由整根硬木或其他等效性质材料制成的几根板条，每根长度不少于 1.8 m。

此项板条应安置在一定间隔的位置，以防止引航员软梯翻转。最低一根板条应装在从梯底倒数第 5 块踏板上，两根板条之间的间隔不得超过 9 块踏板。

2.准备工作

（1）木折尺或卷尺 1 把。

（2）水手刀 1 把。

（3）细油麻绳 1 卷。

（4）小木笔 2 支。

（5）三角铁圈（嵌环或心环）2 只。

（6）踏板若干块（数量按引航员软梯长短确定）。

（7）白棕绳。引航员软梯每边的边绳由两根裸露的白棕绳组成，其周长不小于 60 mm，在顶端踏板之下的每根边绳应为整根且无接头。

（8）长板条若干根。每根板条应由整根硬木或其他等效性质的材料制成,每根长度不小于1.8 m。

3.制作方法

根据船舶空载及满载时的干舷高度,准备梯子绳及梯板。把梯绳放在甲板上,其长度取干舷高度的2倍再另加2 m,共取两根,长短一样。把两根梯绳对折起来,两头要一样长,在对折处用扎绳结扎一有嵌环的琵琶头,如图3-4-1-4所示。

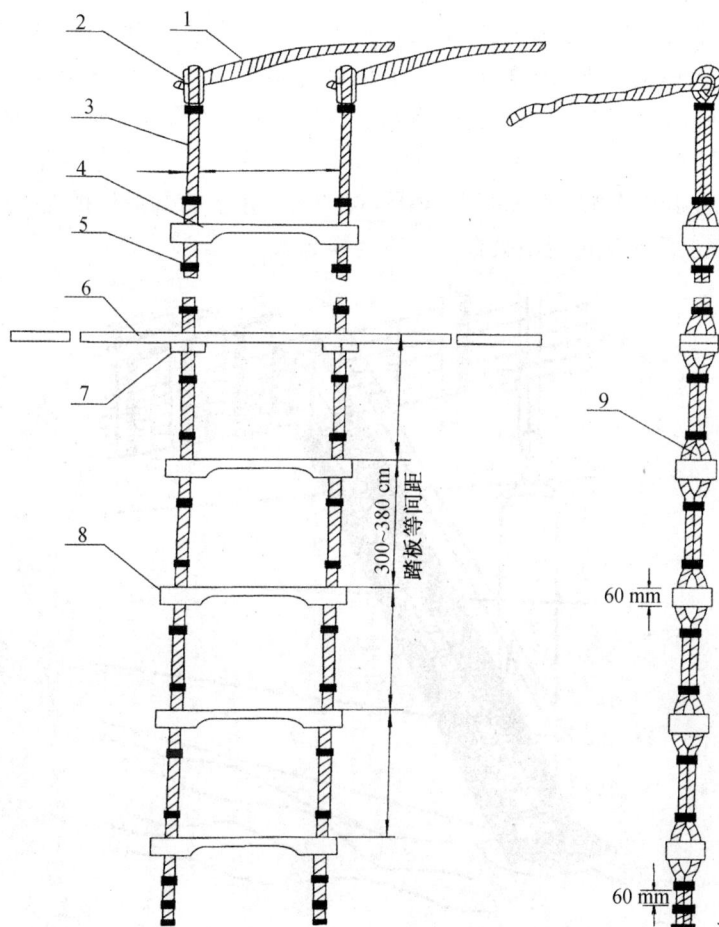

图 3-4-1-4　引航员软梯

1—辅助索;2—套环;3—边索;4—木踏板;5—扎绳;6—止扭踏板;7—拼合板;8—橡胶踏板;9—嵌环

将两个琵琶头放在一起,用力拉伸棕绳;然后使绳索松劲、平直,从琵琶头端部量起,每隔30~38 cm的距离画一记号,左右两根绳间隔必须相等。

将梯绳绳头穿过踏板的左右孔洞,将每块踏板分放在梯绳上已画过的记号处,均匀排列。在每块踏板的两端用油麻绳把每边的两根梯绳各用扎绳结扎牢,越紧越好。

当所用的踏板扎完之后,在最后的一块踏板底部的4个绳头各编一个扶索结或者将4个绳头交叉在踏板底部用短插接的方法连接起来,但要注意4根绳头连接后必须等长。

任务 2　掌握舷梯的收放与维护保养

一、舷梯的结构

舷梯的形状类似一般的楼梯,主要结构为两块夹板,中间安装梯阶(俗称"踏板"),梯的上下两端各装置一小平台。因船舷高度不同,有的舷梯由 2~3 节接成,有的节与节相交处还设有转角平台。沿舷梯两边和上、下平台外缘安装有高约 1 m 的金属支柱,柱与柱之间连接以作为扶手的绳索或细铁链。

上平台的里边用铰链固定在船壳上,如图 3-4-2-1 所示。有的舷梯把支柱用铰链安装在夹板上,支柱在铰链上折转就可以沿夹板放倒或竖立起来。

图 3-4-2-1　舷梯

二、舷梯的收放

1.放舷梯

(1)将控制器拉倒甲板,接通电源。

(2)检查船舷外有无障碍物,吊臂、滑轮、钢丝绳是否活络,有无损伤。

(3)将旋转盘下撑档放妥,操纵控制器按钮,稍稍收紧吊梯钢丝绳,松开所有的固梯钩,然后慢慢松出钢丝绳,将梯子放平。

(4)竖起支柱或插好支柱。

(5)安装好两边扶手,将梯子的下平台放到一定角度,插妥横销,放妥梯子,放平下平台便于人员上下舷梯,穿妥扶手索。

(6)系浮筒时,应先将安全网系妥;靠码头时,应在梯子放妥后再装上安全网。

(7)一人指挥、一人操纵控制器,将舷梯松放到适当位置,插上保险销,关掉电源,收好控制器,系妥扶手索。

(8)调整好吊梯索,使其不妨碍人员上下舷梯。

(9)检查梯口的救生圈是否符合要求。

2.收舷梯

(1)接通电源,拔下保险销,检查梯子附近有无障碍物、回收舷梯是否安全,卸下安全网,将舷梯绞平。

(2)将下平台横销拔出,将其放平,插上横销,收回扶手索,将支柱放平或拔下。

(3)慢慢将舷梯外缘绞收上翻贴近船边。

(4)舷梯到位,将所有的固梯钩挂好、收紧。

(5)切断电源,整理附件,收妥。

三、使用舷梯的注意事项

(1)应经常保持舷梯的清洁,各金属部分如支柱、链条、梯阶、滑车、平台等须及时除锈和涂刷油漆,滑轮铰链等部位应经常加油润滑。

(2)使用时,倾斜角不超过55°,防止超重、碰击或扭曲舷梯,舷梯不得用作吊落重物,舷梯上不许放置沉重的物品。

(3)移泊、开航前试车时应先将舷梯绞起适当高度,以防进、倒车时船舶移动损坏舷梯。

(4)应根据潮汐的变化和装卸货物的情况,及时调整舷梯的位置,以防舷梯被损坏或使人员上下不方便。

(5)当卸下支柱时,应将支柱沿扶手绳合并在一起,用索端将其捆好存放在库房内。

(6)按航行状态吊绑舷梯时,务必收妥吊柱滑车组,并将吊柱固定牢靠。

任务3 掌握工作软梯的制作和使用方法

与引航员软梯相比,用圆形梯棒制成的工作(软)梯轻巧方便,非常适合船员进行舷外作业,如观看吃水、临时性修理、临时上下交通艇等。工作软梯通常也由船员自己扎制。

一、制作方法

取一根直径为24~28 mm的白棕绳,长度取空船干舷高度的2倍再加1 m,将其对折,在对折处用扎绳结扎一套环,扎时使用油麻绳,一绳头夹入两边绳之间,再将两边绳扎在一起,紧密、整齐地扎上10圈左右,然后在两边绳之间穿绕两周,并在这两圈上打一平结,收紧即可。

套环扎好后,把左右两绳用力扭直,使扭劲完全松去,再从套环顶端量起,每隔35~40 cm相等距离,在左右两绳上做上记号,将梯棒插入做记号的绳股中。插法是棒的右端穿一股,左端穿两股;穿第二棒时右端穿两股,左端穿一股,交替进行,使左右两绳保持平衡及长短一致,这样扎成的软梯才能使梯棒保持平行。

梯棒穿好以后,用油麻绳以交叉扎紧法将梯棒两端连同其上下方的梯绳一并紧密绑扎固定在一起。

所有梯棒全部扎好后,左右两绳头各插一套环,并使套环顶端至梯棒的距离不大于一个梯档的距离,如图3-4-3-1所示。

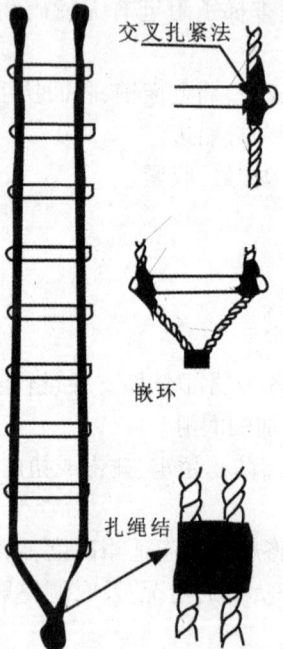

图 3-4-3-1 制作工作软梯

工作软梯在投入使用前还须在其两只绳头套环上各插接一根长度约为3 m、直径为24~28 mm的白棕绳。收藏时应从梯绳对折处的套环开始,将工作软梯卷起来,再用插接的白棕绳将卷好的软梯卷扎起来。

二、工作软梯上下方法

双手握住软梯的边绳,一上一下,一脚里档一脚外档。脚应踏在踏板的中部,不能跨越踏板。手和脚的动作应协调一致,以免软梯摇摆不定。当接近地点时,切忌匆忙跳下,以免受伤。攀爬速度要适中,不宜过快或过慢。

第四部分

维护和修理职能

项目一　除锈作业

【知识目标】

　　1.掌握各种除锈机械、手工除锈工具；
　　2.掌握除锈作业要领。

【能力目标】

　　1.能够根据船舶锈蚀情况选择合适的除锈工具进行除锈。

【内容摘要】

　　船舶除锈的目的是去除钢铁表面的所有锈蚀物和各种污浊物，使被涂物表面光滑、清洁，增加油漆与被涂物面的附着能力，充分发挥油漆的抗腐蚀性能，以此延长船舶的寿命。除锈可分为新造船除锈和船舶维修除锈两种。新造船除锈主要是去除铁锈、氧化皮及垃圾等物；船舶维修除锈包括去除旧漆膜、油污、垃圾、海生物和各种类型的铁锈。

任务 1　掌握各种除锈机械、手工除锈工具

　　钢铁生了锈，应该及时除去，否则锈蚀会加深。船体除锈是一项劳动量很大的工程，大部分在厂修、坞修时进行。船上也尽可能对水线以上，特别是对容易锈蚀、影响船舶安全的处所，如上甲板，尤其是甲板边板和通风筒、舱口附近，还有有碍船容的上层建筑、栏杆等的锈蚀，及时进行除锈、涂漆，加强自修，减少修船费用。

　　除锈用的工具除敲锈锤、刮刀、钢丝刷外，还有机械工具，包括气动除锈器(pneumatic cleaner)、电动除锈器(electrical scraper)。机械除锈工具可以减轻劳动强度，提高除锈质量和工作效率；但工作场所噪声较大，扬尘较多，应做好防护工作。

一、机械除锈工具

　　1.电动除锈工具(如图 4-1-1-1 所示)

　　船上常用的一般是手提式电动除锈机。它是由电动机通过软管带动除锈器(齿轮、钢片或钢丝刷轮)与锈蚀表面碰撞、摩擦而除锈。电动除锈机除锈效率较高，除厚锈可使用钢片锤头，除薄锈可使用齿轮锤头，除粉状锈可使用钢丝轮。操作时，左手握住锤柄，右手按住和控制

锤头与锈面相接触。电动除锈机,在大面积出白除锈工作中,效率较高。

图 4-1-1-1　电动除锈工具

2.气动除锈工具(如图 4-1-1-2 所示)

当船舶配有甲板压缩空气系统时,可使用气动除锈机。气动除锈机主要由气压梅花锤、气动砂轮片、气压针锤、气凿锤组成。压缩空气的冲击使锤头高速伸缩,使用时,可根据锈蚀程度选用合适的气锤。

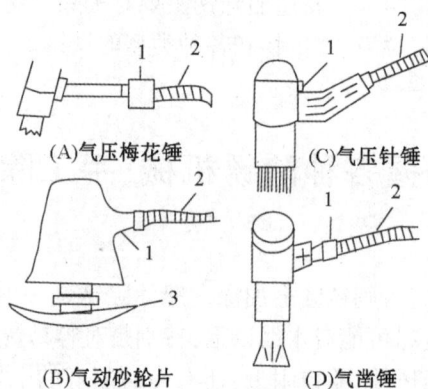

(A)气压梅花锤　(C)气压针锤

(B)气动砂轮片　(D)气凿锤

图 4-1-1-2　气动除锈工具

二、手动除锈工具(如图 4-1-1-3 所示)

1.敲锈锤

敲锈锤(chipping hammer)用来敲斑点状和片状锈。敲锈时持锤柄约 1/3 处,利用手腕转动锤柄,根据锈的厚薄,用力适当,使锤刃垂直敲击铁锈;但不要损伤钢铁或留下很深的锤痕。

2.刮刀和铲刀

刮刀(scraper)有弯角刮刀和三角刮刀两种。铲刀有木柄铲刀和铜管合金铲刀。铲刀比较锋利,双手持柄往前推铲,粉状锈和老化漆膜都能被较快地铲净。铲锈时,铲面与铁面角度要适当,否则会损伤钢铁面而且效率不高。

3.钢丝刷

钢丝刷(steel wire brush)有带柄与无柄两种,且有粗丝和细丝之分。铁锈除掉后,都要用钢丝刷将钢铁面上的锈刷尽,使之露出光泽来。

4.防护眼镜

特制的平光防护眼镜,在敲铁时必须戴上,以防铁锈溅飞入眼。

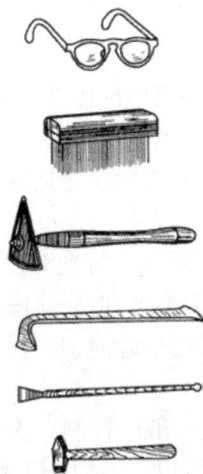

图 4-1-1-3 手动除锈工具

任务 2 掌握船体除锈作业要领

钢铁暴露在空气及海水中很快会被腐蚀,一艘钢质船舶如不采用防锈措施,没过几年就会锈烂报废。因此,船体的防锈、除锈是水手的一项重要的日常工作。

一、船舶除锈的目的

1.保证和提高涂层的防腐性能

实际上涂层表面有微孔存在,所以海水仍可缓慢穿过船舶漆膜产生电化学腐蚀。此时,含漆膜的部分成为阴极,不含漆膜的部分为阳极而发生电化学腐蚀,生成氧化铁和氢气,并进一步氧化成四氧化三铁和三氧化二铁,使漆膜鼓起破坏。正常情况下,在漆膜未损坏或失效时,这一过程是缓慢的。

当涂层下存在未除尽的氧化皮和锈蚀物时,由于氧化皮和锈蚀物的电位比钢铁高 0.15～0.26 V,所以其成为阴极,而钢铁本身成为阳极发生腐蚀。依据未除尽锈蚀物的多少,腐蚀速率也不同。仅除去5%的氧化皮和除去所有氧化皮的钢板的腐蚀速率相差近 10 倍。

因此,涂装表面的最主要的目的是提高涂层的防锈能力,延长涂层的使用寿命,充分发挥涂层的保护作用。

2.增强涂层对物体表面的附着力

当物体表面存在油、水时,由于油、水与油漆的相容差,难以形成连续的涂层,即使形成了完整涂层,涂层附着力也大大降低,使涂层过早脱落;当物体表面有灰尘时,轻者使涂层产生麻点,重者会形成腐蚀中心,缩短涂层寿命;当物体表面存在氧化皮、锈蚀和失效旧漆膜时,会造成涂层与物体表面附着力不良。因此,表面处理的第二个目的是增强涂层对物体表面的附着力,同时为形成一个光滑、平整、美观的涂层提供条件。

3.创造合适的表面粗糙度

涂层附着在物体表面主要是依靠油漆中的极性分子与底材表面分子间的相互吸引。钢铁在喷砂处理后,会使表面变粗糙,随着粗糙度增大,表面积也显著增加,单位面积上的涂层与钢铁的引力也成倍增大,同时还为涂层附着提供了合适的表面形状,机械齿合作用对涂层附着十分有利。

如果表面过于粗糙,也会带来不利影响。与光滑表面相比,使用相同的油漆量,其涂层厚度要低得多,尤其是在突起处,涂层厚度不足,造成涂层过早被破坏。此外,粗糙度过大还会在涂装时使空气保留在漆膜下,造成涂层过早起泡、脱落,所以粗糙度直接影响涂层与底材的附着力和涂层厚度的分布。

为确保涂层保护性能,最大粗糙度一般应控制在涂层干膜总厚度的 1/3 以下,对防腐油漆而言,通常涂层厚度为 250～300 μm,所以,合适的粗糙度范围为 40～75 μm,最大不得超过 100 μm,因此,表面处理的第三个目的是创造合适的表面粗糙度。

4.增强涂层与底材的配套性和相容性

在船舶维修保养中,表面处理涉及对旧涂层的处理问题,要根据具体情况确定保留还是除去。如果是锈蚀严重或装饰性要求高的地点,要保证底材的质量或平整,需全部除去旧涂层;而防护性涂装,可考虑保留未失效的旧涂层,这样可进一步增强新涂层的总体防护效果,但前提条件是要求旧涂层与新涂层配套良好,要对旧涂层的平面打磨,对边缘部位做楔形打磨处理。

二、锈的种类

船舶钢板受到周围高湿、高盐介质的化学或电化学作用会产生腐蚀,由于钢板所处的地点和环境不同以及受腐蚀程度不同,腐蚀的物理形态也大不一样。通常有下列几种:

1.薄锈

薄锈又可分为氧化锈、粉状锈、漆皮锈。

(1)氧化锈。氧化锈俗称"氧化皮",是在高温下产生的一种腐蚀。它较坚硬,不易清除。虽然氧化皮的生成有保护金属面的作用,但若露天存放时间较长,氧化皮会脱落,钢板表面会因暴露而腐蚀。

(2)粉状锈。此种锈的形状如橘子皮,也有的形状如棉花。往往是因为钢板在潮湿的地方或露天存放时间较长,使表面出现均匀而整体的腐蚀。

(3)漆皮锈。此种锈是因漆膜失效生成的较均匀和较薄的锈蚀,其表现是有的涂层表面鼓起,甚至涂层破损;也有的涂层表面开始出现一点点的小锈点,分布密集,状如痱子,发展成斑点锈。

2.厚锈

厚锈分为层锈、片状锈或块状锈。

(1)层锈是指在金属表面因长时间严重腐蚀而形成的叠起一层层的铁锈,锈蚀的面积比较大,锈层多达三四层。外层的锈蚀较松碎,容易除去;内层锈蚀较坚硬,不易清除。

(2)片状锈或块状锈是指在金属表面因长时间严重腐蚀生成了很厚的片状或块状铁锈。此锈硬度大,不易清除,产生在经常与海水、海洋附着生物接触的位置。

3.斑点锈

斑点锈也称"钉子锈",是在涂层表面上形成的零星突起的腐蚀点,其直径较小,腐蚀度较深,严重的会造成钢板穿孔。

三、除锈方法

一般根据锈蚀的程度、部位采取不同的除锈方法。船舶常用的除锈方法,按使用工具可分为:手工除锈、机械除锈;按其操作方法可分为:局部除锈、大面积除锈(习惯叫"出白")、栏杆除锈、链条除锈。

1.手工除锈

手工除锈是用敲锈锤、刮刀、铲刀将钢铁表面的锈或氧化层除干净,并用钢丝刷将浮锈刷尽,使钢铁表面显出光泽,然后用棉丝头将钢铁面擦干净。如有必要,还需用铁砂布打磨一遍,用汽油或松香水清洗,将所有的油污、锈粉擦洗干净,然后再涂防锈漆。手工除锈劳动强度大、效率低,但使用灵活,在不能使用机械除锈的处所及局部除锈的部位仍需手工除锈,每小时约可除锈 $1\ m^2$。

2.机械除锈

机械除锈是用电动或气动除锈机的除锈器摩擦或撞击金属生锈的表面,从而除去铁锈。由于其除锈的局限性,最好再用手动工具找一遍,将遗漏的部分除尽。机械除锈主要用于大面积除锈,效率高,每小时可除锈 $3\sim4\ m^2$。

3.局部除锈

局部除锈是除锈时只需将生锈的地方用敲锈锤敲掉锈,然后用铲刀将敲过的地方铲成方形或圆形,并将漆膜周围铲成斜坡形,再用钢丝刷将显露出来的钢铁面上的粉状锈刷尽,使钢铁面露出光泽来,用棉纱头擦净浮锈,便可涂防锈漆。

4.大面积除锈

船舶大面积除锈,应充分利用机械除锈工具,可提高效率、速度,并且又省力。除锈时先用机械除锈机除锈,根据锈的厚薄使用不同除锈器先敲一遍,再用手动敲锈锤将残留的锈敲净,然后用电动除锈刷、气动砂轮片或手动钢丝刷,在敲过锈的钢铁面上刷一遍,使钢铁面露出光泽。最后将除锈面打扫干净,用棉纱头擦净锈尘。如有油渍,可用汽油或松香水清洗,然后及时涂刷防锈漆,防止再度锈蚀。

5.栏杆除锈

敲铲栏杆铁锈和漆皮,如果使用敲锈锤和刮刀除锈,工作效率较低,可用直径 5 mm 左右的小链条一根,在栏杆上绕一周后,用力来回拉动链条,铁锈和漆皮将很快被拉掉。此法对除厚锈效果不佳。栏杆除锈可用敲锈锤和铲刀除锈,最后用钢丝刷刷净,涂上防锈漆。

6.链条除锈

船上各种链条的铁锈,用敲锈锤和刮刀不易敲刮干净,而且效率很低。最好的方法是将链条放在蘸有煤油的棉纱中,然后点燃,烧到一定程度(不能把链条烧红),把火灭掉,用锤子敲打链条,就可很快把铁锈除去,然后用钢丝刷刷干净。

以上几种除锈方法是船上日常养护的通常做法。船舶进厂维修时,多采用喷砂除锈、抛丸除锈、砂轮除锈等方法进行大面积除锈。此外,还有化学除锈法即利用酸溶液与金属氧化物发生化学反应来除锈。其使用方法有浸渍、喷射和涂酸膏等,一般都在厂内进行,船厂尚未普遍采用。

四、除锈要求

1.出白
出白要求无铁锈、无漆皮、无污物,露出金属的本色。

2.重铲
对局部腐蚀进行重铲,要求无锈、无污物,保留的漆皮应平整光滑,无酥松。

3.轻铲
轻铲要求无浮锈、无污物、无壳起的漆皮。

为达到以上要求,锈蚀处敲、铲后都要用钢丝刷把残剩浮锈擦刷干净。如果不是出白,除掉旧漆露出钢板的部分,应该铲成方形或圆形,钢板周围漆膜的厚度要铲成斜坡,以便钢板补漆后漆膜平整。除锈时既要把锈除净,又不能用力太大,避免在钢材上留下锤痕,因为这些锤痕又会产生小的裂缝锈蚀。

五、除锈注意事项

(1)除锈时必须戴防护眼镜和防护手套。

(2)多人同时敲锈时,必须拉开一定距离,并要注意锤头柄是否松动,以防锤头飞出伤人。

(3)敲铲时,不要敲得太重,敲锈锤不能过于锋利,以免敲坏钢板,使其留有很深的痕迹,或锈片乱飞,妨碍其他人工作。

(4)使用机械除锈机时,右手不能将锤头按得太紧,以免损坏机械或锤头。使用电动除锈机时,应注意检查电线接头处是否漏电,要注意不能搞错工作电压;除锈器安装要可靠,防止电动机及开关进水受潮;应间歇使用,防止过载烧坏电动机。使用气动工具除锈时,要注意风管接头牢固,维持额定风压(应在 4 个标准大气压以上);冬季使用后应把压缩空气罐的剩水放净,以防工具冻结;连续使用时应经常加油。

（5）除锈工作完毕后，应将工具收拾好，放回原处整理好，不要乱扔，并将锈末打扫干净，及时涂上防锈漆。

六、除锈作业评估标准

参考海事局评估标准如下：

评估要素	评估标准
1.手动除锈工具（敲锈锤、铲刀、钢丝刷）的操作使用技能 2.机械除锈工具（气动工具、电动工具）的操作使用技能 3.除锈作业的安全保护及安全注意事项	1.正确使用工具，各种工具操作技艺熟练，安全保护，安全操作工艺正确（20分）
	2.正确使用工具，个别工具操作技艺不太熟练，安全保护，安全操作工艺正确（16分）
	3.操作准确，个别工具操作技艺不太熟练，安全保护，安全操作工艺稍有疏忽（12分）
	4.操作较差，不会正确地操作使用除锈工具，没有注意安全保护，以及安全操作工艺较差（8分）
	5.操作差（4分）
	6.不能完成操作（0分）
说明	考核时间：20 min　　　单项考核总分：20分

项目二 油漆作业

【知识目标】

掌握油漆作业的基本知识。

【能力目标】

能够正确使用油漆作业工具进行油漆作业。

【内容摘要】

油漆是保护和装饰物体表面的涂装材料,将其涂覆于物体表面形成具有一定功能并牢固附着的连续薄膜,用以保护和装饰物体。早期的油漆是以植物油和天然树脂为主要成膜物质制成的,随着科学技术的发展,各种高分子合成树脂研制成功,并广泛用作油漆的主要成膜物质,使油漆产品发生了根本性的变化,因此"油漆"一词已不再能确切地表示油漆的含义,其准确的名称应为有机油漆或简称油漆,但人们还习惯称之为"油漆"。

任务 1 了解船用油漆知识

对船体进行油漆不仅可以保护船体,防止金属和木材受腐蚀,阻止水下船壳附着海生物而影响船速,还可增进美观,改善居住及工作场所的卫生条件。

一、油漆的作用

油漆经施工涂敷于被涂物表面而形成涂膜或称涂层,即可表现出三种主要作用。

1.保护作用

金属材料或非金属材料长期暴露于空气中,会受到氧气、水分、酸雾、盐雾、各种腐蚀性气体、微生物和紫外线等的侵蚀和破坏。在需要保护的物体表面涂以油漆,形成一定厚度的保护层,就能阻止或延缓这些侵蚀和破坏的发生和发展,从而起到保护作用。

2.装饰作用

按照不同的需要,用不同颜色的油漆进行涂装,使物体表面平整光滑或具有艺术特征的外表以及光彩艳丽的色彩装饰,色彩鲜明鲜艳,色调柔和协调,使人的工作和生活环境得到美化。

3.功能作用

油漆除了具有保护和装饰作用外,还具有许多特殊功能,如电绝缘、防静电、防污、防霉、耐热、耐磨、保温、反射光、发光、吸收和反射红外线、屏蔽射线、防噪声、减振、防结露、防结冰、防滑等各种作用。船舶设备和管路用不同颜色的油漆标记出来,能起到给人以醒目的标志和易识别作用。

二、油漆的成分

油漆(paint)是一种含油或不含油的胶状溶液,将它涂敷于物体表面,可以结成一层防护膜来保护物体。油漆由油料、树脂、颜料、稀释剂、催干剂和其他辅助材料制成。

1.油料和树脂

油料和树脂是油漆的主要成膜物质,也是油漆的黏结剂。

(1)油料:有干性油、半干性油和不干性油三种。干性油有桐油、梓油、亚麻籽油等,这些油干燥快,涂膜不软化;半干性油有豆油、葵花籽油等,这些油干燥慢,涂膜干后又会重新软化;不干性油如蓖麻油、棉籽油、鱼油等,这些油只有加入干燥剂才能逐渐干燥。在油料中桐油最好;它的涂膜坚韧,有耐水、耐光、耐碱等优点。梓油干性好,涂膜坚韧。亚麻籽油干性较次,易泛黄而不适用于白色油漆;但它的涂膜坚韧性和耐气候性好,因此也被广泛使用。

(2)树脂:可分为三类:一类是取自植物和动物的天然树脂,如从松树树干、树根加工制造的松香树脂,以紫胶虫所分泌的虫胶为原料制成的虫胶树脂;另一类是取自矿物的,如沥青是从矿物中提取的能溶解在苯类或石油类溶剂中的黑色固体或半固体物质,它的耐水性和耐化学性能好,价格便宜,常用煤焦沥青制造船底漆;再一类是通过人工化学方法制成的合成树脂,合成树脂品种最多,使用也最广泛,最常用的有:醇酸树脂、酚醛树脂、过氯乙烯树脂、环氧树脂、硝酸纤维、聚氯乙烯树脂、有机硅树脂以及氯化橡胶等。其中醇酸树脂具有良好的光泽,涂膜坚韧,附着力强和耐气候性好,因此用得很普遍;酚醛树脂的漆膜坚硬,有弹性、耐久性好,而耐气候性比醇酸树脂差些,涂膜容易结皮、发黄,常加干性油炼制以改善涂膜的性能;环氧树脂有很好的耐水、耐酸、耐碱、耐磨等性能,并有很好的附着能力,也是制造船用油漆的良好原料;氯化橡胶能制成耐水性、耐光性好的油漆,并有在低温下快干的特点;用过氯乙烯树脂制成油漆快干性、耐海水性、耐化学品性好,但耐光和耐热性差;聚氨酯树脂的特点是耐航空汽油、耐化学品、耐海水和耐油水交替,所以它主要用来制造油舱漆。

2.颜料

颜料是不溶于水、油和溶剂的粉状物质,在漆膜中具有增强漆膜机械强度、阻止紫外线透过、推迟漆膜老化和延长漆膜使用寿命的作用。根据其不同作用,颜料可分为防锈颜料、体质颜料和着色颜料。

(1)防锈颜料:常用的防锈颜料有红丹、锌铬黄、氧化铁红、铝粉等,它们与钢铁表面接触后,有化学抑锈作用或提高钢铁与外界介质隔绝的能力。

(2)体质颜料:又称填充料,是一些白色粉末,在油漆中能增加漆膜的厚度、强度、耐磨性和耐久性;大多数体质颜料价格便宜,还可降低油漆成本;常用的有滑石粉、重晶石粉、碳酸钙、云母粉等。

（3）着色颜料：着色颜料具有色彩鲜明、良好的着色力和遮盖力、在一定的时间内不易变色的作用；主要起着色作用，但也能提高漆膜的强度和耐久性，而有的着色颜料也是防锈颜料，如锌铬黄、铁红等。

3.稀释剂

稀释剂是能溶解油料和树脂的挥发性溶剂。它能改变油漆的稠度，使油漆便于刷涂或喷涂。不同稀释剂适用不同种类的油漆。常用稀释剂的适用范围如表4-2-1-1所示。

表4-2-1-1　常用稀释剂的适用范围

常用稀释剂	适用范围
#200溶剂汽油	油基漆、中/长油度醇酸树脂漆、酚醛树脂漆
松节油	油基漆、松香树脂漆、长油度醇酸树脂漆、酚醛树脂漆
二甲苯	氯化橡胶漆、短油度醇酸树脂漆、酚醛树脂漆
重质苯	沥青漆、环氧树脂漆
#200煤焦溶剂	沥青漆、氯化橡胶漆
乙醇	虫胶

4.催干剂

催干剂用来加速漆膜干燥，故又称干料。它主要用于油性油漆及醇酸树脂油漆中。它有液状的燥液和膏状的燥头两种。

5.辅助材料

辅助材料很多，有增塑剂、清光剂、催化剂、稳定剂和乳化剂等。增塑剂用于合成树脂漆中，它的作用是增加漆膜的柔韧性和附着力，以克服树脂质脆易裂的缺点。助剂是一种改善油漆性能的化学品，在油漆中加入少量助剂可防止油漆在储存时沉淀，在使用时改善涂刷性，延长漆膜老化的时间。

三、船用油漆种类

1.底漆

底漆（primer）也叫打底漆，是直接涂在物体表面作为面漆基础的油漆。底漆要求有良好的附着力，且有防锈隔水作用，能使面漆容易附着，有一定柔韧性，不易因物面的伸缩而脆裂脱落。

2.防锈漆

防锈漆（antirust paint）是用来防锈打底涂层用的一种底漆。船上常用的防锈漆有以下几种：

（1）红丹防锈漆：由红丹和油料调制而成。红丹是四氧化三铁，与钢铁表面接触氧化成三氧化二铁的均匀薄膜，有化学抑锈作用。红丹防锈漆防锈能力和附着力都较好，但它比重大、粒子粗、含有毒性，并能被海水溶解，有被其他防锈漆代替的趋势。

（2）锌黄防锈漆：采用锌铬为主要防锈颜料，适用于铝、锌及铝合金表面。

（3）铁红防锈漆：以氧化铁红为防锈颜料，它防锈能力仅次于红丹防锈漆，主要用于室内外锈蚀不太厉害的钢铁表面打底。

（4）铝粉防锈漆：它有很强的遮盖力和不透水性。

3.船底漆

船底漆（ship bottom paint）是船舶轻载水线以下船壳所用的油漆,它由船底防锈漆和船底防污漆配套而成。船底防锈漆是防污漆的底漆,它直接涂在船底钢板上或用作中间层,以防止钢板的锈蚀和防止防污漆中的毒料对钢板的腐蚀。船底防污漆涂于表层,有毒性,用以防止海生物的附着。目前,为防止海洋污染,制定有严格限制使用有毒防污漆的规则。

4.水线漆

水线漆（boot-topping paint）是涂刷在轻、重载重线之间的油漆。因为经常处在日光曝晒和海浪冲击之下,因此要求水线漆具有漆膜坚韧、耐水、耐晒并有良好附着能力。水线漆有一般水线漆和防污水线漆。

5.船壳漆

船壳漆（topside paint）是用于水线以上的船壳及上层建筑上的油漆。其要求耐曝晒、耐水、耐海水冲击,比一般油漆美观、有光泽。

6.甲板漆

甲板因经常被海水冲刷侵蚀和被货物摩擦,故甲板漆（deck paint）要求有良好的附着力,有耐海水、耐曝晒、耐冲刷和耐磨等性能。甲板漆多用酚醛漆料。甲板漆有一般甲板漆和防滑甲板漆。防滑甲板漆是以醇酸树脂为原料,加入氧化铁、铬黄、滑石粉、石棉等配制而成。在使用甲板漆时再加入约 1/10 的黄沙和 1/5 的水泥。

7.油舱漆、货舱漆

石油产品的有机酸和硫腐蚀性较强,油舱中经常交替装载油与海水,或用高温高压海水洗舱,使油舱的腐蚀更为严重。因此油舱漆（oil tank paint）要求附着力强、耐腐蚀、耐冲击,目前环氧铁红防腐漆效果较好。货舱漆（hold paint）一般是以合成树脂为基料的银色货舱漆。

8.其他油漆

（1）清油（bolied oil）：是不含颜料的精炼干性油,用以调制红丹漆或单独涂在木材、金属、帆布上面。

（2）清漆（varnish）：淡黄透明、漆膜坚韧、光亮平滑,不会有刷痕,适用于木质及室内家具表面罩光。常用清漆有凡立水、泡立水和腊克之分。凡立水普遍采用合成树脂,可用于室内外木质的面漆;泡立水系用漆片（虫胶片、洋干漆）加酒精泡制而成,特性是漆膜强度大,平滑光亮,但温度、湿度的剧烈变化容易使漆膜破坏,只用于室内,是木质家具的优良涂料;腊克即硝基清漆是硝化纤维加入其他树脂、增塑剂等制成。

（3）瓷漆（enamel）：是以树脂为基料的漆。它的特点是漆膜坚硬、光亮、耐洗、耐磨,适用于舱室内涂饰。

（4）调和漆（mixed paint）：是已调制好的成品漆,有油性调和漆和瓷性调和漆。其在船上使用广泛,附着力和耐气候性好,使用方便,并有一定的防锈特点,但干燥较慢,漆膜较轻软。

（5）黑沥青漆（bituminous solution）：俗称"水罗松",由煤焦沥青溶于重质苯制成。它的特性是防腐、防锈、防水和防化学品的侵蚀,但不耐久、不耐暴晒,并且有毒。水罗松一般用于油漆锚链、锚链舱和污水沟等阴暗潮湿处所,使用时不需打底漆。

（6）带锈底漆：是一种新型涂料，可直接涂在轻微锈蚀的金属表面，使锈层稳定或转化为无蚀害物质。

（7）烟囱漆（funnel paint）：先用黑酚醛烟囱底漆打底两度，再用锌黄防锈漆打底一度，然后再按烟囱标记所需的色漆涂装；也可用银粉漆打底，再涂面漆。

（8）银粉漆（aluminum paint）：有现成调好的；也有将铝粉和油料分开盛装的，使用前将两者调匀。自己调制时，可用 1 kg 铝粉加 4 kg 清漆，并加适量稀料和催干剂调匀后使用。银粉漆能防锈、耐热、反光，常用于发热的管路和热机器上，也可用作烟囱的底漆，岸上的油罐用银粉漆可防止日晒。

上述为船上常用的几种油漆，此外，为适应具体需要还有许多特种油漆和涂料，如加上硼酸盐制成的防火漆，电气部分采用的绝缘漆，双层底、尖舱及污水沟使用的水泥涂料等。

四、油漆配套与调配

1.油漆配套

使用油漆时除注意漆面的处理外，还应注意上层油漆与下层油漆的配套，尤其是对船壳底漆的选择更为重要，否则会出现漆膜之间附着力减弱、易脱落、漆膜裂开、粉化、破坏防锈防污作用、底漆渗露等。

另外，还应注意防污漆的配套。防污漆中一般含有铜化合物及有机毒料，与铝粉的底漆接触会产生电化学作用，影响防锈和防污作用。因此在防污漆与含铝粉底漆中间应涂隔离层油漆，如沥青船底漆。

所有油漆厂均有其生产油漆配套说明，使用时应注意。

2.油漆的调配

（1）油漆使用前的调制

目前船上所用的油漆都是直接使用成品油漆，自行调配不同种类的油漆已很少见。但对已调好的成品油漆仍需进行一些调制。如开桶后见上面有漆皮应该揭去，再用调漆棒把漆调匀，若有细粒需进行滤筛。又如贮存过久油漆变稠，应加入少许稀释剂，但不能超过漆重的5%，特别是贮存时间较长时，最好先把漆桶倒置一两天，这样比较容易搅拌。

（2）油漆颜色的调配

各种颜色都由红、黄、蓝三种最基本的颜色配成，因此这三种颜色叫原色。三种原色两两相配可得橙、绿、紫三种复色。三种原色加一起就成黑色。如果把两种原色比例加以调整，又可得到橙红、黄橙、黄绿、蓝绿、紫蓝、紫红等一系列颜色，如图4-2-1-2所示。

在配色中加入白色，把原色或复色冲淡，就可得到深浅不同的颜色；加入黑色也可得明暗不同的颜色。黑白相配可得灰色。一种原色或复色加入灰色可同时改变它的深浅和明暗。

调配颜色时应注意只限于同一种油漆，绝不能把不同品种的油漆混合调配；要选择油漆颜料比重接近的进行调制，以免造成浮色；大面积使用的油漆，先少量试调，然后再大量调配，尽可能一次调成，以免再调时颜色不一致；调时应将浅色作为基漆逐渐加入深色油漆；使用粉末状染色颜料，一定先将颜料溶于稀料中，再加入油漆中。

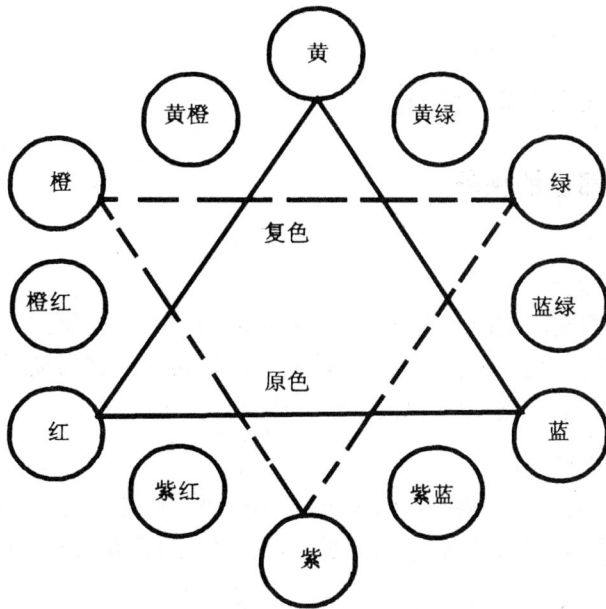

图 4-2-1-2　配色

五、油漆用量估算

不同的油漆涂盖面积相差很大,因此每度油漆的用量应根据厂方提供的说明书进行估算。但说明书上的使用量是理论使用量,而实际使用量还与油漆面的底质、气候、涂刷技术有关。在估算实际使用量时应在理论使用量上增加 50% 的油漆量。如一般油漆在平滑钢板上涂刷,理论使用量为 $100\ \mathrm{g/m^2}$;实际使用量应为 $150\ \mathrm{g/m^2}$。粗糙面或用滚装涂刷使用量均应增加 10%。沥青漆和铝粉漆涂盖面积较大,一加仑($3.7\ \mathrm{kg}$)一般可涂刷 $40\sim50\ \mathrm{m^2}$。

为估算油漆使用量,船壳面积可按以下公式进行计算:

1.重载水线以下面积(A_1)计算:

$$A_1 = 2.6\sqrt{D_L}\ (\mathrm{m^2})$$

式中:D——满载排水量,t;

　　L——船长,m。

2.轻、重水线之间面积(A_2)计算:

$$A_2 = 2.03\ L(T_满 - T_空)\ (\mathrm{m^2})$$

式中:$T_满$——满载吃水,m;

　　$T_空$——空载吃水,m。

3.船底面积(A_3)计算:

$$A_3 = A_1 - A_2\ (\mathrm{m^2})$$

4.重载水线以上面积(A_4)计算:

$$A_4 = 0.6\ LB + 2\ Lh\ (\mathrm{m^2})$$

式中:B——船宽,m;

L——船长,m;

h——载重水线至上甲板高度,m。

六、船体主要部位的保养

1.船底的保养

船底的保养工作只有进坞时才能进行,一般都由船厂负责。其保养步骤是用机械方法除去油漆和铁锈后,先涂两度铝粉漆、一度防锈漆、一度防污漆。其间隔时间除防锈漆外,均需24 h以上;防污漆涂好后,应在20 h以内下水,以防干裂失效。

2.水线漆面的保养

水线漆容易受损,它的使用期一般为3个月,所以平时应抓紧时间进行保养。在空载时应及时涂补脱漆部分,每1~3个月应由前向后统涂一次,涂后要有充分时间让油漆干透才能碰水。

3.上层建筑油漆的保护

船舶上层建筑一般是涂红丹两度、二号白漆一度、头号白漆一到两度。油漆经刷洗后会变薄,从而失去防护作用。故每隔3个月应先清洗白漆后,再全部涂刷一次。如有锈迹,应敲铲后补涂。

4.船壳的保养

船舶两舷和艏锚附近,因常摩擦使油漆脱落,必须经常补涂。在装卸有腐蚀性货物后,要用水冲洗干净。为保美观,船壳至少3个月涂漆一次,或一个远洋航次涂刷一次。

5.液舱的保养

船舶内部的液舱主要有压载水舱、淡水舱、燃油舱、滑油舱和油船的货油舱等。

压载水舱长期处于海水压载和空载的干湿交替状态,环境湿热、盐分高、密不通风、条件相当恶劣,而且维修十分困难,要求油漆有优良的耐水、耐盐雾、耐干湿交替和卓越的抗腐蚀性能。

淡水舱长期存放饮用淡水,要求油漆有良好的耐水性。由于饮水直接关系到人体的健康,故淡水舱油漆必须绝对保证不会污染水质,为此必须经有关卫生当局的认可。

燃油舱、滑油舱长期存放燃油、滑油,一般不易受到腐蚀,故可以不涂装,但在投油封舱以前必须清洁表面,涂以相应的油类保护。为减轻封舱前的表面清理工作,往往在分阶段燃滑油舱表面经二次除锈以后以石油树脂漆或车间底漆保护。循环滑油舱为确保滑油的品质,常采用环氧树脂类耐油油漆进行保护。

油船的货油舱一般要经受(装载)油和海水(压载)交替装载,因此保护油漆既要有良好的耐油性,又要有优良的耐水性和耐交替装载的性能。

6.机舱、泵舱的保养

机舱、泵舱为船舶的主要工作场所,室内温度较一般舱室内部高。机舱、泵舱的舱顶、舱壁油漆要求不易燃烧,且一旦燃烧时也不会放出过量的烟,故选用的品种需要获得船检部门的许可。

机、泵舱底部经常积聚含油污水,因此要求油漆有良好的耐油性和耐水性。

7.居住舱的保养

居住舱内装饰一般已不采用油漆,但在绝缘层下和里子板内部仍需涂装防锈油漆。有些工作舱室、储藏室、卫生处所则需用油漆保护和装饰。

用于居住舱内的油漆应有良好的防锈性能,表面油漆应具良好的装饰性。为了防火安全,油漆应不易燃烧,且一旦燃烧时也不会放出过量的烟,故同样选用的品种需要获得船检部门的许可。

8.木质建筑漆面的保养

木质建筑平时应保持干燥,常用清水抹去灰尘。每半年清洗后满涂一次,发现有起泡或裂缝应及时刮除补涂。

9.木甲板的保养

木甲板接缝处松裂或损坏时,要及时修补,防止漏水腐蚀下面的钢板。

近年来舱室甲板多采用塑料板材或地毯粘连在甲板上,以保护甲板,增加美观度。塑料板材多为聚氯乙烯塑料,耐油、耐酸碱、有较好弹性并且施工方便,但不能用丙酮、香蕉水、二甲苯、醋酸丁酯等去污。

任务2　掌握油漆作业的基本知识

油漆作业施工简便,成本较低,效果较好。为了达到油漆保护船体及设备的目的,船员必须掌握漆面处理、施工要领和油漆工具的使用方法,不断提高油漆作业的施工效率和施工质量,提高船体、设备保养的质量。

一、铁质涂面的处理

(1)铁质表面无锈时:由于漆膜表面长期暴露、洗刷,漆膜表面已无光泽或已损坏,需要涂漆时,在涂漆前应先将面上的灰尘、脏物、油渍洗刷干净,待干燥后才能涂漆。

(2)钢铁表面的漆膜老化:底层漆膜已无防锈作用,应将漆膜全部铲除(出白)。如果钢铁表面已生锈,应按除锈方法先行除锈,再涂两度防锈漆、两度面漆。

(3)如果是新钢板:应将其表面氧化铁皮(俗称"蓝皮")除净,方可涂刷防锈漆和面漆。

(4)所有电焊过的部位:应用敲锈锤和钢丝刷将电焊药皮、电焊渣除净后,才可涂刷防锈漆。

二、木质涂面的处理

1.磨砂

木质涂面涂刷油漆前,必须让它充分干燥,以免漆膜起泡脱落。木质涂面涂漆之前,应用细砂纸仔细地磨砂,表面磨得越平滑越好。磨砂时,要顺着木纹方向,如果是较大的平面,可将砂纸包上一块小方木板在木面上轻磨以使木面平滑。

2.填补油灰或油性腻子

木质结构涂漆之前,应把表面的凹痕、裂缝、钉眼等处用油灰填补平整,不要填在凹痕和裂纹以外的地方,以免影响木质表面的光滑和美观。待油灰干燥后方可用砂纸将填补处磨平,然后涂刷两度封闭漆(即泡立水),最后涂刷两度清漆或改良清漆。

3.涂底漆

木质涂面经过磨砂、填补油灰或油性腻子后,可进行涂刷所需颜色的工作。涂色有油色和水色两种,油色即将色粉倒在清漆中调和后涂刷在木质面上(要加稀释剂);水色即把色粉倒入清水中调和后涂刷在木质面上,待干燥后把浮在面上的色粉用干漆刷刷净。涂色要浅薄,要保持木纹路清晰。

如木质面需涂刷调和漆,最好先用漆油打底涂刷一次,方可避免木材吸收油漆的油分而使漆膜失去光泽和耐久性。

如果木质带有松香质,则应先刷一次泡立水,使松香质封闭。不可直接涂调和漆,否则会使漆膜经久不干。

如果木结构表面漆膜已老化,需要"出白"重新涂漆时,可用去漆剂或大苏打溶液涂刷在旧漆膜上,使旧漆膜变软后将其刮掉,再用清水洗刷干净,待干燥后按上述各道工序处理。也可用喷灯的火焰将漆膜烧软,随烧随刮,即可将旧漆很快铲掉。如果不将旧漆膜刮掉,则因旧漆膜已老化、松弛,新漆涂上后不久便会因旧漆膜的脱落而随着脱落。

三、油漆作业

1.刷涂法

刷涂是最简便的涂漆方法,所需工具简单,适用范围广,不受涂装场所、环境条件的限制,适用于刷涂各种材质、各种形状的被涂物。刷涂的缺点是劳动强度大,生产效率比较低,漆膜易产生刷痕,装饰性较差,尤其是刷涂快干油漆需掌握技巧,方能获得满意的漆膜。

(1)漆刷的种类与选用

①漆刷的种类

漆刷的种类很多,按刷毛可分为硬毛刷和软毛刷,硬毛刷多为猪鬃(或马鬃)制作;软毛刷多为羊毛制作,也有用猪鬃制作的。按漆刷的形状分为扁漆刷、圆形刷、弯头刷、板刷、扁形笔刷等,如图4-2-2-1所示。

扁漆刷:它适应性很强,最常用;可用于刷涂油性漆、瓷漆、清漆等多种油漆。

圆形刷:圆形刷的规格以圆形刷毛的直径表示。圆形刷配合扁漆刷使用,用于刷涂形状复杂的部位,一次蘸油漆较多。

弯头刷:刷子的歪木柄通常偏歪45°,木柄较长。弯头刷配合扁漆刷使用,用于扁漆刷不易刷涂的部位。

板刷:分硬毛和软毛两种,刷毛采用猪鬃或羊毛制作,刷毛较薄,可代替扁漆刷使用,适用于涂装质量要求较高的场合。

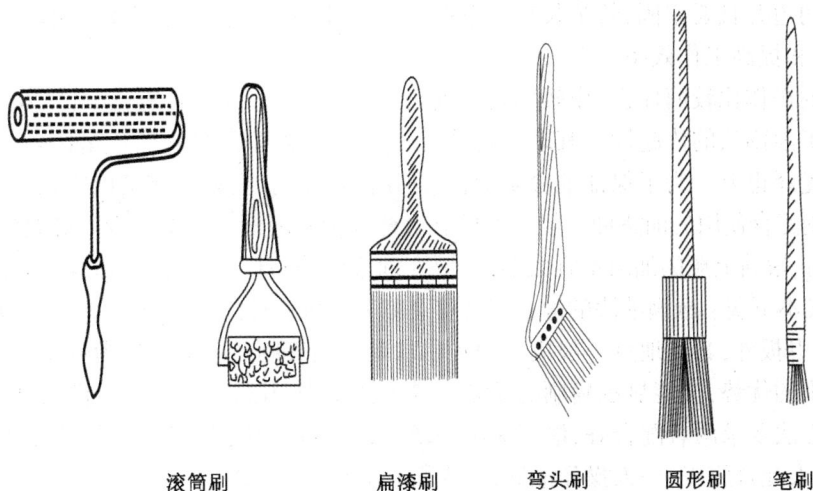

| 滚筒刷 | 扁漆刷 | 弯头刷 | 圆形刷 | 笔刷 |

图 4-2-2-1　漆刷

扁形笔刷:在船舶上常用来描写水尺、载重线标志、船名及公司标志等。

滚刷:通用型滚刷是指刷辊呈圆筒形的滚刷,分为标准型、小型和大型。标准型刷一般适用于被涂物的平面与曲面;小型刷适用于被涂物的内角和拐角等部位;大型刷适用于大面积涂漆,效率高。

②漆刷的选用原则

注意漆刷的质量。刷毛的前段要整齐,刷毛黏结牢固,不掉毛。

适应油漆的特性。黏度高的油漆,可选用硬毛刷;黏度低的油漆,可选用刷毛较薄的硬毛或软毛板刷。

适应被涂物的状况。一般被涂物的平面或曲面部位,可按照油漆特性,选用扁漆刷、板刷。

被涂物表面面积大选用刷毛宽的漆刷,面积小选用刷毛窄的漆刷;被涂物在隐蔽部位或操作者不易移动站立的位置时,可选用长弯头漆刷;表面粗糙的被涂物,可选用圆形漆刷;描绘线条和图案可选用扁形笔刷。

(2)刷涂操作

①扁漆刷

使用扁漆刷时最好在刷子根部钉一根小钉,以便把漆刷挂在漆桶上。

扁漆刷的握法有两种,一种叫握笔式,另一种叫握锤式。一般涂刷小型设备或边角处,多采用握笔式,涂刷比较均匀,油漆质量较高;而涂刷天花板或大面积油漆时则采用握锤式,比较省力,工作效率高。具体施工时可根据需要交替使用。

油漆刷蘸油漆时,不宜多蘸,蘸刷毛的1/3~1/2,特别是仰面涂刷时,更应少蘸。漆刷离开漆桶前应将刷毛朝下,以防油漆流到刷柄上或滴落下来。

每蘸一次漆涂刷面积要适当,首先把油漆推开,转动漆刷使漆面上的油漆摊得又薄又匀,特别是涂刷不光滑的涂面时,手腕要灵活转动,使涂面上每个小凹洞都能涂上油漆。如先横向涂刷,再进行上下方向的漆纹修拉,每次修拉的方向应一致,使油漆面接头平顺。

②滚筒刷

滚筒刷有短柄和长柄两种。长柄刷就是把短柄滚筒刷用细铅丝接到长竹竿上做成,用铅丝绑扎最少两道并且要牢固,竹竿长短可根据工作需要而定。根据需要采用不同规格的滚筒刷,便于操作和提高工作效率。

滚筒刷的操作比较简便,工作效率高。现代船舶越来越大,船舶配员少,保养工作多的情况下更显示了滚刷法的优越性。其缺点就是比较浪费油漆,油漆作业的质量比采用扁漆刷差,油漆面干后光泽也差。为了保证油漆质量,在使用滚筒刷时,要来回接滚以增强油漆附着力。

与滚筒刷配合使用的油漆桶一般采用长方形桶并配有漏板。为了减少不必要的浪费,特别是油漆船壳时,滚筒上蘸的油漆不宜太多,并要在油漆桶的漏板上滚几下,最佳状态是滚筒上油漆饱和均匀又不下滴。蘸满油漆的滚筒刷刚移至施工表面上时,切勿大力挤压,以免滴挂浪费。

除船壳、甲板外,其他地点一般应采用滚刷法配合扁漆刷进行涂刷较为理想。这样既能发挥滚筒刷涂刷的优势,又能显示扁刷的长处。其方法是先用滚筒滚过后,再用扁刷上下或左右拉顺。此种方法要求两者配合好,滚筒滚涂一块扁刷拉刷一块,特别是干燥天气,更要注意快一点;也可两人配合施工,一人操作滚筒,一人跟在后面操作扁刷。

(3)刷涂注意事项

①刷涂时漆刷蘸油漆、涂布、抹平、修整这几个操作步骤应该是连贯的,不应该有停顿的间隙。熟练的操作者可以将涂布、抹平、修整三个步骤融合为连续的一步完成。

②在进行涂布和抹平操作时,漆刷要处于垂直状态,并用力将刷毛大部分贴附在被涂物表面,但在修整时,涂刷应向运行的方向倾斜,用刷毛的前端轻轻地刷涂修整,以便达到满意的修整效果。

③刷漆的操作是自上而下、从左至右、先里后外、先斜后直、先难后易、纵横涂刷。最后用毛刷轻轻修饰边缘棱角,使油漆在物面上形成一层均匀、光亮平滑的涂膜。施工要求是:不流、不挂、不皱、不满、不露刷痕。

④对挥发型快干油漆,应使用软毛刷分块刷涂,即将涂覆面分成若干块,每块涂刷时要求动作轻快、准确,尽量避免回刷,以防咬底或发花。每涂刷一块都应与上一块重叠1/3的涂刷宽度,直到全部涂覆面刷涂完为止。

⑤刷涂时应做到"三顺",即顺水、顺纹、顺光。顺水,如船壳外部最后一道的涂刷应按水流方向进行,上层建筑应采取上下涂刷;顺纹,对于木质物品,涂刷应顶着木纹的纹理进行;对于室内天花板,最后一道的涂刷应按光线照射方向进行。

2.喷涂法

喷涂法是利用压缩空气机发出的喷射气流,经喷枪的喷嘴,将漆液喷成雾状,均匀地覆盖在涂面上。其特点是施工效率很高,适于大面积的喷涂作业。即使是有缝隙或小孔、凹凸不平的涂面也能得到均匀分布的涂层,且涂层光亮、美观。喷涂时,喷嘴与涂面的距离应保持在20 cm左右,如距离太近,涂面会产生油漆流挂现象;距离太远会发生喷雾干结、涂面产生漆粒的缺陷。喷涂工具如图4-2-2-2所示。

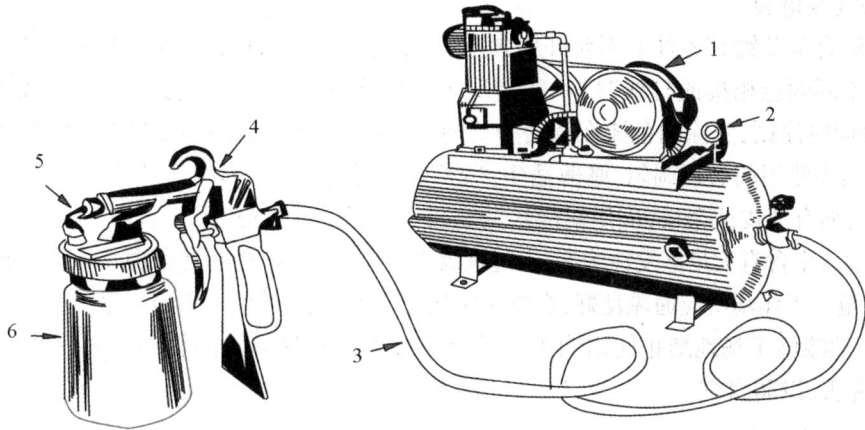

图 4-2-2-2　喷涂工具

1—空气压缩机;2—压力表;3—软管;4—喷枪开关;5—喷嘴;6—漆壶

喷涂时,应从上向下喷成一条带状,直到下边为止,然后将喷枪向左或向右移动,再自下向上喷成第二条带状,依次进行。相邻喷带要重叠 1/3,喷枪移动的速度要均匀。

喷涂完毕后,应用稀释剂将喷枪中的油漆洗干净,否则,油漆干燥后会堵塞喷嘴而使其无法使用。清洗用过的稀释剂要放在密封桶中,下次仍可以使用。

喷涂多使用硝基漆(喷漆),若使用油基漆,应多加些漆油和松香水稀释,使其具有 5%～7.5%的黏度。

喷涂的缺点是有相当一部分漆液会随着空气的流动而损耗,需反复喷涂几次才能获得一定厚度的漆膜。扩散在空气中的漆料和溶剂对人体健康有害,因此,操作人员要戴防护面罩。在通风不良时,漆雾容易引起火灾,在空气中溶剂达到一定浓度时遇火源会发生爆炸。

四、油漆施工注意事项

(1)油漆施工需注意气候的影响,最好安排在春、秋两季,干燥无风,气温在 5～25 ℃时进行。在烈日和高温下油漆易产生漆膜流挂,干燥后起皱、裂纹。潮湿天气最好不要进行油漆施工,因为在潮湿表面上油漆附着很不牢固,并且会使漆膜长时间不干,露水会使漆膜出现白色水点,降低漆膜质量。刮大风时也不适宜室外油漆施工,由于风的作用使稀释剂挥发过快,不利于施工人员操作,涂刷稍不注意就会产生漆膜厚薄不均或皱皮现象;同时风把灰沙刮起沾在新涂的油漆面上,影响美观。

(2)涂面要干净、干燥,否则会影响漆膜质量。

(3)漆膜要均匀,厚度要适当,要多层薄涂。漆膜厚了,会出现流挂、起皱、长时间不干等现象,还浪费了油漆;漆膜薄了,盖不住底色,油漆效果不佳,再补一度,又浪费了材料和时间。

(4)油漆施工时要戴纱手套,手边要有一团棉纱,油漆滴下时要及时擦掉,并保持漆刷的清洁。刷子蘸漆宜少,勤在桶沿上刮,防止滴淋油漆。

(5)涂刷每度油漆的时间间隔,因各种油漆的干燥时间不同而有所差异。一般情况下油漆在 4 h 可达到表面干燥,但完全干燥需 24 h 以上。第一度油漆没干透不能涂刷第二度,否则会引起皱皮或龟裂。

（6）铝合金及镀锌零件上不允许用含有铜、汞、铅、铬黄和铁红作为颜料的底漆。

（7）不同颜色相接或打线时，一般情况下分两次涂刷，即第一色漆干后，再涂另一色漆。不同色漆同时涂刷，先涂的色漆在相交处要薄涂一些，以免两色漆相交处发生相混互渗现象。

（8）油漆使用前必须调匀，厚薄适中，既要便于施工，又不影响油漆质量。漆桶和调漆工具要清洁，如有漆皮或杂质，应用铜网纱做成漏斗过滤后方可使用。

（9）油漆中含有大量挥发性溶剂，人过量吸入会中毒，对含有铜化合物及有毒颜料的油漆更应严加防范。工作场所应通风良好，必要时应配戴防护用品，油漆未干前应禁止在舱内睡觉。

（10）油漆施工场地禁止使用明火。凡是蘸过油漆和松香水的棉纱头要收集起来统一处理，不许乱丢，以防自燃。

五、油漆工作中容易产生的缺陷

1.流挂（流坠、流淌、流泪）

除因涂布油漆过厚会在垂直的涂面上或突出的铆钉、电焊部位等处出现流挂现象外，流挂的主要原因还有漆的黏度过低、漆中含有太多的重质颜料、溶剂挥发太慢或漆刷蘸漆太多等。可根据具体情况采取提高施工油漆黏度、采用挥发性快的溶剂、勤蘸漆、轻涂布、多检查、多理顺等措施。

2.粉化

这是漆膜失光以后产生的一种现象，原因是漆膜经受日光、水汽、氧气、海洋气候等作用，漆膜上出现粉层。因此，室外涂油漆必须选用室外用的油漆，施工时，漆膜要达到足够的厚度，必须配套使用油漆，漆膜没干透之前切勿受雨淋。

3.开裂（脱皮、卷皮）

漆膜在老化过程中产生收缩，使漆膜内部内缩力超过漆膜本身的内聚力，促使漆膜粗裂、细裂、龟裂、脱落等。避免方法有：油漆在使用前应充分搅拌均匀，必须使底漆充分干燥后方可涂面漆，使用的油漆必须配套，避免施工场所温度和湿度变化大等。

4.慢干和返黏（发黏）

油漆结膜超过规定的时间称为慢干。漆膜干燥后经过一段时间逐渐出现黏结现象称为返黏，其原因有施工现场湿度太大、涂面处理不干净、含有润滑油、木质表面有松香脂、催干剂失效等。

5.橘皮

漆膜表面呈现许多形似橘皮模样的漆膜称为橘皮，其主要原因是涂刷不当，施工现场湿度过高或过低，使用溶剂不当等。

6.渗色（咬色）

表面漆把底部漆溶解，使底部漆的颜色渗透到面部漆上来的现象称为渗色。一般面部漆色浅，而底部漆色深出现渗色的现象较明显，其原因有底部漆中混入了颜料、稀释剂中混入色漆、底部漆未干等。

7.咬底

咬底是指油漆中的溶剂把底部漆软化膨胀而咬起,主要原因是底部漆未彻底干燥就与含强溶剂的漆接触。使底部漆充分干燥、不在油性漆面上涂挥发性漆、不乱用溶剂,可避免咬底。

8.发花

油漆在刷涂过程中或干燥成膜时,漆膜颜色和色调发生不均匀的现象称为发花。这些现象有浮色、泛金、丝纹等,原因除油漆有缺点外,还有调漆时黏度不当、涂刷太厚、使用溶剂不当等。

9.发笑

油漆在刷涂中,漆膜收缩形成露底,出现麻点、花脸、笑口等称为发笑。这是由于表面张力不平衡,漆对物面的湿润性不良,被涂面不滑或有残留油腻、酸、碱等杂质所致,因此,所用工具要清洁,涂面要清洁,不能沾有硅油之类的物质。

10.发汗

发汗是漆膜上有油脂等从底层渗出的现象。造成这种缺陷的主要原因是底层上矿油蜡质或底漆里没有挥发掉的溶剂把面漆漆膜重新溶解。树脂含量较少的亚麻籽油或熟油的膜很容易发汗,一般是由潮湿、黑暗和温暖的环境所造成的,尤其是通风不良的场所更易出现。

11.皱纹

皱纹是漆膜在干燥过程中,由于急剧收缩所占面积大于底部未干燥的面积,四面无处伸展而导致向上收拢,所形成的弯曲棱脊。这种现象产生的原因较多,如油漆未涂布开、堆积在一处、干燥剂使用过量或使用不当等。

12.针孔

漆膜上出现圆形小圈,中心有固体粒子,周围为凹入圆窝的现象称为针孔。这种缺陷与发笑相似,只是孔眼较小,通常在刷涂清漆或含颜料较少的瓷漆中出现较多。其主要原因是有气泡的存在、漆中有水分等。此外,尚有如下因素:溶剂选择不当,黏度、温度过高,油漆搅拌后放置时间很短而刷涂时用力过大,使刷子挤出空气,形成气泡来不及放出。

13.起泡

起泡产生的原因很多,其主要原因是在漆膜底部有潮气或溶剂存在,造成底部水分或溶剂逸出而使漆膜鼓起至顶部破裂。

14.变黄

白色、淡色或透明的漆膜,在阳光暴晒或在黑暗不见光线的地方,都会使漆膜变黄。大部分油类在干燥过程中继续氧化分解,产生的物质带有黄色,如亚麻籽油、桐油、酚醛树脂等都容易变黄,出现变黄的原因是加入了过量的干燥剂。

15.失光

漆膜干燥后有光泽,但经过短时间就出现光泽逐渐消失的现象,原因是涂面处理不干净、上面留有矿物油、漆膜受冷热剧变、误用不配套的溶剂、木质表面油分渗入细孔等。

六、结束工作——油漆场所的维护

油漆工作结束后,油漆场所,特别是走道处可用小绳子拦起来,并在油漆场所附近写好字,通知船员及其他人员注意,以防止油漆未干,人走上去而使油漆面被破坏。

油漆工作完成后,应及时将小漆桶内剩余的油漆刮净,并入一个桶里,上面加一层漆油以免油漆结皮。油漆开桶后未用完应随时将桶封闭严密,以免造成浪费。油漆工作结束后,应把使用过的油漆刷整理好,放入清水中,以备再用。

七、油漆及工具的保管

油漆应贮存在船上阴凉通风及远离火源的地方。贮存时间不能太长,应按收储先后,早储先用。红丹漆和防锈漆内含重质颜料,容易沉底,应经常将桶翻转,以防结块。各种油漆标记应保存完好,以免用错。对油漆性质、前后度配套、适用稀料,如不清楚应索取厂方说明。开桶用剩油漆要防干结,应让它与空气隔绝,可在上面倒一层稀料,也可盖上一层油纸或牛皮纸,油性漆可倒一层清油。

油漆的贮存过程中,往往漆质会增稠,施工时可加入少许稀料以便涂刷,但最多不能超过油漆重量的5%。冬天使用油性漆可加入少许催干剂,一般不超过油漆重量的1%。

新油刷使用前先用温水浸泡,以防掉毛。用完油漆工具后,用溶剂将刷柄擦洗干净,然后将刷浸入水中,以便下次再用。

八、油漆作业评估标准

参考海事局评估标准如下:

评估要素	评估标准
1.手工油漆作业工具的操作工艺技能(滚刷、扁刷、弯头刷、笔刷等) 2.操作工艺的三顺(顺水、顺光、顺纹) 3.油漆涂盖厚度、严密、镀层的时间间隔 4.油漆作业的安全保护	1.正确操作使用油漆作业工具,操作技能熟练,熟悉油漆作业的操作技能要求,安全保护合理得当(20分)
	2.正确操作使用油漆作业工具,操作技能比较熟练,熟悉油漆作业的操作技能要求,安全保护合理得当(16分)
	3.正确操作使用油漆作业工具,操作技能一般,油漆作业的操作技能要求操作一般,安全保护合理得当(12分)
	4.不能够正确操作使用各类油漆作业工具,或操作工艺不会,安全保护不够(8分)
	5.操作差(4分)
	6.不能完成操作(0分)
说明	考核时间:20 min　　　　单项考核总分:20分

附录 1 《国际海运危险货物规则》危险货物标志图案

第 1 类：爆炸物质和物品

** 属于危险类别的位置——如果属于副危险性则留空；* 属于配装组的位置——如果属于副危险性则留空

第 2 类：气体

2.1 类 易燃气体　　　　　2.2 类 非易燃，无毒气体　　　　　2.3 类 有毒气体

第 3 类：易燃液体　　　　　**第 8 类：腐蚀性物质**　　**第 9 类：杂类危险物质和物品**

第 4 类：易燃固体、易自燃物质和遇水放出易燃气体的物质

4.1 类 易燃固体　　4.2 类 易自燃物质　　　　4.3 类 遇水放出易燃气体的物质

第 5 类：氧化物质（氧化剂）及有机过氧化物　　**第 6 类：有毒（毒性）的物质和感染性物质**

5.1 类 氧化剂（物质）　　5.2 类 有机过氧化物　　　　6.1 类 有毒物质　　6.2 类 感染性物质

第 7 类：放射性物质

Ⅰ级放射性物质　　　　Ⅱ级放射性物质　　　　Ⅲ级放射性物质　　　　裂变性物质

附录 2　国际信号旗

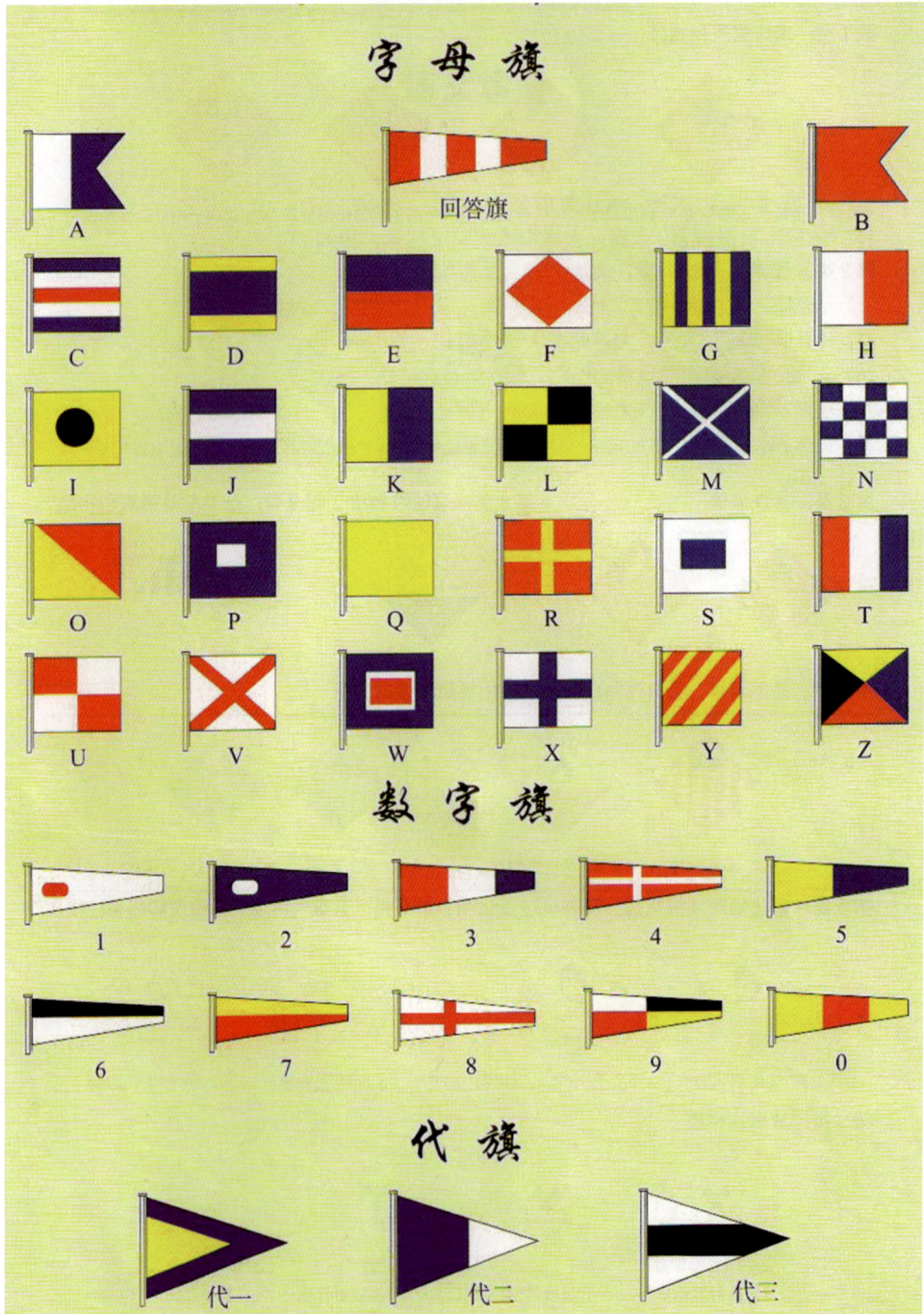

字 母 旗

回答旗

A　B　C　D　E　F　G　H　I　J　K　L　M　N　O　P　Q　R　S　T　U　V　W　X　Y　Z

数 字 旗

1　2　3　4　5　6　7　8　9　0

代 旗

代一　代二　代三

参考文献

[1] 张玉良.水手业务与值班[M].北京:人民交通出版社,2003.

[2] 尹桂强.水手业务[M].大连:大连海事大学出版社,2006.

[3] 朱立柱.水手工艺与值班[M].大连:大连海事大学出版社,2006.

[4] 王忠.船舶结构与设备[M].北京:人民交通出版社,2002.

[5] 中华人民共和国海事局.1978年海员培训、发证和值班标准国际公约马尼拉修正案[M].大连:大连海事大学出版社,2010.

[6] 郭禹.航海学[M].大连:大连海事大学出版社,1999.

[7] 张海峰.水手工艺[M].北京:科学出版社,2011.

[8] 高玉德.航海学[M].大连:大连海事大学出版社,2003.

[9] 尹桂强,王学法,张卫前.值班水手业务[M].大连:大连海事大学出版社,2018.